차이를 만들어낸 200인의 얼굴·2

아이콘

ICONS OF THE 20TH CENTURY

차이를 만들어낸 200인의 얼굴·2

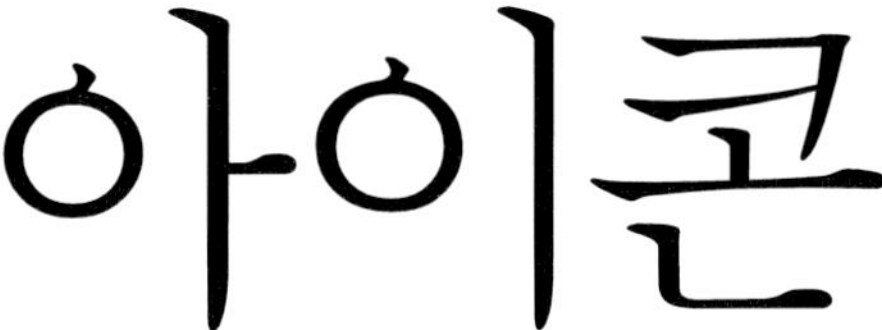

바버라 캐디 지음 | **장-자크 노데** 사진 편집 | **박인희** 옮김

거름

● **일러 두기**

옮긴이 주는 별표(*)로 표시했습니다.

차이를 만들어낸 200인의 얼굴·2

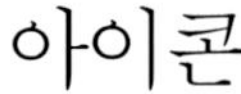

지은이 **바바라 캐디** | 사진 편집 **장 자크-노데** | 옮긴이 **박인희** | 펴낸이 **하연수** | 펴낸곳 **기획출판 거름**

출판등록 제7-11호(1979년 6월 28일)
120-840 서울시 서대문구 충정로3가 270 푸른숲빌딩 4층
이메일 master@keorum.com | 홈페이지 http://www.keorum.com | Tel(02)313-0006 | Fax(02)313-0220

제1판 제1쇄 2006년 6월 20일
제1판 제2쇄 2006년 7월 1일

ISBN 89-340-0327-8 04900
89-340-0328-6 04900(세트)

*책값은 뒤표지에 있습니다.
*잘못 만들어진 책은 구입하신 서점에서 바꾸어 드립니다.

:: 감사의 글

우선 이번 작업에 함께 참여한 유능한 사진 편집자 장-자크 노데Jean-Jacques Naudet에게 깊은 감사를 전한다. 힘들 때마다 나를 구해 주고 용기를 북돋워 준 친구이자 에이전트 루이스 드 라 하바Lois de La Haba, 그리고 이 책을 한층 세련되게 다듬는 데 일조했으며 지혜와 비전의 소유자인 발행인 피터 마이어Peter Mayer에게도 깊은 감사를 드린다.

힘든 작업 내내 성실함을 보여 준 책임 편집자 트레이시 칸스Tracy Carns와 부편집자 앨버트 드페트릴로Albert Depetrillo에게 심심한 감사를 전하며, 뛰어난 제작 능력을 보여 준 클라크 와카바야시Clark Wakabayashi에게도 감사한다. 또한 『아이콘』의 디자인을 맡아 작품을 생동감 있게 만들어 준 조엘 아비롬Joel Avirom과 최고의 직업 의식과 열정으로 늘 나를 놀라게 한 마우라 캐리 다마시온Maura Carey Damacion, 베스 보츠Beth Bortz, 머레이 피셔Murray Fisher, 그리고 조이 파커Joy Parker에게 감사를 드린다. 수석 연구원이자 항상 도움이 되는 조언과 제안을 아끼지 않았던 친구 줄리 릭비Julie Rigby와 조수였던 이브 라스무센Eve Rasmussen, 오마르 르 덕Omar Le Duc에게도 감사의 마음을 전한다.

통계학자 모리스 올리츠키Morris Olitsky의 공도 잊을 수 없다. 그는 어쩔 수 없이 복잡할 수밖에 없었지만 매우 효율적이었던 투표용지를 만들어 자문위원들에게 발송했으며, 투표 후 자료 분석을 통한 선별 작업에서 중요한 역할을 수행했다.

내가 찰리 팬코스트Charlie Pancost와 릭 겐저Rick Genzer의 도움을 받아 컴퓨터에 익숙해지고 잘 해나갈 수 있게 되기 전에 초기 원고를 타이핑해 준 재클린 오레일리Jacqueline O'reilley, 그리고 『아이콘』의 자문단을 모집하는 데 도움을 준 로스앤젤레스 유명인사 단체의 친절하고 박식한 회원들에게 마음으로 감사한다. 펜실베이니아 리핀코트 도서관, 특히 필라델피아 공공도서관의 믿을 수 없을 만큼 효율적인 정보 체계를 갖추고 있는 예의 바르고 능력 있는 전문가들, 그리고 53번가에 있는 뉴욕 공공도서관 지국에서 일하는 자료실 직원들의 친절한 모습에 감탄했다.

그 외에 항상 내 이야기를 귀담아들어 준 아래의 친구들과 그 가족에게 고개 숙여 감사의 뜻을 전한다.

Wanda Celichowski, Patricia Prybil, Dr. Leslie Dornfeld, Grazia Dornfeld, Jay Cooper, Jack Wilkie, Greta von Steinbauer, Ann Thomson, Karen Kahn, Ton Drain, Sasi Judd, Dugald Stermer, Valerie Cavanaugh, Caryn Mandabach, Bonnie Turner, Marci Carsey, Darren Clemens, Jay Allen, Chris Cannon, Fr. Frank Gambone, Karen Snyder McGrath, Barbara Flood, François Vincens, Erica Fletcher, Hester Beavington, Bernie Schleifer, Jenifer Wohl, Dan Marcolina, Jan de Ruiter, Bridget de Socio, Laura de la Haba, Joeseph Greco, Keith Estabrook, Dr. James R. Waisman, Joyce Cole, Tom and Jill Durovsik, Sharon Dorram, Dr. Joe Rogers, Ann Siefert, John Van Doorn, Molly Sheridan, Marie Moneysmith, Bonnie Carpenter, Adele Chatelaine, Jessica Lauber, Firooz Zahedi.

차이를 만들어낸 200인의 얼굴·2

아이콘

차례

차례

차이를 만들어낸 200인의 얼굴 · 1

아이콘

NS

도쿄 로즈 Tokyo Rose
시몬느 드 보부아르 Simone de Beauvoir
샤를 드골 Charles de Gaulle
이자크 디네센 Isak Dinesen
월트 디즈니 Walt Disney
마를레네 디트리히 Marlene Dietrich
제임스 딘 James Dean
밥 딜런 Bob Dylan
라이트 형제 Wilbur & Orville Wright
프랭크 로이드 라이트 Frank Lloyd Wright
앤 랜더스와 에비게일 밴 뷰런 Ann Landers & Abigail Van Buren
아인 랜드 Ayn Rand
버트런드 러셀 Bertrand Russel
블라디미르 레닌 Vladimir Lenin
로널드 레이건 Ronald Reagan
소피아 로렌 Sophia Loren
재키 로빈슨 Jackie Robinson
로젠버그 부부 Ethel & Julius Rosenberg
존 D. 록펠러 John D. Rockefeller
윌마 루돌프 Wilma Rudolph
조지 허먼 '베이브' 루스 George Herman 'Babe' Ruth
엘리너 루스벨트 Eleanor Roosevelt
프랭클린 D. 루스벨트 Franklin D. Roosevelt
로자 룩셈부르크 Rosa Luxemburg
레니 리펜슈탈 Leni Riefenstahl
찰스 린드버그 Charles Lindbergh
마돈나 Madonna
가브리엘 가르시아 마르케스 Gabriel García Márquez
마오쩌둥 Mao Zedong
마타 하리 Mata Hari
앙리 마티스 Henri Matisse
막스 브라더스 The Marx Brothers
넬슨 만델라 Nelson Mandela
더글러스 맥아더 장군 General Douglas MacArthur
맬컴 엑스 Malcolm X
에드워드 R. 머로 Edward R. Murrow
매릴린 먼로 Marilyn Monroe
골다 메이어 Golda Meir
마리아 몬테소리 Maria Montessori

ICO

Albert Einstein

앨버트 아인슈타인

1879~1955

지난 100년 동안 가장 위대한 과학자가 잠을 자다가 76세의 나이로 조용히 최후를 맞자, 전 세계가 그의 죽음을 애도했다. 그것은 물질과 자연의 힘 사이의 복잡한 관계를 발견한 앨버트 아인슈타인이 인류의 삶에 극적인 변화를 불러왔기 때문이 아니라—물론 변화가 있었던 것은 사실이다—진실을 추구하는 흔들림 없는 성실함 덕분에 지상地上의 성인聖人이 되었기 때문이다. C. P. 스노우Baron Charles Percy Snow는 저서 『인간의 다양성*Variety of Men*』에서 "어느 날 갑자기 그가 과학의 상징이자 20세기 지성의 대가로 전 세계 사람들 앞에 모습을 드러냈다"고 말했다. 전쟁에 대한 근심과 나치의 사악함에 정신적으로 메말라 있던 사람들은 헝클어진 머리카락에 할아버지 같은 한 교수를 보았고, 그를 인간의 희망에 새로운 시대를 알리는 대변자로 이해했다.

1879년 독일의 울름에서 무신론자 유대인 부모 밑에서 태어난 앨버트 아인슈타인은 태어날 때부터 머리가 비정상적으로 컸다. 부모는 아이가 저능아가 아닌지 걱정했고 간호사는 성장 속도가 느린 그 아이를 '느림보 아저씨'라고 불렀다. 공부를 하지 않으려고 고집을 부렸기 때문에 아인슈타인의 교육은 그다지 순조롭지 못했다. 그러나 다행히도 삼촌이 임시변통으로나마 게으른 조카의 관심을 수학 쪽으로 돌리는 데 성공했다. 삼촌은 방정식에 나오는 어려운 미지수를 작은 동물로 바꾸어 놓은 다음 앨버트에게 해답을 찾아내게 유도했다. 그러나 앨버트는 수학을 잘 이해하지 못해서 계속 괴로워했고, 이 집요한 학생이 이론물리학에 몰두하기 시작한 후에도 취리히에 있는 연방공과대 입학시험을 두 번이나 치러야 했다. 졸업 후 취업도 순조롭지 않았다. 아인슈타인은 같은 학생 신분이었던 밀레바 마리티쉬Mileva Martisch와 결혼하기 위해 돈이 필요했다. 실제로 경제적으로 너무 어려운 상태에 있던 두 사람은 첫 아이가 한 살 반이 되던 해에 다른 가정으로 입양을 보내야 하는 상황에까지 이르렀다. 아마 아인슈타인이 학생들을 가르치는 일자리

를 놓치지만 않았더라도 그러한 상황은 피할 수 있었을 것이다. 1902년 그는 마침내 베른의 한 특허권 사무실에 취직했고, 그 지역 신문에 수학과 물리 개인지도 광고를 냈다. 밀레바는 그 후 아들 둘을 더 낳았고, 아침저녁으로 개인적인 시간을 가질 수 있게 된 아인슈타인은 과학 이론을 연구했다.

깊이 생각하는 것을 즐겼던 아인슈타인은 드디어 1905년에 그동안의 연구 성과를 쏟아내기 시작했는데, 과학 역사가들은 이 기간을 아누스 미라빌리스annus mirabilis, 즉 '기적의 해'라고 부른다. 이 기간 동안 그는 유명한 잡지인 『물리연감 *Annalen der Physik*』에 세 편의 논문을 발표했는데, 이 논문들은 혁신적인 광전효과와 상대성 이론을 포함한 다양한 이론을 담고 있었다. 광전효과 이론은 빛이 양자 또는 광자라고 불리는 에너지 소립자들로 구성되어 있다는 주장이었다. 후대 물리학자들은 이 이론을 20세기 물리학의 초석이 되는 양자 이론으로 발전시켰다. 또 1916년에는 중력에 대한 혁신적인 해설인 상대성 이론을 발표했다. 이것은 광전효과 이론과 맞먹는 충격을 주었는데, 과학자나 일반인이 모두 쉽게 이해할 수 있었기 때문에 전 세계를 발칵 뒤집어 놓았다. 아인슈타인은 시간과 공간은 일반인들이 생각하는 것처럼 그 자체로 완전한 별개의 것이 아니라 상대적 실체라고 주장했다. 사실 시간은 3차원적 세계에서 단순히 이질적인 요소가 아니라 4차원 세계의 일부였다. 그의 특수 상대성 이론은 광속은 완전한 것임을 이미 입증해 보인 상태였으며, 이제 그의 주장대로 빛은 그 자체로 구부러진다는 새로운 사실이 제기되었다.

1919년에 상대성 이론이 독립된 실험을 통해 입증되자 아인슈타인은 세계인들에게 갈채를 받았다. 그는 1921년에 노벨상을 수상했는데, 아이러니컬하게도 상대성 원리에 대한 선구자적 업적 때문이 아니라 양자물리학 분야에서 광전효과의 발견을 인정받았기 때문이었다. 노벨위원회는 그의 상대성 이론이 진정한 발견이라는 것을 확신하지 못한 듯하다. 그가 만들어 낸 유명한 공식 '$E=mc^2$'는 핵 반응의 비밀을 풀었으며, 결국 그에게 '원자폭탄의 아버지'라는 모호한 명칭을 선사하게 된다. 이 명칭은 궁극적인 자연의 일관성이라고 믿는 것에 강한 존경심을 가진 사람에게는 용납되지 않는 것이었다. 그러나 결과적으로 그러한 명칭은 그 후 그가 범하게 되는 사악한 행동에 비하면 덜한 편이었다. 1939년, 아인슈타인은 프랭클린 D. 루스벨트 대통령에게 편지를 써서 독일보다 먼저 파괴적인 무기를 개발하라고 촉구했다.

30대가 되면서 경제적 어려움에서 벗어난 그는 마침내 독일 시민권을 포기했다. 그는 어쩔 수 없이 미국으로 피신해야 했는데(그는 1940년에 미국 시민이 되었다), 유럽에 거주하는 유대인에 대한 나치의 대량 학살 계획은 평화주의자로서의 그의 신념에 변화를 몰고 왔다. 전쟁이 끝나고 뉴저지 주 프린스턴의 고등연구소에서 일하던 그는 핵에너지를 통제하기 위해 범세계적 협정서를 작성하는 일에 참여했다. 또 시오니즘(팔레스타인에 유대인 국가를 건설하려는 유대 민족 운동)*의 대의명분을 발전시키는 일에 열성을 다했으며 이스라엘에서 대통령 제의를 받았지만 곧 거절했다.

앨버트 아인슈타인은 트랜지스터나 광전지 같은 소소한 기적들과 현대 우주론, 입자가속기 발명 같은 놀라운 경이를 촉발했다. 그러나 그가 남긴 유산은 바로 그의 훌륭한 두뇌였다. 현재 그의 두뇌는 실험실에 보관되어 있으며, 아직도 최후의 안식처를 찾고 있다. 그는 마지막까지 대통일장 이론Grand Unifying Theory(강력, 약력, 전자기력, 중력 등 네 가지 힘을 통합적으로 설명하는 이론)*을 공식화하고자 노력했다. 아인슈타인은 종교에서 말하는 신이 자신에게 반드시 영혼의 안식처를 찾아줄 거라고는 믿지 않았다. 그는 이해할 수 없는 이 우주에서 모습을 드러내는 우수한 지성을 가진 존재를 '나이 든 사람the Old One'이라고 불렀다. '나이 든 사람'은 그에게 인생에 대한 '성스러운 호기심'을 선사해 주었다. 바로 그 힘이 아인슈타인의 삶을 이끌어 갔고 충분히 그를 놀라게 했다.

Muhammad Ali
무하마드 알리

1942~

대부분의 친구들이 앞으로 무슨 일을 할지 고민하고 있을 때, 캐시어스 클레이 Cassius Clay는 이미 자신의 진로를 결정한 상태였다. 그는 최고의 권투 선수가 되겠다고 대놓고 떠들고 다녔다. 워낙 유머가 풍부한 그였기에 사람들은 모두 그가 농담을 하는 줄 알았다. 그러나 후에 무하마드 알리로 이름을 바꾼 그는 세계 헤비급 챔피언에 세 번이나 올랐을 뿐만 아니라 카메라 세례를 가장 많이 받은 유명인이 됨으로써 자신의 예언이 옳았음을 입증했다.

상당한 미남이었던 알리는—그는 스스로 '자알생긴' 얼굴이라고 자랑하기를 좋아했다—자기 관리가 철저한 영리한 권투 선수로서 발놀림이 민첩하여 링에서 보낸 20년 동안 심각한 부상을 피할 수 있었다. 빠르고 엄청나게 강하고 스텝이 봄바람에 흔들리는 나뭇잎처럼 가벼웠던 그는 나중에 '알리 스텝'으로 알려진 완벽한 기술을 데뷔 초부터 선보였다. 사실 그가 이 기술을 처음 배운 것은 열두 살 때였다. 새 자전거를 도둑맞은 그는 아마추어 권투 선수를 가르치는 조 마틴이라는 경찰관에게 도둑을 잡기만 하면 흠씬 두들겨 패주겠다고 말했다. 그러나 마틴은 화가 나서 어쩔 줄 모르는 소년에게 먼저 자신을 방어하는 법을 배우는 게 현명하다고 조언했다. 어린 캐시어스는 그의 조언을 받아들여 하루도 빠지지 않고 스파링과 섀도복싱, 줄넘기, 그리고 펀치백을 두드리는 힘겨운 훈련을 소화해냈다.

그러나 클레이가 링에서 거둔 승리들은 단순히 힘으로만 이룬 게 아니었다. 그는 루이스빌의 센트럴고등학교를 다니던 시절부터 이미 잘 훈련된 권투 선수였으며, 술과 욕설과 여자를 멀리하고 마늘을 많이 먹고 성경을 가까이 하며 일찍 잠자리에 드는 스파르타식 생활을 유지했다. 그는 온화한 성격의 어머니 오데사와 낮을 가리던 노동자였던 아버지의 평판을 이어 받아 '깨끗하고 귀감이 되는 챔피언'이 되기로 결심했고 미국의 젊은이들—여기에는 백인과 흑인이 모두 포함되지만 그래도 특히 흑인들—은 그의 이런 점에 열광했다.

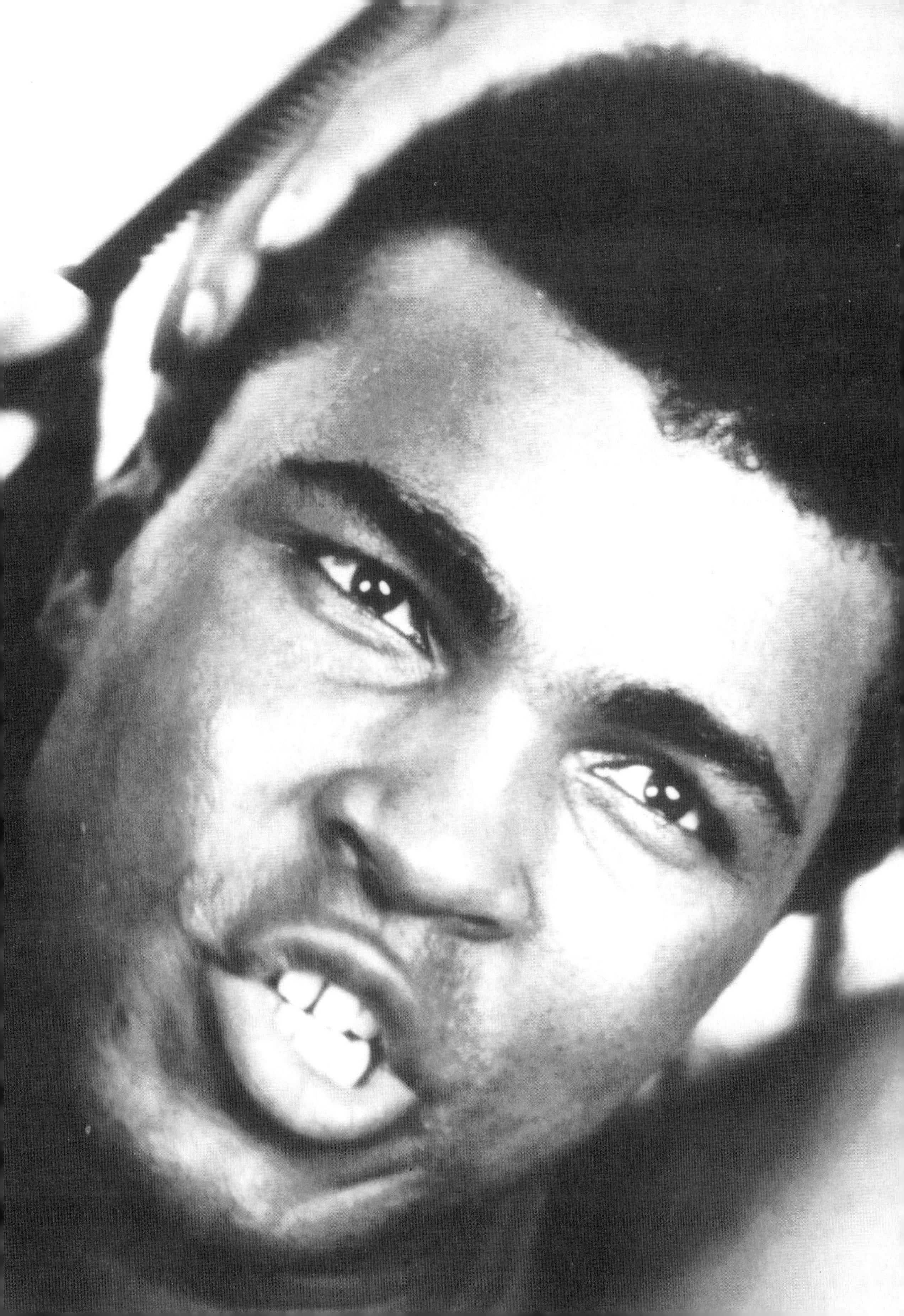

멋과 기교를 갖추고 있던 클레이는 생각하는 권투 선수였다. 그는 결정적인 잽과 조화로운 공격을 훈련하는 것 못지않게 예리한 몸동작을 개발하는 데 많은 시간을 투자함으로써 18세의 나이로 올림픽에서 금메달을 차지했다. 또한 그는 권투 선수로나 개인적으로 공히 상대방의 약점을 간파하는 능력이 뛰어났다. 이 루이스빌의 떠벌이는 주로 경기 중에만 큰소리로 떠드는 다른 권투 선수들과 달리 시합 중에는 물론이고 시합 전후에도 상대편을 공개적으로 비웃고 자존심을 건드렸다. 스포츠계의 가장 눈부신 흥행사였던 그는 상대편이 무너지는 결정적인 순간을 정확히 맞추기를 좋아했다. "그들은 모두 내가 말한 라운드에 무너지고 말 것이다"라는 그의 장담은 그의 표어가 되었다.

클레이는 허풍과 재능 덕분에 평생 6,000만 달러를 벌어들였고 그의 경기가 열리는 곳마다 P. T. 바넘P. T. Barnum(19세기 미국 서커스 업계의 전설적인 흥행업자)*도 깜짝 놀랄 정도로 많은 관중이 몰려들었다. 1964년 마이애미에서 소니 리스턴과 첫 번째 챔피언 결정전을 치른 그는 60만 달러를 들고 고향으로 돌아왔다. 22세의 나이에 헤비급 랭킹 9위에 오른 그에게는 엄청난 금액이었다. 사실 리스턴과의 시합을 성사시키기 위한 그의 노력은 눈물겨웠다. 다 찌그러진 낡은 버스를 타고 리스턴을 따라 전국을 돌아다니던 그는 리스턴을 "형편없는 곰탱이"라고 놀린 덕분에 이 막강한 헤비급 챔피언과 싸울 기회를 겨우 얻어냈다. "나는 리스턴을 원한다." 클레이는 기자 회견장에서 이렇게 말함으로써 상대 선수를 조롱했으며, 일단 링 위에 오르게 되면 "나비처럼 날아서 벌처럼 쏠 것"이라고 호언장담했다. 그리고 실제로 그는 약속을 지켰고, 리스턴은 7회를 넘기지 못했다. 새로운 챔피언의 탄생은 스포츠계의 또 다른 사건이 되었다. 당시 활동 중이던 흑인 인권주의자 맬컴 엑스의 영향을 받은 그는 이슬람교로 개종함으로써 그때까지 사용했던 '노예의 이름'을 버리고 '알라의 사랑받는 자'라는 의미를 지닌 무하마드 알리라는 새 이름을 얻었다.

1967년, 새로운 종교의 영향을 받은 알리는 양심적 병역 기피자가 되었고 곧이어 베트남 전쟁에 대해 징병 거부를 선언했다. 잇따라 거센 반대 소동이 일어나 그는 징역형을 선고받았고 그해에 세계권투협회에게 헤비급 타이틀을 박탈당했다. 알리는 권투 선수로서의 전성기를 빼앗기고 수입 면에서도 엄청난 타격을 받았지만 자신의 주장을 굽히지 않았다. 헤비급 타이틀을 되찾아 오려는 끈질긴 노력은 수포로 돌아갔지만—1971년에 조 프레이저와 벌인 15라운드의 치열한 접전은 '20

세기의 명대결'로 기억되고 있다—1974년에 마침내 조지 포먼에게서 타이틀을 찾아오는 데 성공했다.

재기에 성공한 선수들이 극히 드물다는 점만으로도 알리는 스포츠계를 넘어 여러 방면에서 유명인사가 되었다. 토머스 하우저는 이 위대한 권투 선수의 전기에서 무엇보다도 "그는 자신이 군림하던 시대의 사회적 · 정치적 흐름을 반영하고 형성했다"며 극찬을 아끼지 않았다. 1960년대의 알리는 "원칙이 중요하고, 인간의 평등이야말로 정당하고 바람직한 것이며, 베트남 전쟁은 잘못된 것이라는 주장을 견지한" 인물이었다. 비록 자신 역시 '유색인종'이라는 이유 때문에 루이스빌에서 열린 올림픽 승리 기념 만찬에 초대받지 못할 정도로 인종차별을 경험했지만, 알리는 용기 있는 이상주의와 박애주의적인 활동, 그리고 강인한 성격 덕분에 세계적인 영웅의 반열에 오를 수 있었다.

한편 노령에 접어든 알리는 파킨슨병에 시달렸다. 권투 선수들에게서 자주 나타나는 이 만성적인 뇌 질환인 '펀치 드렁크' 때문일지도 모른다는 추측이 제기되기도 했다.

그러나 행동이 느려지고 균형 감각을 상실하고 발음을 부정확하게 만드는 안면 마비 같은 증세들조차 그의 강인한 성격을 변화시키지는 못했다. 1996년에 알리는 하계 올림픽 개막식에 깜짝 출연을 했다. 전 세계에서 35억 명이 지켜보는 가운데 커다란 횃불을 들고 나타난 그는 떨리는 손으로 성화에 불을 붙였다. 이슬람교도로서 신앙심이 더욱 깊어진 이 챔피언은 세계를 돌아다니며 병원에 입원한 아이들을 찾아다닌다. 그를 여전히 존경하는 세계인들에게 사랑의 교훈을 전하는 일은 승리를 쟁취한다는 목표를 넘어선 일생의 사명이 되었다. 그가 오래 전에 말했듯이, 그것은 색깔 없는 교훈이다.

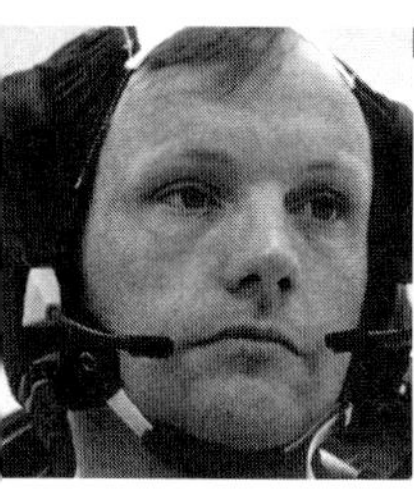

Neil Armstrong

닐 암스트롱

1930~

평화적 목적을 위한 우주 탐사 분야에서 올린 가장 커다란 성과—1969년 미국의 달 착륙—가 미국과 소련 사이의 냉전의 결과라는 것은 20세기 최고의 아이러니 중 하나일 것이다. 당시 두 국가에게는 우주 공간조차 잠재적인 전쟁터였다. 달 탐사를 국가 최고의 과제로 삼으라는 존 F. 케네디 대통령의 뜻을 받들어, 미국은 달에 첫발을 내딛는 주인공으로 민간인 조종사를 선택했다. 그리고 그 과정에서 닐 암스트롱은 우주를 알기 위해 꾸준히 노력한 전 인류를 상징하는 평범한 개척자로 선정되었다.

달의 '고요의 바다'를 향한 닐 암스트롱의 여정은 오하이오 주 와파코네타에서 시작되었다. 공무원이었던 아버지는 오하이오 주의 여러 지방을 전전하던 끝에 마침내 그곳에 정착했다. 어릴 적부터 하늘을 나는 일에 매료된 암스트롱은 여섯 살 때 처음 비행기를 탔으며, 10대 시절에는 비행 교습비를 벌기 위해 방과 후 아르바이트도 마다하지 않았다. 조용하고 신중한 성격의 그는 비행을 꿈꾸고, 모형 비행기를 만들었으며, 또래의 남자 아이들이 야구에 열광하듯 비행에 푹 빠져들었다.

1947년 비행면허증을 손에 쥔 암스트롱은 인디애나 주 퍼듀대학교에 해군비행학교 생도로 입학했다. 그리고 2년 후 한국으로 파견되어 전투기 조종사로 활약한 공로를 인정받아 세 번이나 항공훈장을 받았다. 파견 근무를 마친 그는 퍼듀대학교로 돌아와 학생들을 가르쳤고, 생활비를 벌기 위해 재즈 바에서 트럼펫을 불었다. 그러다가 1955년에 학사 학위를 받자 하던 일을 그만두고 미국항공자문위원회NACA의 민간인 연구조종사가 되었다. 그는 처음에는 오하이오 주에서 일하다가 나중에는 캘리포니아 주 에드워드 공군기지에서 근무했다. NACA가 NASA(미국항공우주국)로 개편되면서 암스트롱은 군사 목적과 우주 탐험을 위해 개발 중이던 초고속 비행기를 조종했다. 그는 로켓포를 장착한 X-15기를 조종하여 고도 40마일(약 64킬로미터)*까지 올라갔다. 그러나 암스트롱은 40마일로는 만족하지 않았다.

ARMSTRONG
APOLLO 11

시험조종사가 된 지 7년 후, 암스트롱은 우주비행사 훈련 프로그램에 지원했고 훈련생으로 선발되었다. 1966년에 그는 제미니 8호의 임무를 완수했고, 그해 3월에는 처음으로 우주에서 수동 도킹 시범을 보였다. 암스트롱이 탄 우주선이 고장으로 인해 커다란 로켓에 연결된 채 회전을 멈추지 않아 최악의 상황이 벌어질 위험에 처했을 때, 그는 수동으로 두 기체를 분리하여 비행선이 본궤도를 회복할 수 있었다. 바다 한가운데서 비상 폭발을 일으킬 때까지 조종간를 놓지 않았던 그는 긴박한 상황 내내 상당히 침착한 모습을 보여 주었다. 1968년에 그가 조종하던 달 착륙 훈련용 비행선이 폭발했을 때, 암스트롱은 겨우 지상 200피트(약 61미터)* 높이에서 낙하산을 이용해 안전하게 대피하는 데 성공했다.

암스트롱이 달을 탐사하는 위험하고 까다로운 임무의 적임자로 추천된 것은 바로 이와 같이 긴박한 상황에서도 여유를 잃지 않는 태도 덕분이었다. 하늘에 떠 있는 은빛 구체로 떠나는 여행에 대한 매혹은 고대인들을 유혹했고, 수세기 동안 성공적인 여행법에 대한 문제로 작가들에게 영감을 주었다. 환상이 현실이 되자 NASA는 어마어마한 크기의 새턴 5호 로켓을 이용해 달 탐험대를 우주에 띄웠다. 미국 탐사팀은 사령선 컬럼비아호를 달 착륙선 이글호에 연결하고 분리하는 방법, 이글호를 달 표면에 내려놓았다가 다시 복귀하는 방법, 그리고 지구의 자전 주기를 계산해 정교한 기계 전체를 달을 향해 발사하는 방법을 알아냈다. 세부사항에 관한 작업이 끝난 후에도 한 가지 해결되지 않은 문제가 과학자들을 괴롭혔다. 과연 달 표면이 딱딱할까? 아니면 약 1마일 깊이의 부드럽고 건조한 유사流砂로 되어 있어서 비행사들과 우주선을 단숨에 삼켜버리는 것은 아닐까? 아무도 장담할 수 없었다.

1969년 7월 16일 선장 암스트롱과 동료 우주인 에드윈 '버즈' 올드린Edwin 'Buzz' Aldrin과 마이클 콜린스Michael Collins를 태운 아폴로 11호가 지구의 품을 벗어났다. 아폴로 11호는 초속 7마일(약 11킬로미터)*로 달을 향해 나아갔지만, 달에 도달하는 데 3일이 걸렸다. 콜린스가 사령선을 조종하는 동안 선장 암스트롱과 동료 올드린은 이글호를 타고 달 표면으로 내려갔다. 컴퓨터 착륙 프로그램은 큰 자갈이 에워싸고 있는 거대한 분화구 안에 착륙하는 것이 위험하다고 알렸다. 암스트롱은 비행선을 수동으로 조종하여 고요의 바다 근처 평지 위에 안전하게 착륙시켰다. 단 몇 초만 더 연료를 낭비했더라면 비행 중지 제한에 걸려 강제로 탐사를 중단해야 했을 것이다. 1969년 7월 20일, 상급자로서 달 표면에 발자국을 남긴 최초의 인간이 된 암스트롱은 우주선 사다리에서 차갑고 울퉁불퉁한 달 표면을 향해 가볍게 뛰어내렸다. 그가 남긴 간단하고 감동적인 선언은 잊을 수 없다. "이것은 한 인간에게는 작은 한 걸음이지만 인류에게는 커다란 도약이다."

올드린이 달 표면으로 내려오자 두 사람은 어슴푸레한 빛 속에서 뛰듯이 걸어 다녔는데, 6억 명이 넘는 텔레비전 시청자의 눈에는 덩치 큰 아이 둘이 커다란 흰색 방한복을 입고 있는 것처럼 보였다. 그들이 걸어갈 때마다 회백색의 월진月塵(달의 고운 흙 입자)* 위에 새겨진 그들의 발자국이 선명하게 찍혔다.

그 후로 몇 년이 흘렀다. 지구로 돌아와 대학 교수로 새로운 일을 시작한 암스트롱은 업적 그 자체로 평가 받기를 원했기 때문에 인터뷰를 피하고 자신을 지나치게 치켜세우는 이들을 멀리했다. 그러나 지구 중력의 6분의 1에 불과한 달 위에서 날듯이 걸어가던 그와 올드린의 모습은 우리 마음속에 그대로 남아 있다. 그가 달 표면에 미국 국기를 꽂는 것을 본 일부 사람들은 그를 대외 강경론자라고 불렀다. 그러나 비판론자들은 암스트롱이 달에 기념 명판을 남겼다는 사실을 모르고 있을 것이다. 그가 남긴 명판에는 "우리는 인류의 평화를 위해 이곳에 왔다"라고 새겨져 있다.

Louis Armstrong
루이 암스트롱

1901~1974

'새치모Satchmo'(입 큰 사람이라는 뜻)* 암스트롱의 트럼펫 연주는 작렬하는 구릿빛 태양처럼 미국 음악의 중심지를 뜨겁게 달구었다. 히피들의 만남처럼 즉석에서 이루어지는 그가 보여 준 새로운 방식의 트럼펫 독주는 재즈 음악에 일대 혁신을 불러 왔으며, 디지 길레스피Dizzy Gillespie에서 마일즈 데이비스Miles Davis에 이르기까지 모든 위대한 실험적 연주자의 지표가 되었다. 얼굴 가득 머금은 미소와 사랑이 넘치는 아버지의 자장가 같은 달콤하면서도 허스키한 떨림의 목소리를 선보인 그는 위대한 예술가인 동시에 위대한 엔터테이너의 전형이었다.

암스트롱은 1901년 8월 4일에 악명 높은 뉴올리언스의 홍등가 스토리빌 지역에서 테레빈유 공장 노동자의 아들로 태어났다. 야한 싸구려 술집들과 칼부림이 난무했던 더럽고 저속한 주변 환경 속에서 그는 독립에 대한 갈망—이는 미국인의 본질적인 욕구다—을 키웠다. 그것은 또한 아프리카 리듬과 유럽의 음조, 그리고 미국의 민속 음악적 요소들이 혼합된 재즈에 대한 갈망이기도 했다. 실제로 재즈라는 말은 암스트롱의 고향에서는 섹스를 의미하는 속어였다고 한다.

1912년, 토실토실한 열한 살의 암스트롱은 남성 사중창단의 일원으로 화려한 밤의 도시를 돌아다녔다. 노래를 부르기 전, 그는 비행청소년으로 컬러드 와이프스 홈Colored Wife's Home이라는 이름의 소년원에 수감되기도 했다. 그는 소년원에서 인정 많은 두 교사에게 드럼과 뷰글과 코넷을 배웠다. 그러나 오래지 않아 트럼펫의 매력에 빠져든 암스트롱은 열심히 트럼펫을 연습한 결과 재즈 코넷 연주자이자 작곡가 조 킹 올리버Joe king Oliver의 눈에 띄어 친분을 쌓게 되었다. 킹 올리버는 어린 연주자 암스트롱에게 연주법을 가르쳐 주며 조언을 아끼지 않았다. 1918년에 올리버의 추천을 받은 암스트롱은 위대한 트롬본 연주자 키드 오리Kid Ory가 이끄는 재즈 밴드에 들어갔다. 암스트롱의 강력한 연주와 넓은 음역, 그리고 섬세한 싱커페이션syncopation은 큰 호응을 얻어 뷰 카레 지역의 재즈 클럽은 관객으로 초

만원을 이루었다. 킹 올리버는 1920대 초반에 암스트롱을 자신이 이끄는 크레올 재즈 밴드의 제2의 코넷 연주자로 발탁하여 시카고로 불러들였다. 야심에 찬 청년 암스트롱은 당장 그곳으로 날아가 첫 번째 음반을 발표했다. 그리고 그 음반을 시작으로 1927년의 다소 번잡스러운 〈포테이토 헤드 블루스Potato Head Blues〉와 1928년에 발표되었던 감미로운 선율의 〈나는 당신에게 사랑밖에 드릴 것이 없어요 I Can't Give You Anything but Love〉 등 이후 수천 장의 음반을 발표하게 되었다.

그는 〈헬로 돌리!Hello Dolly!〉 같은 인기 있는 멜로디를 다소 귀에 거슬리게 연주한 것으로 유명해졌지만, 젊은 시절에는 트럼펫 연주 못지않게 가수로서도 뛰어난 독창성을 발휘했다. 그는 어느 날 녹음 도중에 악보를 떨어뜨리는 바람에 아무런 의미도 없는 모음들을 흥얼거리며 노래를 부르게 되었는데, 이 경험을 통해 가사 없이 무의미한 음절을 반복하여 부르는 즉흥 노래 기법인 스캣scat을 창안해냈다(스캣은 이후 비밥 재즈 시대에 크게 유행했다). 또한 재즈 작곡가들은 암스트롱의 연주법이 빙 크로스비Bing Crosby부터 엘라 피츠제럴드Ella Fitzgerald에 이르기까지 여러 가수에게 영향을 미쳤다는 사실을 인정하고 있다. 그러나 그는 특히 뛰어난 트럼펫 연주자로서 색다른 음악을 시도했다. 다른 연주자들이 군대 나팔을 불 듯 쾅쾅거리며 스타카토staccato 연주법에서 벗어나지 못하고 있을 때, 그는 레가토legato(음과 음 사이를 끊지 않고 원활하게 연주하는 것)* 악절을 활용하여 능숙한 연주를 선보였다. 암스트롱은 태피 캔디처럼 선율을 꼬았다 늘렸다 하면서 코드를 바꿀 때를 위해 참고로 적어 놓은 고음부를 첨가하거나 원래 있지도 않은 음을 덧붙여 연주했다. 연주자들은 이 새로운 연주법을 따라했지만 그를 능가하는 연주 솜씨를 보여 준 사람은 아무도 없었다. 재즈계의 거장 마일즈 데이비스는 어떤 트럼펫 연주자도 루이 암스트롱이 먼저 연주하지 않은 음악을 연주하지 못한다며 그의 재능을 인정했다. 암스트롱이 선보이는 새로운 음악마다 그만의 취향과 균형 감각을 느낄 수 있었다.

1924년에 암스트롱은 올리버 밴드를 떠나 뉴욕에서 활동하던 프레처 헨더슨James Fletcher Henderson의 빅밴드에 합류했고 〈하우 컴 유 두 미 라이크 유 두? How Come You Do Me Like You Do?〉와 〈앨라배미 바운드Alabamy Bound〉 같은 곡을 녹음했다. 그리고 몇 해 사이에 그는 미국 재즈의 중추적인 인물로 자리 잡게 되었다. 그가 유럽으로 연주 여행을 갔을 때, 암스트롱의 남부 악센트를 알아듣지 못한 한 영국 비평가 때문에 이 트럼펫 연주자의 별명은 '새첼마우스satchelmouth'에서

'새치모'로 바뀌었다. 암스트롱은 자신의 세계에서는 타의 추종을 불허하는 독보적인 존재였지만 스스로는 그에 만족하지 못했다. 그는 더 많은 사람을 즐겁게 해주려는 욕망으로 재즈에 대한 열정을 뒤로 한 채 언제나 그의 예술의 뿌리가 되어왔던 쇼 비즈니스와 대중음악에 발을 들여놓게 되었다. 할리우드에서 성공을 거둔 그는 〈하늘에서 떨어진 행운Pennies from Heaven〉(1936), 〈스트립Strip〉(1951), 〈글렌 밀러 스토리Glenn Miller Story〉(1954), 그리고 〈상류사회High Society〉(1956) 같은 영화에 잇따라 출연했다. 1950년대와 1960년대에는 미국 국무부의 요청을 받아 '친선대사'의 자격으로 전 세계를 방문하기도 했다. 가나를 방문했을 때는 그곳의 독재자에게 격의 없이 인사를 건네기도 했으며, 수십만 명에 달하는 가나의 재즈 팬들을 위해 콘서트를 여는 등 다양한 활동을 벌였다.

그는 다른 사람들을 기쁘게 하는 일에서 진정한 희열을 느꼈다. 시간이 흘러도 그가 정력적인 활동을 멈추지 않자 일부 몰지각하고 찌그러진 귀를 가진 흑인들은 그를 가리켜 엉클 톰(백인에게 굴욕적인 흑인이라는 뜻)*이라고 비웃었다. 그러나 암스트롱은 원만한 성격의 소유자였다. 루이지애나 주정부가 다양한 인종으로 구성된 밴드가 함께 공연하는 것을 법으로 금지시키자, 그는 1956년부터 거의 십여 년 동안 뉴올리언스에서 공연하기를 거부했다. 앨라배마에서 시민인권운동가들이 가혹한 수난을 당하는 모습을 보고 충격을 받은 그는 "만약 예수가 흑인이 되어 시가행진을 벌였다면 그들은 예수도 구타했을 것이다"라며 울분을 토했다.

어쩌면 그는 화를 낼 줄 모르는 성격 탓에 반대자들에게 비난받았을지 모른다. 그러나 그처럼 풍요의 신의 축복을 받은 사람은 절대 불평을 모르는 법이다. 암스트롱이 큰 재산을 모으지 못했다면, 그건 그가 매니저들의 실망에도 불구하고 부탁을 거절하지 못했기 때문이었을 것이다. 새치모가 눈을 감았을 때 그의 동료이자 재즈의 거장인 듀크 엘링턴은 "그는 가난하게 태어나서 부자로 죽었으며, 평생 동안 어느 누구에게도 상처를 주지 않았다"고 말했다. 그리고 그가 약간 심기증(자신의 건강에 대해 필요 이상으로 염려하는 증세)* 환자여서 무대에 오르기 전에 정체 모를 진정제를 먹었더라도, 그의 친구들은 전혀 개의치 않았다. 왜냐하면 그는 고통받고 괴로워하는 외로운 이들을 위로해 주었기 때문이다.

Jane Addams
제인 애덤스

1860~1935

남북전쟁이 발발하기 1년 전, 일리노이 주의 한 시골에서 태어난 제인 애덤스는 미국의 사회개혁가로서 신생 국가였던 조국의 가장 혼란스러운 시대를 살았다. 피로 얼룩진 내전이 끝나기가 무섭게 산업혁명의 부작용—노동 착취 공장, 아동 노동, 열악한 작업 환경, 절망적인 빈곤—이 미국을 덮쳤고 유럽에서 온 이민자들이 늘어나 도심 빈민층이 확대되었다. 잇따라 제1차 세계대전이 터졌고 경제공황이 그 뒤를 이었다. 부유한 독일계 영국인 부모의 다섯 딸 중 한 명으로 태어난 애덤스는 숨을 거둘 때까지 이러한 사건들로 인해 발생된 문제들을 해결하는 데 헌신했다. 시카고에 자리를 잡은 그녀는 굶주린 이들을 위해 빵을 구웠고, 공정한 노동법률의 제정을 위해 로비를 벌였으며, 여성의 권리 신장을 위해 조직적인 지원을 아끼지 않았다. 또 부모를 따라 퀘이커 교도가 된 그녀는 국제적인 협정을 체결하는 과정에서도 자신의 종교적 신념을 지키고자 노력했다. 그녀는 매력적이었고 외교적 수완이 뛰어났지만 거리 행진과 비판적인 잡지 기사, 그리고 '남성의 영역'을 침범하는 행동 때문에 대통령의 분노를 샀고 언론에서 조롱의 대상이 되었다. 그러나 그녀는 한 치의 오점도 없는 완벽한 도덕성으로 견뎌 냈고, 억제할 수 없는 에너지 덕분에 자신이 지지하는 대부분의 사안들을 더 나은 방향으로 진전시킬 수 있었다.

부유한 공화당 상원의원이었으며 링컨의 친구이기도 했던 아버지가 1881년 갑자기 세상을 떠난 일만 빼면 로라 제인 애덤스의 젊은 시절은 평탄했다. 록퍼드 여자 신학교에서 선교사 준비 과정을 마친 그녀는 필라델피아에 있는 의과대학에 진학했지만 곧 건강상의 이유로 학교를 그만두었다. 그녀는 1883년부터 2년 동안 유럽을 여행하던 중 영국 사회복지기관인 토인비 홀Toynbee Hall을 방문하게 되었고, 그곳에서의 경험은 그녀의 인생을 완전히 바꾸어 놓았다. 그리고 마침내 평생을 같이하게 되는 친구 엘린 게이츠 스타Ellen Gates Starr와 함께 고향에 그와 비슷한

기관을 설립할 계획을 세웠다.

두 사람은 시카고의 웨스트사이드 빈민가에 있는 허름한 건물로 이사했다. 헐하우스Hull House라고 이름 붙인 그곳은 애덤스가 주도한 여러 가지 혁신 운동의 본거지가 되었다. 1889년, 29세의 애덤스는 아무것도 없는 상태에서 활동을 시작했다. 그녀는 중산층 여성과 대학생으로 구성된 단체들을 상대로 단순히 의식주 같은 기본적인 구호 활동을 넘어서 문화의 중심지가 될 성공적인 지역 센터 건립에 참여할 것을 호소하여 동참시켰다. 그곳은 주로 외국에서 태어난 이웃 주민들에게 직업 상담과 진찰, 조언을 제공하기도 했다. 애덤스는 사회문제들을 해결하는 것만으로는 충분하지 못하며, 범죄와 빈곤의 원인을 찾아내는 것 역시 똑같이 중요하다고 생각했다. 그리하여 그녀는 센터 건립 10주년 무렵에 「헐하우스맵스앤페이퍼스*Hull-House Maps and Papers*」를 발간했다. 이것은 그 지역의 주요 사회문제를 연구한 최초의 논문으로, 사회학을 별도의 학문으로 발전시키는 계기가 되었다. 센터는 확장을 거듭했고 1907년에 이르러서는 13채의 건물을 보유하게 되었고 광범위한 사회 · 정치 사업을 벌였다. 애덤스는 지역 자선 사업가들의 적극적인 후원을 받아 기관을 운영했고, 이민 2세대들이 새로운 이민자들에 대해 가지고 있는 적대감을 완화하고 모든 사람이 똑같은 법률적 권리를 누릴 수 있어야 한다는 캠페인을 확대해 나갔다.

애덤스는 헐 하우스에서 지내는 동안 여성 참정권자들과도 교류를 나누었다. 루크레티아 모트Lucretia Mott, 줄리아 워드 호위Julia Ward Howe, 수잔 B. 앤서니Susan B. Anthony, 캐리 채프만 캐트Carrie Chapman Catt 같은 여권 신장 운동가들과 함께 그녀는 시민 문제에 대한 여성의 참여를 요구했으며 여성의 윤리적 감수성과 자상한 성격이 특히 인도주의적 문제들을 해결하는 데 효과적임을 주장했다. 이러한 목표를 구현하기 위해 그녀는 지역 사회를 넘어서 전국적인 활동도 마다하지 않고, 1911년에서 1914년까지 미국여성참정권협회의 부회장직을 수행했다. 제1차 세계대전이 터지자 애덤스는 남녀평등을 주장하는 정치 활동에 평화주의를 접목했고, 1915년에는 헤이그에서 열린 국제여성회의International Congress of Women의 의장으로 활동했다. 국제여성회의 의원들이 본국에서는 전쟁을 지지하는 세력에게 비난을 받고 순진하다며 조롱의 대상이 되고 있었지만, 그녀는 이에 굴하지 않고 중립을 선언한 국가들이 전쟁 당사자 사이의 조정자 역할을 수행할 수 있는 방법을 모색했다. 이를 위해 애덤스를 포함한 비상평화재단 대표들은 윌슨 대통령과의 면담을 추진했지만 그들의 노력은 수포로 돌아가고 말았다. 당시 윌슨 대통령은 평화주의자들의 주장을 전혀 이해하지 못했다.

사실 당시 대다수 미국인은 그들의 의견에 동조하지 않았다. 애덤스의 오랜 동료들은 눈물을 삼키며 윌슨의 14개 조항을 받아들여야만 했다. 법안을 지지하지 않는 그녀의 태도와 미국에 살고 있는 외국인 및 국외 급진주의자들에 대한 기소 반대, 그리고 독일인 전쟁 희생자들을 위한 식량 배급에 앞장서는 활동으로 인해 그녀는 반역자로 매도당함으로써 힘겨운 시기를 보내기도 했다. 그녀의 애국정신에 공개적으로 의문을 제기하는 사람들이 나타났고, 재정적으로 많은 도움을 준 여러 후원자들의 신임을 잃었으며 사회 운동을 함께 했던 동료들을 볼 면목도 없어졌다. 애덤스의 도움을 받아 대통령으로 선출된 시어도어 루스벨트Theodore Roosevelt까지 그녀를 비난하고 나서자 그녀는 정부에 의해 '미국에서 가장 위험한 여성'으로 낙인이 찍혔다. 그녀는 건강상의 문제로 여러 번 어려움을 겪었지만 꾸준히 활동했고 1919년 마침내 평화와 자유를 위한 여성국제연맹Women's International League의 의장이 되었다. 국제연맹이 평화 조약의 무리한 조항들을 조율하기에는 무력하다는 의견이 대두되고 있던 시기에 탄생된 여성국제연맹은 공산주의에 맞설 수 있는 단체로 인정받았다.

애덤스는 1931년에 노벨 평화상 수상자로 선정됨으로써 지지자들의 주장대로 '성녀 제인Sanit Jane'의 부활이 이루어졌지만, 스톡홀름까지 가는 여정도 감당하지 못할 정도로 건강이 악화되어 결국 노벨상 시상식에 참석하지 못했다. 그러나 그녀의 업적과 열정 덕분에 미국 도시 내 공동체의 권익은 한층 향상되었다.

Fred Astaire

프레드 애스테어

1899~1987

샴페인처럼 우아하고 근사했던 프레드 애스테어는 20세기에 가장 성공한 대중 무용수다. 쾌활한 성격과 동시대에 활동한 다른 훌륭한 무용수들과는 비교도 안 되는 민첩함까지 갖춘 애스테어는 영화 속에서 음악과 의상과 동작이 매력적이고 우아하게 하나로 어우러진 시대의 장을 열었다.

본명이 프레더릭 오스터리츠Frederick Austerlitz인 애스테어는 오스트리아의 퇴역 군인으로 네브래스카 주 오마하에 정착한 아버지와 명랑한 성격의 어머니 밑에서 태어났다. 무대 생활을 동경하던 애스테어의 아버지는 그가 태어난 지 얼마 안 되어 어린 프레드와 딸 아델이 무용을 배울 수 있도록 아내와 아이들을 뉴욕으로 보냈다. 프레드와 아델은—그들은 직업상 애스테어란 예명을 사용했다—일곱 살 때까지 고된 보드빌 유랑 생활을 하면서 판에 박힌 무용 공연을 했다. 여러 해 동안 쥐가 들끓는 기차를 타고 다니며 싸구려 호텔을 전전하던 그들에게 마침내 1917년 〈오버 더 탑Over the Top〉을 통해 브로드웨이에 진출하는 행운이 찾아왔다. 그리고 다음 해에는 〈패싱 쇼 1918The Passing Show of 1918〉로 데뷔 이래 최고의 흥행에 성공하게 되었다. 그들은 불과 5년 만에 뉴욕이나 런던을 넘어 전 세계적인 스타의 반열에 오르게 되었다. 〈위드 레이디, 비 굿!With Lady, Be Good!〉(1924), 〈스마일Smile〉(1924), 그리고 최고의 흥행작 〈밴드 왜건The Band Wagon〉(1931)을 통해 그들은 쇼 비즈니스계의 귀족이 되었다. 원래 경솔한 성격이던 아델은 사교계에 발을 들어 놓은 지 얼마 안 되어 1932년에 찰스 카벤디시 공과 결혼한 후 영원히 무대를 떠났다. 이 일로 프레드는 잠시 방황을 하기도 했지만, 곧 마음을 바꾸어 스크린 테스트를 받았다. 이렇게 해서 골드윈 스튜디오 간부가 그에 대해 평한 "연기는 빵점. 노래도 빵점. 약간 대머리에. 그래도 춤은 좀 추네"라는 그 유명한 말이 탄생했다. 그는 이런 부정적인 평가에도 불구하고 첫 영화 〈춤추는 아가씨Dancing Lady〉(1933)에 조안 크로퍼드와 함께 출연했다. 그리고 같은 해에 필리스

리빙스턴 포터와 결혼했다.

종잇장처럼 유연한 몸매의 애스테어는 〈플라잉 다운 투 리오Flying Down to Rio〉(1933)에서 인상적인 연기를 펼친 금발 배우 진저 로저스Ginger Rogers와 처음으로 짝을 이루었다. 그리고 그 다음 해 〈즐거운 이혼남The Gay Divorcée〉에서 스타로 인정받았다. 그 후 두 사람은 17년 동안 10편의 영화에 함께 출연했다. 화면에서 느껴지는 두 사람 사이의 공감대와 전혀 힘들어 보이지 않는 자연스러운 몸동작은—할리우드 고전이라고 할 수 있는 '밤과 낮Night and Day'(〈즐거운 이혼남〉), 그리고 '치크 댄스Cheek to Cheek'(1934년에 발표된 〈톱 햇Top Hat〉)를 포함하여—리허설의 혹독함과 출연진들 사이의 마찰을 덮기에 충분했다. 그들은 매표소의 기적과도 같았다. 캐서린 햅번은 이렇게 주장했다. "그가 그녀에게 무용을 가르쳐 주었고, 그녀는 그에게 사랑을 나누어 주었어요."

완벽에 가까운 그의 타이밍은 가벼운 코미디 작품에 제격이었는데, 여기에는 도시풍의 보디랭귀지와 다양한 얼굴 표정도 한몫을 했다. 아주 빠른 선율에서도 흐트러짐이 없는 몸가짐과, 탭 댄스에서 사교댄스에 이르기까지 대중에게 인기 있는 춤을 모두 소화해 내는 능력으로 그는 모든 이들의 마음을 사로잡았다. 그의 뛰어난 안무 실력은, 춤은 단순히 스텝을 반복하는 것이 아니라 통합된 하나의 목표 또는 이야기를 표현하는 것이라는 신념에서 비롯되었다. 많은 비평가들은 그의 춤을 고급 예술로 보았고, 발레의 거장 루돌프 누레예프Rudolf Nureyev에 견줄 만한 뛰어난 표현력이라고 여겼다.

춤을 추지 않을 때, 그리고 때로는 춤을 추는 동안에도 애스테어는 명랑하고 가냘픈 고음으로 노래를 불렀는데, 그가 입었던 깃털 같은 의상과 너무도 잘 어울렸다. 실제로, 위대한 작곡가 어빙 벌린Irving Berlin은 다른 누구보다도 애스테어에게 자신의 곡을 주고 싶다고 고백했다. 애스테어가 직접 작곡한 〈당신은 나를 실망시켰어요I'm Building Up to an Awful Let-down〉는 1938년 '아메리칸 히트 퍼레이드'에 올랐다.

로저스는 〈버넌과 아이린 캐슬의 이야기The Story of Vernon and Irene Castle〉(1939) 이후 드라마에 전념했다. 한편 애스테어는 여러 여배우들과 함께 영화를 찍었지만, 그들과 깊은 사랑을 나누는 데는 실패했다. 로저스와 헤어진 뒤로도 그는 리타 헤이워드Rita Hayworth와 〈당신은 부자가 될 수 없어요You'll Never Get Rich〉(1941), 〈너무도 아름다운 당신You Were Never Lovelier〉(1942) 같은 잊지 못할 명작들을 찍었으며, 〈홀리데이 인Holiday Inn〉(1942)에서는 애잔한 노래만 부르던 빙 크로스비와 환상의 호흡을 이루었다.

새 파트너를 구할 수 없게 된 데다가, 라이벌이자 그보다 훨씬 체격이 좋은 진 켈리Gene Kelly의 인기가 높아지자 애스테어는 1946년에 영화계에서 은퇴를 선언했다. 그러나 복귀를 바라는 팬들의 성화에 못 이겨 그는 마침내 부상을 당한 켈리 대신 주디 갈랜드와 함께 〈사순절 퍼레이드Easter Parade〉에 출연함으로써 2년 후 다시 영화계로 돌아왔다. 1949년 그는 그간 영화 발전에 기여한 공로를 인정받아 아카데미 특별상 수상자로 선정되었으며, 같은 해에 갈랜드와 함께 〈바클리즈 오브 브로드웨이The Barkleys of Broadway〉를 만들기로 계획을 세웠다. 그러나 가수가 아프다는 이유로 변덕을 부리자 진저 로저스가 그녀를 대신하게 되었는데, 다시 뭉친 두 사람은 또 다시 성공을 연출해 냈다. 2년 후 〈황제의 결혼Royal Wedding〉에서 애스테어는 카메라 조작을 통해 천장 위에서 춤을 추는 장면을 담아 영화사상 가장 획기적인 댄스 장면을 촬영하는 데 성공했다.

1953년 아내가 암으로 투병하고 있는 동안, 그는 유연한 몸매의 시드 카리스Cyd Charisse(미국의 여배우)와 함께 〈밴드 왜건〉을 영화로 만드는 작업에 참여했다. 아내가 두 아이를 남기고 끝내 숨을 거두자, 그는 거의 30년을 재혼도 하지 않고 혼자 지냈다. 이제 무용수라기보다는 배우라는 이름이 더 어울렸던 그는 〈피니언의 무지개Finian's Rainbow〉(1968)에서 아일랜드 깡패로 열연함으로써 신의 경지에 오른 춤을 선보였다. 그러나 이 작품을 끝으로 관객은 다시는 영화에서 춤추는 그의 모습을 볼 수 없었다. 1974년에 그는 〈타워링The Towering Inferno〉에서의 연기를 인정받아 아카데미 최우수 남우조연상 후보에 올랐다. 같은 해에 영화 〈엔터테인먼트That's Entertainment〉가 텔레비전 전파를 타면서 애스테어-로저스 콤비의 영화가 또 다시 대중의 인기를 끌었고, 속편에서는 애스테어가 공동 해설자로 등장했다. 1981년 그는 미국영화협회로부터 공로상을 수상했다.

대중 앞에 나서기를 꺼리고 혼자 있는 시간을 즐기던 애스테어는 1981년에 82번째 생일을 맞았다. 1년 전인 1980년에는 그보다 마흔여섯 살이나 어린 로빈 스미스와 재혼했다. 그는 경마기수였던 아내와 함께 말에 대한 사랑이 각별했다. 애스테어는 나이 차에 대해서는 별로 신경 쓰지 않는 것 같았다. 1987년에 눈을 감은 그는 '20세기의 엔터테이너'라는 명성을 얻기 위해 불굴의 노력을 아끼지 않은 야심가였다.

Woody Allen
우디 앨런

1935~

조지 거슈윈이나 듀크 엘링턴, 또는 막스 브라더스와 마찬가지로 우디 앨런은 미국인의 전형이다. 희극 배우, 작가, 극작가, 연출가, 배우, 심지어 재즈 클라리넷 연주자인 그의 지성과 재치는 모든 작품에 생기를 불어넣는다. 비공개로 촬영되고 개봉일이 될 때까지 제목이 정해지지 않을 정도로 신중하게 만들어지는 그의 영화는 항상 자극적이다. 그리고 일단 세상의 주목을 받게 되면 연기와 감독이 서로 조화를 이룬 걸작으로 평가 받는다. 거금이 투자되었든 유명한 배우가 출연하든 상관없이 지나칠 정도로 독립적인 그는 오래 전부터 자신이 만든 영화에 대해 절대적인 권한을 주장했다. 그의 작품은 지난 30년간 미국에서 제작된 수많은 영화와는 전혀 다른 부류를 형성하고 있다. 그는 영화 속 등장인물에 자신의 시시콜콜한 모습을 비추어 놓는다든지, 자신이 좋아하는 여성상을 주연 여배우로 캐스팅하는 습관이 있었다(그는 자신의 전 부인 루이즈 라서Louise Lasser, 다이안 키튼Diane Keaton, 미아 패로Mia Farrow를 출연시켰다). 이런 취향은 매우 사적인 것이지만 관객에게 친근하고 의미를 내포한 수많은 작품을 만들 수 있는 자유를 허락해 주었다. 아이러니컬하게도, 앨런은 예술적 성취를 통해 실생활과 영화 속 생활을 혼동하는 이런 경향을 잘 처리했다. 그러나 1990년대 중반 대중이 그의 사생활에 지대한 관심을 보임으로써 치명타를 입게 된다.

성공을 하는 만큼 실패하는 영화 속 등장인물과 달리, 우디 앨런은 항상 자신이 선택한 분야에서 신동이었다. 뉴욕 주 브루클린에서 정교를 믿는 유대인 집안에서 태어난 앨런 코니스버그Allen Konigsberg는 아주 어릴 적부터 극장을 도피처로 삼았고, 음악과 미술에 심취했다. 십대가 되자 그는 이모진 코카Imogene Coca, 시드 시저Sid Caesar, 하워드 모리스Howard Morris, 칼 라이너Carl Reiner와 같이 유명한 희극배우들이 나오는 코미디 〈당신을 위한 쇼Your Show on Shows〉의 대필자로 일했다. 그는 부모의 주장으로 대학에 들어갔지만 성적이 나빠 뉴욕대학교와 뉴욕시립

대학에서 모두 제명되었다. 1953년, 대학을 떠난 그는 시드 시저 밑에서 직원으로 일하게 되었다.

1961년 스물여섯 살의 앨런은 텔레비전 코미디를 쓰면서 일주일에 수천 달러를 벌어들였다. 그 후 그는 스탠딩 개그에 관심을 가지게 되었고 전국에 있는 클럽에서 가장 인기 있는 연기자 중 한 사람이 되었다. 앨런이 만들어 낸 등장인물은 1960년대의 불안을 완벽하게 보여 주었다. 그는 작가로서 승승가도를 달리기 시작했고, 그의 우상 S. J. 펄레만 S. J. Perleman의 전처를 밟아 「뉴요커」에 기고했으며 몇몇 짧은 유머집(『복수*Getting Even*』, 『깃털 없이*Without Feathers*』, 『부작용*Side Effect*』)과 희곡 『물을 마시지 마세요*Don't Drink The Water*』(1966)를 발표했다.

코미디와 타이밍에 대한 감각은 일련의 영화에서 드러났고 이에 용기를 얻은 앨런은 다른 분야에 도전했다. 그는 직접 각본을 쓰고 주연한 〈고양이에게 무슨 일이What's New, Pussycat?〉(1965)로 슬랩스틱 코미디의 거장이 되었다. 한편 〈무슨 일이야, 타이거 릴리?What's Up, Tiger Lily?〉(1966)에서는 어설픈 일본 스파이의 목소리를 더빙하면서 정신병 환자의 섬뜩한 목소리를 훌륭하게 연기했다. 1969년에는 〈돈을 갖고 튀어라Take the Money and Run〉에서 각본, 감독, 주연을 맡기도 했다. 1970년대 초까지 앨런은 영화를 통해 자신의 풍자적인 세계관을 계속 확대했다. 번뜩이는 위트와 패러디와 작품에 생기를 불어넣는 짤막한 농담이 어우러진 작품으로는 〈당신이 섹스에 대해 알고 싶었던 모든 것Everything You Always Wanted to Know about Sex〉(1972), 〈슬리퍼Sleeper〉(1973), 그리고 〈사랑과 죽음Love and Death〉(1975)이 있다.

가장 사랑을 많이 받은 작품이자 그가 만든 최고의 작품 〈애니 홀Annie Hall〉(1977)을 통해 대중은 그의 코미디에서 진지한 면을 볼 수 있었다. 시작과 함께 흘러나오는 독백(앨런은 앨비 싱어 역을 연기하면서 그루초 막스, 지그문트 프로이트, 그리고 잃어버린 연인 애니 홀에게 경의를 표했다), 내레이터의 목소리, 영화의 진행을 설명하는 자막을 통해 앨런은 로맨틱 코미디의 틀 안에서 과거와 현재가 서로 어떻게 연결되어 있는지 그렸다. 주연을 맡은 다이안 키튼이 연기한 변덕스러운 와스프WASP(White Anglo-Saxon Protestant. 앵글로색슨계 백인 신교도를 뜻하는 말로 정통적 미국인을 지칭한다)*의 모습은 앨런이 맡은 예민한 유대인 지식인 역과 완벽한 대조를 보였다.

관계와, 관계를 지속하는 것의 불가능함은 〈인테리어Interior〉(1978)부터 〈맨해튼

Manhattan〉(1979)에 이르기까지 앨런이 만든 영화의 주제가 되었고, 자신이 살고 있으며 깊이 사랑하는 도시에 바치는 선물이었다. 거슈윈의 '랩소디 인 블루Rhapsody in Blue'의 선율이 흐르는 가운데 화면을 가득 채우는 스카이라인과 다리들로 암시하는 활기찬 도시의 이미지는 그 안에서 살아가는 사람들의 뒤죽박죽 복잡하게 얽힌 인간관계와 공존한다. 앨런 자신과 다이안 키튼, 마이클 머피, 메릴 스트립, 매리엘 헤밍웨이 등 배우들의 연기가 완벽하게 조화 되도록 하는 연출력은 사랑과 지성이 그려진 달콤 씁쓸한 자화상을 통해 그 빛을 발한다.

1980년대에 들어 앨런은 〈스타더스트 메모리즈Stardust Memories〉(1980), 〈한여름밤의 섹스 코미디A Midsummer Night's Sex Comedy〉(1982), 〈젤리그Zelig〉(1983) 등 매우 개인적인 영화들을 연이어 발표했다. 이미 〈애니 홀〉과 〈맨해튼〉에서 입증되었듯이, 감동적인 여성상을 창조하는 그의 능력은 실제로 주연 여배우인 미아 패로와 새로운 생활을 꾸리면서 꾸준히 발전한 것으로 보인다. 미아 패로는 〈브로드웨이 대니 로즈Broadway Danny Rose〉(1984)에서 껌을 씹어대는 몽상가 역을 훌륭히 소화해냈다. 앨런은 패로가 주연한 두 영화 〈한나와 그 자매들Hannah and Her Sisters〉(1984)과 〈부부일기Husbands and Wives〉(1992)에서 인간관계를 강조하기 위해 희극적인 요소를 배제했다. 앨런은 패로의 양녀와 교제한 일과 그와 관련된 몇몇 법정 싸움이 대중에게 알려져 평판과 경력이 위태로워졌다. 그는 나중에 패로의 양녀와 결혼했다.

앨런은 관객의 수가 감소하는 것에 개의치 않고 〈브로드웨이를 쏴라Bullets over Broadway〉(1994), 〈마이티 아프로디테Mighty Aphrodite〉(1995), 그리고 〈해리 파괴하기Deconstructiong Harry〉(1997)와 같은 훌륭한 작품들을 계속 발표했다. 결국 대중의 인기를 끄는 것은 바로 앨런의 작품들이다. 뛰어나고 독창적인 영화관, 섹스와 죽음과 치유에 관한 잊지 못할 장면들은 인상적인 대화와 인물과 이미지로 가득 차 있다. 그리고 또 그곳에는 앨런이 바라본 뉴욕이 있다. 거리에는 재치 있게 말하고, 이해할 수 없고, 쫓기듯 허둥대며, 냉소적이다가도 낭만적으로 변하는 사람들로 가득하다. 뉴욕은 우디 앨런에 대한 전설을 구성하는 한 부분이다.

Thomas Alva Edison

토머스 알바 에디슨

1847~1931

토마스 알바 에디슨은 우리가 일반적으로 알고 있는 것과는 달리 과학자가 아니었다. 미국이 대량으로 배출한 보기 드문 인물들 중 가장 뛰어난 존재였던 그는 발명가라는 직함이 더 어울렸다. 그는 특허권 최다 보유자로서 1,093개의 특허권을 가지고 있었다. 그는 엉뚱한 사람이었고 지칠 줄 모르는 자기선전가였으며 사람들과 잘 어울리지 못한 염세가였지만 시행착오를 거듭한 끝에 기술공학 분야의 마법사가 되었다. 한마디로, 그는 20세기를 창조했다.

그가 성취한 순수한 기술혁신의 수와 규모만으로도 여타의 천재 과학자들의 업적을 무색하게 만들고도 남는다. 백열전구, 전기 시스템, 축음기, 그리고 영화 카메라 등은 그의 발명품들 가운데 일부에 지나지 않는다. 각각의 발명품은 새로운 산업의 탄생을 가져왔으며, 한 차원 높은 발견을 유도했다. 에디슨은 비록 기존의 발명품을 개선하거나 다른 사람들의 상상력에 기초하여 자신의 천재적 재능을 발휘했지만 풍부한 창의력과 인내심, 그리고 성공을 향한 추진력을 통해 단순히 솜씨 좋은 땜장이 수준을 벗어나 독특한 존재가 되었다.

오하이오 주 에서 일어난 두 번의 혁명에서 2대에 걸쳐 패배자를 지지한 집안에서 태어난 에디슨은(그의 증조할아버지는 미국 혁명 당시 영국당원loyalist으로 활동했고, 캐나다 태생인 그의 아버지는 실패로 끝난 매켄지 폭동Mackenzie Rebellion(1837년에 캐나다의 저널리스트 윌리엄 매켄지가 현재의 온타리오에 공화제 정부를 수립하려고 했던 폭동)*의 주동자였다) 혼자 하는 산업혁명의 승리자가 될 운명을 타고났다. 어린 소년은 연이은 질병 때문에 청력이 약해졌고 그 후로도 이따금씩 찾아오는 질병과 정서 불안 때문에 비록 화학에서는 두각을 나타냈지만 전반적으로 학업 성적이 저조했다. 어린 시절 가족은 그를 '알바'라고 불렀다. 그가 열두 살 되던 해에 아들이 바보라는 생각에 화가 난 아버지는 에디슨이 기차에서 신문을 파는 일을 하도록 허락했다. 에디슨은 1863년부터 1868년까지 이곳저곳으로 옮겨 다니며 전보 회사와 철도 회사

에서 전보기술자로 일했다. 그 와중에도 그는 잊지 않고 근처에 항상 화학 실험실을 마련했다. 1868년에 전보기술자로 일하던 이 무일푼의 청년은 처음으로 실생활에 유능한 발명품을 내놓았는데, 두 가지 메시지를 동시에 보낼 수 있는 전보가 바로 그것이었다. 이어서 그는 전신을 이용하여 주식 가격을 전송하는 증권시세표시기를 발명했으며, 1870년에는 당시 미국에서 산업 연구 분야에 막대한 지원을 해주던 웨스턴 유니온 컴퍼니Western Union Company로부터 그 기계를 발명한 대가로 4,000달러를 받았다. 그는 그 돈으로 뉴저지의 뉴어크에 실험실을 차렸다.

그는 평생 순수 과학자들에게 경멸의 대상이 되어야 했는데, 그들은 에디슨을 '전구 머리를 한 형제'라고 놀렸다. 그는 실용주의자였고 반사회적이었으며 윤리적으로 의심을 받았다. 그는 자신의 박식함을 오직 돈을 버는 데에만 사용했으며, 특히 최대한으로 보상을 해주는 이들을 위해서 일했다. 그는 자신의 후견업체 웨스턴 유니온을 위해 4개의 전보 메시지를 전송하는 '4중 전신기quadruplex'를 발명했다. 그러나 금융업자인 제이 굴드Jay Gould가 중간에 끼어들어 에디슨에게 그 기계를 10만 달러에 넘기라고 제안했다. 경솔하게도 발명가는 굴드의 돈을 받았고 화가 난 웨스턴 유니온은 그를 고소했다. 1876년에 아내의 불평과 만성적인 재무 실패 탓에 심각한 어려움에 빠진 재정 상태를 이기지 못한 에디슨은 뉴저지의 맨로 파크로 실험실을 옮겼다. 1877년, 에디슨은 알렉산더 그레이엄 벨Alexander Graham Bell사의 전화기에 쓸 탄소 버튼 트랜스미터를 개발했다. 전화의 대량 사용을 가능하게 한 이 혁신 기술은 오늘날에도 전화에 사용되고 있다.

그 해에 그는 최고의 발명품이라고 인정받는 축음기를 발명했다. 다른 위대한 발명품들이 그랬듯이 축음기도 우연한 기회에 발명한 것이었다. 종이 실린더 위에 첨필尖筆을 움직이게 함으로써 소리를 글로 바꾸는 방법을 연구하던 에디슨은 기계에서 희미하게 나는 소리를 듣고 깜짝 놀랐다. 큰 업적을 성취하려고 하루 24시간 동안 연구에만 매달리는 성격이었던 그는 목욕하는 시간은 물론 파이와 커피 외에는 먹는 시간까지 줄인 결과 1877년 12월에 한층 개선된 은박지 실린더 축음기를 내놓았다. 당시 축음기에는 그가 직접 부른 〈메리 해드 어 리틀 램Mary Had a Little Lamb〉이라는 노래가 녹음되어 있었다. 깜짝 놀란 세계는 그를 '맨로 파크의 마법사'라고 부르며 극찬을 아끼지 않았다. 그럼에도 불구하고 프랑스의 한 과학자는 그의 발명품을 복화술사의 사기 행위라고 비난했다. 그러나 축음기는 실재했으며, 발명가는 자유의 여신상 머리 안에 축음기를 넣어 놓겠다고 공언함으로써 대중의 관심을 끌었다.

침묵을 소리로 전환하는 데 성공한 에디슨은 이번에는 밤을 낮으로 바꾸는 연구에 박차를 가했다. 식을 줄 모르는 에너지의 소유자였던 그는 당시 과학자들이 가장 어렵게 여기던 전구에 모든 힘을 집중했다. 그는 낮은 저항의 필라멘트를 높은 저항의 필라멘트로 대치함으로써 1879년에 더 밝고 더 오래 탈 수 있는 탄소실 필라멘트 전구를 개발했다. 뒤이어 그는 다른 전기 시스템의 기본 법칙을 고안해 내면서 1882년에 맨해튼의 일부 지역을 환하게 밝히는 데 성공했다. 그러나 에디슨에게도 맹점은 있었다. 그는 자신의 조수 니콜라 테슬라Nikola Tesla가 주장했던 교류 시스템을 끝까지 반대했는데, 이것이 결국 사람들이 더욱 손쉽게 전기를 쓸 수 있는 시기를 늦춘 것이다. 1888년에 그는 자신의 에너지를 더 한층 유용하게 활용하여 초기의 영화영사기인 키네토스코프Kinetoscope를 발명했다. 구멍을 통해 들여다보게 되어 있는 그의 영사기가 기존의 뤼미에르Lumière 형제의 스크린 투사기를 대신하여 이동식 영사기로 인기를 끌고 있을 때, 그는 또 다시 상업적 통찰력을 발휘했다. 그는 다른 사람이 소유하고 있던 투사기에 대한 권리를 사들인 다음 그것을 '에디슨의 최신 걸작품, 비타스코프'라고 선전했다.

에디슨은 가정에는 무심한 남편이자 아버지였다. 그는 집에서 잠을 자는 일이 거의 없었고, 침대보다 실험실 바닥에서 자는 것을 더 좋아했다. 20세기로 접어들면서 그는 새로운 발명품에 매달리는 대신 자신의 발명품을 계기로 탄생된 여러 회사들을 운영하는 일에 더 많은 관심을 보였다. 그러나 제1차 세계대전 중에는 방위 프로젝트의 일원으로 활동했다. 그는 평생 세계인들의 경외심의 대상이었으며 '이 세상에 내가 못 할 일은 하나도 없다'는 확고한 믿음 속에서 살았다. 그리고 그런 믿음은 가히 틀리지 않았다. 그러나 그도 영원한 삶을 가능하게 하는 기계를 발명하지는 못했다. 만약 그런 기계를 발명했다면 그는 아마 21세기에도 발명을 계속했을 것이다.

Sergei Eisenstein

세르게이 에이젠슈테인

1898~1948

소련의 위대한 영화감독 세르게이 에이젠슈테인의 이미지는 그 특징과 역사적 가치에 대해 정확하게 평가받았다. 때로는 너무 잔인한 이미지로 그려지기도 하는 그의 최고의 영화들은 처음 공개된 후로 오랫동안 관객의 마음을 사로았다. 무표정한 군인들이 그 유명한 긴 계단을 무릎을 펴고 다리를 높이 든 자세로 내려오고, 군인들의 행진에 이어 아이 혼자 탄 유모차가 불행을 향해 곤두박질하는 장면이 삽입된 〈전함 포템킨The Battleship Potemkin〉(1925), 온통 전사한 군인들의 시체로 뒤덮인 툰드라의 드넓은 설원에서 사랑하는 사람의 시체라도 찾고 싶은 마음에 손전등을 든 여인들이 뻣뻣하게 굳은 시체들 사이를 뒤지고 다니던 〈알렉산더 네프스키Alexander Nevsky〉(1938), 그리고 숱이 많은 둥근 눈썹이 클로즈업되는 불길한 분위기 속에서 증오에 찬 대귀족들이 위협하듯 서 있는 어두운 복도를 담은 1945년과 1946년의 〈폭군 이반Ivan the Terrible〉 1,2부는 관객의 뇌리에서 한동안 떠나지 않았다.

영화 이론가이자 지성인이며, 소련 공산당의 유능한 선전원이기도 했던 에이젠슈테인은 시각적 체험을 원래의 목표인 예술을 위해서가 아니라 정치적 · 사회적 개혁을 위한 수단으로 사용하는 일에 전념했으며, 전혀 새롭고 예상치 못한 감정적 반응을 일으키는 미학적 형태로 받아들였다. 에이젠슈테인은 그러한 개인적 변용이 가능하다고 믿었다. 영화에는 마르크스주의 이론의 변증법적 유물론을 표현할 탁월한 기능이 있다고 보았기 때문이다. 그는 예술을 갈등으로 이해했으며, 몽타주 기법—두 가지 이미지가 결합함으로써 보는 이의 마음속에 제3의 이미지가 생겨나는 것—을 사용해서 한 장면은 테제로, 그 다음 장면은 안티테제로 만들었다. 그렇게 해서 생겨난 신테제는 보는 사람에게 정치적으로 의미 있는 통찰력을 전달할 수 있기를 기대했다.

에이젠슈테인은 D. W. 그리피스를 숭배하기는 했지만 그의 표현기법들은 모두

할리우드식 사고와는 상당한 거리가 있었다. 공산당 내부에서 자행되는 정적들의 처절한 응징과 만족을 모르는 소련 독재자 스탈린의 파괴적 행동에도 불구하고 에이젠슈테인의 믿음은 결코 흔들리지 않았다. 대중은 실험적이면서도 항상 현실적이었던 그의 예술의 관객이자 영웅이었다(그는 일반인을 배우로 출연시키기를 좋아했다).

라트비아의 리가에서 러시아인 어머니와 독일계 유대인 아버지 사이에서 태어난 세르게이 미하일로비치 에이젠슈테인Sergei Mikhailovich Eisenstein은 기독교 교육을 받았다. 가정의 문화적 분위기는 그의 천재적 재능을 개발하는 데 도움이 되었다. 그는 이미 열 살 때 러시아어, 독일어, 프랑스어, 영어를 유창하게 구사했으며 나중에 일본어도 배웠다. 열일곱 살 되던 해에는 기술자인 아버지를 따라 상트페테르부르크에서 토목공학과 건축학을 배웠다. 그러나 혁명이 일어나자 아버지와 아들은 보수당과 혁명당으로 각각 노선을 달리함으로써 돌이킬 수 없는 반목이 빚어졌다.

전쟁 동안 부대의 심리 전담 부서에서 교육선전 담당관으로 일했던 에이젠슈테인은 전쟁이 끝나자 모스크바에서 자신의 아마추어 연극단을 만들었다. 그리하여 그는 격동기를 맞이한 러시아 아방가르드 연극계에서 혜성 같은 존재가 되었다. 당시 러시아 사회에서는 모든 전통적인 이론도 순수하다고 인정받기 전까지는 결점이 있는 것으로 의심을 받았다. 작가이자 감독이며 세트와 의상 디자이너였던 그는 25세의 나이에 모스크바에 있는 실존주의 연극인들 중에서 최고가 되었다.

그러나 그는 자신이 빠른 이미지 변화를 사용하여 확인한 갈등과 변화의 강도는 오직 필름이라는 매개체를 통해서만 완벽하게 표현할 수 있다고 보았다. 새로운 기술에 제도, 공학 기술, 그리고 건축학적 기술이 보완된 날카로운 통찰력이 더해지면서 그는 모든 영화 제작 과정에 참여했으며, 그가 일평생 영웅으로 삼았던 레오나르도 다 빈치에게 기대한 것과 똑같은 지성과 에너지와 창의력을 가지고 열심히 일했다. 그리하여 1924년에 〈스트라이크Strike〉를 필두로 다음 해에 〈전함 포템킨〉을 발표했다. 그는 〈전함 포템킨〉으로 세계적인 명성을 얻었다. 실패로 끝난 1905년의 혁명을 상징하는 반란군이란 아주 단순한 소재를 이용해, 그는 비평가들의 찬사와 함께 영화 역사상 가장 영향력이 있는 걸작을 탄생시켰다.

공산당이 〈10월October〉(혹은 〈세계를 뒤흔든 열흘Ten Days That Shook the World〉이라고도 함)의 상당 부분을 삭제하라고 강요하자 에이젠슈테인은 1930년에 할리우드로 건너갔다. 그는 파라마운트와 일하고 싶었지만 자신이 기획한 영화를 인정받지 못했을 뿐만 아니라 대외적으로는 정치적 신념 탓에 수세에 몰리게 되었다. 찰리 채플린의 충고를 받아들인 그는 미국의 좌파 작가 업튼 싱클레어Upton Sinclair에게 접근하여 멕시코에 관한 영화를 만드는 데 동의를 받아냈다. 그러나 〈멕시코 만세!Que Viva Mexico!〉로 인해 싱클레어가 인내심의 한계를 드러냈고 미국 세관 관리가 에이젠슈테인의 소지품에서 동성애를 다룬 그림을 발견하자, 스탈린은 외국을 돌아다니는 이 감독을 모스크바로 불러들였다. 한편 모스크바에 도착한 그는 영화 안에서 사회주의 리얼리즘이라는 원칙을 고수하지 못한 것에 대해 정부와 동료 영화감독들에게서 강한 질타를 받아야 했다. 사회주의 리얼리즘의 충실한 대변인이 되기로 마음먹은 감독은 마침내 첫 번째 유성영화 〈베진 초원Bezhin Meadow〉을 촬영해도 좋다는 허락을 받아냈다. 그러나 수개월에 걸친 준비 작업에도 불구하고 최대의 정적이었던 소비에트학파 책임자에 의해 결국 영화 촬영이 중단되었다. 〈폭군 이반〉의 결정적인 성공 후에도 그는 2부에서 야만적인 독재자를 너무 나약하고 우유부단하게 묘사했다는 죄로 기소되었으며, 결국 영화는 상영이 금지되었다.

그는 1948년 심장마비로 사망했고 무한한 창의성의 실패와 미학적 성공으로 점철된 삶도 막을 내렸다. 그는 스탈린의 지나친 주문에 항상 복종했으며 악의적인 박해를 받을 때도 공개적으로 불평한 적이 한 번도 없었다. 공론가의 정확성이라는 이름으로 작품이 훼손되는 것을 허용한 그의 처사에 대해 영화 순수주의자들은 용서할 수 없는 타협을 한 기회주의자라고 비난했다. 과연 그가 다른 길을 선택할 수 있었을까? 촬영기사 네스토르 알멘드로스Nestor Almendros는 사르트르를 거론하면서 인간은 언제든지 자유롭게 감옥을 선택할 수 있다고 말했다. "에이젠슈테인은 영화를 찍지 말았어야 했다. 아니, 최소한 그렇게 잘 만들어서는 안 되었다"라고 알멘드로스는 말했다.

T. S. Eliot
T.S. 엘리엇
1888~1965

토머스 스턴스 엘리엇Thomas Stearns Eliot은 자신이 20세기라는 덫에 걸렸다고 느꼈다. 냉혹한 뉴잉글랜드의 선조들과 부르주아적인 중서부의 교육 환경, 그리고 기분을 상하게 만드는 일상생활에 둘러싸여 있던 그는 모든 것을 묘사함으로써 모든 것을 파괴했다. 하버드대학교 졸업생이자 런던의 로이드 은행 행원이라는 완벽한 조건은 역설적으로 그가 입을 굳게 다물고 있는 과거에 대한 자백이면서 동시에 그의 해방을 의미했다. 그는 현명하게도 이러한 자신의 특징에서 벗어날 수 없다는 것을 알고 자유로운 창작 활동을 위해 차라리 거기에 복종하는 방법을 택했다. 그 결과 통찰력과 혼란을 야기하는 시들이 탄생했고, 온실 속에서 자란 남자의 슬픔에 무게를 둠으로써 현대시의 형성에 기여했다.

어린 엘리엇은 자신이 일반적인 미국인과는 달리 격리된 생활을 하고 있으며 너무도 조심스러운 가정 분위기에 억압받고 있다고 느꼈다. 깨끗하다는 것을 확인하기 전에는 결코 호수 안에서 수영하는 것을 허락하지 않았던 어머니 밑에서 자란 어린 토머스는 고향인 세인트루이스의 빈민촌을 자주 찾아가거나 그가 한 번도 가본 적이 없는 지역을 배회함으로써 부모의 전통에 반항했다. 결국 그의 하버드 입학도 상징주의 시를 접할 수 있는 기회를 제공했다는 점에서 부모에 대한 반항에 일조한 것으로 보였다. 결코 예의에 어긋나지는 않았지만 반감으로 가득 차 있던 이 젊은 청년은 곧 미국을 떠나 프랑스를 거쳐 영국에서 철학 공부를 시작했다. 가족의 실망에도 불구하고 그는 미국으로 돌아와 학업을 끝내기보다 유럽에 머물면서 시 쓰기에 전념했다.

엘리엇은 1915년에 시카고에서 발행된 「시*Poetry*」라는 잡지에 〈J. 앨프리드 프루프록의 연가*The Love Song of J. Alfred Prufrock*〉라는 시를 발표하면서 시인으로 알려지기 시작했다. 〈프루프록〉은 현대시의 전형이 되었으며, 시의 주인공은 그 시절 '우울한 어린 청년'의 상징이 되었다. 그 후 얼마 안 있어 엘리엇은 자신의 시를 출판

해 준 버지니아와 레오나르드 울프 부부의 제자가 되었으며, 미국의 시인 에즈라 파운드Ezra Pound가 그의 대변인이자 편집인을 자처하고 나섰다. 1925년까지 엘리엇은 한 출판사에서 일했는데, 나중에 파버 앤 파버Faber and Faber로 이름을 바꾼 이 출판사에서 간부로 재직했다.

『황무지*The Waste Land*』는 1922년에 발표되었다. 다섯 부분으로 이루어진 이 시는 전쟁의 상처에서 회복 중에 있던 세계의 고독을 순화시키는 내용을 담고 있었다. 당시 엘리엇은 세계인들이 비전과 신뢰, 그리고 영혼까지 상실했다고 보았다. 그는 이 대작에서 영적으로 황폐해진 풍경을 상상했다. "비가 없이 마른 번개"가 쳐대는 그곳에서는 삶이 곧 죽음이고 죽음이 곧 삶이며, 선과 악의 구별이 뚜렷하지 않았다. 성배에 관한 이야기를 바탕으로 하고 있으며 부상당한 피셔 왕이 등장하는 이 시는 제임스 프레이저James Frazer의 『황금 가지*The Golden Bough*』와 제시 웨스턴Jessie Weston의 『의식에서 로망으로*From Ritual to Roman*』에서 영감을 얻었다. 시에 나타난 다양한 문체는 프랑스 상징주의 시와 우파니샤드Upanishads(힌두교 베다 경전의 일부)*, 다양한 중세 작품들, 그리고 영국 형이상학 시에 대한 엘리엇의 백과사전식 지식을 보여 주고 있다. 한 마디로 말해 이 작품은 그가 그동안 읽고 사랑했던 모든 작품을 망라한 것이다. 그는 과거를 바탕으로 완벽한 현대를 그려 냈는데, "폐허를 배경으로" 파편들을 받치고 있는 남자를 그린 절박한 이미지는 현대의 시대 상황을 보여 주는 정수가 되었다.

자신을 둘러싼 문화에 대해 깊은 혐오감을 느끼고 있던 엘리엇은 예로부터 전해 내려온 영국 국교회와 영국 시민권, 그리고 왕권이라는 개념에서 느낄 수 있는 편안함을 온몸으로 받아들였다. 그가 칭찬을 아끼지 않았던 동시대의 시인들과는 달리, 그는 낭만적이거나 보헤미안적인 자유분방함과는 거리가 멀었다. 그는 무척이나 학구적이었으며 어느 모로 보나 부자라기보다는 침착한 학자로 보였다. 그는 기본적으로 금욕주의적 성향을 지니고 있었다. 이러한 그의 특징은 지성에 호소하는 그의 시 안에서 요동치고 있는 세상을 거부하는 브라만 힌두교뿐만 아니라 그의 문학적 취향을 나타내는 고전 정신 속에 잘 나타나 있다.

그러나 절제된 삶을 살았던 그에게도 혼돈의 소용돌이를 발견할 수 있었다. 엘리엇은 때때로 자신의 조국 미국이 '외국 인종'에 의해 오염되고 있다고 비난함으로써 자신의 편협함을 드러냈다. 그의 동료 작가들 가운데 일부는 그의 이러한 폭발은 전직 발레리나로 오랫동안 병석에 누워 있던 아내 비비안 헤이-우드와의 불행했던 결혼 생활에서 비롯되었다고 보았다. 아내를 간호하며 촉망받는 발레리나로 성공하는 일을 포기해야 했던 아내의 고통을 함께 나누기는 했지만, 엘리엇은 아내를 떠날 계획을 세웠다. 그리고 마침내 아내 곁을 떠나 금욕주의자들이 거주하는 성공회 교구에서 은둔 생활을 했다. 그는 아내에게 차갑게 등을 돌림으로써 그녀를 정신이상으로 몰고 갔다는 죄책감을 이기지 못하고 6년 동안 절망적인 자기 부정 속에 살아야 했다. 그러나 은둔 생활은 적절한 선택이었다. 왜냐하면 고통이야말로 시의 원료였으며, 그는 고통을 분석하는 것뿐만 아니라 그 고통을 최대한 완벽하게 되짚어보는 것이 필요하다고 믿었기 때문이었다.

엘리엇은 다작의 작가였으며 다양한 분야에 걸쳐 작품을 발표했다. 그는 비평과 에세이를 썼고 1930년대부터는 『성당의 살인*Murder in the Cathedral*』라는 무운시無韻詩 풍의 신고전주의 드라마를 발표했다. 그리스 비극과 중세 기적극에서 도덕적인 영감을 얻어 발표한 『가족의 재회*The Family Reunion*』은 1939년에 발표 당시 비평가들에게 호평을 받았을 뿐 아니라 상업적으로도 성공을 거두었다. 엘리엇은 당시 활동했던 위대한 문호들과는 달리 특이하게도 대중적인 인기를 누렸는데, 이는 귀족적인 생활을 즐기는 시인이자 극작가에게는 상당한 성과였다. 한편 그는 언제나 논쟁의 대상이었으며, 사후에도 역시 마찬가지였다. 오늘날까지 그의 시 속에 어렴풋이 드러나 있는 반셈족주의에 대한 문학적 논쟁이 가라앉지 않고 있다.

엘리엇은 1948년에 노벨 문학상을 수상했는데, 그것을 계기로 고통에 신음하던 평범한 20세기의 한 남자에 관한 이야기가 갑자기 인기 있는 주제로 급부상했다. 1965년에 그가 눈을 감자 그의 유해는 거의 300년 전에 그의 조상 앤드류 엘리엇이 미국으로 이민을 떠나오기 전에 살았던 영국 서머싯의 이스트 코커라는 작은 마을로 봉송되었다. 힌두교의 윤회 사상을 받아들인 비관주의적 영국 국교회 신자였던 엘리엇에게 그것은 완벽한 피날레였다.

Queen Elizabeth II
엘리자베스 2세

1925~

영국의 위대한 여왕 엘리자베스 2세는 변화를 간절히 바라는 20세기의 전통을 상징했다. 침착하고 강한 의지를 지닌 여왕은 평생 왕실을 위해 헌신했지만, 결국 자녀들이 일으킨 추문 때문에 왕실의 존엄과 명성이 위험에 처하는 것을 목격해야 했다. 아들이자 왕위 상속자인 웨일즈공公 찰스와 요크 공작부인이자 웨일즈 공주였던 며느리는 타블로이드 신문과 폭로성 책들의 감시 아래 살았다. 엘리자베스 여왕은 부정不淨한 찰스와 이혼한 다이애나가 숨은 실권자가 되는 것을 지켜보았다. 국민들 사이에서는 여왕보다 다이애나의 인기가 더 높았다. 그 후 다이애나가 불행한 자동차 사고로 비극적인 최후를 맞게 되자, 여왕과 왕실의 인기는 곤두박질쳤다. 여왕의 손자가 아버지를 밀어내고 왕위를 물려받을 준비를 하고 있다는 소문은 더는 들리지 않았지만, 윈저가家에서 이익이 되는 방법을 강구해야 한다는 의견들이 여러 신문의 일면을 장식했다. 1953년, 자신만만한 스물여섯 살의 나이에 여왕이 된 엘리자베스가 그린 미래는 분명 이런 모습은 아니었다.

엘리자베스 알렉산드라 메리 윈저Elizabeth Alexandra Mary Windsor는 런던 브루튼가街 17번지에서 요크 공작과 그의 아내 엘리자베스 보이스-리옹 사이에 맏딸로 태어났다. 그녀의 아버지이자 조지 6세의 둘째 아들이었던 앨버트 왕자는 원래 왕위에 오를 수가 없었다. 그럼에도 불구하고 엘리자베스와 그녀의 여동생 마거릿은 할머니 메리 왕후에게서 왕실 법도를 배웠다. 그녀는 개인 교습과 말을 돌보는 일을 좋아했다. 그녀는 선박에 이름을 붙이고 병원 개원식에서 리본을 자르면서 왕족의 한 사람으로 살아가리라 생각했다. 그러나 큰아버지가 미국인 이혼녀와 결혼하기 위해 과감하게 왕위를 포기하자, 당시 열 살이던 엘리자베스의 아버지는 제2차 세계대전이 끝날 때까지 정치의 한복판에 들어서게 되었다.

전쟁이 터지자 엘리자베스는 나라에 도움이 될 만한 일을 하고자 했지만 아버지가 허락하지 않았다. 그러던 중 1945년에 가까스로 여성국방군에 지원할 수 있게

된 어린 엘리자베스는 트럭을 운전하는 법과 타이어를 교체하는 법을 배웠다. 언제나 기름범벅이 되어 작업에 매달렸지만, 그녀는 집안의 장녀로서 자신이 이제 추정 상속인이라는 사실을 한시도 잊은 적이 없었다(남동생이 태어날 가능성에 대비해 법정 상속인은 될 수 없었다). 왕위에 오르기 전까지 국사에 전혀 관여하지 않기로 굳게 결심한 그녀의 아버지는 딸에게는 왕위에 오를 준비를 더욱 철저히 시키기로 결심하고 자신의 결심을 실천에 옮겼다. 왕이 재임 중이던 1947년, 엘리자베스는 먼 친척인 필립 마운트배튼 중위와 결혼했고, 그 다음 해 아들 찰스를 낳았다. 그리고 이어서 1950년에는 앤 공주, 1960년에는 앤드류 왕자, 1964년에는 에드워드 왕자가 태어났다.

1952년에 조지 6세가 서거하자, 영연방 순방길에 나가 있던 젊은 공주는 자신의 운명을 받아들이고자 본국으로 돌아왔다. 1953년 6월 2일에 거행된 그녀의 임관식은 역사상 처음으로 텔레비전으로 중계되었다. 엘리자베스는 자신의 남편을 '왕국의 퍼스트 젠틀맨'이라고 선언했으며, 자신과 그녀의 아이들이 '윈저가'임을 선포했다. 이로써 독일인 혈통에서 벗어나려는 왕실의 노력은 계속되었다.

그녀는 여왕의 임무를 수행하는 데 생을 바쳤다. 의회 개원에 참석하고, 세족 목요일Maundy Thursday(부활절 전의 목요일)*을 기념하기 위한 자선 행사를 참여하고, 훈장 수여자 명단을 작성했다. 세례식과 같이 시기별로 연도별로 그들이 존중하는 전통적 유산을 벗어나지 않는 방식으로 행사가 진행되었다. 영국의 불문법에 따라 엘리자베스에게는 실질적인 권력이 허용되지 않았다. 즉, 주권을 가지고 통치하는 존재이긴 했지만 권력을 행사해서 직접 지배하지는 않았다. 그녀와 왕실의 존재는 항상 나라의 안정을 의미하는 빛나는 표상이었으며 의무, 충성, 무욕無慾이라는 미덕의 구현이었다. 그러나 제멋대로인 그녀의 가족이 이 모든 것을 바꾸어 놓았다.

1981년, 찰스가 스무 살의 아름다운 레이디 다이애나 스펜서와 화려한 결혼식을 올렸을 때, 윈저가의 인기는 하늘을 찌를 듯했다. 그리고 12년 후 영국 국민은 왕정 폐지를 심각하게 논의하고 있었다. 1992년에 앤드류 왕자와 결혼한 사라 퍼거슨이 텍사스 출신의 애인과 함께 해변에 있는 모습을 담은 사진이 공개되자 국민의 불평은 최고조에 달했다. 이어서 무관심, 잔인함, 신경성 식욕부진, 폭식증, 그리고 간통과 같은 천박한 추문에 뒤 이어 찰스와 다이애나가 이혼에 합의했다. 윈저가를 휘저은 분노의 불길은 실제로 그 모습을 드러냈다. 윈저궁에 발생한 화재는 값을 따질 수 없는 예술품들을 앗아갔으며 복구 비용으로 최소한 1억 달러가

들었다. 서민들은 자신들이 복구 비용을 부담해야 한다는 사실에 불평을 털어놓았다. 사람들은 윈저가가 세계를 통틀어 손에 꼽는 갑부 집안이며(여왕 개인의 재산만 해도 약 110억 달러에 달했다) 윈저궁이 화재 보험에 가입하지 않은 것은 말도 안 되는 실수였다고 주장했다. 이렇게 되자 여왕은 거액의 복구 기금을 내놓았고 나라에서 받는 1,200만 달러에 달하는 연봉에 대해 세금을 내겠다고 제안했다. 여왕은 의회 연설에서 그 해를 '재앙의 해'라고 불렀지만 이 표현은 전혀 놀랍지 않았다.

왕실 대변인은 대중 매체가 왕실의 이야기를 계속 폭로하는 것을 막을 수 없었다. 엘리자베스 여왕도 불편한 심기를 감춘 채 "우리는 할 말이 없습니다"라는 형식적인 답변을 하는 것 외에 별다른 방법이 없었다. 왕실의 미래에 대해서는 여전히 공개적으로 다양한 억측들이 난무하고 있다. 그러나 21세기가 된 지금 왕실은 조금도 흔들림이 없어 보인다. '한 번도 발을 잘못 내디딘 적이 없는' 엘리자베스 2세의 훌륭한 인품 덕에 왕실의 결속이 유지되고 있다. 그러나 괴로운 처지에 놓인 여왕마저 그들을 떠나고 나면 과연 어떻게 될지 아무도 모른다.

Queen Mother, Elizabeth

엘리자베스 영국 왕모

1900~2002

아돌프 히틀러에게는, 후방에서 국민의 용기를 북돋우는 대영제국의 여왕이 '유럽에서 가장 위험한 여인'이었다. 그러나 반대로 국민에게 여왕 폐하는 제2차 세계대전 동안 보여 준 용기 때문에 영국에서 가장 사랑받은 여성이었다. 적군들에게 포위된 국가를 하나로 단결시키는 상징으로 '퀸 맘Queen Mom'이란 애칭으로 잘 알려진 그녀는 대공습이 감행되는 동안 영국 전역을 누비면서 폐허가 된 집 안에서 망연자실 절망하고 있던 국민을 달래고 병원에 누워 있는 부상자들을 위로했다. 다른 귀족들은 몸을 숨기거나 조국을 버리고 외국으로 달아났지만, 그녀와 그녀의 남편 조지 6세는 국민 곁에 남아 용기와 애국심을 보여 줌으로써 국민을 감동시켰다. 국민과 고통을 함께 나누겠다는 의지를 보인 조지 왕은 국민의 왕으로 불리게 되었으며, 그런 왕을 탄생시킨 숨은 공로자는 다름 아닌 엘리자베스였다.

신이 영국 국민에게 보내 준 구세주로 풍성한 몸매에 이국적인 모자를 즐겨 쓰던 엘리자베스 왕후는 1936년에도 국가의 수호자 역할을 자청하고 나섰다. 당시 왕위 계승 서열 1위였던 에드워드 8세가 갑자기 왕위를 포기함으로써 영국 왕조가 위태로운 상황에 놓였을 때, 왕후는 수줍음 많고 말을 잘 더듬는 남편을 왕위에 앉혔다. 외향적인 성격에 눈부신 매력을 발산하는 왕후는 왕위 계승을 달가워하지 않은 남편을 지지하고 곁에서 보좌함으로써 그를 존경받는 군주로 만들었다. 그녀의 세심한 내조 덕분에 왕실은 국민의 마음을 훈훈하게 만드는 따뜻한 벽난로가 되었다.

1923년 4월 26일에 요크 공작인 앨버트 공과 결혼한 이 품위 있고 매력적인 귀족 여성은 1900년 8월 4일 스코틀랜드 하트포드셔의 세인트 폴 월든 베리에서 태어났다. 스트래스모어 백작 부인의 열 자녀들 가운데 아홉째로 태어난 레이디 엘리자베스 안젤라 마거리트 보이스-리옹은 글래미스캐슬의 가공할 만한 장막에 둘러싸여 성장기를 보냈다. 완고한 빅토리아 여왕이 서거한 지 얼마 되지 않은 때라

품위를 강조하는 시대에 어머니에게 예의범절을 익힌 레이디 엘리자베스는 왕자의 눈에 띄기 전까지는 비교적 조용한 생활을 했다.

앨버트와 엘리자베스가 약혼하기까지의 과정은 두 사람의 성격을 잘 보여 준다. 그녀에게 한눈에 반했으면서도 마음을 털어 놓지 못하고 애태우던 왕자는 직접 그녀에게 구애할 용기가 없어서 친구를 대신 내세웠다. 그러나 엘리자베스는 정중하게 거절하면서 앨버트가 직접 청혼해야 한다고 말했다. 그러자 그가 직접 청혼을 했고 그녀는 아무도 예상하지 못한 이유로 청혼을 받아들였다. "그와 결혼하는 것이 나의 의무였어. 결혼을 한 다음에야 나는 버티(앨버트의 애칭)*를 사랑하게 되었지" 하고 왕후는 나중에 고백했다.

1923년에 그들이 약혼 발표를 하자 몇 가지 이유로 물의를 빚었는데, 엘리자베스의 상속권과도 적지 않게 연관이 있었다. 사실 몇 대를 거슬러 올라가면 그녀는 영국 귀족의 후손이었지만, 왕실의 피가 한 방울이라도 흐르고 있다고 주장할 수는 없었다. 그 결과 평민과 왕족 사이의 결혼은 왕의 동의가 필요했다(거의 250년 만에 처음 있는 일이었다). 조지 5세는 기꺼이 그들의 결혼을 허락했고, 숫기 없는 자신의 아들을 '행운아'라고 추켜세웠다. 웨스트민스터사원에서 결혼식을 축하하는 종이 울려 퍼질 때 그녀는 겨우 스물세 살이었다. 역사적으로 가치 있는 아치형 천장 아래에서 왕족이 결혼식을 올린 것은 5세기 만에 처음 있는 일이었다.

요크 공작부인이 된 레이디 엘리자베스는 두 딸인 엘리자베스와 마거릿이 태어난 후에도 힘든 '가사일'을 직접 해결했는데, 이러한 모습이 영국의 정치 · 문화 모든 면에 영향을 주었다. 완벽하고 사교적인 인물이었던 그녀는 고아들을 돌보고 영국소년단 집회에 참석하며 방계 왕족들의 몫이었던 잡다한 일들을 도맡아 하면서 10년이란 세월을 보냈다. 그러나 왕위 포기라는 사건은 하룻밤 사이에 그녀의 운명을 바꾸어 놓았다. 용기 있는 인물로 익히 알려져 있던 레이디 엘리자베스는 에드워드와 그의 애인 월리스 심슨이 다시는 영국 땅에 발을 들여 놓지 못하도록 조치를 취했다. 정치적으로 빈틈이 없었던 그녀는 훤칠한 외모에 사교적인 성격의 두 사람이 동요하는 왕국을 안정시켜야 한다는 눈앞의 과업을 해결하는 데 걸림돌이 된다는 것을 인식했다. 1936년 12월 10일, 시아주버니가 왕위를 포기하던 바로 그 날 자신의 남편이 왕위를 계승하자 레이디 엘리자베스는 준비할 시간도 없이 새로운 역할을 수행하게 되었다. 그리고 5개월 후, 조지 6세는 아내에게 가터 훈장 the Most Noble Order of the Garter(영국의 최고 훈장)*을 수여했고 두 사람은 곧 왕위에 올랐다.

엘리자베스 왕후는 제2차 세계대전 때 영국 여군의 지휘관으로 변모했다. 그녀는 장갑차를 타고 런던 시내를 누비면서, 때로는 집과 전 재산을 모두 빼앗긴 난민들을 돌보고 때로는 출장 중인 남편의 자리를 대신했다. 그러나 결코 평범하지 않은 이 평민은 항상 위엄을 잃지 않았다. 여성은 다른 사람들의 의욕을 북돋워주는 자태를 잃어서는 안 된다는 평소의 주장에 따라 그녀는 전쟁 내내 단조로운 군복보다는 사복을 입기를 고집했다. 또 그녀는 딸들을 안전한 캐나다로 피신시키자는 의견을 거부함으로써 전쟁에 지친 국민의 지지를 받았다. 그녀는 "공주들은 나 없이는 영국을 떠날 수 없어요. 나는 왕과 함께가 아니라면 조국을 떠날 수 없어요. 왕은 어떤 경우라도 조국을 버리지 않을 겁니다"라고 선언했다.

1952년에 남편이 사망하자 비탄에 잠겨 있던 여왕은 맏딸이 왕위에 오르자 새로운 역할을 수행하게 되었다. 전보다 더욱 평범한 귀족이 된 영국 왕모는 자신에게 부여된 두 번째 소명을 발견했고 승마와 연어 낚시, 그리고 진gin(호밀 등으로 만든 독한 술)*을 즐기는 새로운 취미 생활을 통해, 「런던타임스*London Times*」가 '저속함의 연속'이라고 혹평했던 답답한 궁정 생활에 활기를 불어넣었다. 왕모는 우아한 클래런스하우스(런던에 있는 엘리자베스 여왕의 저택)*에서 지내면서 안정의 근원이 되었다. 그리고 재임 기간 동안 위엄 있고 인간적으로 보이고자 노력한 왕실의 상담자가 되었다. 종종 농담 삼아 '회사'라고 불리던 인정 많은 가족이 지난 10년간 서서히 몰락하자 왕실에 충실한 사람들은 윈저가의 귀족들이 말다툼과 사소한 실수를 비밀로 덮어 두었던 때를 그리워했다. 그들은 왕실 안뜰에 격자무늬 옷을 입은 파이프 연주자의 감동적인 연주가 엄숙하게 울려 퍼지는 가운데 영국 왕모의 남편 같은 국왕들이 아침 면도를 하던 때를 그리워했다.

Duke Ellington
듀크 엘링턴

1899~1974

20세기의 가장 위대한 재즈 음악가이자 가장 많은 작품을 발표했던 이 재즈 작곡가는 비평가들이 자신의 음악을 '재즈'라고 부를 때면 종종 화를 내곤 했다. 그는 택시 뒷좌석에 앉아 머리를 끄덕거리면서 휘갈기듯 써내려 간 복잡한 관현악곡은 말할 것도 없고, 풍부한 음색으로 짜인 많은 곡들과 브로드웨이 쇼를 음악을 작곡했으며, 〈살인자의 해부Anatomy of a Murder〉와 같은 기억에 남을 만한 영화 음악을 만들었다. 그런 만능 음악가 듀크 엘링턴에게 '재즈'라는 단어는 자신의 음악을 표현하기엔 너무도 역부족이었다. 엘링턴의 음악은 1920년대 말 뉴욕 할렘의 전설적인 코튼 클럽Cotton Club 활동을 시작으로 그가 음악 활동 초기에 선보였던 '정글 비트'의 폭발적인 에너지부터 온화하면서도 감각적으로 세련된 블루스 음악, 그리고 그가 깊은 감명을 받았던 위엄 있는 예배 음악에 이르기까지 그 범위가 너무도 광대해서 하나로 분류하기가 힘들다. 그의 음악적 비전 역시 마치 한 폭의 파노라마 같아서 하나의 제목을 붙이기가 힘들었다.

한 비평가가 열광적으로 말한 것처럼 이렇게 파도가 넘실거리는 광대한 바다에서 듀크 엘링턴 오케스트라가 탄생되었다. 단정하면서도 화려한 이 오케스트라는 오페라 극장 라 스칼라에서 연주할 수 있을 만큼 우아했으며, 그 시대의 가장 탁월한 기악 연주가들 가운데 상당수를 포괄하고 있을 만큼 규모가 방대했다. 실제로 색소폰 연주자 자니 호지스와 해리 카니, 베이스 연주자 지미 블랜튼, 트롬본 연주자 로렌스 브라운, 클라리넷 연주자 바니 비가드와 조 트리키 샘 낸턴, 그리고 트럼펫 연주자 쿠티 윌리엄스가 그의 오케스트라에서 활동했다.

엘링턴의 빅밴드는 장장 56년 동안 이런저런 반목과 한 차례의 충격적인 침체 위기, 그리고 거의 일 년 내내 계속되는 철야 공연을 통해 결속을 다지며 유지되었다. 그들은 비밥, 딕시랜드, 로큰롤, 그리고 〈무드 인디고Mood Indigo〉, 〈고독Solitude〉, 〈돈 겟 어라운드 머치 애니모어Don't Get Around Much Anymore〉, 〈새틴 돌

Satin Doll〉 같은 엘링턴의 고전적인 곡들을 넘나들며 활동했으며, 그 궤적 속에서 음악 역사상 가장 아름답고 지적인 음악을 남겼다. 흔히 무성한 사운드로 묘사되는 이 빅밴드의 음악은 강력함과 정교함을 겸비하고 있었다. 그들의 음악은 따뜻하고 격렬하고 재치가 넘치는 엘링턴의 작곡이 독창적으로 조합된 것이었다. 또한 거기에는 은은한 색소폰 소리와 울부짖듯이 연주하는 금관악기 소리가 격렬한 상호작용을 통해 만들어 내는 일종의 덜거덕거리는 즐거움이 곁들어져 있었다. 세련되고 다재다능한 엘링턴은 선율을 중요시하는 작곡가이자 편곡자, 수석 지휘자, 그리고 종종 난폭한 모습을 드러내는 거장 연주자 집단의 스승 역할을 하면서 개별 악기 연주가들의 '음악적 개성'을 감안해서 작곡했으며, 복잡하지만 응집력을 갖춘 조화로운 음악을 탄생시켰다. 한편 그 자신은 피아노뿐만 아니라 오케스트라에 사용되는 악기들을 모두 연주할 줄 알았다. 오케스트라는 이 영리한 천재가 자신의 천재성을 표현할 수 있는 확고한 수단이었으며, 사람들에게 금세 친근하게 다가오는 사운드와 정서는 1,000여 곡이 넘는 작품들과 함께 그가 남기고 간 풍부한 유산의 한 부분이었다.

큰 키에 단정함을 잃지 않았던 이 연주가는 그 자신의 음악처럼 모든 면에서 순조로웠다. 단 한 가지 심기증 증세를 보였다. 그는 매주 적어도 한 벌의 양복을 구입했으며 바지 아랫단은 정확히 4인치 두께로 접어서 입을 만큼 화려한 의상을 즐겼고 훌륭한 매너에 특히 여성들을 대하는 태도가 일품이었다. 그는 고등학교 학생이던 열아홉 살에 한 첫 결혼이 실패로 끝나자 혼자만의 생활을 즐겼는데, 다정하고 재미있는 성격이었지만 동료 음악인들과는 그리 잘 어울리지 못했다. 다만 빌리 스위트피 스트레이혼만은 예외였다. 동료 작곡가이자 창의력의 화신이라고 할 수 있는 스트레이혼은 왕초(밴드 단원들은 엘링턴을 이렇게 불렀다)와 보통 새벽녘까지 어울러 다니면서 〈테이크 더 에이 트레인Take the A Train〉 같은 고전적인 곡이나 나중에 밴드의 주제곡이 되는 〈러시 라이프Lush Life〉 같은 곡을 탄생시켰다. 엘링턴은 스트레이혼이 그에게는 또 다른 자아 같은 존재냐는 질문에 대해 "빌리는 그저 내 오른팔이고 왼발이며 눈이고 위이고 귀이고 영혼일 뿐이지 나의 자아는 아니다"라고 대답했다. 그의 대답에서 두 사람이 얼마나 각별한 사이인지 짐작할 수 있다.

어린 시절 에드워드 케네디 엘링턴Edward Kennedy Ellington(엘링턴의 본명)*은 집에 있던 가족 연주용 피아노를 통해 사람들이 "재즈"라고 부른 음악의 기초를 익혔다. 그는 자서전에서 부모에 대해 "나를 애지중지 키웠으며, 나에게 필요하다고 생각되는 것은 무엇이든지 다 해주셨다"고 회상했다. 일곱 살 때 엘링턴은 음악 수업을 시작했으며, 그 뒤 자신의 고향 워싱턴 인근의 내기 당구장과 클럽에서 사람들 무리에 섞여 올리버 독 페리의 익살스러운 래그타임(초기 재즈의 한 요소가 되는 피아노 연주 스타일)* 연주를 들으며 섬세한 하모니와 리듬 구조를 익혔다. 그는 수채화를 그리는 데도 재능이 있었지만 밴드를 조직하기 위해 미국유색인지위향상협회가 주는 뉴욕 프랫 인스티튜트 장학금을 거절했다. 얼마 뒤 그의 오케스트라는 특별히 제작한 두 대의 침대차를 나누어 타고 전국 순회공연을 떠났다.

워싱턴 출신 밴드 '듀크 엘링턴과 그의 오케스트라'는 1927년에 할렘 르네상스의 상징이 된 유명한 야간 업소 코튼 클럽에서 주목을 받기 시작했다. 전국적으로 유명해진 밴드는 CBS 방송 전파를 탔고 유럽의 여러 도시에서 공연했다. 또한 엘링턴의 독창성이 절정에 이르렀던 1930년대 말과 1940년대 초에는 드디어 할리우드까지 진출했고 〈쉬 갓 허 맨She Got Her Man〉(1935)과 〈더 히트 퍼레이드The Hit Parade〉(1937) 같은 영화에 출연했다.

1930년대에 엘링턴은 긴 교향시와 선법 작곡, 협주곡 등을 실험적으로 시도했다. 1943년에 그는 〈블랙, 브라운 앤드 베이지Black, Brown, and Beige〉라는 모음곡으로 카네기홀에 데뷔했다. 아프리카계 미국 흑인들의 체험에 대한 진지하고 감동적인 명상을 담고 있는 이 곡의 주제는 〈블랙 뷰티Black Beauty〉 같이 다른 작품에서도 반복적으로 등장했다. 나이를 모르고 살았던 그는—그가 "인격의 축적"이라고 불렀던 눈 밑의 처진 살만이 그의 나이를 말해 주었다—1950년대와 1960년대에도 왕성하게 활동했다. 그의 유일한 사치는 자신이 작곡한 곡을 즉석에서 자기 오케스트라의 연주를 통해 듣는 것이었다.

엘링턴은 매일 성경을 읽고 엄격하게 금주를 실천했던 사람으로 종교 음악을 자기 음악 인생에서 가장 어려운 도전으로 생각했다. 1969년에 샌프란시스코의 그레이스 대성당에서 〈인 더 비기닝, 갓In the Beginning, God〉을 연주했던 일은 그에게 하나의 모험이었다. 그는 전 세계 관객에게 아프리카계 미국 흑인 문화의 감정적 깊이를 전달할 의무가 자신에게 있다고 느꼈다. 이처럼 자신이 스스로 정한 두 가지 의무를 성공적으로 이행함으로써 말년의 엘링턴은 이전보다 더 위대한 음악의 거장으로 성장했으며 자신의 음악을 통해 자신의 민족에 대해 이야기하는 불후의 권위자로 남게 되었다. 그가 항상 말했듯이 관객의 것이며, 오직 관객만의 것인 음악을 통해서.

Jacqueline Kennedy Onassis

재클린 케네디 오나시스

1929~1994

오랜 시간 동안 그녀는 왕위가 없는 나라의 명백한 여왕이었다. 역대 대통령 중 가장 어리고 미남이며 카리스마 넘치는 미국의 대통령과 결혼한 재클린 부비에 케네디Jacqueline Bouvier Kennedy는 신화 시대에 나올 법한 완벽한 아내였다. 좋은 집안 출신에 우아한 자태를 지녔고, 거기에 경쟁 관계에 있던 영화배우들만큼이나 매혹적이었던 재키는 백악관의 안주인으로 나무랄 데가 없었으며 당대 여성의 역할 모델로 인정받았다. 그러나 그녀의 인생에서 화려했던 시절은 미국 역사상 극히 암울했던 시기 중 하나였다.

재클린은 1929년 7월 28일 뉴욕 사우스햄프턴에서 '블랙잭'으로 알려진 월스트리트의 수완가 부비에와 그의 아름다운 아내 자넷 리 사이에서 태어났다. 경제 불황 탓에 가세가 기울자 가족은 뿔뿔이 흩어졌다. 재클린의 우상은 멋지고 쾌활한 아버지와 말馬이었다. 그러나 부비에의 아버지로서 자식에 대한 소유욕과, 전처의 새 남편인 갑부 휴 오친클로스에 대한 질투심과, 자넷과의 끊임없는 불화 등이 결합되어 결국 재키는 겉으로 보이는 침착한 모습과 달리 정서적으로 심한 불안감에 시달려야 했다.

1947년에 뉴포트에서 데뷔한 후 그해 사교계의 새로운 인물로 지목된 재클린은 바서대학교를 졸업하고 유럽으로 건너가 그르노블대학교와 소르본느대학교에서 공부했다. 그리고 이어서 1951년에 조지워싱턴대학교에서 공부를 끝마쳤다. 안락한 삶을 위한 이들의 모임인 사교계에 발을 들여놓은 그녀는 「워싱턴타임스헤럴드*Washington Times-Herald*」의 취재 사진 기자라는 적절한 직업을 선택했으며 와스프WASP의 최상류사회 출신에 속하는 월스트리트 브로커와 약혼했다. 그러던 중 1952년에 워싱턴에서 열린 한 디너 파티에서 재키는 거부할 수 없는 매력을 지닌 존 피츠제럴드 케네디를 만났다. 신참내기 국회의원이자 전쟁 영웅이었으며 백악관 입성을 꿈꾸는 자부심 강한 이 정치인은 플레이보이였던 재키의 아버지를 그대

로 빼닮은 사람이었다. 사람들은 케네디가 바람둥이라며 조심하라고 충고했지만, 그녀는 "남자들은 다 그래요" 하고 대답했다. 1953년 9월 12일 3,000명의 구경꾼들이 길거리에서 경찰 저지선을 밀치고 있는 상황에서, 그녀는 900명의 하객들이 지켜보는 가운데 혈기 넘치는 케네디 가문의 가족이 되었다. 블랙잭 부비에는 술에 취했고, 결혼식을 망칠지도 모른다는 걱정 때문에 딸의 손을 잡고 복도를 걸어가는 아버지 역할을 맡을 수가 없었다. 그러나 결혼식과 재키의 인생은 예정대로 진행되었다.

8년 후 케네디는 자신의 야망대로 대통령이 되었고, 재클린은 자연히 미국의 퍼스트레이디가 되었다. 그녀가 남긴 가장 자랑스러운 유산은 언론에도 대대적으로 소개한 백악관 복원 계획이었다. 여기에는 백악관의 신뢰성에 초점을 맞추겠다는 그녀의 의도가 깔려 있었다. 그 결과가 텔레비전을 통해 소개되자—그녀가 직접 백악관을 안내하며 설명했다—그녀를 혹독하게 비판하던 비평가들도 그녀의 업적을 인정하고 모두 입을 다물었다. 백악관에 카멜롯(아더왕의 궁궐이 있다는 전설의 마을)*의 분위기가 물씬 풍기게 하는 동안(재키가 사소한 부분까지 직접 신경 쓴 덕분이었다), 그녀는 앞서 백악관의 안주인이었던 다른 퍼스트레이디들과 달리 예술계의 후원자가 되었다. 케네디가의 여자들은 그녀의 특이한 목소리와 점잔 빼는 듯한 행동에 대해 흉을 보았겠지만, 눈부신 아름다움과 지적인 큰 눈을 가진 그녀는 더욱 고결한 자태를 지니도록 교육받은 인물처럼 보였다. 그녀가 입은 옷은 전국에서 유행했다. 한편 사치스러운 소비 습관은 남편의 화를 돋우는 원인이 되었다. 그러나 케네디는 아내의 인기와 힘을 존중했는데, 한번은 자신을 "재키 케네디의 남편"이라고 비꼬듯 소개하기도 했다.

결혼 생활은 동화 속 이야기와는 거리가 멀었다. 재키는 케네디와 관련된 추문에 대해서는 침묵으로 일관했다. 1956년 첫 아이를 사산했을 때, 재키는 지중해의 한 요트에서 친구들과 함께 슬픔을 달랬다. 피아트 자동차 회사의 상속자로 재키의 이탈리아 여행을 에스코트하고 있던 바람둥이 지아니 아넬리의 요트 위에서 그녀가 맨발로 춤을 추는 사진이 신문에 실리자, 그녀는 자신이 가진 것의 일부를 포기해야 했다. 그러나 국가의 위기 상황들이 케네디 부부를 더욱 가깝게 만들어 주었다. 피그만Bay of Pigs 침공이 대실패로 끝나고 쿠바의 미사일 위기가 대두되자 재키는 남편 곁에 서 있을 기회를 얻었으며, 아들 패트릭이 태어난 지 이틀 만에 죽자 남편은 절망한 아내를 위로했다.

그러나 미국인이 재키를 영원히 흠모하게 된 계기는 남편이 저격당한 후 고통의 나날을 보내면서 보여 준 의연한 모습 때문이다. 1963년 11월 22일 몇 번의 총성이 울린 뒤 재키는 세련된 여성으로서의 예절과 교양, 그리고 대단한 용기를 보여주었으며 이미 그녀의 특질이 된 위엄을 통해 미국을 단결시켰다.

1968년 시동생인 로버트 케네디가 암살되자 신변의 위협을 느끼고 조국을 떠나기로 마음을 굳힌 재키는 그리스의 선박왕 아리스토틀 오나시스Aristotle Onassis와 결혼함으로써 미국을 깜짝 놀라게 했다. 그러나 몇 년 후 오나시스가 엄청난 유산을 남기고 사망하자 타블로이드판 신문들이 붙인 '재키 O'란 이름도 그리 오래 가지 못했다. 그녀는 문학적 재능을 십분 발휘하여 출판 편집자로 일하며 별 무리 없이 개인적인 삶을 즐겼다. 가끔 센트럴파크에서 산책을 하거나 10년 넘게 알던 친구인 금융업자 모리스 템플즈먼과 함께 자연보호를 위한 경축 행사에 참가하는 모습이 공개되는 정도였다. 이런 와중에도 그녀는 유명인사를 가만두지 않는 세상에서 두 아이 캐롤라인과 존을 지키기 위해 최선을 다했다.

1994년 5월 19일, 그녀는 64세의 나이로 임파선암 앞에 무릎을 꿇었다. 맨해튼에 있는 그녀의 아파트 밖에는 미국인에게 슬퍼하는 법을 가르쳐 준 여성에게 애도를 표하는 조문객이 끊이지 않았다. 상을 당한 미국은 알링턴국립묘지의 케네디 대통령 옆에 그녀를 안장했다. 한 시대의 틀을 만든 여성이 죽자 그 틀도 조용히 무너져 내렸다.

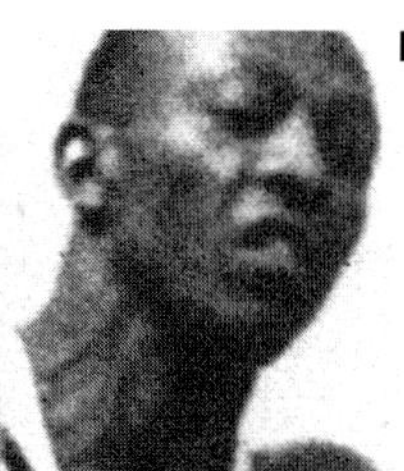

Jesse Owens

제시 오언스

1918~1980

"황금의 순간." 1936년 베를린 올림픽에서 20세기 최고의 운동선수였던 제임스 클리블랜드 오언스James Cleveland Owens는 자신의 놀라운 승리를 이렇게 불렀다. 아홉 살부터 제시라는 이름으로 불렸던 그는 스물두 살의 나이로 100미터, 200미터 멀리 뛰기, 400미터 계주에 출전해서 미국에 4개의 금메달을 안기며 올림픽 역사를 다시 썼다. 그리고 올림픽을 통해 전 세계에 아리안 민족의 우수성을 알리려던 아돌프 히틀러의 노골적인 선전 활동을 조용히 잠재웠다. 아프리카계 미국인 선수였던 그가 시간, 중력, 동료 선수들, 그리고 나치의 고집을 극복하고 쟁취한 승리는 신이 경쟁자에게 허락한 것과 똑같이 완벽한 것이었다. 그러나 그는 괴로움과 슬픔이 공존하는 그 승리의 아이러니에 대해서도 충분히 이해하고 있었다. "내가 처음 미국에 갔을 때, 나는 버스 뒷자리에 앉거나 뒷문을 이용해야 했다. 그런데 지금이라고 뭐가 다른가?" 한 가지 다른 것이 있다. 히틀러 치하의 독일에 있었더라면 오언스는 전혀 기회를 잡을 수 없었을 것이다. 인종을 차별하던 1930년대의 미국에서 그는 작은 기회를 잡았다. 낙관적인 성격과 강철 같은 의지를 지닌 이 위대한 스프린터는 그 기회를 손에 쥐고 달렸다.

앨라배마 주 댄빌에서 가난한 소작농 헨리 오언스와 엠마 오언스 부부의 십일 남매 중 일곱째로 태어난 오언스는 호흡기에 이상이 있는 병약하고 비쩍 마른 아이였다. 그는 교실이 단 한 개뿐인 학교에서 공부를 했는데, 어른이 되어 연설가이자 재담꾼으로 성공한 후 그는 어린 시절에 관한 이야기를 꺼낼 때마다 학교를 점점 더 초라하게 묘사했다. 어린 시절, 오언스는 학교나 가게에 갈 때는 물론이고 어디든지 뛰어다녔다. 그것이 큰 꿈을 가진 가난한 소년이 남보다 훌륭한 선수가 되기 위해 할 수 있는 유일한 개인 훈련이었다. 오언스는 대학교에 들어간 후 비로소 큰 꿈을 갖게 되었다. 제1차 세계대전이 발발하고 얼마 안 있어 오언스의 가족은 오하이오 주 클리블랜드로 이사했고, 군살 하나 없는 날씬한 몸매를 지닌 이 십

대 학생은 고등학교의 트랙 스타가 되었다. 그가 오하이오주립대학교에 가겠다고 선언하자, 아버지는 분수를 모르는 흑인들의 이야기를 들려주면서 걱정을 했지만 아들에 대한 믿음이 강했던 엄마는 기쁜 마음으로 그를 격려해 주었다.

그는 뛰어난 재능을 가진 트랙 선수였으나 당시 오하이오에서는 KKK단이 활동을 재개하고 있었기 때문에 학교는 그에게 체육 장학금을 줄 수가 없었다. 그는 수업료를 벌기 위해 음식점에서 웨이터로 일해야 했지만 확고한 결심을 마음에 새기고 있었기에 어떤 모욕도 참을 수 있었다. 심지어 육체적 고통도 그에게는 문제가 되지 않았다. 1935년에 오하이오 육상대회에 참가한 그는 심각한 등 부상에도 불구하고 45분 만에 세계 신기록을 세 개나 수립했다(멀리뛰기, 220야드 달리기, 220야드 허들 경기). 이런 뛰어난 활약으로 그는 1936년에 미국 올림픽 팀에 발탁되었고, 베를린에 있는 쿨투르플라츠 경기장에서 벌어질 결전에 대비해 한창 훈련 중이던 올림픽 대표팀에 합류했다.

나치는 미국의 인종차별을 교활하게 조롱하고 아돌프 히틀러가 소집한 무적함대의 대승을 예언하는 선전 활동에 열을 올리고 있었다. 또한 독일의 위대한 영도자는 세 명의 추종자 헤르만 괴링, 요제프 괴벨스, 그리고 하인리히 힘러를 대동하고 직접 스탠드에 나와 경기를 관람했다. 그러나 오언스가 100미터 달리기에서 금메달을 따면서 독일인의 불운이 시작되었다. 다음 날 오언스는 멀리뛰기에 출전했는데, 결승에서 독일의 다크호스 루츠 롱Luz Long과 금메달을 놓고 맞붙게 되었다. 그러나 마지막 도약에서 오언스는 26피트 5와 1/2인치(약 7미터 7센티미터)*를 기록함으로써 25년간 유지되어 온 세계 기록을 갈아 치웠다. 진정한 스포츠맨이었던 루츠—오언스와 루츠는 막역한 친구 사이였다—는 오언스의 대기록을 축하하는 뜻에서 오언스의 어깨에 팔을 두른 채 화가 난 히틀러가 앉아 있는 내빈석 앞을 함께 걸어가는 멋진 모습을 보여 주었다(그것을 마지막으로 오언스는 다시는 루츠를 만나지 못했다. 루츠는 제2차 세계대전 때 독일군으로 참전했다가 시실리에서 전사했다. 그러나 오언스는 전쟁이 끝난 다음 다시 독일로 찾아가 친구의 미망인과 아들을 위로했다). 독일 군중의 함성이 끊이지 않는 가운데 괴벨스에게서 '흑인 미국 지원군'이라는 비웃음을 산 그는 그 다음 열린 200미터 달리기에서 신기록을 수립했다. 이제 미국이 극적인 결정을 할 순간이 찾아왔다. 마지막 순간 미국팀은 팀에 딱 두 명 있던 유대인 선수들을 빼고 대신에 오언스와 마켓대학교 출신의 아프리카계 미국인 랄프 멧칼프Ralph Metcalfe를 기용했다. 이 선택을 하게 된 동기에 대해서는 지금도 의견이 분분하지만 그 결과만은 확실했다. 첫 번째 주자로 달린 오언스는 네 번째 금메달과 함께 또 한 번 세계 기록을 갱신하며 미국팀에게 승리를 안겼다. 경기 내내 화가 난 히틀러는 오언스가 이룬 놀라운 성과를 인정하려고 하지 않았으며, 시상식이 거행되는 도중에 경기장을 떠나는 추태를 부렸다. 그러나 나중에 오언스는 경멸하는 사람과 악수를 해야 하는 끔찍한 상황을 모면할 수 있게 해준 히틀러에게 오히려 감사한다고 말했다.

오언스는 상상할 수 있는 것 이상의 것을 이루었다. 그러나 미국으로 돌아온 그는 프랭클린 D. 루스벨트 대통령 역시 히틀러와 마찬가지로 자신과 악수를 나눌 마음이 조금도 없다는 것을 알았다. 단지 돈을 벌기 위해 여러 해 동안 개와 말, 심지어 자동차를 대상으로 달리기 쇼를 벌였던 오언스는 순회 흥행쇼에 없어서는 안 될 존재가 되었다. 그러나 오언스는 육상 선수에게는 환갑의 나이나 다름없는 35세까지 힘든 경기를 계속하다가 110미터를 9.7초대 이하로 달릴 수 없게 되자 달리기를 그만두었다. 그는 말년에 시카고 시 홍보 전문가로 성공하여 경제적인 문제를 해결했다. 말솜씨가 좋았던 그는 미국 전역을 돌면서 시민의 권리, 인종, 그리고 스포츠에 대해 달변을 토했다. 그는 자신의 달리기 비법은 달리는 동안 숨을 멈추는 것이었다고 털어 놓았다. 그러나 아이러니컬하게도 어린 시절부터 담배를 하루에 한 갑씩 피우는 습관을 버리지 못한 그는 폐암에 걸렸고, 결국 그 때문에 67세의 나이로 눈을 감았다.

Georgia O' Keeffe
조지아 오키프

1887~1986

98년이라는 긴 삶을 산 화가 조지아 오키프의 인생의 후반부는 모든 면에 있어서 고도로 양식화되어 있으며 우아한 심미가적 삶이었다고 정리할 수 있다. 여기에는 단정하게 뒤로 빗어 넘긴 머리, 단색의 긴 키모노, 탈색된 뼈와 세파에 찌든 바위들로 장식된 휑한 어도비 벽돌집 등이 포함된다. 그리고 그 모든 것이 그녀의 사랑하는 뉴멕시코 사막과 시각적으로 조화를 이루고 있었다. 광활한 뉴멕시코 사막이 빚어내는 고독은 그녀 예술에 시적 엄격함을 제공했다. 오키프는 그런 거친 세계의 엄격한 아름다움 속에 빠져들어 냉혹한 풍경으로부터 유령 같은 소 두개골과 고독한 십자가들, 그리고 끊임없이 변화하는 페더널 산의 수많은 표정들을 만들어냈다. 푸른빛과 보라색이 절묘한 조화를 이루고 있는 산봉우리는 그녀의 것이었는데, 언젠가 그녀는 "신께서 내가 멋지게 칠할 수만 있다면 그 산을 가져도 좋다고 하셨다"라고 자랑했다.

오키프는 20대 초반에 낡은 모델-A 포드 자동차를 몰고 메마른 평지를 정신없이 달리다가 이 사막을 발견했다. 오묘한 색조와 기괴한 식물들에 대해 알게 된 그녀는 자기만의 독특한 스타일을 개발했다. 그리하여 추상과 구상 사이를 왔다 갔다 하는 단순하고 장중한 형체, 흐르는 듯 깔끔한 선, 그리고 암갈색과 짙은 오렌지, 핏빛, 그리고 자줏빛이 도는 갈색들이 주조를 이루는 가운데 가끔 핑크색과 노란색, 밝은 파란색으로 충격을 주는 독특한 색채 구성이 탄생되었다. 과감하면서도 상당히 독특한 매력을 지닌 그녀는 추상 표현 형식의 개척자로 알려져 있다.

오키프는 위스콘신 주 대평원 출신의 자부심이 강한 어린아이였다. 어린 시절부터 광활 대지 위에서 마음껏 돌아다니는 데 익숙했던 그녀에게 물리적 환경은 개인적으로나 직업적으로 평생 상당한 의미를 지니게 되었다. 귀족 출신으로 헝가리인과 미국인의 피를 물려받은 그녀의 어머니는 매주 토요일이면 딸들의 미술 수업을 위해(그녀는 일곱 남매였다) 경마차를 몰고 선 프레리Sun Prairie 근처로 향했다. 조

지아가 이미 열두 살이 되기 전에 화가가 되기로 마음을 굳히자 어머니 이다 오키프는 침착한 딸의 결정을 진심으로 지지했다. 1905년, 그녀는 조지아를 시카고미술학교에 입학시켰으며 몇 년 후에는 뉴욕에 있는 유명한 아트스튜던츠리그에 다니게 했다. 그러나 자신의 작품에 환멸을 느낀 스물두 살의 예술가는 1908년에 잠시 그림을 접고 광고 일러스트레이션 일에 뛰어들었다.

이 때 그녀는 세 남자를 만났고 그들에게서 큰 영향을 받았다. 첫 번째 남자는 컬럼비아 출신의 아론 버멘트Alon Bement로, 아서 웨슬린 도우의 추종자였던 그는 학생들에게 다른 사람들의 작품을 베끼는 것이 아니라 자신만의 독창적인 작품을 개발할 것과 서구 문화 대신 일본 문화에 기초한 구성을 가르쳤다. 버멘트는 오키프의 정신적 멘토가 되었다. 그녀는 공립학교에서 처음 교편을 잡은 후 버지니아대학교에서 그의 조교로 일했는데, 공립학교에서의 경험은 그녀가 이 세계에서 독립할 수 있다는 자신감을 갖게 해주었다. 두 번째 남자는 아서 도우Arthur Dow로, 한때 프랑스의 후기 인상파 화가 폴 고갱의 제자였던 그는 당시 컬럼비아대학교에서 학생들을 가르치고 있었다. 1915년, 오키프가 아시아 예술의 절제된 형식과 색채의 미묘함을 접하고 다시 창작욕을 불태우게 된 것은 바로 그의 지도 덕분이었다. 1916년에 한 친구의 노력으로 오키프의 작품들—석탄으로 만든 몇 개의 커다란 추상 작품들—이 뉴욕 291갤러리에 전시된 후, 오키프는 가장 큰 영향을 받은 세 번째 남자 앨프리드 스티글리츠Alfred Stieglitz를 만났다. 유명한 사진작가이자 미국 모더니즘의 대변인이었던 그는 사진을 하나의 예술 형식으로 발전시키고자 부단히 노력했다. 나이가 훨씬 많은 스티글리츠가 멘토가 되고 오키프가 뮤즈가 됨으로써, 두 사람은 결국 현대 예술계에서 가장 매력적이며 재치 있는 커플이 되었다.

오키프의 작품에서 깊은 감명을 받은 스티글리츠는 당시 텍사스의 애머릴로에서 학생들을 가르치고 있던 그녀에게는 알리지도 않고 그해에 열린 한 전시회에 그녀의 작품을 출품했다. 화가 나서 뉴욕으로 날아온 그녀는 자신의 작품을 전시회에서 제외시켜줄 것을 요구했지만, 결국 스티글리츠가 그녀를 설득하는 데 성공했다. 그리고 다음 해에 291갤러리에서 열린 오키프의 첫 번째 개인전에서, 그녀의 애인은 그녀에게 자신을 위해 카메라 앞에 서 줄 것을 부탁했다. 이렇게 해서 그 유명한 500장 이상 가는 15년에 걸친 촬영 작업이 시작되었으며, 이 사진들은 그들의 사랑의 깊이를 보여 주는 증거가 되었다. 당시 스물네 살이던 그의 아내가 지나치게 다정한 사진들을 발견하고 그에게 최후통첩을 하자, 그는 오키프를 위해 아내를 포기했다. 지성의 시대였던 1920년대와 1930년대에 활발하게 활동한 스티글리츠는 대중과 재능과 학식을 겸비한 동료 예술인들 모두에게 자신의 제자를 소개했다. 오키프는 한 번도 그의 도움에 고마움을 표시한 적이 없었으며—다른 스승들을 도움에 대해서도 마찬가지였나—1976년에 발표된 삽화가 들어간 자서전에서는 그들의 결혼에 대한 언급조차 하지 않았다.

두 사람은 1924년에 결혼했다. 그는 예순 살이었고 그녀는 서른일곱 살이었다. 엄격한 성격과 한 곳에 고정되어 있지 않은 시선은 두 사람의 공존을 힘들게 했다. 스티글리츠는 사교적이고 강박 관념에 시달렸으며 억압적이었다. 반면 오키프는 성격이 진지했고, 평화와 개인생활을 중요하게 생각했다. 그가 다른 여자와 심각한 관계라는 사실이 밝혀진 후 신경쇠약에 걸린 오키프는 1929년에 처음 방문한 뉴멕시코의 타오스에 1년간 머물면서 안정을 취했다. 그곳에서 그녀는 상당한 재산을 상속받은 채 방탕한 생활을 즐기던 마벨 닷지 루한Mabel Dodge Luhan의 무모한 보헤미아니즘bohemianism(기존의 가치와 전통을 거부하며 자유분방한 생활을 즐기는 경향)*에 빠져들었으며, 이것을 안 스티글리츠는 질투 때문에 괴로워했다. 당시 그녀는 과감한 꽃무늬 그림으로 어느 정도 명성을 얻고 있었다. 그러나 자신의 가장 유명한 작품인 〈검은 붓꽃Black Iris〉(1926)과 〈두 송이의 분홍빛 칼라Two Calla Lilies on Pink〉(1928)와 같은 작품들에 대한 프로이트식 해석을 무시했다.

그 후 그녀의 작품들은 해를 거듭할수록 빛을 발하기 시작했다. 거대한 캔버스에 그린 꽃, 뉴욕의 모습을 담은 초기의 유화들, 우상 교회들과 십자가들에서부터, 사막 자체가 이루어낸 파노라마에서 영감을 받은 이미지에 이르기까지 지속적인 발전을 이루었다. 그녀의 작품은 단순히 풍경 그 자체의 자연미를 보여 주는 것이 아니라, 대지가 불러일으키는 감정들을 전달했다. 붉은 언덕을 그린 그림들은 흐르는 듯 부드럽고 모성애를 자극했으며, 땅의 곡선은 여성들의 몸을 나타내는 곡선으로 변했다. 1945년에 오키프는 "나는 마치 팔을 들어 올리듯 두 개의 붉은 언덕들이 위로 뻗어 올라 하늘을 잡는 그림을 그렸다"라고 기록했다.

1949년에 스티글리츠가 사망하자 그녀는 뉴멕시코에 영원히 정착했다. 그리고 생을 마칠 때까지 자신이 피난처로 삼았던 대지의 자연적인 모습과 영적인 모습을 모두 소유하게 되었다.

J. Robert Oppenheimer
J. 로버트 오펜하이머

1904~1967

미국의 물리학자 J. 로버트 오펜하이머를 원자폭탄을 만들어 내려는 국가적 차원의 노력을 이끌도록 한 것은 무엇이었을까? 과학과 정치라는 두 가지 면에서 이중으로 역사적인 순간을 손 안에 거머쥐어야 한다는 확고한 신념 때문이었을까? 아니면 조국이 자신을 필요로 할 때 기꺼이 봉사하겠다는 소망 때문이었을까? 또는 그토록 많은 피를 흘린 후 윈스턴 처칠이 말한 것처럼 원자폭탄이 "구원의 기적"을 제공해 줄 수 있다는 확신 때문이었을까? 모순적인 인물이며 친한 친구들에게까지 수수께끼 같은 존재였던 오펜하이머에게는—그는 나중에 몇몇 친구를 배신하게 된다—어쩌면 이 모든 것이 이유가 되었을지도 모른다.

오펜하이머는 어린 시절 따뜻한 보살핌을 받지 못한 탓인지 학교 공부에는 전혀 관심이 없었다. 로버트 오펜하이머(아버지는 항렬을 표시하기 위해 그의 이름 앞에 'J'를 덧붙였다)는 뉴욕에 사는 부유한 섬유 수입업자인 아버지와 예술성이 뛰어난 어머니 사이에서 태어나 진보적인 에디컬 컬처 스쿨에서 라틴어와 그리스어, 그리고 그가 특히 좋아했던 여러 과학 과목을 배웠다. 1922년에 하버드대학교에 입학한 그는 3년 만에 최우등으로 졸업했다. 그리고는 어니스트 러더퍼드Ernest Rutherford와 함께 물리학을 공부하기 위해 캠브리지대학교로 건너가 양자역학의 새로운 이론을 빠르게 익혔다. 1927년에 독일 괴팅엔대학교에서 박사 학위를 받을 때까지 그는 이론물리학에 완전히 심취해 있어서 박사 논문 심사관은 혹시 오펜하이머가 자신에게 질문을 하지 않을까 겁을 낼 정도였다.

그는 유럽에서 2년 정도 더 연구한 뒤 1929년에 미국으로 돌아와 캘리포니아 대학교와 캘리포니아공과대학에서 강의와 연구를 병행했다. 오펜하이머는 코르푸corfu(이오니아해에 있는 섬)*에서 휴가를 즐기거나 뉴멕시코의 로스앨러모스 지역 근처에 있는 자기 농장에서 한가롭게 행복한 시간을 보내며 시를 원문 그대로 읽기 위해 이탈리아어를 배우고 힌두교 경전인 바가바드 기타Bhagavad Gita에 나오는 산

스크리트어를 배웠다. 그는 친구들에게 프루스트의 작품을 프랑스어로 읽는 것은 자기 인생에서 무척 감동적인 경험 중 하나라고 말했다. 경제적으로 넉넉했던 오펜하이머는 전혀 세상 물정을 몰라서 1930년이 되어서야 1년 전에 미국 증권시장이 붕괴되었다는 사실을 알았을 정도였다.

제2차 세계대전은 그의 삶을 완전히 바꾸어 놓았다. 극비 무기를 개발하려는 경쟁에 뛰어든 미국은 1942년에 이러한 목표를 가장 빨리, 그리고 가장 영광스럽게 달성할 수 있는 연구팀을 조직하기 위해 그를 초빙했다. 오펜하이머가 과거에 공산주의자 지식인들과 친분을 쌓은 것은 전혀 문제가 되지 않았다(1940년에 그의 아내가 되어 두 아이를 낳은 캐서린 해리슨은 그와 처음 만났을 때 당시의 정치 용어로 표현하면 공산주의 '동조자'였다). 그는 작전 명령 '맨해튼 프로젝트'를 완수하기 위해 최고의 과학자들로 연구팀을 구성하고—에드워드 텔러Edward Teller와 엔리코 페르미Enrico Fermi도 포함되어 있었다—자신이 잘 알고 있는 로스앨러모스에 있는 폐교에 캠프를 차렸다. '오피'라는 애칭으로 불리던 그는 군대와, 눈으로 볼 수 없는 이상하고 낯선 원자 세계 사이를 이어 주는 창구 역할을 했다. 3년에 걸친 각고의 노력 끝에 원자폭탄은 실험 단계에 접어들었고, 본래 상당히 마른 편이었던 오펜하이머는 과중한 연구 탓에 몸무게가 30파운드나 빠지기도 했다. 뉴멕시코의 모래사막 위로 거대한 망령처럼 사악한 버섯구름이 솟아오르자 공포에 질린 오펜하이머는 바가바드 기타에 나오는 "나는 이 세계를 산산조각 내는 죽음의 신이 되었다"라는 말로 자신의 심경을 표현했다.

원자폭탄이 완성되자 트루먼 대통령과 그의 최고 고문들 그리고 미국 과학자들 사이에 논쟁이 끊이지 않았다. 일본군에 대한 경고이자 미국의 군사적 잠재력을 과시하기 위한 도구로 원자폭탄을 사용할 것인가, 아니면 전쟁에 종지부를 찍기 위한 군사적인 목적으로 사용할 것인가 하는 것이 그들 사이의 최대 쟁점이었다. 과학자들 사이에서도 의견이 분분했다. 결국 오펜하이머는 과학자 패널들을 대신한 보고서에서 "우리는 군사적인 목적을 위한 차선책으로 원자폭탄을 사용하는 것을 받아들일 수 없다"는 결론을 내렸다.

이처럼 강력한 위력을 지닌 신무기에 대해서는 어떤 예측도 불가능했다. 심지어 원자폭탄과 그 잠재력에 대해 가장 잘 알고 있던 오펜하이머조차도 원자폭탄을 투하하면 2만 명 정도가 사망하게 될 거라고 생각했다. 그러나 폭탄이 실제로 히로시마와 나가사키에 떨어지자 그의 생각은 완전히 바뀌었다. 극도로 분노한 오펜하이머는 트루먼 대통령을 찾아가서 그가 자신의 손에 피를 묻혔다고 비난했다. 실용주의자였던 트루먼은 "피는 내 손에 묻었으니 당신은 상관하지 마십시오"라고 응수했다.

그러나 오펜하이머는 다른 사람들이 자신에 대해 우려하는 것을 참을 수 없었다. 1946년부디 1952년까지 미국원자력위원회의 회장직을 지내고 유엔에 파견된 원자력 자문위원이었던 그는 미국의 수소폭탄 개발에 강력하게 반대했다. 당시 소련은 도덕적 · 기술적 이유에서 이미 자신들이 보유한 원자폭탄을 폐기하기로 결정을 내린 상태였다. 그는 또한 민간 차원과 세계적 차원에서 원자폭탄 사용을 규제하는 법률을 제정할 것을 주장했다. 미국의 원자폭탄 사용을 비판해 오던 그는 결국 1953년에 국가안보에 위험이 되는 인물이라는 이유로 원자력위원회 회장 자격을 박탈당했고, 이 조치는 엄청난 파장을 불러일으켰다. 그리하여 로버트 오펜하이머는 자신이 직접 참여하게 알게 된 비밀 정보들을 더 이상 접할 수 없게 되었다.

그러나 오펜하이머의 천재성은 전혀 다른 곳에서 발휘되었다. 1947년에 그는 프린스턴대학교의 진보학문연구소의 책임자로 선출되었으며, 1954년에는 만장일치로 재선에 성공했다. 그는 당대 최고의 교육자 가운데 한 사람으로 인정받았고, 연구와 교육에서 모범이 되는 선례를 남겼다. 이론물리학 분야에서뿐만 아니라, 원자폭탄의 개발을 통해 그 자신과 전 세계가 깨닫게 된 도덕적 교육의 측면에서도 그가 20세기에 미친 영향력은 실로 엄청났다. 오펜하이머가 떠난 세계는 그가 태어났던 세상과 전혀 다른 모습이 되었다.

Sir Laurence Olivier

로렌스 올리비에 경

1907~1989

로렌스 올리비에가 영화계에서 쌓은 업적은 훌륭하다는 표현만으로는 부족하다. 그는 윌리엄 와일러William Wyler 감독의 고전 〈폭풍의 언덕Wuthering Heights〉(1939)에서 음울한 히드클리프를 연기했고, 〈리처드 3세Richard III〉(1955)에서는 심술궂은 왕으로, 〈엔터테이너The Entertainer〉(1960)에서는 신랄한 삼류 코미디언 아치 라이스로, 그리고 〈오셀로Othello〉(1965)에서는 거친 열정과 분별없는 분노를 지닌 오셀로로 등장했다. 그는 이 외에도 주옥같은 여러 작품을 통해 자신의 재능을 유감없이 발휘했다. 그러나 70년 동안 연기를 하면서 그가 가장 사랑한 곳은 바로 연극 무대였다. 물론 무대에서의 연기는 그의 놀라운 재능을 직접 목격하는 특혜를 누린 이들의 기억 속에 조용히 간직되어 있다. 소포클레스의 오이디푸스와 체호프의 바냐 아저씨, 혹은 유진 오닐의 〈밤으로의 긴 여로Long Day's Journey into Night〉에 등장하는 제임스 타이론 등은 그가 연극 무대에서 완벽한 성격 묘사를 이루어낸 인물들 가운데 일부였다. 올리비에가 직접 출연한 연극을 보지 못했다는 것은 20세기 최고의 영어 연극을 보지 못했음을 의미한다.

올리비에는 연극이든 영화든 셰익스피어의 희곡을 현대적으로 가장 잘 해석한 사람 중 하나다. 또 당시의 관객에게 영원히 살아 있는 셰익스피어를 친숙하게 만들어 준 점에서 타의 추종을 불허했다. 1937년부터 1938년까지 런던의 올드빅Old Vic 극단(런던의 레퍼토리 극장으로 셰익스피어 극의 상연으로 유명함)*에서 8개월간 공연하는 전설을 남긴 그는 일곱 개의 셰익스피어 작품에서 주연을 맡았다. 제2차 세계대전 당시 영국은 국민의 사기를 북돋워줄 인물이 필요했고, 군대에서 막 제대한 올리비에는 〈헨리 5세Henry V〉(1945)를 각색한 컬러 영화에 출연하게 되었다. 전쟁 중이라는 열악한 상황에서도 올리비에는 제작, 감독, 주연을 맡아 흥행에 성공했고 작품성도 인정받았다. 일인 삼역을 성공적으로 완수한 그는 아카데미 특별상을 받았다.

로렌스 올리비에는 영국 서리 주의 도킹이라는 작은 마을에서 앵글족 목사 제라드 올리비에와 아그네스 크루켄덴 올리비에 부부 사이에서 태어났다. 로렌스 경이 나중에 회고만 바에 따르면, 가난하지만 기품이 있던 집안 분위기는 그에게 성공에 대한 욕구를 북돋워 주었다. 런던으로 이사를 한 후 성가대 학교에 입학한 그는 만성萬聖교회의 학생 연극부를 책임지고 있던 제프리 힐드Geoffrey Heald 목사의 영향을 받게 되었다. 용기를 얻은 그는 이미 열 살 때부터 브루투스와 셰익스피어 작품에 나오는 여러 인물들을 연기하기 시작했다. 올리비에는 아버지의 꾸지람과 어머니의 칭찬 속에서 성장기를 보냈다. 그가 옥스퍼드의 세인트 에드워즈에 다니는 동안 어머니가 뇌종양으로 갑자기 사망하자 당시 열두 살이던 올리비에는 몹시 절망했다.

엄격한 목사의 기대에 미치지 못한 데다가 일찍부터 부모의 관심 밖으로 밀려난 그는 끝없는 방황의 시간을 보내게 되었다. 연극 비평가이자 친구인 케네스 타이난Kenneth Tynan은 이렇게 말했다. "올리비에는 평생 어린 시절의 고통에서 벗어나지 못했다. 과연 그 고통이 어떠했을지 우리는 그저 짐작만 할 뿐이다."

올리비에는 10년이라는 세월 동안 연기가 서툰 어린 신동에서 성숙한 직업 배우로 성장했다. 1929년에 〈이층에서의 살인Murder on the Second Floor〉을 통해 브로드웨이에 데뷔한 그는 이듬해 영국의 극작가 노엘 카워드Noel Coward의 작품 〈사생활Private Lives〉에 출연하면서 성공을 맛보았다. 능력을 인정받은 그는 1931년에 첫 번째 할리우드 영화 〈옐로우 티켓The Yellow Ticket〉에 출연했으나 그레타 가르보Greta Garbo를 상대하기에는 역부족이었다. 그 후 그녀는 〈크리스티나 여왕Queen Christina〉(1933)을 찍을 때 올리비에와 공동으로 주연하기를 거부했다. 1930년대 초 올리비에는 영화와 연극 양쪽에서 모두 실망스러운 결과를 보였다. 거기에 설상가상으로 그의 아내이자 유명한 여배우인 질 에스먼드Jill Esmond가 그의 명예를 떨어뜨리기 시작했다.

이 때 아름다운 영국 배우 비비안 리Vivien Leigh가 등장했다. 두 사람은 1937년에 〈영광의 결전Fire Over England〉(1937)에 주연으로 나란히 출연했다. 또 같은 해 올드빅에서 재공영된 올리비에 감독의 〈햄릿Hamlet〉에 함께 출연했다. 수많은 여배우가 연기한 오펠리아 중 가장 연약해 보였던 이 여배우는 실제로 올리비에의 연인이 되었다. 두 사람 모두 이미 결혼을 한 상태였지만, 올리비에가 〈폭풍의 언덕〉으로 할리우드에 진출하고 리가 〈바람과 함께 사라지다Gone With the Wind〉의 스칼렛 오하라 역으로 인기를 끌게 되자 비로소 부부로서 새로운 출발을 하게 되었다. 두 작품은 모두 1939년에 발표되었다.

이 시기를 전후하여 제2차 세계대전의 그림자가 영국을 뒤덮었고, 유명배우가 된 올리비에는 다른 영국 출신 배우들과 마찬가지로 고국으로 돌아가는 문제로 갈등을 겪었다. 올리비에는 캐리 그랜트Cary Grant와 함께 이 문제를 해결하기 위해 워싱턴을 방문했다. 영국 대사는 전쟁영화에 영국인이 나와야 한다면 진짜 영국 출신 배우들이 배역을 맡는 것이 더 좋겠다고 충고했다. 올리비에는 조안 폰테인과 함께 출연한 앨프리드 히치콕 감독의 〈레베카Rebecca〉(1940)의 촬영을 마치기 위해 로스앤젤레스로 돌아갔다. 그리고 이어서 비비안 리와 함께 〈해밀턴 부인That Hamilton Woman〉(1941)에 출연했는데, 호레시오 넬슨 제독에 관한 이 영화는 병사들을 격려할 목적으로 제작되었다. 올리비에는 곧이어 〈헨리 5세〉란 영화를 통해 애국심을 발휘할 수 있었다. 이 작품에서 그는 〈폭풍의 언덕〉에서 배운 연기 기법과 사실주의를 절묘하게 조합했다. 영화배우로서 단 한 번 슬럼프를 경험했던 그는 와일러 감독에게 영화는 단지 필름으로 된 무대가 아니라 특유의 해석 기법을 갖춘 전달 도구라는 것을 배웠다. 1948년에 그는 영화로 각색한 〈햄릿〉에서 열연하여 다시 한 번 아카데미상을 받았다.

그는 영화와 연극 분야에서 보여 준 놀라운 성취를 인정받아 1947년에 기사 작위를 수여 받았고 1970년에는 귀족의 칭호를 받을 만큼 존경 받는 최초의 배우가 되었다. 올리비에는 1963년부터 1973년까지 10년 동안 영국국립극장 연출자로서 무대 연극에 집중했다. 1960년에는 비비안 리와 이혼했다. 1967년에 오랜 조울증과 결핵으로 비비안 리가 사망했을 때 그도 폐렴으로 병원에 입원해 있었다. 당시 조안 플로라이트와 결혼한 상태였던 올리비에는 병실을 나와 밤새 혼자 리의 시신을 지켰다. 그는 항상 그녀의 불행에 대해 자신을 자책했다.

그는 위풍당당하고 건강했지만 예술적인 진실을 표현하기 위해 장난꾸러기 요정이나 하층민이 되는 것도 두려워하지 않았기 때문에 불행을 순식간에 희극으로 바꾸는 예술의 경지에 오르게 되었다. 그러나 그의 말년은 여러 질병 탓에 비극으로 치달았다. 특히 피부근염은 말할 수 없는 고통을 안겨 주었다. 다른 사람들과의 접촉을 꿈꾸며 살았던 남자의 운명치고는 아이러니가 아닐 수 없었다.

James Watson & Francis Crick
제임스 왓슨과 프랜시스 크릭

1928~(제임스 왓슨), 1916~2004(프랜시스 크릭)

왓슨과 크릭은 비록 서로 다른 대륙에서 태어났지만 비슷한 환경에서 시작해서 결국 서로 운명을 같이하는 사이로 발전했다. 제임스 왓슨은 시카고의 열악한 사우스사이드에서 가난한 어린 시절을 보냈지만, 부모에게 배움에 대한 열의를 물려받았다. 천재에 가까웠던 그는 열다섯 살에 시카고대학교 부속고등학교를 졸업한 후 '퀴즈 키드'라는 라디오 쇼의 패널로 활동했다. 또 1947년에 열일곱 살의 나이로 과학 학사 학위를 취득했고, 그 후 인디애나대학교의 유전학 대학원 과정에 등록했다.

프랜시스 크릭은 영국 노샘프턴의 중산층 가정에서 태어났다. 신발 공장을 운영하던 그의 아버지는 제1차 세계대전이 끝나자 공장 문을 닫아야 했다. 크릭은 어릴 때부터 과학에 깊은 관심을 보였으며, 왓슨과 마찬가지로 부모에게서 많은 자극을 받았다. "벌써 이렇게 많은 사실들이 발견되었다니 속상해요." 어느 날 어린 크릭이 어머니에게 불평을 했다. 그러나 어머니는 과학계에는 아직도 해결하지 못한 수수께끼가 아주 많다며 아들을 안심시켰다. 다행히도 어린 프랜시스는 힐 스쿨에 장학생으로 선발되었고, 자연히 과학 분야에서 탁월한 재능을 보였다.

크릭은 1937년에 런던대학교에서 물리학 학사 학위를 취득하고 영국 해군성에서 전시 폭발물 전문가로 열심히 활동하다가, 분자생물학을 연구하기 위해 해군성을 그만두었다. 그는 생명과 의식을 구성하는 물질의 비밀을 규명하고자 했다. 왓슨은 1951년에 한 과학 컨퍼런스에 참석했다가 유전자는 결정結晶으로 만드는 것이 가능하며, 따라서 설명할 수 있는 일정한 구조를 갖추어야 한다는 사실을 알게 되었다. 당시에는 유전자가 존재한다는 사실은 명확했지만 그 구조는 풀지 못하고 있었다. 그는 자신이 연구할 방향을 결정했다. 그리고 과학의 발전과 인간의 지식 확장에 있어 행운이라고 할 수밖에 없는 일이 일어났다. 왓슨이 캠브리지대학교 캐번디시 실험실에 지원한 것이다. 의학 연구시설이었던 그곳에서는 크릭이 이미

'살아 있는 것과 살아 있지 않는 것 사이의 정의하기 어려운 부분'을 추적하고 있었다.

두 사람은 만나자마자 단짝이 되었다. 같은 사무실을 함께 쓰는 것뿐만 아니라 유전 암호를 해독하는 과정에서 얻게 된 생각과 이론까지도 서로 숨기는 것이 없었다. 크릭은 고독한 사상가는 자신의 생각에 집착하게 된다고 믿었으므로 혼자 하는 연구보다 두 사람이 하는 연구가 훨씬 유리하다고 확신했다. 공동 연구자들은 똑같은 문제를 서로 다른 관점에서 바라봄으로써 상대방에게 창조적인 자극을 준다고 믿었다.

가장 중요한 것은 DNA의 모양이었다. 그것을 알아내는 것이 암호화된 생명의 신비를 풀기 위한 첫 단계였다. DNA 모양에 대한 왓슨의 직관은 예쁘고 단순하리라는 것이었다. 두 사람은 DNA가 당, 인산염, 질소로 구성되어 있다는 것을 밝혀냈지만 이 구성 물질들이 어떻게 결합되어 있는지는 알 수가 없었다. X선 회절 패턴을 담은 사진들은 나선형 구조임을 보여 주고 있었는데 나선이 한 가닥인지 두 가닥인지, 아니면 수천 가닥인지 확실치 않았다. 그들은 이 주제를 연구하고 있는 사람들이 수없이 많다는 사실을 알고 있었으므로 연구 속도에 박차를 더욱 박차를 가했고, 최선의 데이터를 통해 삼중 나선 모델을 완성했다. 그러나 그들의 결론은 완전히 잘못된 것이었고 그들의 상관 로렌스 브래그 경Sir Lawrence Bragg은 두 사람을 DNA 프로젝트에서 제외시키는 엄중한 조처를 취했다. 그는 팀원들의 오만함 때문에 이미 관계가 소원해 있던 참이었다. 그러던 중 1952년에 독창적인 삼중 나선 DNA 모델을 발표한 라이너스 폴링Linus Pauling이 그들의 구세주가 되어 주었다. 물론 그가 제시한 모델도 잘못된 것이었지만, 마지막 결승선에 폴링이 먼저 도달할지 모른다는 불안감 탓에 왓슨과 크릭은 다시 경주에 뛰어들었다.

두 사람은 어떤 해답을 도출하기 전에 DNA의 가능한 모든 구조를 가정해 보았다. 그리고 '비틀린 사다리' 구조의 정반대 모형이야말로 실제와 가장 비슷하다는 것을 발견했다. 왓슨은 DNA가 단일 나선이며, 거기서 4개의 뉴클레오티드nucleotide(핵산의 구성 성분)*가 바깥쪽을 향해 방사선 모양으로 뻗어 나온 모양이라고 생각했다. 크릭은 중심축이 바깥에 위치한 모델을 만들어 보겠다고 제안했다. 그러자 왓슨은 그건 너무 간단하다고 대답했고, 크릭은 "그러면 네가 직접 만들어 보는 것은 어때?" 하고 받아쳤다.

1953년 3월 어느 날, 왓슨은 크릭의 제안에 따라 이중 나선 모델을 만들기 시작했다. 갑자기 쏟아진 통찰력의 도움으로 그는 뱀처럼 서로 꼬여 있는 '가장 귀중한 분자'인 DNA 구조를 발견했다. 이것은 생명공학 시대의 탄생을 알리는 쾌거였다. 왓슨은 자신과 크릭이 만들어 낸 모델의 우아한 모습을 사랑했다. 크릭은 어느 저녁 강연에서 "이것 보세요, 정말 아름답잖아요. 정말 아름다워요" 하고 자신이 만든 모델에 대한 감탄을 쏟아 놓았다. 왓슨이 DNA 발견 과정을 진솔하게 기록한 『이중 나선*The Double Helix*』은 1968년에 베스트셀러가 되었지만 동시에 자신들에 대한 비판을 실었다는 이유에서 동료 과학자들의 분노를 샀다. 1981년에 크릭이 발표한 『삶 그 자체*Life Itself*』는 그의 성격대로 좀더 완화된 내용을 담았다.

그 후 크릭은 캘리포니아 주 솔크연구소에서 수석 과학자로 연구를 계속했지만 건강이 나빠져 일선에서 물러나야 했다. 그는 동료 왓슨과 M. H. F. 윌킨스와 함께 공동으로 노벨 생리의학상을 수상했다. 크릭은 노벨상은 아주 중요하기는 하지만 사실 '행운'에 가까운 것이며, 상 자체가 과학적 발견의 정수로 이해되어서는 안 된다고 강조했다. 그러나 그의 연설은 '왠지 잘난 척 하는 것' 같은 인상을 남겼다. 왓슨은 1950년대에 하버드대학교에 재직했다. 그 후 인간 DNA의 모든 암호를 해독하려는 인간 게놈 프로젝트를 완성하고자 연구를 계속했으며, 콜드스프링하버연구소를 세웠다. 이처럼 그는 늘 분자생물학의 발전을 위해 헌신했다. 왓슨은 40년의 세월이 마치 '길모퉁이에 서 있는 기린'과 같은 느낌이었다고 했다. 항상 논쟁을 몰고 다니던 이 과학자는 자신의 삶을 돌아보고 너무도 현실적인 말을 남겼다. "유명해지는 것은 유명해지지 않는 것보다 훨씬 더 낫다."

Pope John XXIII

교황 요한 23세

1881~1963

스위스 경호원은 교황은 교황 요한 23세인 안젤로 론칼리Angelo Roncalli에게 바티칸 궁전 정원에서 산책하는 모습을 일반인에게 공개하지 말 것을 권고했다. 그러자 "왜? 내가 창피한 짓을 하는 것도 아닌데"라고 부드럽게 대답했다. 그러한 견해 차이는 과거에는 물론이고 현재에도 존재한다. 요한 23세는 수많은 가톨릭교회 신자들과 비신자들을 대상으로 르네상스 이후 가장 대대적인 개혁을 시도했다. 모든 기독교인을 하나로 단결시키고 세계의 다른 위대한 종교들과 화합을 시도하는 세계 교회 운동의 창시자인 그는 제2차 바티칸공의회의 숨은 기안자였다. 77세의 고령으로 추기경단에 의해 사제추기경으로 선출되는 바람에 재임 기간이 짧을 수밖에 없었지만 그가 로마 가톨릭의 행동 강령에 미친 영향은 결코 사라지지 않을 것이다. 1962년, 전 세계 가톨릭 지도자들이 모인 제2차 바티칸공의회는 1965년에 막을 내릴 때까지 16개의 성직자 개혁안(그 중에서 미사를 반드시 라틴어로 진행할 필요는 없다는 교령이 가장 눈에 띄었다)을 발표했다. 요한은 보수주의자들의 항의에 대해 특유의 관용과 넘치는 유머로 응수했다. "모두의 칭찬을 듣는 사람에게 화가 있을 진저" 하고 그는 한 동료에게 말했다. 그러나 그는 거의 모든 사람들이 사랑과 찬양을 아끼지 않는 숭배의 대상이었다.

1881년, 론칼리는 이탈리아 베르가모 지역 소토 일 모테에서 무일푼 농부의 아들로 태어났다. 교황은 "이탈리아에서 남자가 망하는 방법이 세 가지 있는데, 여자, 도박, 그리고 농사가 바로 그것이었어. 아버지는 그 세 가지 가운데 제일 재미없는 것을 택하셨지" 하고 회상했다. 프란체스코수도회 소속이 아니었던 론칼리는 세속 신부이자 군목으로 제1차 세계대전에 참전했다. 또 먹는 것에서 삶의 기쁨을 느꼈던 그는 라블레Rabelais(16세기 프랑스 르네상스 문학의 대표 작가로 먹고 마심, 배설, 성욕 등에 관한 솔직한 표현을 즐겨 썼다)*의 작품에서 볼 수 있는 음식에 대한 사랑 때문에 '우나 부오나 포르체타una buona forchetta', 즉 '멋진 포크'라는 별명을

얻었다. 그는 교황이 된 후로도 바쁜 스케줄 사이사이 바티칸의 주방장들에게 정확히 어느 언덕에서 최고의 파마산 치즈가 나는지 일일이 알려주었다. 그러나 통통한 몸매에 멋진 유머를 구사하는 론칼리는 사실은 영리한 정치가였다. 제2차 세계대전 동안 교황청 외교관으로 터키에 머물고 있던 그는 선박을 이용해 아이들을 구출한 것을 포함해 수천 명의 유대인들이 나치의 박해를 모면할 수 있도록 도와 주는 중개인 역할을 했다. 전쟁이 끝나자 로마 교황 대사로 프랑스에 머물게 된 그는 "바티칸은 각각의 사례에 대한 면밀한 검토 작업을 거쳐 적에게 협력한 사제들을 제명해야 한다"는 샤를 드골의 정당한 요구를 영리하게 받아넘겼는데—일부 사람들은 냉소적으로 대응했다고 생각했다—시간이 지나면서 분위기가 누그러들자 약 30명의 비시 정부 지지자들 중 겨우 세 명을 추방하는 선에서 일을 마무리했다.

단순히 재무 실력과 기금을 모으고 문제를 회피하는 정치적 수단으로 성공한 여느 관료들처럼, 론칼리 역시 승진을 거듭하다가 추기경이라는 안정된 자리에서 말년을 맞을 수 있었을 것이다. 그러나 인간의 역사와 교회의 역사에서 중요한 시기인 1958년 10월 28일, 안젤로 론칼리 추기경은 교황으로 선출됨으로써 옹졸한 정치를 포기하고 최고의 이상을 추구해야 할 유일무이한 자리에 올랐다. 그는 이 임무를 실천하는 데 최선을 다했다. 그는 임기 동안 '평화와 화합'을 최우선 과제로 삼겠다고 천명함으로써, 전 크리스트교회 안에 영국국교회와 그리스정교회의 '분리된 신자'들을 포함시킬 것을 요구했다. 그러나 비평가들의 시각은 달랐다. 신자들이 가톨릭 신앙 안에서 궁극적인 일치를 이루어야 한다는 신념에 바탕을 둔 그의 비전 때문에 비가톨릭 인사들이 참여자가 아니라 참관인으로 바티칸공의회에 초대되었다는 점에서 오류를 안고 있다고 그들은 지적했다. 그러나 거꾸로 1961년에 요한은 세계교회협의회WCC 총회에 사상 처음으로 로마 가톨릭 대표를 파견했으며 교회일치 진흥을 위한 사무국을 개설했다.

교황 요한 23세가 발표한 회칙에는 그의 자유로운 관점들이 반영되어 있었다. 1961년, 그는 『어머니와 교사*Mater et Magistra*』를 발표하여 노동조합을 승인하고 복지 국가의 일부 측면을 인정했다. 또 농업 개혁을 요구했는데, 아마도 농부로서 고난의 삶을 살아야 했던 아버지에 대한 기억이 중요했던 것 같았다. 또 1963년에는 『지상의 평화*Pacem in Temis*』라는 위대한 회칙을 발표했다. 냉전 종식을 촉구한 이 회칙은 가톨릭 신자들뿐만 아니라 전 인류를 대상으로 한 것이었다. 이를 통해 사회주의가 일시적으로 허용되었는데, 그것은 오로지 적대적인 정부들과 정교 조약을 체결함으로써 개인의 발전에 국가가 아니라 교회가 더 많은 영향력을 행사할 수 있기를 바라는 마음에서였다.

교회가 변화하는 세계와 발을 맞추어야 한다는 과제는 그에게는 상당히 버거운 일이었다. 밤이 되어 조용해지면 요한은 종종 어떤 문제에 대해 골똘히 생각하면서 "이럴 때 교황이라면 어떻게 했을까?" 하고 자문했다. 그리고 문득 자신이 바로 교황이라는 사실을 깨닫곤 했다. 그는 보통 사람처럼 농담을 즐겼지만, 아주 뛰어난 책략가이기도 했다. 한번은 교황청을 방문한 「프라우다*Pravda*」 기자에게 "당신은 스스로 무신론자라고 말하지만, 이 늙은이가 당신 자녀들을 위해 축복을 내려준다면 분명 마다하지 않겠지요?" 하고 말했다. 병원과 학교, 그리고 성지를 쉴 새 없이 찾아다님으로써 자신의 혁신적인 정책에 대한 대중의 지지를 이끌어 낸 그는 '조니 워커Johnnie Walker'라는 별명을 얻기도 했다. 그러나 이 81세의 미식가는 강행군을 계속한 탓에 1963년 5월에는 음식을 전혀 먹지 못할 지경에 이르렀다. 그러나 그는 강철 같은 체질 덕분에 급속도로 쇠약해지는 그 고난의 시간 중에도 교황의 임기를 무사히 수행했다. 비록 짧은 재임 기간이었지만 교회사에 길이 남을 족적을 남긴 그는 1963년 6월 3일 연명했다. 바티칸공의회가 진행 중인 가운데 비탄에 잠긴 세계를 뒤로 한 채 떠난 요한 23세는, 고의는 아니었지만 20세기가 다 가기 전에 종교 분열이 일어날 여지를 후세에 남겼다. 그를 따르던 신자들 사이에 깊은 반목이 원인이 된 이 분열은 변화의 속도와 그 정도가 그가 예상한 것보다 훨씬 급격해짐에 따라 표면화되었다.

Virginia Woolf
버지니아 울프

1882~1941

버지니아 울프는 주머니 안에 돌을 가득 채우고 서식스 저택 근처의 강물 속으로 걸어 들어감으로써 20세기 최고의 문학 작품을 만들어 낸 창작력과 육체를 쇠약하게 만든 정신이상 사이에서 갈팡질팡했던 삶을 마감했다. 페미니스트이자 소설가, 에세이 작가, 그리고 비평가였던 박식한 울프는 고상한 영국 보헤미아니즘이라는 안전한 요새 안에서 실험적인 소설과 의견을 쉴 새 없이 쏟아냈다. 화려한 블룸즈버리 그룹의 중추적 역할을 수행했던 그녀는 미학적인 고상함과 개인적인 인간관계는 행복한 삶의 필수 요건임을 주장하는 문학 철학의 화신이었다.

울프의 아버지는 정통 교단을 거부한 레슬리 스테판 경이었다. 사회적으로 성공했지만 융통성이 전혀 없었던 그는 절제된 격식을 상당히 중요하게 생각했는데, 그가 생각했던 격식에는 감정적인 협박을 이용하는 것도 포함되어 있었다. 한편 아주 우아하면서 청교도다운 기품을 갖춘 어머니 줄리아 더크워스 밑에서 자란 울프는 절제할 수 없는 분노와 함께 힘든 어린 시절에서 비롯된 극도의 슬픔과 공포에 시달려야 했다. 여섯 살 때 그녀는 당시 열여섯 살이던 이복 오빠 조지 더크워스에게 성적인 괴롭힘을 당했다. 이런 일은 그녀가 청소년기에 이를 때까지 계속되었고 마침내 그녀는 평생 남자와의 성관계에 거부감을 갖게 되었다. 울프가 열세 살 때 사랑하던 어머니가 돌아가셨는데, 어머니의 목소리와 모습은 울프가 40대가 될 때까지 그녀를 따라다니면서 피폐하게 만들었다. 2년 후 이복 여동생과 대리모인 스텔라 더크워스까지 어머니의 뒤를 따랐고, 1904년에는 오랜 암 투병 끝에 아버지마저 그녀 곁을 떠났다. 자신을 가장 사랑해 주던 사람들을 한꺼번에 모두 빼앗기고 어린 시절의 순수함마저 잃어버린 울프는 처음으로 정신발작을 일으켰는데(이는 가족력에 의한 것임이 확인되었다), 에드워드 7세가 그녀를 향해 욕설을 퍼붓는 환영에 시달렸다.

종교의 힘을 빌려 가족의 특성으로 자리 잡은 감정적 동요에서 탈출하려는 노력

덕분에 울프는 자유로운 창작의 세계에 몰두할 수 있었다. 글을 쓰는 순간만큼은 마치 어린아이처럼 강렬한 미학적 즐거움을 느낄 수 있는 또 다른 세계를 마음껏 상상할 수 있었다. 결혼한 여성들 가운데 경제적으로 안정된 울프만큼 가사노동에서 자유로운 여성들은 많지 않았다. 이것은 행운이었다. 왜냐하면 연약한 울프만큼 창의적인 분야에 대한 사랑을 간직하고 있는 여성들이 많지 않았기 때문이었다. 그녀에게 문학은 일상생활에서는 불가능한 연애와 열정 그리고 두려움 없는 마음을 의미했다. 그녀는 온전한 정신과 정신이상 사이의 명확한 중간 지대를 상상했는데, 그곳에서는 매일의 평범한 일상이 삶 그 자체를 의미했다. 전통적인 소설의 플롯과 등장인물, 그리고 구성 요소들에 변화를 시도함으로써 그녀는 모든 것에 초점이 맞춰지는 맑고 수정 같은 순간을 얻고자 노력했다.

아버지가 돌아가신 후 그녀는 불행했던 집을 떠나 블룸즈버리의 골든 스트리트로 이사했다. 그녀는 자신만의 비밀 세계로 다른 사람들을 초대했다. 1909년에 그녀에게 청혼한 적이 있는 동성애자 리튼 스트레이치Lytton Strachey(너무도 뜻밖에 그녀는 그 청혼을 받아들였다), 그녀의 동생이자 화가였던 바네사, 그녀의 남편이자 지원자이며 동반자가 된 레너드 울프Leonard Woolf, E. M. 포스터E. M. Forster, 로저 프라이, 클리브 벨 그리고 존 메이너드 케인스John Maymard Keynes가 그녀의 집을 방문했다. 이들을 중심으로 블룸즈버리 그룹Bloomsbury Group이 탄생했다. 문학사에서 아주 유명한 문학 서클 가운데 하나였던 이 모임은 영국 예술과 문학이 빅토리아 시대를 탈피하여 현대로 넘어올 수 있게 해 준 교두보 역할을 담당했다. 그녀는 1905년에 「타임스 리터러리 서플리먼트*Times Literary Supplement*」에 특집 기사와 비평을 기고한 것을 계기로 이 잡지와 오랫동안 협력 관계를 유지하게 되었으며, 10년 후에는 첫 소설 『출항*The Voyage Out*』을 탈고했다. 힘든 창작의 고통은 또 다시 정신분열을 불러왔고, 이로써 또 다른 소설 『밤과 낮*Night and Day*』(1919) 탄생했다. 그 후로도 우울증과 정신이상에 대한 두려움을 극복하려는 그녀의 노력은 계속되었다. 2년 후 단편집 『월요일 혹은 화요일*Monday or Tuesday*』이 출판되었는데, 이는 뛰어난 상상력을 발휘하여 주인공의 내면세계를 꼼꼼하게 묘사한 선구적인 작품이었다. 그 후 발표한 『제이콥의 방*Jacob's Room*』(1922)은 획기적인 작품으로, 방 안에 놓인 물건들과 다른 사람들에 관한 단편적인 인상들을 통해 한 남자를 묘사했다. 3년 후 의식의 흐름 기법을 시도한 『댈러웨이 부인*Mrs. Dalloway*』은 여주인공의 실제 사고思考의 과정을 재현했다. 비평가들은 이에 대해 제1차 세계대전이

유발한 개인적 · 사회적 변화를 소재로 한 소설 가운데 가장 대담한 작품이라고 극찬을 아끼지 않았다. 그러나 마치 자신의 이야기를 고백하듯 불안정하고 정서적으로 자유롭지 못했던 가족을 적나라하게 묘사한 『등대로*To the Lighthouse*』(1927)을 발표한 후에야 비로소 울프는 20세기 문학계의 여왕 자리에 오를 수 있었다.

그러나 동료 작가들이 항상 울프의 소설을 이해하고 그 가치를 알아본 것은 아니었다. 그녀 역시 언제나 다른 작가들의 혁신적인 작품의 가치를 알아본 것은 아니었다. 동료 작가들에 대한 그녀의 견해를 보면—그녀는 종종 잘못된 판단을 내리기는 했지만 아주 강경한 입장을 보였다—같은 시대에 활동한 소설가 제임스 조이스의 작품을 저급한 문학이라고 너무 성급한 판단을 내렸는데, 그의 작품은 울프의 꿈꾸는 듯하면서도 일부 비평가들의 눈에는 '다소 생기 없는' 영국 상류사회 이야기와는 완전히 극단적인 차이를 보였다.

그녀와 레너드는 그녀의 우울증을 치료할 수단의 일환으로 1917년에 호가스 출판사를 설립했다. 이 1인 출판사는 W. H. 오든Wystan Hugh Auden, 캐서린 맨스필드Katherine Mansfield, 그리고 지그문트 프로이트 같은 당시의 급진적인 성향을 보였던 작가들의 글을 출간했다. 그러나 어떤 일도 그녀의 정신적 증상을 치료할 수 없었다. 때로는 관념적 사랑에서부터 같은 여성인 비타 새크빌-웨스트Vita Sackville-West에 이르기까지 수많은 사랑을 해봤지만 역시 도움이 되지 못했다. 문학 작품의 성공도 큰 의미가 될 수 없었다. 그녀는 1928년에 성도착증을 주제로 한 실험적 성향이 강한 작품 『올랜도*Oralndo*』를 발표했으며, 그 다음 해에는 전통적인 페미니스트 노선을 보여 주는 『자기만의 방*A Room of One's Own*』을, 그리고 1937년에는 미니멀 아트의 선구자적인 작품인 『세월*The Years*』을 발표했다. 문학적 창의력과 성공에도 불구하고 그녀는 빠르게 몰락했다. 그때 마침 제2차 세계대전이 발발하면서 불어 닥친 문화계의 혼란은 마치 그녀 자신의 광기를 예고하는 것 같았다. 온몸을 잠식하는 야수성을 피할 방법이 없었던 그녀는 남편에게 애정이 넘치는 짧은 편지를 남기고 아픈 몸을 이끌고 강물 속으로 향했다.

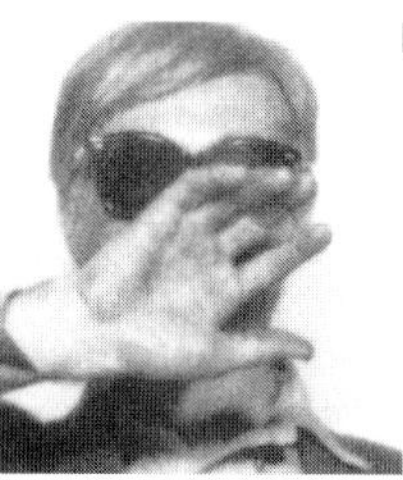

Andy Warhol
앤디 워홀

1928~1987

팝 아티스트 앤디 워홀은 현대의 배고픈 자아를 가장 잘 보여 준 역할 모델이었다. 그의 주위에 비난하는 사람들과 추종하는 사람들이 끊임없이 맴돌았다는 사실은 유명인이 되고자 한 그의 욕망을 반영한다. 명예를 좇는 시대의 환상을 교묘하게 활용했던 그는 창백한 얼굴에 은빛 가발을 쓴 양성 소유자였으며, 자신이 주장한 내용을 완벽하게 실천에 옮긴 인물이었다. 브릴로 상자brillo boxes(1964년에 목판 위에 실크스크린으로 제작한 작품)*에서 영화배우의 얼굴에 이르기까지, 그는 미국인의 평범한 일상 이미지에서 예술 용어들을 창출했다. 그는 대량 생산된 예술에서 자신의 브랜드를 만들어 판매하는 욕심 많은 장사꾼이기도 했다. 그 바탕이 냉소주의였든 순수한 예술적 열정이었든 상관없이 그의 예술은 전 세계 예술에 활력을 불어넣었다. 그의 팬들에게 그는 사진, 인쇄술, 그림을 혁신적으로 결합한 천재였으며, 그래픽 이미지 효과를 연출하는 방법을 본능적으로 알고 있는 놀라운 능력의 소유자였다. 한편 엄격한 비평가들에게 그의 작품은 현대 예술의 죽음을 알리는 증거가 되었다.

앤드류 워홀라Andrew Warhola는 피츠버그에서 건실한 노동자 계급의 집안에서 태어났다. 그의 가족은 가톨릭 체코 이민자들이었고 건설 노동자였던 그의 아버지는 워홀이 열네 살 때 사망했다. 그는 어린 시절 무도병舞蹈病이라는 희귀병에 걸려 온몸에 종기가 나고 팔다리가 계속 떨리는 증세를 보였다. 여름 동안 백화점에서 아르바이트를 하게 된 워홀은 처음에는 그림과 패션 디자인에 관심을 보였고, 1945년에 카네기멜론대학교의 전신인 카네기공과대학교에 입학하여 1949년에 졸업했다. 그는 회화 디자인 학사를 취득하고 미국 패션의 메카 뉴욕으로 향했다. 워홀은 중고품 가게에서 아무 생각 없이 고른 옷을 입고 다녔지만 보헤미안은 아니었다. 잡지 일을 하게 된 그는 예술에 대한 전문적 기술과 실제적인 접근 방식으로 높은 평가를 받았는데, 마찬가지로 신발, 술, 옷 등을 위한 광고 디자인도 훌륭히

해내어 실력을 인정받았다. 그는 어떤 주문이든 해결했으며 고객이 어떤 스타일을 원하든 그들을 실망시키지 않았다. 그러나 워홀은 훌륭한 예술가가 되겠다는 야망을 한 번도 포기한 적이 없었다. 평범한 것과 상업적인 것이 '진지한 예술'의 기초가 될 수 있다는 점을 깨달은 것, 바로 그것이 그가 특별한 재능의 소유자임을 입증해 주었다.

그가 제시한 아이디어는 전혀 새로운 것이 아니었다. 다다이스트였던 마르셀 뒤샹Marcel Duchamp은 같은 시대에 활동하던 예술가들과 함께 평범한 대상을 선택하여 그것을 '예술'이라고 선언함으로써 새로운 개념의 '예술'을 제시한 적이 있었다. 워홀과 같은 시대에 미국에서 활동한 로버트 라우션버그Robert Rauschenberg와 로이 리히텐슈타인Roy Lichtenstein은 뒤샹의 선례를 따라 평범함이라는 용어와 깊은 관련이 있는 예술을 창조했다. 이러한 관점에서 본다면 저급한 코믹 연재 만화도 충분히 독창적인 작품의 기본 토대가 될 수 있었다. 라우션버그와 리히텐슈타인의 작품들과 더불어 1962년에 워홀이 만든 캠벨Cambell 사의 수프 통조림은 장차 팝 아트로 알려지게 될 새로운 분야를 전 세계에 소개하는 계기가 되었다.

이제 워홀은 그림을 포기하고 실크스크린에 관심을 보였다. 실크스크린은 자동차 충돌과 브릴로 패드Brillo pads(주방용 수세미)*에서부터 매릴린 먼로와 재키 케네디, 그리고 엘비스 프레슬리에 이르기까지 아주 작은 변화를 통해 똑같은 이미지를 재생산할 수 있게 해주었다. 팩토리Factory라는 절묘한 이름을 붙인 작업실에서 워홀은 팝 아트의 거장으로 새로 태어났으며, 1960년대와 1970년대에 걸쳐 실크스크린(대부분의 실크스크린 작품들은 그의 조수들이 제작했다)과 팝 문화 잡지, 몇몇 논픽션 책들, 그리고 한 편의 소설을 계속 생산했다. 1960년대 말, 그는 잠시 예술계를 떠나 영화에 심취했다. 의도적으로 내용이 없이 만든 8시간짜리 영화 〈엠파이어Empire〉는 비평가들을 불쾌하게 했다. 이 작품은 기본적으로 엠파이어스테이트 빌딩을 천천히 촬영하여 한 컷에 담은 작품이었다(그는 1964년에 최소한의 움직임만 담아 완성한 6시간짜리 영화 〈슬립Sleep〉에 대해 "나는 지루한 게 좋다"라고 말했다). 같은 해 그는 〈첼시 걸스The Chelsea Girls〉, 〈푸어 리틀 리치 걸Poor Little Rich Girl〉, 그리고 〈인터내셔널 벨벳International Velvet〉을 만들었는데, 이러한 작품들은 그와 친분이 있던 일시적인 '슈퍼스타들' 사이에서 대단한 인기를 끌었다. 그의 행동 하나하나는 치밀하게 계산된 것이기도 하면서 동시에 어리석은 것이었지만 앤디 워홀 자신에 대한 관심을 증폭하는 결과를 낳았다.

워홀은 영화에서 의도적으로 극적인 사건을 배제했지만, 실제 그의 삶은 그렇지 않았다. 그는 1968년에 정신이상 증세를 보인 발레리 솔라나스라는 여성에게 총격을 받았다. 그 후 워홀은 여장하기를 좋아하는 호모, 마약 중독자, 부랑자의 삶으로 점철된 암흑 생활을 청산하고 사교계에 발을 들여놓았다. 그리고 부자와 유명인의 그림을 그려 주는 일종의 궁정 화가로도 활동했다. 그는 자화상을 그리는 작업을 계속했고, 1973년에는 「인터뷰*Interview*」라는 잡지를 발간했다. 이 잡지는 주로 유명인을 예찬하는 내용을 담고 있었지만 별로 놀랄 일이 아니었다.

1987년 워홀은 여러 번에 걸쳐 받은 담낭 수술의 합병증으로 뉴욕 병원에서 갑자기 숨을 거두었다. 아마 그는 살아서보다 죽어서 더욱 악명이 높아진 사람이라는 표현이 적절할 것이다. 수집가들은 그의 작품을 확보하려고 경쟁을 벌였다. 또 현대미술관은 대대적인 회고전을 준비했으며, 1970년대 이후 그가 기록한 일기는 책으로 출간되어 베스트셀러가 되었다. 워홀은 갖가지 물건을 수집하는 취미가 있었는데, 1988년 4월 어느 날 오후에 그의 소장품 경매에서 워홀이 벼룩시장에서 구입한 아주 평범한 쿠키 통 두 개가 2만 3,100달러라는 엄청난 가격에 낙찰되기도 했다. 워홀은 살아생전 종종 이런 말을 했다. "미래에는 누구든 15분 만에 세계적인 유명인이 될 것이다." 사망한 후에도 식을 줄 모르는 그에 대한 열기는 이런 신조를 정면으로 부정하고 있다. 예술가인 그 자신도 이 아이러니를 즐겼을 것이다.

Mae West
매 웨스트

1892~1980

스크린에서 만들어 낸 화려하고 육감적인 이미지와, 금주, 금연, 유부남 사양 등 자신이 스스로 정한 윤리관에 따랐던 실제 생활이 완벽한 대조를 이루었던 여인이 바로 매 웨스트다. 그녀는 60년 동안 영화배우로 활동하면서 겨우 열두 편의 장편 영화에 출연하는 것에 그쳤지만, 당대 누구보다도 유명한 연기자이자 가장 물의를 많이 일으킨 연기자였다. 보드빌 출신의 이 관능적인 브로드웨이 여배우는 1930년대에 최전성기를 누리며 영화를 통해 전혀 새로운 종류의 섹스 어필을 선보였다. 그것은 욕정보다는 오히려 말장난에 가까운, 재치 있으면서도 위험 수위에 다다른 에로티시즘이었다. 그녀가 '린넨이 깔린 전쟁터the linen battlefield'라고 말했던 격정적인 베드신에서는, 당시 영화에 주로 나왔던 사랑과 욕정에 대한 묘사 대신 무언가 야릇한 윙크와 야한 농담들이 주를 이루었다.

볼륨 있는 가슴, 남녀 양성의 멋을 지닌 말괄량이 이미지, 서구적인 여성미, 도발적인 걸음걸이, 그리고 그녀 하면 떠오르는 어깨와 목을 많이 드러낸 옷 등은 그녀 특유의 음탕함을 보여 주는 시각적인 단서들이었다. 그녀는 과감하고 노골적으로 성을 표현함으로써 검열관들에게 도전장을 내밀었고, 자신이 억압적인 영화법을 탄생시킨 장본인이라는 사실을 자랑스럽게 생각했다. 또 그녀는 아주 음란한 글을 써서 영화산업의 자체 검열기관인 헤이스 오피스Hays Office 집행자들의 의표를 찔러 왔고, 그 중 일부는 검열을 받은 뒤에도 원래의 내용을 그대로 간직하고 있었다.

매 웨스트는 건방지게 들리는 애매한 표현들을 즐겨 사용했고, 곧잘 한쪽 손을 엉덩이에 올려놓거나 혹은 마르셀식 웨이브가 살아 있는 흰색 블론드 머리를 가볍게 두드리며 특유의 자조적이고 리듬감 있는 말투를 구사했다. 그러면서 상대의 말을 재치 있고 신랄한 답변으로 받아넘기곤 했다. 초기 작품 중 하나인 〈그녀는 그에게 나쁜 짓을 했다She Done Him Wrong〉(1933)에는 이런 대사가 나온다. 구세

군 사관생도로 나온 캐리 그랜트가, 돈을 노리고 남자와 교제하는 역할을 맡은 웨스트에게 물었다. "당신은 당신을 행복하게 해줄 남자를 만난 적이 없죠?" 그러자 웨스트는 특유의 다 알고 있다는 듯한 시선으로 다소 건방져 보이는 미소를 지으며 대답했다. "천만에요. 수도 없이 많을 걸요." 또, 〈나의 귀여운 박새My Little Chickadee〉(1940)에서는 전혀 어울리지 않아 보이는데도 그녀의 단골 연애 상대로 나온 W. C. 필즈에게 빈정거리는 말투로, 그의 명함을 큰소리로 읽으며 "'진기한 상품들과 잡화들'이라고? 그래, 어떤 잡화가 있는데요?" 하고 물어서 불편하게 했다. "난 원래 백설공주였어요. 하지만 정처 없이 떠돌아다녔죠", 또는 "당신 주머니 안에 있는 건 총인가요, 아니면 나를 만나서 그냥 행복한 건가요?"와 같은 주옥 같은 짧은 대사들은 금세 전국적인 유행어가 되었다.

매 웨스트는 고향 브루클린에서 탤런트 쇼talent show(연예인들이 세상의 인정을 받으려고 하는 공연)*를 통해 연예계에 발을 들여 놓았다. 주름 장식을 펄럭이는 가운데 춤과 노래를 선보였던 '베이비 매'는 관대한 어머니 마틸다의 말에 용기를 얻어 곧 통속적 희가극인 벌레스크로 진출했다. '귀여운 요부The Baby Vamp'라는 보드빌 시절 애칭이 어울리지 않을 정도로 훌쩍 키가 큰 19세의 웨스트는 1911년에 소희극revue(동시대의 인물과 사건을 묘사하거나 풍자하는 노래, 춤, 촌극, 독백 등으로 이루어진 가벼운 오락극)*으로 브로드웨이에 데뷔했다. 당시 그녀가 공연한 소희극에는 〈브로드웨이A la Broadway〉와 〈안녕, 파리Hello, Paris〉 같은 촌극들도 포함되어 있었다. 그녀는 잠시 다른 몇몇 쇼에 출연하다가 다시 순회 공연단에 합류했고, 종종 여동생인 비벌리와 함께 무대에 올랐다. 그리고 1918년에 뮤지컬 〈섬타임Sometime〉에서 새롭고 고혹적인 시미Shimmy를 선보임으로써 웨스트는 흥행 기록을 갱신하였다. 또 아름답게 치장한 음탕한 분위기의 등장인물이 인기를 끌면서, 그녀는 이러한 유행에 어울리는 자극적인 대사를 쓰기 시작했다. 그렇게 해서 탄생한 첫 번째 작품이 1926년에 공연된 〈섹스Sex〉였다. 몬트리올의 창녀를 주인공으로 해서 대단한 성공을 기록한 이 작품 때문에 그녀는 8일간 감방 신세를 져야 했다. 일부 비평가들에게 동성애를 심각하게 다룬 최초의 작품이라는 평가를 받은 연극 〈드래그The Drag〉 이후로 웨스트는 1928년에 연극계에 센세이션을 몰고 온 작품 〈다이아몬드 릴Diamond Lil〉을 완성했다. 애매한 표현이 많이 나온 멜로드라마인 이 작품에서 그녀는 경박한 살롱 가수로 등장하여 관객의 긴장을 풀어 주는 희극적인 장면들을 많이 선사했다.

매력과 재치가 넘치는 연기자에서 세계적인 사교계의 여왕으로 변신하는 다이아몬드 릴은 웨스트의 진가를 시험하는 기준이 되었고, 브로드웨이에서 할리우드로 활동 장소를 옮기는 동안 그녀는 이 역을 여러 번 연기해야 했다. 1932년에 웨스트코스트에 도착한 그녀는 영화배우 조지 래프트와 짝을 이루어 〈밤마다Night After Night〉를 찍었으며, 그 후 1933년에는 캐리 그랜트와 함께 〈그녀는 그에게 나쁜 짓을 했다〉(연극 〈다이아몬드 릴〉을 영화로 각색한 작품)를 완성했다. 대공황기에 발표하는 영화마다 실패를 거듭하여 파산 직전까지 갔던 영화사 파라마운트는 이 두 편의 영화에 힘입어 다시 정상을 회복할 수 있었다. 1935년까지 그녀는 세계에서 출연료를 가장 많이 받는 여자 배우였다. 이것은 그녀가 그녀를 초대한 사람들이 10년 동안 만나는 사람들보다 더 많은 수의 사람을 1년 동안 만나고 사회 최상류 계급과 함께 저녁식사를 하는 것과 같은 노력이 일군 결과였다. 그녀에게 경의를 표하기 위해, 영국 공군은 공기를 주입해서 입는 군용 구명조끼를 '매 조끼Mae Wests'라고 부르기도 했다.

웨스트가 영화 속에서 연기한 인물들은 시간이 가도 여전히 관객을 사로잡은 것에 반해, 정작 그녀 자신은 독특한 정체성을 유지하기 위해 무던히 애를 써야 했다. 특히 남자들이 관심을 보이는 부분에 끝까지 집착했다. 수많은 간통 사건에도 불구하고 그녀는 "모든 남성을 위한 매 웨스트의 자리는 이제 그만 포기할 것"을 완강히 거부했다. 그리고 종종 '성性과 일'이야말로 인생에서 가장 중요한 부분이라고 진지하게 말했다. 1911년, 가수이자 무용수였던 남자와 결혼하여 거의 30년 가까이 살아온 결혼 생활은 남편이 이혼 수당을 요구하는 소송을 제기한 뒤에야 비로소 이혼으로 끝이 났다.

〈마이라 브레킨리지Myra Breckinridge〉(1970)와 〈6인조Sextette〉(1978)라는 두 편의 형편없는 컴백 작품이 발표된 후 경호원을 대동한 채 나이트클럽을 전전하던 그녀에게도 어김없이 침체기가 찾아왔다. 결국 웨스트는 은퇴하고 로스앤젤레스의 아파트로 돌아갔다. 처음 이사를 한 1930년대 초반과 마찬가지로 그녀를 찾는 발길은 뜸했다. 오랫 동안 곁을 지킨 한 남자의 감독 덕분에 철저하게 건강을 관리하고 음식 요법을 시행했던 그녀는 87세의 나이에도 열심히 자전거 운동 기구의 페달을 밟았다. 그러나 우리를 향해 "언제 한번 보러 오세요"라고 손짓하는 그녀의 모습은 단지 영화 속 이미지로만 남게 되었다.

John Wayne

존 웨인

1907~1979

자존심이 강하고 강인하며 정직했던 영화계의 '신사' 존 웨인은 그가 영화 속에서 연기한 인물들처럼 독립심이 강한 삶을 살았으며, 자신의 신조처럼 항상 정직한 사람이 되고자 노력했다. 그는 남자들의 지도자이자 전쟁 영웅으로, 그리고 무뚝뚝하지만 열정적인 연인으로서 너무도 강렬한 인상을 남겼기 때문에 아직까지도 미국 영화계의 위대한 배우 중 한 사람으로 인정받고 있다.

웨인은 아이오와 주 윈터셋에서 아일랜드계 미국인 어머니와 스코틀랜드인의 후손인 약사 아버지 사이에서 태어났다. 그의 어릴 적 이름은 메리언 마이클 모리슨Marion Michael Morrison이었다. 그가 여섯 살 때, 폐병에 걸린 아버지는 담당 의사의 권유에 따라 캘리포니아로 이사했다. 그곳에서 잠시 목장 일을 하던 아버지는 후에 목장을 접고 다시 약국을 열었다. 젊은 모리슨은 영화에서 그레이트 플레인스Great Plains(캐나다와 미국에 걸친 로키 산맥 동부의 대초원)*를 달리는 인물로 나온 것과는 달리 전형적인 중산층 젊은이로 성장했다. 대학 1학년 때 부모가 이혼을 한 후로는 어머니와 함께 생활했다. 건실한 청년이었던 그는 영화 광고지를 돌리는 일도 마다하지 않았는데, 그 덕에 무료로 영화를 관람할 수 있었다. 195센티미터의 장신 운동선수였던 그는 로스앤젤레스의 남부캘리포니아대학교에 풋볼 장학생으로 입학했다. 그곳에서 그는 매년 여름 20세기폭스 사 촬영장에서 소품 담당자로 일했다. 걸작 서부 영화를 여러 편 만든 존 포드John Ford 감독을 만난 곳도 바로 이 촬영 현장이었다. 두 사람은 절친한 친구가 되었다. 그는 스턴트맨을 거쳐 단역으로 출연했고, 5년에 걸친 무명 시절을 보낸 끝에 마침내 포드 감독의 추천을 받아 〈빅 트레일The Big Trail〉(1930)에 출연함으로써 일약 스타 반열에 오를 수 있었다. 모리슨은 라울 월쉬Raoul Walsh 감독의 조언에 따라 '존 웨인'으로 이름을 바꾸었고, 그 후 8년 동안 80편에 달하는 저예산 서부 영화에 출연했다. 이 깡마른 체격의 배우는 노래하는 카우보이를 최초로 연기했는데, 노래를 잘 못한 탓에 더

빙의 도움을 받았다.

포드는 웨인을 〈역마차Stagecoach〉(1939)의 링고 키드 역에 캐스팅했다. 이로써 웨인은 B급 영화에 나오는 무명 배우에서 벗어날 수 있었다. 이 영화에서 그는 감상적인 무법자를 연기했는데, 귀에 거슬리는 그의 느린 말투는 과묵한 무법자에 너무나 잘 어울렸다. 그는 놀랍도록 절제된 감정 표현 때문에 마치 방금 황야에서 말을 타고 달려 나온 사람처럼 보였다. 그러나 그것은 수년간 연습한 결과였다. 이상하게 튀는 억양, 안짱다리, 구부정한 걸음걸이, 양팔을 크게 한 번 휘두르는 것 등 그의 유명한 몸짓들 중 대부분은 거울 앞에서 몇 시간이고 연습한 결과였다.

전통적인 배우나 메소드 배우method actor(극중 캐릭터에 대한 이해와 자신의 경험을 바탕으로 자연스런 내면연기를 소화하는 배우)*가 표현을 목표로 했다면, 웨인은 '인상'을 목표로 했다. 다시 말해서 그는 근본적으로는 착하지만 그 이면에 위험성을 내포한 냉철한 인물을 표현하고자 했다. 이러한 도덕적 공정함과 격렬한 액션이 이루어낸 조화는 웨인이 만들어 낸 미국적 영웅의 독특한 특징이었다. 이 때 무대가 서부 시대의 농장인가 아니면 현대의 전쟁터인가 하는 점은 전혀 중요하지 않았다. 그는 50년에 달하는 연기 인생 동안 여러 장르의 작품을 통해 이러한 캐릭터—그는 이것을 '존 웨인 방식'이라는 자기비하적인 용어를 사용했다—를 갈고 닦았다. 스크린에서 웨인이 연기한 영웅은 강인했지만 인간적이었다. 이런 모습은 그 후에도 조금도 변함이 없었다. 무엇보다도 그는 명백히 미국적이었다.

존 웨인이 출연한 작품은 워낙 많기 때문에 대략 간추려 보는 정도에 그쳐야 한다. 그의 대표작으로는 1940년대 유진 오닐Eugene O'Neill의 희곡을 영화로 만든 〈머나먼 항해The Long Voyage Home〉, 존 포드와 함께 웨인의 전설 대부분을 창조한 하워드 혹스Howard Hawks 감독의 〈붉은 강Red River〉(1948), 포드 감독의 〈아파치 요새Fort Apache〉(1948), 〈노란 리본을 한 여자She Wore a Yellow Ribbon〉(1949), 〈리오 그란데Rio Grande〉(1950) 등이 있다. 이 모든 작품에서 웨인은 두려움을 모르는 기마병으로 출연했다. 1950년의 〈유황도의 모래Sands of Iwo Jima〉에서 마지막에 죽는 병사로 나온 것처럼, 그는 1952년에 서부 영화와 작별을 고했다. 그는 포드 감독이 목가적인 아일랜드를 배경으로 만든 〈조용한 사나이The Quiet Man〉에서 불안한 미국 권투 선수로 출연했는데, 이 작품은 귀향을 소재로 한 영화의 고전이 되었다. 8년 후 웨인은 〈알라모The Alamo〉를 만들겠다는 꿈을 마침내 실현하여 주연, 감독, 제작이라는 일인 삼역을 소화해냈다. 자신이 만든 영화가 모든 미국인의 심금을 울릴 거라고 확신했던 그는 사재를 털어 영화에 100만 달러를 투자했지만 그 결과는 알라모 전투에서 텍사스인이 패배한 것보다 더 비참했다.

동일한 제목의 통속 소설을 바탕으로 만든 〈그린베레The Green Berets〉(1969)는 베트남 전쟁을 지지하는 내용으로, '매파hawk'와 정치적 극우주의자로서 웨인의 명성을 확고히 해주었다. 그의 극우주의자적 성향은 매카시 시대에 더욱 노골적으로 드러났다. 이 보수적인 스타는 '미국의 이상을 보전하기 위한 영화협회'를 조직하는 데 일조했고, 악명 높은 상원의원의 친구이기도 했다. 〈그린베레〉만큼이나 결점이 많았던 다음 작품 〈진정한 용기True Grit〉는 과거 서부 시대를 배경으로 한 구식 싸구려 소설과 통속 소설을 해학적으로 멋지게 재창조한 작품이었다. 이 영화에서 그는 자신의 실제 모습을 참고로 해서 수줍음 많고 술을 좋아하는 미군 원수 루스터 콕번Rooster Cogburn 역을 빈틈없고 유쾌하게 그려 내어 1969년 아카데미 남우주연상을 받았다.

그가 사망한 지 14년째가 되는 1993년에 웨인은 미국인이 가장 좋아하는 영화배우 투표에서 당당하게 2위를 기록했다. 그 다음 해에도 똑같은 현상이 되풀이 되었다. 1995년에는 현존하는 모든 배우뿐만 아니라 이미 고인이 되어 역사에 남은 영화배우들을 모두 제치고 1위로 선정되었다. 비평가들도 웨인의 연기 뒤에 숨어 있는 예술성을 다시 평가하기 시작했고, 그가 훨씬 섬세하고 다양한 연기를 시도했다는 사실을 확인할 수 있었다.

웨인은 〈진정한 용기〉 이후로 1975년에 〈루스터 콕번〉을 재상영한 것을 포함하여 몇 편의 영화를 계속 만들었다. 그가 마지막으로 혼신의 연기를 펼친 작품은 〈총잡이The Shootist〉(1976)였다. 이 영화에서 그는 암으로 죽어가는 늙은 무법자의 삶을 위엄 있고 현실적으로 그려 냈다. 그는 영화 속에서 보여 준 멋진 모습과는 달리 3년에 걸친 힘겨운 투병 끝에 숨을 거두었다. 그는 세 명의 라틴계 자녀를 두고도 스페인어를 한 마디도 할 줄 몰랐지만 자신의 묘비에 "못생기고, 강했으며 당당했다Feo, Fuerte, y formal"라는 글귀를 남겨 달라는 유언을 남겼다. 그러나 누가 보아도 그와 어울리는 단어는 마지막 두 개뿐이었다.

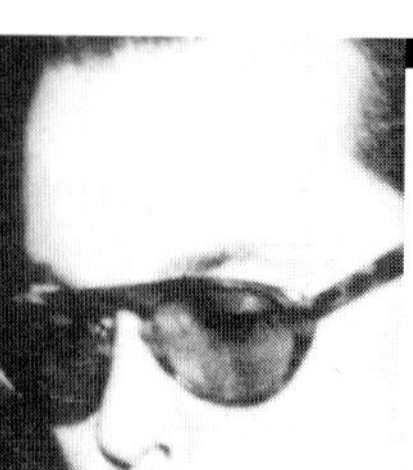

Orson Welles

오손 웰즈

1915~1985

연극계와 영화계의 천재였던 오손 웰즈는 뛰어난 두뇌와 아드레날린, 그리고 과민증으로 이루어진 가연성의 복합체 같은 인물이었고 결국 연기 속으로 사라졌다. 생후 18개월 때 이미 천재로 판명된 그는 단점이 될 만큼 자신감에 넘쳤는데, 심지어 모든 매개체들이 어떤 작용을 하는지 정확히 알고 있다고 자랑하기도 했다. 완벽한 인간이든 아니든 그는 스스로 주장했듯이 공연 예술의 거의 모든 분야에서 절대적으로 뛰어난 인물이었다. 연기자로서 그는 투덜대는 말투와 권위에 아첨하는 목소리를 자유자재로 사용하여 대담한 독창성과 지성을 동원한 연기를 펼쳤다. 제작자, 프로듀서, 흥행주, 무대 및 의상 디자이너, 그리고 극작가로서 그는 놀라운 결과물을 만들어냈다.

조지 오손 웰즈George Orson Welles는 위스콘신 주 커노샤에서 태어났다. 그의 아버지는 뛰어난 발명가였고, 어머니는 어린 나이에 조숙한 그의 독창성을 격려했다. 아홉 살에 고아가 된 그는 열여섯 살 때부터 전문 직업 생활을 시작했다. 그는 부모에게 물려받은 유산 가지고 더블린으로 건너가서 스스로 말했듯이 사람들을 '그럴 듯하게 속여서' 게이트웨이 극장의 주연 배우가 되었다. 2년 후 그는 미국 연극계에 캐서린 코넬Katharine Cornell과 함께 첫 무대에 올랐다. 동료 배우들은 그가 퉁명스럽고 예측할 수 없는 사람이며 무절제한 생활을 한다고 생각하면서도 그와 함께 있으면 지루한 줄을 몰랐다. 〈제3의 사나이The Third Man〉(1949)는 그가 가장 감동적인 연기를 펼친 작품 중 하나로, 암시장 상인 해리 라임이라는 흥미로운 캐릭터를 영화의 신화 목록에 올려놓았다.

그러나 영화팬들은 웰즈를 단순한 연기자로만 기억하지 않는다. 그는 〈시민 케인Citizen Kane〉(1941)에서 뛰어난 연출력을 선보임으로써 예술적 기교에 대한 사람들의 의심을 일축했다. 이 작품에서 그는 제작, 공동 각본, 주연이라는 일인 삼역을 소화해 냈다. 미국의 모든 영화팬이 이 영화를 알고 있고, 영화 관련 수업에서

CBS
CBS

는 아직도 이 작품에 대해 토론하고 있으며, 모든 비평가가 이 작품을 계속 언급하고 있다. 야심에 찬 영화 제작자들에게 이 영화는 기념비적인 작품이 되었다. 관객과 비평가들은 웰즈가 보여 준 강렬한 주제와 표현주의적인 카메라 앵글에 전율했다. 그러나 영화업계는 딥포커스 기법(카메라에 비교적 가까이 있는 물체와 머리 떨어져 있는 물체 모두 초점이 맞도록 촬영하는 기법)*보다는 자신들의 주머니 사정을 챙기는 일에만 급급했다. 그리고 영화업계는 〈시민 케인〉의 성공에도 불구하고 일찍부터 웰즈가 자신들의 상업적 요구에 맞지 않는다는 결론을 내렸다.

따라서 웰즈의 성공에 대해 정확한 평가를 내리려면 그가 젊은 시절에 일구어 낸 업적에 대해 알아보는 것이 무엇보다 중요하다. 1940년 〈시민 케인〉에 대한 전대미문의 특허권 협상을 벌일 당시 그는 겨우 스물다섯 살이었다. 그보다 2년 일찍 그의 머큐리 극단이 라디오로 방송한 H. G. 웰즈의 '우주전쟁War of the Worlds'을 들은 미국인들은 실제로 화성인들의 침공을 받고 있다고 착각했고 「타임」은 그의 사진을 표지에 실었다. 그것보다 2년 전에 할렘에서 무대에 올린 〈맥베스Macbeth〉는 출연진 전원이 흑인이어서 충격을 안겨 주었는데, 이 작품은 뉴딜 정책 가운데 연방극장계획의 일환으로 무대에 올려졌다.

웰즈는 자신의 어린 시절을 다르게 각색해서 들려주기를 좋아했다. 신동 소년은 니체의 책을 읽지 않거나 피아노를 치지 않을 때 어머니가 큰 소리로 읽어 주던 이야기를 통해 셰익스피어에 관심을 가지게 된 것 같다. 실제로 그가 연극과 영화에서 가장 많이 시도한 것은 바로 셰익스피어 작품을 각색하는 작업이었다. 불후의 명작 〈오셀로〉(1952)와 그가 〈자정의 종소리Chimes at Midnight〉(1967) 다시 창조한 〈헨리 4세Henry IV〉 등은 수작으로 꼽을 수 있다. 그가 난폭한 폴스타프Falstaff(셰익스피어의 『윈저의 즐거운 아낙네들』과 『헨리 4세』에 나오는 희극적인 인물)*를 가장 좋아했다는 사실은 배우로서 위트와 속임수에 대한 사랑과 더 큰 즐거움을 향한 취향을 드러내는 것이었다.

그러나 예술적 성취에 대한 다소 불명확한 탐색이 가장 잘 드러난 작품은 셰익스피어의 걸작이나 위태롭게 성공을 거둔 다른 영화들이 아니라 바로 〈시민 케인〉이었다. 이 작품은 그를 전설적인 인물로 만들어 주었을 뿐만 아니라 미국 영화계가 기존의 단정한 형식을 버리고 더 세련된 간접 화법을 받아들이게 만들었다. 웰즈는 과거의 잊혀진 테크닉을 활용하고 자신만의 독창성을 발휘하여 충격적일 만큼 전혀 새로운—낭만적임에도 불구하고 다소 고딕풍의—리얼리즘을 창조해 냈다. 그는 오버랩 대화체 순환 플롯 전개, 빠른 장면 전개에 의한 몽타주 기법, 그리고 빛과 그림자로 이루어진 장면 완벽하게 시도했다. 백만장자 출판인 찰스 포스터 케인(그가 윌리엄 랜돌프 허스트William Randolph Hearst임은 짐작하고도 남았다)에 관한 이 이야기는 참신한 아이디어가 돋보이는 영화였다. 〈시민 케인〉은 권력과 기술의 폐단을 비난하고, 사랑을 전혀 모르는 사람들과 기술 발전에 발목이 잡힌 사회의 운명을 예측하게 해주는 용감한 작품이었다.

〈시민 케인〉에서 보여 준 연기는 타의 추종을 불허했다. 〈위대한 앰버슨가The Magnificent Ambersons〉(1942)과 〈상하이에서 온 여인The Lady from Shanghai〉(1948)과 같이 지금은 미국 영화의 고전으로 인정받고 있는 작품들이 박스오피스에서는 전혀 위력을 발휘하지 못했다. 〈상하이에서 온 여인〉에 출연했던 리타 헤이워스Rita Hayworth와 그의 결혼 생활도 이 영화를 찍고 난 후 파국으로 끝났다. 다행히 웰즈는 저예산 영화를 만드는 능력이 뛰어났는데, 특히 그가 초라한 미국인 탐정으로 출연한 배배 꼬인 느와르 영화 〈악마의 손길Touch of Evil〉(1958)이 유명했다. 이 영화는 미국 내에서 배급이 형편없었기 때문에 성공하지는 못했지만 대담하면서도 서정적인 퇴폐미 덕분에 컬트 무비의 반열에 오르게 되었다.

웰즈가 때 아닌 종국을 맞은 이유는 여전히 흥밋거리다. 어쩌면 웰즈는 할리우드의 단순한 희생자였을지도 모른다. 질투심 많은 경쟁자들에 의해 자극을 받고, 자신의 오만함을 더 견디지 못하고, 예산과 촬영 일정에서 순간마다 모멸감을 느꼈을 것이다. 또는 그는 자신이 스스로 만들어 낸 희생양인지도 모른다. 겉으로 드러난 그의 충동적인 성격은—그는 종종 〈위대한 앰버슨가〉과 〈악마의 손길〉 같은 중요한 작품의 편집을 다른 사람에게 맡겼다—어쩌면 영화계에서 두려움과 비웃음의 대상이었던 '무대 위에서 흘리는 식은땀'을 위장하기 위한 가면이었는지 모른다. 이유야 어떻든 그는 너무도 빨리 활동을 중단해야 했다. 그는 수십 년 동안 유럽 전역을 돌면서 프로젝트—완성되지 못한 전설적인 〈돈키호테〉 같은 작품들—의 자금을 조달하기 위해 단역으로 출연했다. 그러다가도 마치 담배꽁초를 내던지듯 금방 그만두곤 했다. 이 기간 동안 영화와 관련된 웰즈의 훌륭한 아이디어 중 상당 부분이 준비 단계에서 사장되었다. 그가 이루어낸 연예 사업 가운데 가장 슬픈 성공담 하나가 이렇게 해서 탄생되었다.

Duke & Duchess of Windsor
윈저 공작 부부

1894~1972(윈저 공작), 1896~1986(공작 부인)

세기의 러브스토리는 친구들 사이의 우정에서 비롯되었다. 1934년 1월, 영국 황태자—메리 여왕과 조지 5세의 장남으로 영국 왕위 계승자—의 정부였던 레이디 델마 퍼니스가 런던을 떠나 여행길에 올랐다. 리츠에서 점심 식사를 하던 도중, 그녀는 성공한 선박왕과 결혼했다가 이혼한 볼티모어 출신의 월리스 심슨에게 자신이 동안 파티를 좋아하는 말쑥한 용모의 에드워드를 돌봐 달라고 부탁했다. 레이디 퍼니스는 "그 애가 실수 하지 않게 잘 좀 돌봐 줘"라고 말했다. 그러나 그 부탁 자체가 실수였다. 왕자는 심슨 부인과 사랑에 빠졌고, 에드워드 8세로 대관식을 거행한 지 겨우 열 달 후인 1936년 12월 11일 그는 사랑하는 여인을 위해 양위를 선언함으로써 왕관 대신 사랑하는 여인을 선택했다.

파티장을 자주 찾았던 이 미남 귀족은 이미 오래 전부터 여러 사람들의 관심의 대상이 되어 왔다. 제2차 세계대전 동안 영국 해군으로 복무했으며 그 후 10년간 여러 번 대영제국 순방에 나섰던 그는 영국 사람들에게 아주 인기가 많은 왕족이었다. 그러나 바람둥이 왕자는 그가 인정했듯이 '불행한 어린 시절'의 산물이었다. 청소년에서 어른으로 성장하는 동안 힘이 되어 주는 가족 간의 사랑이나 동료 의식을 전혀 경험하지 못한 그는 어른이 다 된 후에도 정신적으로나 감정적으로 아직 미숙한 상태였다. 또 상처 받기 쉬운 성격의 그는 추진력이 강했던 월리스 워필드 심슨과는 전혀 어울리지 않았다.

그렇다면 미국 남부 출신인 다소 평범한 39세 여성의 어떤 면이 과연 영국 국왕이 가족과 왕국을 포기하고 교회와 의회의 비난을 감수하게 만들었을까? 아마도 그것은 매력과 의지의 문제였던 것 같다. 아름다운 것과는 거리가 멀었던 베시 월리스 워필드는 그럼에도 불구하고 아주 적극적이었으며 세련된 자태에 투명한 피부, 그리고 커다란 보랏빛 눈동자가 매력적이었다. 그녀는 재정적으로 하락세에 접어든 남부 귀족 집안에서 태어났기 때문에 가난에 대해 거의 병적인 두려움을

갖게 되었다. 자신의 가족을 멸시했던 거만한 친척들을 향한 복수심은 그녀의 원동력으로 자리 잡았다. 그러나 월리스는 신분 상승을 위한 준비가 전혀 되어 있지 않은 것처럼 보였다. 지성적인 것과 거리가 멀었던 그녀는 문화적 관심에 한계를 드러냈는데, 이 점은 에드워드도 마찬가지였다("어느 누구도 너무 부자가 되거나 너무 날씬해질 수 없어요"라는 정도의 재치가 그녀에게 기대할 수 있는 전부였다). 불행한 결혼 생활을 끝낸 후, 그녀는 부자인 동시에 자신이 동경하던 사회에 속해 있던 미국 출신 영국인 어니스트 심슨과 재혼하는 데 성공했다.

심슨 부부가 미래의 왕을 만나게 된 것도 이러한 최상류층의 파티에서였다. 그리고 어니스트와 열성적인 월리스, 그리고 에드워드 이 세 사람은 곧 런던의 최고 상류층 그룹을 이루는 핵심 멤버가 되었다. 그러나 얼마 안 있어 왕자 소유의 영지 입구에 해당했던 포트 벌베데레에 심슨 부인의 남편이 아니라 바로 심슨 부인의 처소가 마련되어 있다는 소문이 퍼지면서 왕실 가족을 걱정에 휩싸였다. 왕은 부적절해 보이는 그들의 관계에 대해 왕자와 자주 대화를 나누었다.

왕과 아들 간의 불화는 1936년에 왕이 세상을 떠나면서 끝났다. 그러나 정부에 대한 에드워드의 사랑은 끝나지 않았다. 그가 왕위를 계승하고 심슨 부인이 두 번째 이혼 수속을 밟자, 새 군주가 결혼을 생각하고 있는 것은 아닐까 하는 가족의 우려는 오래지 않아 현실이 되었다. 노골적으로 왕의 의견에 반기를 들었던 스탠리 볼드윈 수상은 왕족과 평민 여자와의 결혼을 도저히 수용할 수 없다고 주장했다. 관례에 따르면 결혼이 성사되더라도 심슨 부인은 왕실의 특권을 누릴 수 없었다. 그녀는 후에 에드워드에 대해 이렇게 회상했다. "나는 그에게 왕비가 되고 싶지 않다고 말했어요. 그러자 그는 나 없이는 왕이 되고 싶지 않다고 했어요. 제가 어떻게 할 수 있었겠어요? 내가 어떻게 할 수 있었겠냐고요?" 그 어느 때보다 결연했던 왕은 마침내 용단을 내렸다. 그는 백성들에게 단호한 목소리로 자신의 결심을 알렸다. 감정이 복받친 듯 중간 중간 말이 끊기는 가운데 "사랑하는 여성의 도움과 지지 없이 왕으로서 임무를 수행할 수 없다"는 그의 고백이 라디오 방송을 통해 영국 전역에 퍼져 나갔다.

그의 남동생 조지 6세에게서 결혼 선물 대신 받은 편지—결혼은 했지만 공작 부인은 왕실의 지위에 합당하지 못하다는 간단한 내용이었다—때문에 괴로워하던 공작도 아내와 함께 서서히 풍족한 여유를 느낄 수 있는 삶에 익숙해졌다. 그러나 그것도 겉만 번지르르한 구금 상태와 다를 바 없었다. 제2차 세계대전이 발발하면서 바하마의 제독으로 복무한 일과 그들의 친나치 성향 탓에 대중의 비판을 받는 것 외에는 이렇다 할 활동이 없었다(공작이 독일과 접촉한 것 때문에 발생한 국가 안보상의 위협에 대해 대대적인 조사 작업이 이루어진 것은 그로부터 수십 년이 지난 다음이었다). 결혼 생활 내내 그는 어려움에 처한 자신의 배우자에게 사회적으로 최고의 보상을 해주지 못한 잘못을 속죄하기 위해 노력했다. 그는 그녀를 여왕으로 만들어 줄 수 없다면 최소한 한 인간으로서의 삶은 보장해 주어야 한다고 생각했다. 35년간의 결혼 생활 동안 그녀의 모든 요구 사항을 들어주는, 비굴할 정도로 헌신적으로 살았던 그는 값비싼 보석들로 그녀의 환심을 사고자 했다. 그에 대한 보상으로 그녀는 그를 들볶았고, 결국 냉정하고 위압적인 힘을 발휘해서 그의 일거수일투족을 조종했다.

왕실에서 추방 당한 상태였던 공작과 공작 부인은 왕의 허락 없이는 다시는 영국으로 돌아가지 않겠다는 굳은 결심을 했다. 그들은 주로 파리에서 살았는데, 방이 30개나 되는 대저택을 파리시로부터 거의 무료로 제공받았고 상류사회 인사들을 초대해서 왕 행세를 했다.

1967년에 엘리자베스 2세가 메리 여왕 탄생 100주년 기념식에 공작 부부를 초대하자 오랜 망명 생활도 마침내 끝이 났다. 그로부터 5년 후 공작이 세상을 떠나자 공작 부인은 더욱 피상적인 존재가 되었다. 외로운 회환의 시간을 맞이한 그녀는 찾아오는 사람들도 없이 하인들과 지내야만 했는데, 몸을 움직일 수 있을 때까지 불로뉴의 숲 근처 대저택에 살면서 매일 밤 남편의 방을 찾아가 밤 인사를 건넸다. 그녀에게는 드레싱 룸 테이블 위에 있는 기념물이 쓰라린 아픔으로 다가왔다. 공작이 금테가 둘러진 종이 위에 적어 보낸 편지에는 이렇게 적혀 있었다.

"친구여, 왕관과 홀과 왕좌를 손에 넣는 것보다 당신과 단 둘이 사는 것이 훨씬 더 좋습니다."

Oprah Winfrey

오프라 윈프리

1954~

가차 없는 텔레비전 조명이 어두운 고해실을 대신하게 된 시대와 공간에서 오프라 윈프리는 매개자인 동시에 메시지가 되었다. 그녀는 가난과 인종차별, 그리고 성적 학대로 점철된 어린 시절을 극복하고 텔레비전 주간 시간대를 지배하는 주역으로 부상했다. 그 과정에서 그녀는 십대 때 임신을 한 일이나 성인이 되어 약물 중독에 빠진 일까지, 자신의 소름끼치는 과거를 적나라하게 드러내는 것을 결코 주저하지 않았다. 그리고 그녀가 더 많은 사실을 고백할수록 더 많은 사람들이 그녀를 사랑하게 되었다. 오늘날 미국에서 가장 돈이 많은 여성으로 알려진 그녀는 현대 엔터테인먼트 산업에서 강고한 입지를 확보했으며, 그에 따라 엄청난 영향력을 미치는 사람이 되었다.

미시시피 주 코지어스코에서 열네 살이던 어머니 버니타 리에게서 태어난 오프라—이 듣기 좋은 이름은 사실 성경에 나오는 오파Orpah를 잘못 표기한 것이다—는 어린 시절 남부에 사는 할머니와 밀워키 주에서 가정부 생활을 하던 무한 어머니 사이를 오가며 살았다. 그녀는 어머니와 함께 지내는 동안 몇몇 남자 친척들에게 성적 학대를 당했다. 그녀는 이런 경험 탓에 두려움에 떨었고 난폭하고 소심한 아이가 되었다. 그녀는 비행청소년으로 수용소에 수감될 처지가 되기도 했으나 단지 수용 인원이 초과되었다는 이유로 취소된 적도 있었다. 1년 뒤 윈프리는 어머니의 전철을 좇아 사생아를 낳았다(예정일보다 일찍 출산된 아이는 태어나자마자 곧 죽었다). 내슈빌에서 사회봉사에 열심인 이발사였던 아버지가 개입하게 되어 그녀는 더 큰 상처를 피할 수 있었으며, 그 후로는 아버지와 함께 살았다. 그녀는 아버지의 극진한 보살핌 속에서 인기 있는 학생이자 연설가의 능력을 발휘했고, 고등학생 때 벌써 WVOL 라디오 방송국의 시간제 뉴스캐스터로 채용되기도 했다. 1972년에 그녀는 테네시주립대학교에 입학하여 당시 동급생들이 열성적으로 참여했던 흑인지위향상운동을 멀리하고 수사학과 드라마 공부에 지독할 정도로 매달렸다.

1976년에 윈프리는 볼티모어에 있는 작은 텔레비전 방송국에 뉴스캐스터로 취직했고 그곳에서 그녀는 경영진은 그녀에게 머리카락을 펴라고 요구했다. 과거 미스 블랙 테네시로 선발된 적도 있었던 정치에 무관심한 이 앵커우먼은 '피플 아 토킹People Are Talking'이라는 모닝 토크쇼를 진행하면서 자신이 활동해야 할 영역을 발견했다. 그녀는 꼼꼼하면서도 모든 사람이 공감할 수 있는 질문을 던질 줄 알았고, 1984년에는 좀더 규모가 큰 시카고의 WLS-TV에 채용되었다. 그리고 2년 사이에 그녀의 방송 시간대는 토크쇼의 제왕 필 도나휴Phil Donahue의 방송 시간대와 경쟁을 벌일 정도로 급성장했다. 후일 그녀는 시카고에서 맡은 첫 방송에서 자신이 얼마나 뚱뚱했고 얼마나 겁에 질려 있었는지에 대해 고백하곤 했다. 그녀의 진솔한 고백은 중년 특유의 애매모호한 말을 쏟아내는 도나휴와 극명한 대조를 보였고 청중에게 미친 영향은 상상을 초월했다. 그녀를 지지하는 전화가 WLS-TV에 폭주했고 그녀에게 보낸 시청자들의 편지가 밀려들었다. 시청자들이 말하려는 내용은 한결같았다. 우리도 역시 두렵고 불안하고 외롭고 불확실하며, 당신이 우리와 똑같은 느낌을 받고 있다는 사실에서 위안을 얻고 있다는 내용이었다. 오프라는 드디어 자신의 소명을 발견했다.

그 후 그녀의 인기는 급격한 상승 곡선을 그렸다. 닐슨 시청률 순위 조사에서 '오프라 윈프리 쇼'는 당시까지 독보적인 존재였던 도나휴를 앞지른 것으로 나타났으며, 곧바로 그녀의 쇼는 100여 개가 넘는 도시에서 방영되었다. 그 후 평행선을 기록하던 그녀는 1985년에 영화 제작자 스티븐 스필버그의 눈에 띄게 되었고, 사랑이 가져온 변화의 힘을 그린 앨리스 워커Alice Walker의 소설을 각색한 영화 〈컬러 퍼플The Color Purple〉에서 소피아 역으로 출연했다. 그녀는 이 연기로 아카데미상 후보에 오르기도 했다. 4년 후 그녀는 텔레비전 미니시리즈 〈더 위민 오브 브루스터The Women of Brewster〉에서 주연을 맡았다. 그러나 그녀가 돋보인 곳은 역시 텔레비전 프로그램에서였다. 그녀는 상처 입은 사람들, 예컨대 알코올 중독자들, 십대 폭력배, 버려진 아이들 중 스튜디오 출연이 가능한 이들을 초대하여 스스로 자신들의 이야기를 그녀에게 털어놓게 만들었다. 엄청난 성공을 거둔 그녀는 총 2,000만 달러를 투자한 하포 프로덕션Harpo Productions을 설립하여(물론 하포는 오프라를 거꾸로 써서 만든 이름이었다) 메리 픽포드와 루실 볼에 이어서 미국 엔터테인먼트 사업 역사상 세 번째로 개인 프로덕션을 소유한 여성이 되었다.

훌륭한 장군이 그렇듯이 윈프리는 게스트나 방청객에게 자신이 싫어하는 것을 강요하지 않았다. 요요 현상을 보이기 시작한 그녀의 몸무게는—1992년 에미상 시상식 사회자로 출연할 당시 107킬로그램에 육박했다—공공연한 화젯거리가 되었으며, 어린 시절 성적 학대로 고통 받은 일을 눈물을 흘리며 고백할 때는 전 미국인이 그녀와 함께 눈물을 흘렸다. 그녀가 1970년대에 크랙이라는 환각제를 복용했으며 코카인에도 중독되었다고 털어놓자 사람들은 약물 중독의 마수에서 벗어난 그녀의 용기에 박수를 보냈다.

1994년에 오프라는 빌 클린턴 대통령 곁에 서서 그녀가 의회에 제안한 법안에 대통령이 서명하는 모습을 지켜보았다. 그 법안이 통과되어 아동학대 판결을 받는 범죄자를 기록한 전국적인 데이터베이스를 만들 수 있게 되었다. 또한 그해에 그녀는 텔레비전협회 명예의 전당Television Academy Hall of Fame에 이름을 올렸다. 그녀는 자신의 쇼가 큰 성공을 거두었음에도 불구하고 텔레비전의 선정성을 혐오하고 있음을 과감하게 밝혔다. 그 후 시청률 하락의 위험에도 불구하고 그녀의 쇼는 그녀가 선보인 대규모 자선사업과 마찬가지로 긍정적인 해결책에 관한 내용만을 방영하려고 했다. 1996년 가을에 오프라는 자신의 개인 트레이너와 함께 피트니스의 성경이라고 할 수 있는 책 『메이크 더 커넥션*Make the Connection*』을 출간하여 성공을 거두었고 다양한 주제로 포맷을 바꾸었다. 그리고 한 달에 한 번 북클럽을 신설하고 저자를 출연시켜 작품에 대한 문학적인 해석을 시도함으로써 미국 문화에 대한 자신의 영향력을 넓혔다.

1997년에 그녀는 1990년대 말까지 〈오프라 윈프리 쇼〉 출연 계획을 연장했다. 킹 월드 프로덕션과 체결한 이 계약은 아마도 윈프리를 미국 최초의 흑인 억만 장자로 만들기 위한 마무리 작업이었을 것이다.

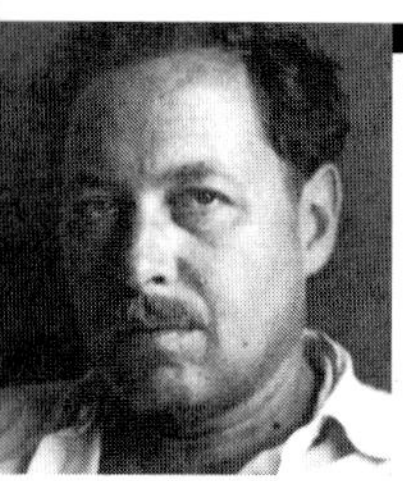

Tennessee Williams
테네시 윌리엄스

1911~1983

테네시 윌리엄스는 시간이 흐를수록 비평가들의 갈채가 높아진 인물로서 활기 넘치는 미국 연극계에서 가장 눈부시게 빛나던 재주꾼이었다. 아주 개인적이고 엉뚱했던 그의 주변에는 매일 자신의 꿈을 잃지 않기 위해 안간힘을 쓰는 사람들로 북적댔다. 그의 작품 속에 등장하는 인물들 중 대부분은 '속죄의 시간'이었던 그의 과거에서 중요한 역할을 담당했던 사람들을 모델로 삼은 것이다. 싸움을 좋아하는 알코올 중독자였던 그의 아버지는 '열악한 영업 구역'에서 일하던 세일즈맨이었으며 자신의 나약한 아들을 '낸시'라고 불렀다. '미스 에드위나'로 불리던 어머니는 섬세하지만 강인한 영혼을 지닌 사람이었다. 그리고 정신장애를 안고 태어나 나중에 뇌수술까지 받은 여동생 로즈가 있었다. 또 그의 형 다킨은 테네시가 알코올과 여러 가지 약물 탓에 노이로제 증세를 보이자 그를 벽에 완충물을 댄 정신 병동에 집어넣었다. 이 기이한 가족 구성원들은 윌리엄스의 자극적인 블랙코미디에서 지금까지 무대에 등장한 잊을 수 없는 인물들 중에서도 특히 눈에 띄는 캐릭터가 되었다. 브로드웨이에서 성공을 거둔 첫 작품 『유리 동물원*The Glass Menagerie*』(1944)에 나오는 극도로 내성적인 로라(여동생 로즈), 충격적인 논란을 일으킨 작품 『욕망이라는 이름의 전차*A Streetcar Named Desire*』(1947)에서 찢어진 티셔츠를 입고 자연의 힘과 용감하게 말다툼하는 스탠리 코왈스키와 시들어 가는 목련 블랑시 드보아(어머니 에드위나), 그리고 『뜨거운 양철 지붕 위의 고양이*Cat on a Hot Tin Roof*』(1955)에서 다혈질의 아버지를 그대로 물려받은 공격적인 성격의 집안 사람들은 모두 테네시의 가족과 무관하지 않다.

윌리엄스가 발표한 모든 희곡과 소설에서 정상의 범주를 벗어난 인물들은 한결같이 멜로드라마의 주인공이 될 수밖에 없었으며, 애정이 결핍된 내면을 그대로 드러내어 관객의 동정심을 끌어냈다. 아무리 활기가 넘쳐 보여도 그들은 모두 상실감으로 약간 기가 죽어 보였는데, 이 극작가는 이것을 모든 사람이 경험하는 삶

의 보편적인 모습으로 보았다. 그리고 윌리엄스 자신과 마찬가지로 그들은 상처입은 연구 대상들이다. 테네시의 작품은 비록 제멋대로이긴 하지만 깊은 감동을 준다. 사회부적응자인 윌리엄스의 인물들은 카니발리즘cannibalism, 약물 중독, 동성애, 근친상간 같은 행태를 통해 전후 미국 연극계의 엄격한 도덕률에 정면으로 공격했다. 그는 『유리 동물원』을 시작으로, 『욕망이라는 이름의 전차』와 『뜨거운 양철 지붕 위의 고양이』(이 두 작품은 모두 퓰리처상을 수상했다), 『장미 문신*The Rose Tattoo*』(1951), 『지난 여름 갑자기*Suddenly Last Summer*』(1958), 『여름과 연기*Summer and Smoke*』(1948), 그리고 『청춘의 달콤한 새*Sweet Bird of Youth*』(1959) 등을 꾸준히 발표한 20년 동안 작품을 통해 사회를 통렬하게 비판했고 미국을 충격 속으로 몰아넣었다.

윌리엄스는 그의 작품들이 보여주고 있듯이 소외된 사람들에게 필사적으로 관심을 기울였다. 사실 관객이 그의 작품을 받아들일 수 있었던 것은 무엇보다도 윌리엄스 자신이 자신의 작품에 대해 공감하기 때문이었다. 관객이 원하는 것이 낯설다거나 심지어 불쾌하다고 해도 그에게는 상관없었다. 윌리엄스는 작품 자체에 대해서도 많은 관심을 기울였다. 그에게 작품은 거의 육체적인 욕구와 같았다. 열한 살 때 어머니에게 첫 타자기를 선물 받은 그 순간부터 1960년대와 1970년대에 침체기를 맞을 때까지, 줄곧 그는 자신의 '뮤즈'에 맞서 고군분투했다. 테네시는 언젠가 자신의 문학에 대해 이렇게 설명했다. "만약 나의 악마들을 잃게 된다면 나의 천사들도 잃게 되지 않을까 두렵다."

비평가들의 비난에 민감했던 윌리엄스는 가끔 예술적 화해를 시도하기도 했으나 대개는 격렬한 광란 상태로 빠져 들었다. 그의 습관적인 광기는 안정감과는 거리가 먼 여성의 지배 아래 어린 시절을 보낸 탓이었다. 그는 신장에 문제가 있어 시력이 나빴고 다리가 일시적으로 마비되기도 했는데, 거기에 디프테리아에 걸려 성격이 갑자기 거칠어졌다. 1911년에 미주리 주 콜럼버스에서 태어나 외할머니의 보살핌 속에서 자란 톰 윌리엄스는(1938년에 테네시로 이름을 바꾸었다) 여덟 살 때 세인트루이스로 이사했다. 그곳에서 그와 그의 '바람둥이' 어머니는 이웃과 계속되는 말다툼에 시달렸다. 사회적으로 매장된 상태였던 두 사람은 거대 도시에서 길을 잃은 시골 쥐와 같은 신세였다. 톰은 자신은 혼자가 아니며 자기 곁에는 여동생이 있다는 믿음과 자신의 소질을 개발하는 것에서 위안을 찾았다. 이 기간 동안 쓴 시와 소설은 그의 불안한 마음을 잘 보여 주었다. 얼마 후 감독파 교회의 사제였던 할아버지와 떠난 유럽 여행에서 그는 심적으로 심한 충격을 주는 일련의 사건들을 접하게 되었고, 자신이 완전히 미쳤다고 확신했다. 몇 년 후 『지옥의 오르페우스 *Orpheus Descending*』가 브로드웨이에서 실패한 뒤, 정식으로 심리치료를 받으러 다니던 윌리엄스는 "그 남자 치료사가 개인적인 성격에 대한 질문을 하기 시작했다"는 이유로 갑자기 치료를 중단했다. 그러나 이 재치 있는 말은 핑계였다. 치료사는 테네시에게 동성연애를 중단하고 가정을 가지라고 충고했고, 그러기 위해 장기간 작품 활동을 중단해야 한다고 조언했다.

한편 세인트루이스에 남아 있던 그의 여동생은 더욱 병세가 악화되어 집 안에서만 지내려고 했다. 확인되지는 않았지만 윌리엄스가 한 동성연애자와 관계를 청산하는 데 그의 아버지가 결정적인 역할을 한 것으로 보인다. 이러한 사건들 외에 다시 고개를 들기 시작한 동성애 취향에 '새로운' 남부 지역 사회가 보여 주는 뻔뻔스러운 무례함에 점점 깊어진 좌절감이 그의 작품 속에 그대로 녹아들었다. 윌리엄스는 과거의 남부, 특히 그의 몇 작품이 상연된 퇴락한 뉴올리언스를 사랑했다. 그는 뉴올리언스의 관능적이고 악과 유혹을 찬양하던 정서에 심취해 있었고 어떤 희생을 치르더라도 환상을 지켜내려는 뉴올리언스 시민의 노력을 존경했다(이것이 블랑시 드보아의 정신이기도 했다). 특히 그는 산만하고 경쾌한 곡조의 남부 언어를 사랑해서 그 느릿한 억양을 음악적으로 풍부하고 훌륭한 가치를 지닌 대화체로 발전시켰다.

남부 도시들은 그에게 아낌없는 사랑을 돌려주었다. 진솔함과 장소를 알아볼 줄 아는 통찰력, 그리고 점점 빛을 잃어가는 남부 문화를 따뜻한 시각으로 묘사하는 그에게 찬사를 보냈다. 한편, 모든 북부 사람들이 그러지는 않았지만 그에게 혐오감을 느끼는 일부 사람들은 윌리엄스가 '남부풍의 멜로드라마'라고 불렀던 연극 속에서 단조로운 감성만을 발견할 뿐이었다. 또 그들은 상업적인 목적을 위해 성과 폭력에 몰두하는 그의 편견에도 동의하지 않았다. 한편 많은 사람들은 20세기에 최고의 명예를 누린 극작가로 윌리엄스뿐만 아니라 우울함을 강렬하게 묘사한 유진 오닐이나 사회정치적 문제를 깊이 탐구한 아서 밀러Arthur Miller를 더 좋아했다. 그러나 극작가 지망생들에게 가장 많은 영감을 주고 미국인이 은밀한 시선으로 연약하고 방탕한 인물들의 침실과 영혼 속을 기웃거리게 만든 작가는 바로 윌리엄스였다.

Hank Williams
행크 윌리엄스

1923~1953

20세기 미국 컨트리 음악계의 선두 주자로 널려 알려진 행크 윌리엄스는 단순하면서도 향수를 불러일으키는 음악을 들려주었다. 그의 음악은 사후 50년이 지난 지금도 여전히 미국인들에게 감동과 기쁨을 전해 주고 있다. 그는 가장 신뢰할 만한 컨트리앤웨스턴country-and-western(미국 남부에서 발생한 음악으로 주로 기타, 벤조 등으로 연주됨)* 음악을 작곡했을 뿐만 아니라 그 정수를 보여 주는 삶을 살았다. 29년의 짧은 생에도 불구하고 사망하기 전 4년 동안 그는 27곡의 톱 텐 히트곡을 작곡하고 불렀다.

앨라배마 주 론데스 카운티에서 제1차 세계대전 상이 군인인 엘론조 허블 윌리엄스와 노력하는 삶을 사는 현명한 그의 아내 릴리 벨레(결혼 전의 성은 스키퍼였다) 밑에서 태어난 하이램 '행크' 윌리엄스Hiram 'Hank' Williams는 극빈층에 속하는 집안에서 성장했다. 거기다가 대공황이 겹치면서 경제 사정은 더욱 악화되었다. 아버지가 미시시피 주 빌럭시에 있는 재향군인병원에 입원했을 때 그는 겨우 여섯 살이었다. 그 후 아버지는 다시는 가족의 품으로 돌아오지 못했다. 이렇게 해서 릴리 벨레는 남부에서의 파란만장한 방랑 생활을 시작했고, 일거리를 찾아 몇 년에 한 번씩 아이들을 이끌고 이 마을에서 저 마을로 옮겨 다녀야 했다. 행크는 이처럼 불안하고 불행한 환경에서 조숙한 아이로 성장했다. 열두 살 때 그는 처음으로 위스키를 마시고 담배를 피웠으며, 처음으로 기타를 가지게 되었다. 또 루페 '티 톳' 페인이라는 거리의 가수에게서 노래와 은어를 배웠다. 앨라배마 주 몽고메리에서 가족과 함께 살던 열세 살 때 그는 엠파이어 극장에서 열린 장기 자랑 대회에 참가하여 〈더블유피에이 블루스The WPA Blues〉라는 곡으로 대상을 차지했다. 가슴을 저미는 가사는 비록 나이와 어울리지 않았지만, 삶에 대한 진지한 이해를 엿볼 수 있었다.

한편 그는 책이 아니라 삶 그 자체를 통해 지식을 얻었다. 실제로 1942년 당시

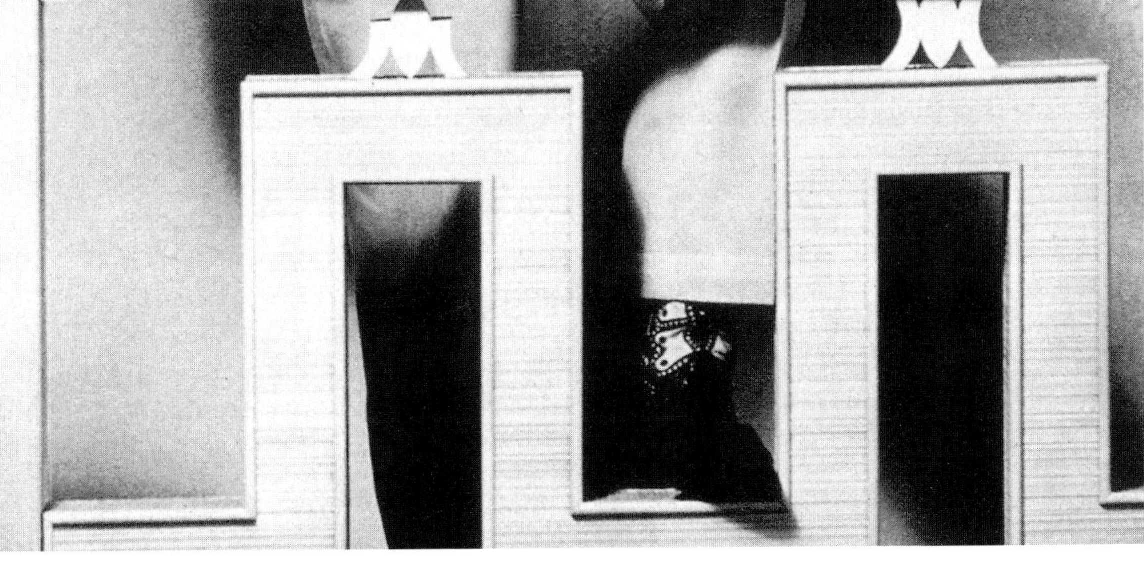

열아홉 살이던 그의 지적 수준은 여전히 9학년(우리나라로 치면 중학교 3학년)*에 머물러 있었다. 그는 군대 신체검사를 통과하지 못하고 학교를 그만둔 뒤 모빌의 건선거(큰 배를 수리하거나 청소할 때에 배를 들여놓는 구조물)* 회사에서 일을 시작했다. 그는 유명한 가수로 대성하겠다는 꿈을 깊이 간직한 채 작곡을 쉬지 않았다. 1944년에 그는 야심 많은 가수 오드리 매 셰파드Audrey Mae Sheppard와 결혼했고, WSFA 라디오 방송국의 정기 연주자로 안정적인 직업도 갖게 되었다. 그는 방송국을 주 무대로 활동하면서, 방송에 피해를 주지 않는 범위 내에서 초라한 극장과 바 등 장소를 가리지 않고 찾아가 공연했다. 그러나 생계를 꾸리기가 쉽지 않았다. 그는 수입을 늘리기 위해 동분서주했고, 심지어 직접 노래책을 만들어서 35센트씩 받고 팔기도 했다.

1946년, 그는 테네시 주 내슈빌을 방문하여 아쿠프-로즈 음악 배급업자와 계약을 체결하면서 가수로 본격적인 활동을 시작했다. 그 해에 그는 〈콜링 유Calling You〉와 〈웰즈 원트 세이브 유어 소울Wealth Won't Save Your Soul〉이라는 노래를 녹음했는데, 이 두 곡은 성聖과 속俗의 마찰을 집약적으로 보여 주는 작품이었다. 이런 생각은 쇼 비즈니스에서 경험한 것뿐만 아니라 그 자신의 확신에서 비롯되었다. 그 다음 해에 MGM에서 〈아이 쏘 더 라이트I Saw the Light〉와 좀더 대중적인 〈무브 잇 온 오버Move It on Over〉 두 곡을 녹음했고 이번에도 대성공을 거두었다. 같은 해 그는 자신의 최고 히트곡 중 하나인 〈홍키 통킹Honky Tonkin'〉을 발표했고, 1년 뒤에는 〈더 러브식 블루스The Lovesick Blues〉를 발표하여 1949년 빌보드 차트 1위를 차지했다.

이미 '루이지애나 헤이라이드Louisiana Hayride'라는 생방송 라디오 쇼에 고정 출연하고 있던 그는 그랜드 올 오프리Grand Ole Opry(컨트리 음악을 소개하는 라디오 공개 프로그램)*에 출연할 자격을 얻었다. 그는 1949년 데뷔 무대에서 여섯 번이나 앙코르 공연을 펼쳤다. 그 해에 아들 행크 주니어가 태어나자, 윌리엄스는 아이에게 쇼에서 사용한 인형 이름을 따서 '보체푸스Bocephus'라는 별명을 붙여 주었다. 같은 해, 그는 불후의 명작으로 남게 된 〈아임 쏘 론섬 아이 쿠드 크라이I'm So Lonesome I Could Cry〉를 작곡하고 녹음을 마쳤다. 그러나 힘겨운 생활과 심각한 음주 습관은 이미 그 폐해를 드러내기 시작했다. 1949년 가을, 윌리엄스는 자신을 괴롭히는 악령에게서 벗어나 보려고 내슈빌의 매디슨 요양원('오두막'으로 불렸다)에 들어가 보았지만, 별로 나아지지 않았다. 그러나 이러한 정신적인 혼란도 그의 음악 작업을 중단시키거나 그 속도를 늦추지는 못했다. 1950년, 그는 토니 베넷Tony Bennett이 현악기를 사용해 풍부한 음악으로 편곡한 곡 〈콜드, 콜드, 하트Cold, Cold, Heart〉를 녹음했고, 발매 즉시 전국적인 히트를 기록했다. 그 외에 〈와이 돈트 유 러브 미Why Don't You Love Me〉, 〈롱 곤 론섬 블루스Long Gone Lonesome Blues〉, 그리고 〈모닝 더 블루스Moanin' the Blues〉도 그 해 차트에 올랐다. 특히 '모닝 더 블루스'는 윌리엄스의 음악을 가장 잘 표현한 작품으로, 우수에 젖은 그의 목소리는 후회와 분노, 그리고 열정을 음악적으로 완벽하게 표현했다.

그 후 2년 동안은 격정과 음악 작업이 공존하는 시기였다. 1951년에 그는 또다른 고전 〈헤이, 굿 루킹Hey, Good Lookin'〉을 발표했다. 이 노래는 〈콜드, 콜드, 하트〉와 〈크레이지 하트Crazy Heart〉와 함께 차트에 올라, 한 해에 세 곡을 차트에 올리는 영광을 또 한 번 안겨주었다. 그 해, 그는 다시 요양소로 향했다. 1952년, 이미 그와 별거 중이던 오드리는 마침내 이혼 수속을 마쳤고, 윌리엄스는 마약 치료 프로그램에 가입했다. 한 달간 프로그램을 마치고 나온 그는 〈잠발라야Jambalaya〉와 비꼬듯 예언하는 곡 〈아일 네버 겟 아웃 오브 디스 월드 얼라이브I'll Never Get Out of This World Alive〉를 발표했다.

그는 〈테이크 디즈 체인스 프롬 마이 하트Take These Chains From My Heart〉로 다시 넘버원에 올랐지만 술을 마시는 습관 때문에 그랜드 올 오프리에서 쫓겨났다. 아름다운 전화 교환원 빌리 진 에실리먼과 재혼한 그는 또 다시 병원에 입원했고, 퇴원 후에는 지방 순회공연에 올랐다. 1952년 12월 31일, 병들고 술에 취해 진통제에 의지하며 지내던 그는 의사를 호텔로 불러 비타민 주사를 맞았다. 그런 다음 연한 푸른색 캐딜락 뒷자리에 몸을 실었고, 운전수는 다음 공연 시간에 맞추기 위해 오하이오로 차를 몰았다. 웨스트버지니아 고속도로를 달리던 차 안에서 그는 죽은 채 발견되었다. 1953년 1월 1일, 차가 웨스트버지니아 병원에 도착한 후 그의 사망이 확인되었다. 〈잠발라야〉는 당시 빌보드 차트 3위를 기록하고 있었다.

윌리엄스는 사망한 뒤에도 전 세계 팬들로부터 미국 최고의 컨트리앤웨스턴 가수로 인정받았다. 그의 목소리는 다른 위대한 블루스 가수들처럼 진실했다. 그는 슬픔과 시를 노래하기 위해 태어난 가수였다. 술이 병에서 콸콸 쏟아지듯 그의 목소리는 거칠고 힘이 넘쳤으며, 가슴이 찢어질 듯 애절했다.

Carl Jung
칼 융
1875~1961

과거에 그의 친구이자 스승이었던 지그문트 프로이트가 인간 심리에 관한 지도를 작성한 장본인이었다면, 칼 구스타프 융은 미지의 세계인 '집단적 무의식collective Unconscious'의 탐구자였다. '집단적 무의식'이란 용어는 '내향성introvert'과 '외향성extrovert', '아니마anima'와 '아니무스animus'와 같이 그가 처음 만들어 냈지만 오늘날에는 일상용어로 쓰이는 단어다. 두 개척자의 각각의 위치를 성직자와 변절자에 비유해 본다면, 융은 모든 행동의 원인이 성적 관심에 있다고 본 스승의 정신분석학 이론에서 한 걸음 더 나아가 그가 '분석심리학'이라고 이름 붙인 새로운 신조에 도달했다. 융의 관점에서 보면, 개인의 무의식은 집단적 무의식으로 나아가는 출구 역할을 하는데, 우리가 태어날 때부터 가지고 나와 보편적으로 공유하고 있는 다양한 '기억'들은 꿈, 판타지, 동화, 신화 그리고 종교를 통해 나타나며, 개인의 경험 하나만으로는 도저히 설명이 불가능하다. 융이 설명한 심리적 원형archetype인 영웅, 마녀, 대지의 어머니, 전사 그리고 현자와 같은 근원적인 이미지들은 다른 분야에도 역시 영향을 미친다.

칼 구스타프 융은 스위스에서 독실한 프로테스탄트 목사의 아들로 태어났다. 융은 아버지의 독재에 대해서는 반발했지만 그의 종교적 신념에 대해서는 한 번도 의문을 제기하지 않았다. 어릴 때부터 인문학과 과학에 심취해 있던 칼의 집안은 대대로 질병을 치료한 전통을 이어 오고 있었다. 그는 아버지와 화해하기 위해 할아버지가 교수로 재직 중이던 바젤대학교 의학부에 등록했다. 그러나 융은 학업에 매진하는 중에도 무엇보다 영적 의미에 대한 의문을 버리지 못했으며 개인의 자아보다 위대한 무엇과의 연결 고리를 구축할 필요성을 느꼈다. 나중에 그는 자서전에서 "나는 평범한 일상생활에 어떤 의미를 심어 줄 수 있는 미지의 무언가를 찾는 일에 몰두해 있었다"고 썼다. 융이 박사 논문 주제로 삼았던 '초자연적 현상의 심리학과 병리학'은 그가 죽는 날까지 관심을 가졌던 내용으로, 많은 전문가들의

AG
AH

비웃음을 산 동시에 프로이트에게서 애정 어린 놀림을 받기도 했다.

1900년에 융은 취리히의 부르크휠츨리 정신병원에서 정신분열증 개념을 처음으로 밝힌 정신과 의사 오이겐 블로일러Eugen Bleuler의 지도 아래 보조 의사로 일하기 시작했다. 그는 1902~1903년 겨울을 파리에서 체류하며 프로이트의 무의식 이론에 앞서 히스테리와 정신분열증에 관한 연구를 발표한 피에르 자네Pierre Janet 밑에서 연구했다(또 1903년에 융은 엠마 라우셴바흐와 결혼을 했는데, 그녀는 그의 동업자이자 충실한 지원자가 되었다). 바로 부르그휠츨리에서부터 융은 언어 연상을 치료 도구로 연구하기 시작했다. 당시 발견한 내용이 아직도 적용되고 있는데, 그 예로 '콤플렉스complex'란 말은 감정의 핵심 주위에 엉켜 있는 관념과 특징의 복잡한 매듭을 의미하기 위해 그가 만들어 낸 용어다. 만약 융의 연구 성과가 거기서 멈추었더라면 그는 오늘날 급진적인 심리학 혁신자는 아니더라도 프로이트 사단에서 중요한 참모로 인정을 받았을 것이다. 그리고 실제로 그는 연구 초반에는 그러한 역할을 충실히 수행했으며, 1910년에는 프로이트 국제정신분석협회 회장으로서 소임을 다했다. 그러나 그의 호기심은 정신신경증을 성적인 문제로 보는 프로이트의 엄격한 성적 해석에 만족하지 않고 자신만의 해석 방법을 발견하는 데로 나아갔다. 그 결과, 한때는 부자지간까지는 아니었지만 좋은 유대관계를 유지하던 두 사람의 관계는 회복할 수 없는 지경에 이르게 되었다. 융이 원시 시대의 신화와 정신병적 판타지 사이의 차이점을 분석한 획기적인 저서 『무의식의 심리학』(1913)을 발표한 뒤 두 사람은 서로 대화도 나누지 않을 정도로 관계가 급랭했다.

한편 지적으로는 대담했던 그였지만 사생활에서는 그런 모습을 찾아볼 수 없었다. 게다가 비난을 받지 않을 만큼 모범적인 삶이라고도 할 수도 없었다. 그는 아내의 고통에도 불구하고 거의 40여 년간 자신의 환자 안토니아 울프와 혼외 관계를 유지했는데, 그녀는 그의 훌륭한 동지가 되었다(두 여자를 바라보는 융의 시각은 그의 이론과 정반대로 일치하는 것처럼 보였다. 그가 두 여자에게 부여한 원형적인 정체성을 보면, 아내인 엠마는 다섯 아이를 키우고 가사에 열심인 대지의 어머니인 반면에 울프는 그에게 창의력을 고취시키는 정열의 뮤즈였다). 그에 앞서 또 다른 환자인 사비나 스필라인을 사귀기도 했는데, 그들의 관계가 폭로될 경우 직업적으로 자신이 받을 피해가 두려웠던 융은 관계를 서둘러 정리했다. 평생 동안 그는 여러 번 불안과 우울증에 시달렸고 심지어는 정신병 증세를 보이기까지 했다. 그도 그러한 사실을 대부분 인식하고 있었다. 프로이트와 사이가 벌어진 후 6년 동안 그는 '붉은 책'이라고 이름

붙인 비밀 일기에 자신의 내적 갈등을 글과 그림으로 표현했다. 오로지 위기, 비전, 그리고 환영에 몰두하는 것만이 환자들의 심리 안에 들어 있는 접근하기 어려운 부분을 진정으로 이해할 수 있었다고 그는 고백했다.

융이 남긴 독창적인 공헌은 심리학의 정화라고 부를 수 있다. 말년에 그가 가톨릭 미사에 드러나는 상징주의와 점성술과 UFO, 그리고 그가 개인적인 변화의 심리학적 과정으로 이해했던 연금술에 관심을 보임으로써 프로이트의 정통성에서 헤어나오지 못하는 심리학의 주류파에서 그를 비난하는 소리가 커져 갔다. 그러나 인간 행동에 대한 프로이트의 역학적인 관점이 시들해지고 신비주의에 대한 대중의 관심이 늘어나면서 심리적 · 영적 충만함을 갈구하던 20세기 말에 접어들자 합당한 대접을 받게 되었다. 뛰어난 지성에 끝없는 호기심의 소유자였던 융은 일생 동안 그러한 충만함을 추구하는 삶을 살았다. 1925년에는 푸에블로 인디언 보호구역을 방문해서 신화를 연구했고 그 후에는 아프리카와 인도를 방문했다. 그 모든 과정을 겪는 동안에도 초월적 존재에 대한 그의 입장은 단호했다. 한번은 BBC 기자가 융에게 신을 믿느냐고 묻자, 그는 "나는 믿지 않습니다. 그러나 나는 신을 알고 있습니다"라고 대답했다.

Dolores Ibarruri

돌로레스 이바루리

1895~1989

돌로레스 이바루리(라 파시오나리아La Pasionaria이라는 별명으로도 불렸다)는 참혹한 내전으로 신음하고 있던 조국 스페인을 위해 반프랑코주의, 공화당 지지운동의 화신이 되었다. 전쟁터와 가정에서 정열의 여주인공이자 신음하는 이들에게는 용기의 여인이었던 돌로레스 이바루리는 용감한 행동뿐만 아니라 격정적인 연설로 적에게 포위당한 동지들에게 용기를 북돋워 주었다. 1939년, 그녀는 마드리드 라디오 방송국에서 시민 봉기를 촉구하는 연설을 하면서 "적 앞에서 무릎 꿇고 살기보다 서서 죽기를 원한다!"라고 외쳤다. 뒤이어 프랑코 반대 세력의 시위 구호인 '노파사란¡No pasarán('통과 금지')'이 스페인 전역에 울려 퍼졌다. 그 후 그녀에 대한 스탈린의 한결 같은 지원 때문에 그녀에게는 사악한 기회주의자라는 오명이 따라다녔다(단순히 파시스트들만의 주장은 아니었다). 1939년에 파시스트들이 승리의 주역으로 떠오르자, 그녀는 파리를 거쳐 모스크바로 피신했다. 그녀는 1977년에 대대적인 선전과 함께 고국으로 돌아가기까지 소비에트 지도자들의 뒤를 잇기를 기다리는 동지의 모델이 되었다.

성인이 된 후로 평생 국제 공산주의의 충실한 변호자로 살았던 이바루리는 일찍이 급진주의자의 길로 들어섰다. 1895년 스페인 북부 비즈카야 광산 지역에서 바스크와 카스티야의 후손으로 태어난 돌로레스 고메즈 이바루리는 열한 명의 자녀들 가운데 여덟 째였다(그 가운데 여덟 명만 살아남았다). 그 지역의 열악한 경제 현실에 총파업까지 일상화되면서 그녀의 가족은 굶어 죽기 직전에 이르렀다. 돌로레스를 제외한 온 식구가 극도로 위험한 노천굴에서 일했다. 막내딸을 교사로 키우는 것이 소원이었던 부모님의 지원 덕분에 그녀는 학교에 다닐 수 있었다. 그러나 악화된 집안 살림 때문에 연약한 십대 소녀는 생업에 뛰어들어야만 했다. 그녀는 하녀, 재봉사, 생선 장수 등을 전전했다. 그녀는 스무 살 때 광부이자 지하 사회주의 운동 단체의 일원 후안 루이즈Julián Ruiz와 결혼했고 그를 통해 마르크스와 레닌에

관한 책을 접하게 되었다. 그녀는 갑자기 사회주의를 자신의 인생의 길잡이로 받아들였다. 나중에 그녀는, 인생은 '늪'이 될 필요가 없고 '전장'이 될 수 있다는 것을 깨달았으며 자신은 그 전투에 헌신하는 투사가 되고 싶다는 생각이 뇌리를 스쳤다고 고백했다. 가톨릭 신념이 희미해지는 가운데 이바루리는 이상주의를 탐닉했다. 노동조합 활동으로 자주 투옥된 그녀의 남편은 가정 경제를 책임질 수 없었고, 그 결과 약을 살 돈이 없어 여섯 아이들 중 네 명을 먼저 떠나보내야 했다.

러시아혁명이 발발한 지 얼마 안 되어 이바루리는 수난주Passion Week(부활절의 전 주)* 동안 「엘 미네로 비즈카이노*El Minero Vizcaíno*」의 사설에 올렸던 필명 '라 파시오나리아'(시계꽃을 가리키는 스페인어로 '정열의 꽃', '수난의 꽃'을 뜻한다)*로 이름을 바꾸었다. 1920년 그녀는 바스크 공산당에 가입했으며 그 후 국민당 건국회의 대표가 되었다. 1931년 마드리드로 활동 무대를 옮긴 그녀는 공화국 선언 후에는 당 기관지 「노동자 세계*Worker's World*」의 편집자가 되어 정치국 여성활동 책임자로 일했다. 이바루리는 급진주의를 실생활에 실현하고 널리 알리는 일에 최선을 다했는데, 그러는 과정에서 종종 투옥되는 고초를 겪기도 했다. 거리에 나앉게 될 상황이 되자 그녀는 두 아이를 모스크바에 있는 특수학교에 보냈는데, 당시 러시아 밖에 거주하는 활동가들 사이에서는 흔히 있는 일이었다. 이제 스페인 공산당 중앙위원회의 위원이자 스페인 의회 내 아스투리아스(스페인 북서부에 있는 유서 깊은 지역)* 대표가 된 그녀는 엄청난 실력자로 성장했다. 역사가들은, 그녀의 영향력이 너무 컸기 때문에 의회에서 독재주의 지도자 호세 칼보 소테로José Calvo Sotelo를 통렬히 비난하는 연설을 한 것이 그의 암살을 촉발했다고 주장했다. 결국 소테로의 암살은 내전의 발발을 알리는 신호탄이 되었다.

갈등이 계속되는 가운데, 라 파시오나리아는 세계적인 유명 인사를 넘어 궁극적으로 역사적 인물로 남게 되었다. 도시의 벽이 온통 그녀의 사진이 실린 포스터로 도배가 되었으며, 방송을 통해 전해지는 그녀의 열정적인 연설은 공화국 군대의 위상을 높이고 대대적인 애국 시위를 촉발했다. 그녀는 유럽 전역을 돌면서 도움을 청했고, 러시아인들에게도 원조를 늘려줄 것을 끈질기게 요구했다. 마드리드 전투가 장기화되면서 정부가 발렌시아로 옮겨갔다. 그녀는 참호를 파고, 공산당 군대를 조직하고, 바리케이드를 설치했으며, 병사들에게 음식과 의료품을 공급하기 위해 10만 명 이상의 여성들을 모집했다. 또한 라 피시오나리아는 4만여 명의 외국인을 모집해서 국제 여단을 조직함으로써 스페인 군대를 도와 함께 싸울 자원

병을 모집했다. 그녀는 전 세계적으로 파시즘의 확산과 민주주의에 대한 파시즘의 공격에 대항해 싸우는 협력자로서 이러한 지원병들을 환영했다.

1939년 공화국이 붕괴하기 바로 전 라 피시오나리아는 러시아로 탈출했는데, 제2차 세계대전이 진행되는 동안 그곳에 머물면서 친소비에트, 반프랑코 주장을 널리 알렸다. 그녀는 소련에서 거의 40년을 머물렀으며, 외국을 방문하는 동안에는 종종 위험을 무릅쓰고 코민테른의 대변인 역할을 자청했다. 그녀의 이런 노력 덕분에 파시스트의 지배를 받고 있었지만 대대적인 변화를 겪고 있던 스페인 내에 '순수한' 공산주의 열정이 꺼지지 않고 끝까지 살아남을 수 있었다. 1968년에 소련의 프라하 침공을 비난한 것을 제외하면 망명 기간 내내 라 피시오나리아는 강경 공산주의의 충실한 수호자였다. 그녀는 내전에서 공화당에 대한 '무조건적인 지원'을 아끼지 않은 스탈린에게 감사하는 마음을 끝까지 간직했다. 또 그를 위대한 공산주의자로 숭배했으며, 그의 지나친 행위에 대한 맹목적 추종자로 변했다. 한편 힘겨운 생활을 견뎌야 했던 동료 망명가들은 그녀가 러시아 주도 세력에게 특별 대우를 받는 것을 비난했다.

프랑코 장군이 사망한 지 2년 후인 1977년, 그녀는 고향으로 돌아왔고 의회에 진출했다. 82세의 노인이 스페인에 도착하자 환영 인파가 "시, 시, 시, 돌로레스 에스타 아키(그래, 그래, 그래, 돌로레스가 여기 있다)"를 열창했다. 세월의 흔적을 보여주는 굽은 등에 검은 옷을 입고 있었지만 도도함이나 카리스마는 조금도 변하지 않았다. 라 피시오나리아는 1938년 11월 국제 여단이 해체된 후 바르셀로나에서 그녀 자신이 했던 고별 연설을 기억나게 했다. "여러분은 역사입니다. 여러분은 전설입니다. 우리는 여러분을 잊지 못할 것입니다."

Amelia Earhart

아멜리아 이어하트

1897~1937

세계적인 여류비행사 아멜리아 이어하트는 결혼식이 시작되기 몇 분 전 곧 남편이 될 사람에게 결혼과 관련하여 정중하게 제안하는 편지를 썼다. 자신의 길을 계속 가기를 원했던 그녀는 비행 역사에서 영웅으로 추앙받는 찰스 린드버그와 어깨를 나란히 하고 싶다는 말과 함께, 소위 '중세식 복종'이라는 종속에 가까운 구속은 그러한 자유와는 거리가 멀다고 적었다. 그리고 만약 결혼 1년 후 서로 행복하지 않다고 느낀다면 각자의 길을 가자는 조건을 내걸었다.

이 편지는 전통을 거부하는 냉정한 객관성과 대담함을 단적으로 보여줌으로써 이어하트의 진정한 모습을 알게 해주었다. 특히 매력적이고 젊은 미국 중부 아가씨의 강력한 자기 결단력을 확인할 수 있었다. 여기에 굽힐 줄 모르는 용기와 대담한 모험심이 결합되면서 그녀는 인간이 새롭게 도전하는 극도로 위험한 분야에서 출중한 인물이 될 수 있었다. 우주비행사가 우주 공간의 작은 협곡 위에 첫발을 내딛는 것처럼, 미지의 세계에 도전하는 이어하트는 비행 역사상 처음 시도되는 모험에 가까운 비행을 계속 펼쳐 보임으로써 전 세계의 찬사를 한 몸에 받았다. 그녀는 무착륙으로 미국을 횡단한 최초의 여성이었으며, 단독으로 대서양을 횡단한 최초의 여성이자 대서양 단독 횡단을 두 번이나 마친 최초의 여성이었다. 또한 하와이에서 캘리포니아까지 태평양을 단독으로 횡단한 최초의 사람이자 공군 수훈십자훈장을 수상한 최초의 여성이었다. 1937년에 최초의 세계일주를 시도하던 그녀가 갑자기 사라지자 이미 쌓아올린 전설 같은 명성에 신비감마저 더해졌다.

커다란 키에 헝클어진 머리를 한 재치가 넘치던 이어하트는 캔자스 주에서 어린 시절을 보냈다. 그녀의 아버지는 변호사였는데 지나친 음주 때문에 서서히 가세가 기울기 시작했다. 처음에는 이것저것 몇 가지 직업들을 전전하던 그녀는 제1차 세계대전 때는 보조 간호사로 일했고 잠시 컬럼비아대학교에서 의학을 공부하기도 했다. 23세 때 캘리포니아 에어쇼를 구경한 AE—나중에 동료 비행사들은 그녀를

이렇게 부르게 되었다—는 '그냥 재미 삼아' 곡예 비행사와 함께 비행기에 오르게 되었는데, 이 때부터 비행은 그녀의 꿈이 되었다. 그녀는 비로소 자신이 해야 할 일을 찾았다고 생각했다. 그러나 1928년에 보스턴에서 사회사업을 하고 있을 당시 그녀의 취미 생활은 전혀 예상치 못한 극적인 전환기를 맞았다. 그해에 그녀가 대서양 횡단 비행의 첫 여성 탑승자로 선발된 것이다. 물론 단순히 광고 효과를 노린 것뿐이었지만, 이어하트는 그런 사정을 이해하고 있었으며 나중에는 두 명의 남자 비행사를 전적으로 신뢰할 만큼 전혀 반감이 없었다. 삼중 모터를 단 프렌드십 호가 지면에 몇 번이나 쿵쿵 부딪친 후 웨일즈의 버리 공항에 착륙했을 때, 그녀는 자신을 기다리고 있던 기자들에게 자신은 그저 '짐'과 같은 존재였다고 솔직히 밝혔다. 그러나 세계인들의 생각은 달랐다.

그녀를 비행에 초대한 사람들 중에 한 사람이 바로 남편이 된 조지 파머 푸트남George Palmer Putnam이었다. 그는 출판업자 G. P. 푸트남의 손자이자 뛰어난 흥행사였다. 푸트남은 1927년 찰스 린드버그의 전설 같은 대서양 단독 횡단의 세부 진행사항을 담당했던 인물이었다. 그는 이어하트에게서도 마찬가지로 영웅적 기질—더 정확하게 말하면 광고 가능성—을 발견했다. 빈틈 없고 남과 마찰을 잘 일으키며 끝을 모르는 홍보 활동 기계였던 푸트남은 아내의 이미지를 용의주도하게 만들어 갔다. 그는 그녀에게 '레이디 린디Lady Lindy'라는 호칭을 붙여 주었으며(그녀는 이런 찬사를 싫어했다), 자신이 이룬 결과를 선전하기 위해 연예인들을 동원했다. 또 기록 경신을 위한 아슬아슬한 깜짝 쇼를 연이어 계획했으며 그 비용을 지불할 스폰서들을 물색했다. 예전의 전기작가들은 이어하트와 푸트남의 결혼이 단순히 사업적 협력 관계에 불과하다고 보았지만, 최근에는 그들의 결합에 진정한 사랑이 전제되어 있었다는 의견을 제시하는 사람들이 더 많다. 그러나 푸트남의 끝을 모르는 강압적인 일 처리 방식이 여류비행사의 재앙을 몰고 왔다고 추측하는 이들도 적지 않다. 그는 자신이 이미 계획한 광고 출연 약속을 지키기 위해 그녀에게 세계일주 여행의 마지막 위험한 구간을 적절한 준비도 없이 비행하도록 강요했다. 항공기 조종에서 여성의 역할을 확대하고자 하는 노력뿐만 아니라 세계 평화와 여성의 권리 확장이라는 대의명분에 개인적인 관심을 보였기 때문에 그녀는 단순한 기회주의자로 전락하는 것을 피할 수 있었다. 명예를 추구하는 과정에서 그녀가 어떤 일을 했든지 간에 그것은 지속적인 탐험이라는 목표를 위한 것이었으며, 비행에 대한 진정한 사랑을 실천하기 위한 활동이었다.

1937년 7월 2일, 비행 독촉에 못 이긴 이어하트는 뉴기니의 라에 공항을 이륙했다. 그녀는 세계일주 가운데 가장 위험한 구간을 비행하게 되어 있었지만 모르스 부호표, 낙하산, 구명보트를 비롯해 몇 가지 물건들을 미처 챙기지 못한 채 급히 출발해야 했다. 그녀 옆에는 프레드 누난이라는 일류 비행사가 동행하고 있었는데, 한때 팬아메리칸항공사에서 조종간를 잡았던 그는 심각한 음주 습관으로 유명했다. 그들은 약 2,556마일(약 4,113킬로미터)* 떨어져 있는 공해상의 작은 산호섬 하우랜드로 향했다. 그러나 이어하트는 "육지가 보이지 않는다, 연료가 바닥났다"는 무전 교신을 마지막으로 실종되었다. 불행히도 그녀는 위치를 알리지 않았으며, 무전기를 연안 감시단의 주파수에 맞추어 놓지 않았기 때문에 해안경비대도 위치를 확인할 수 없었다. 그녀의 비행기 '록히드 엘렉트라'를 찾기 위해 전례 없이 대대적인 수색 작전이 펼쳐졌다. 약 400만 달러나 되는 예산을 쏟아 부었지만 정보가 없는 상태로 벌인 수색은 아무 성과를 얻지 못하고 끝났다.

수수께끼에 싸인 이어하트 실종 사건에 대해 아직도 추측이 난무하다. 최근에 발간된 몇몇 책에서는 이어하트가 바다에 추락했다는 주장에 비중을 두고 있다. 그에 반해 그녀가 정부의 첩자로 일본군에게 납치되었다고 주장하는 이들도 있다. 그러나 그녀가 사라진 뒤 수십 년이 지난 지금도 그녀의 명성이 여전하다는 점에는 이견이 없다. 그녀는 사람들이 늘 칭송했듯이 투지의 여인이었으며, 여성들에게 개인의 자유를 추구하려는 확고한 믿음과 자신감, 그리고 무엇보다도 용기를 불어넣어 주었다. 두려움을 모르는 비행사는 첫 번째 대서양 횡단 비행을 떠나기 바로 전날 밤 어머니에게 보낸 편지에서 이렇게 고백했다. "지금까지 제 인생은 정말 행복했어요. 그리고 지금 그 행복이 다한다고 해도 후회하지 않아요."

Babe Didrikson Zaharias
베이브 디드릭슨 자하리아스

1913~1956

1930년대 남성 스포츠 기자들은 마지못해 베이브 디드릭슨 자하리아스를 인류 역사상 가장 위대한 여성 운동선수로 만든 기적에 가까운 위업과 그녀가 아주 수수한 사람이라는 사실을 독자들에게 전해주어야 했다. 그녀는 전혀 당황하지 않았다. 사실 그녀는 계속해서 신기록을 수립하고 다음 경기를 위한 훈련에 몰두하느라 너무도 정신이 없었다. 야구, 농구, 배구 등의 팀과 함께 훈련을 할 때, 그녀는 다른 선수들이 모두 돌아간 후에도 혼자 남아서 훈련에 매진했다. 새로운 운동을 배우게 되면 그녀는 마치 신들린 여성처럼 변했다. 예를 들어, 그녀는 골프를 처음 배울 때 손바닥에 물집이 생기고 피가 날 때까지 공을 쳤다(그녀는 골프 선수로 가장 유명했다). 자하리아스는 경기 규칙을 수록한 책을 공부했고, 개인 교습을 받았으며, 다른 선수들의 움직임을 면밀히 검토했고, 또 그들보다 뛰어난 선수가 되기 위해 피나는 노력을 기울였다. 수영, 사이클링, 피겨 스케이팅, 요트 경기, 볼링, 테니스, 당구, 다이빙, 허들 경기, 그리고 창던지기까지 어느 경기든 예외가 없었다. 그녀는 이 모든 종목에서 눈부신 활약을 보였으며, 1932년에 머리를 짧게 자르고 투지에 가득 찬 스물한 살의 운동선수로 로스앤젤레스 올림픽에 참가해 창던지기와 80미터 허들 경기에서 세계 신기록을 수립했다. 높이뛰기에서도 역시 세계 신기록을 세웠지만, 당시 그녀가 사용한 머리를 먼저 넘기는 방식은 지금과는 달리 허용되지 않았기 때문에 공식 기록으로 인정받지는 못했다.

밀드레드 엘라 디드릭슨Mildred Ella Didriksen은 텍사스 주 포트 아서에서 노르웨이 이민자의 자녀로 태어났다. 아버지는 목수였고, 어머니는 운동 신경이 아주 뛰어났다. 세 살 되던 해에 그녀의 가족은 버몬트 근처의 한 작은 마을로 이사했다. 그녀는 그 후 버몬트의 미스 로열 퍼플스 고등학교 야구팀의 주전으로 활약했다. 말괄량이 짐꾼으로 일하며 화장을 할 시간조차 없었던 그녀는 코트에서 우연히 댈러스의 노동자재해회사 소속 골든 사이클론즈 운동 클럽 매니저의 눈에 띄게 되었

다. 1903년에 그녀는 사이클론즈에 입단하기 위해 집을 나와 독립했고 2년 동안 여자 트랙 및 필드 경기 분야의 기록을 완전히 갱신했다.

그녀의 팀 동료들은 텍사스 토네이도팀(사이클론즈의 별칭)*의 실력이 다소 허풍이라는 사실을 알았지만, 스포츠 열성팬들은 그녀의 눈부신 활약과 다재다능한 모습에 감탄했다. 그러나 당시 베이브가 세운 놀라운 기록은 챔피언 중의 챔피언이었던 그녀가 앞으로 몰고 올 폭풍과는 비교도 되지 않았다. 신장이 약 167센티미터인 그녀의 몸은 완벽하게 조화를 이루고 있었는데, 무용수의 우아함과 평형 감각을 갖추어 마치 안정되고 정확한 발전기와 같았다. 1932년까지 그녀는 세 번이나 미국 대표선수로 선발되었다. 아마추어선수협회AAU 전국육상대회와 올림픽 선수 선발전을 겸하는 경기에 노동자재해회사를 대표하는 여성팀 선수로 단독 참가한 그녀는 열 시합 중에 여덟 시합에 출전하여 여섯 개의 금메달을 획득함과 동시에 팀 우승을 이끌어 내었으며(그녀는 혼자서 22명의 선수를 보유한 상대팀을 이겼다), 세 개의 세계 신기록을 수립했다. 한때 315야드의 장타를 기록했던 베이브는 마침내 여성 프로골프를 널리 알리게 되었으며, 1947년에는 브리티시 여자아마추어대회에서 우승한 최초의 미국인이 되었다(그녀는 자신에게 찬사를 보내는 갤러리들에게 "정말 강타를 날리고 싶어지면 입고 있던 거들을 푼 다음 공을 날렸다"라고 말했다). 그녀는 야구에서도는 수많은 메이저리그 선수들의 코를 납작하게 만들었다. 한 번은 센터필드에서 홈까지 95미터짜리 송구를 하기도 했고 조 디마지오Joe DiMaggio를 삼진아웃시키기도 했다. 그녀의 친구이자 멘토이며 처음으로 베이브를 이 시대 최고의 운동선수라고 부르기 시작한 스포츠 기자 그랜트랜드 라이스Grantland Rice는 그녀의 풋볼 시합을 녹화해서 그녀가 47야드(약 43미터)* 거리의 완벽한 패스를 성공시키는 것을 확인했다.

1932년에 로스앤젤레스에서 열린 올림픽에서 일약 신데렐라가된 베이브는 그만큼 빨리 몰락의 시간을 맞게 되었다. 발단은 그녀가 닷지 자동차 광고에 출연한 것에서 비롯되었다. 이것은 당시 AAU가 정한 아마추어선수 윤리강령에 위배되었다. 그러나 베이브의 허락 없이 사진이 유용되었다는 사실이 확인되자 협회는 결정을 번복했다. 그러자 베이브는 곧 프로 전향을 선언했고, 순회 보드빌, 탭 댄스, 노래 부르기, 그리고 트레드밀 위에서 조깅하기 등의 일을 시작했다. 결국 그녀는 완전히 다른 길로 들어서고 말았다. 그러나 그녀는 여전히 스포츠 신문의 1면을 동경했으며, 자신의 뛰어난 능력을 선보일 여건이 마련되지 않자 남녀 농구선수들과 함께 베이브 디드릭슨 올 아메리칸스라는 팀을 출발시켰다.

1934년에 그녀는 처음으로 골프 토너먼트에 참가해 우승했다. 베이브는 1935년에 텍사스 여자아마추어챔피언십에 나가 페어웨이를 열광의 도가니로 만들며 우승을 차지했다. 그러나 미국골프협회는 그녀가 프로선수라는 이유로 아마추어시합에 참가하는 것을 제한했는데, 이것은 베이브의 '남자 같은 행동'을 못마땅하게 여기던 텍사스컨트리클럽 여성들의 사주로 결정된 일이었다(한 번은 농구 경기를 하는 중에 심판들이 그녀에게 브래지어를 착용할 것을 요구한 적이 있었다. 그러나 그녀는 "도대체 나를 어떻게 생각하는 거죠? 남자라도 된단 말예요?"라고 응수했다). 한편 순회경기에서는 상황이 훨씬 좋았다. 순회경기 때 그녀 곁에는 1938년에 결혼한 프로레슬러 남편이 항상 따라다녔는데, 성격이 낙천적인 남편은 몸무게가 102킬로그램에 육박했다. 조지 자하리아스는 베이브를 사랑했다. 그러나 그가 아내의 매니저 노릇을 하기 위해 레슬링을 포기하고 몸무게가 거의 181킬로그램까지 불어나자 그들의 관계는 주춤거렸다. 남편이 그녀의 제자이자 가장 친한 친구였던 베티 도드와 불륜을 저지른 것이 밝혀졌고 그들은 이혼했다.

이해하기가 어렵지만, 1953년 베이브가 인공항문 형성술을 받으면서 암 투병을 시작하자 세 사람은 다시 친해졌다. 베이브는 조지와 베티의 극진한 간호로 수술 후 건강을 회복했고, 1954년 미국여자오픈에서 우승했다. 그러나 암은 이미 림프절로 전이된 상태였으며, 과연 얼마나 더 버틸지가 문제였다. 그녀는 2년 동안 토너먼트에 출전했지만, 1955년에는 종양이 척수에까지 퍼지면서 더 손을 쓸 수 없는 상황이 되었다. 그러나 1956년까지 끈질기게 버티었던 그녀의 모습은 미국인들에게 용기를 주었고, 세계 스포츠계의 원더우먼을 동경하던 사람들에게 격려가 되었다. 포기를 몰랐던 베이브는 마흔세 살의 나이로 잠을 자던 중 숨을 거두었다. 그녀의 병실에는 언제라도 경기에 출전할 수 있도록 준비를 마친 골프백이 벽에 기댄 채 세워져 있었다.

Jiang Qing (Madame Mao)
장칭(마담 마오)

1914~1991

마오쩌둥毛澤東이 중국의 신화에 나오는 용—몸을 곧추세우고 마르크스주의와 민족주의가 결합된 불길을 뿜어 고대 봉건제도를 날려버린 난폭하고 거대한 괴물—이라면, 잔인하면서도 천부적으로 머리가 뛰어났던 그의 마지막 아내 장칭江青은 그의 완벽한 짝이었다. 리진이라 불리던 그녀는 1937년에 일본군의 상하이 점령 후 몸을 피신하고 있던 옌안延安의 한 군사 캠프에서 스무 살 연상의 마오를 만났다. 중국공산당의 본부로 쓰이던 외딴 동굴은 마오가 이끌던 반란군의 활동 무대이기도 했는데, 당시 마오는 침략군 일본에 대항하기 위해 장제스蔣介石가 이끄는 국민당과 일시적인 동맹 관계를 구축하고 있었다. 마오는 배우 출신의 활동가였던 그녀에게 매료되었는데, 그녀는 그가 강의를 할 때마다 제일 앞줄에 앉아 경청했다. 그는 1934~1935년에 있었던 역사적인 대장정大長征에 함께 참여했던 영향력 있는 동지들을 화나게 하면서까지 지루한 행군을 무사히 잘 견뎌낸 세 번째 아내를 쫓아내고 과거의 '제이드 걸 Jade Girl'(아주 매력적인 여배우를 이르는 말)을 받아들였다. 그는 그녀에게 시에 나오는 표현을 인용해서 장칭, 즉 '남빛 강물'이라는 이름을 지어주었다. 반란군은 당시 임신 상태였던 그녀와 대장의 결혼을 승낙하는 조건으로 그녀에게 정치 활동에 일체 참여하지 말 것을 요구했다. 그 후 두 사람은 남편과 아내로서 한 번도 공식 석상에 모습을 드러낸 적이 없었고, 본질적으로 그녀는 내연의 처로 전락했다.

폭력적인 아버지와 그런 아버지의 욕정의 대상이자 집안 하녀에 불과했던 어머니 사이에서 리유호라는 이름으로 태어난 장칭의 어린 시절은 혼돈 그 자체였다. 열다섯 살의 나이에 바람 잘 날 없던 노동자 계급의 집을 떠난 그녀는 산둥성 실험극장에서 연기 수업을 시작했다. 오페라 수업을 마치자 그녀에게는 조연으로 몇 번 무대에 오를 기회가 주어졌다. 그 후 영화계로 진출한 그녀는 영화계에 작은 파장을 불러올 정도로 연기력을 인정받았다. 육감적이면서 남자를 유혹하는 매력을

지니고 있던 칭은 화려한 상하이의 자유분방한 좌파 세력들과 친하게 지내면서 더 한층 매력을 발산했다. 그녀의 삶은 남편과 애인이 생겼다 사라지는 등 마치 몰리에르Moliére의 익살극에서 볼 수 있는 희극적 요소를 닮아가기 시작했다. 그녀는 일본군의 침략으로 어쩔 수 없이 상하이를 떠나지 않았더라도 자신이 저지르고 다니던 괴상한 짓거리에 대한 소문 때문에 결국 그곳을 떠나야 했을 것이다.

칭은 정치에 나서지 않겠다는 약속을 25년 동안 지켜왔지만, 배우로 활동한 경력 덕분에 몇몇 소규모 문화 행사에는 관여할 수 있었다. 그러나 1963년, 그녀의 남편은 그녀에게 중국 문화가 이데올로기적으로 더 정확한 노선을 지향할 수 있도록 개혁하라는 자유로운 지도권을 부여했다. 그녀에게는 중국 전통극과 오페라 그리고 발레에서 비롯된 부르주아적 낭만주의와 '수정주의' 사고를 철폐함으로써 대중을 위한 예술 양식을 창조하는 목표가 주어졌다. 그녀의 지도 아래 깜짝 놀랄 만큼 새로운 발레리나가 베이징 무대에 등장했는데, 그 발레리나는 제복을 입고 총을 들고 있는 프롤레타리아의 모습을 하고 있었다. 그러나 1960년대 중반에 접어들면서 그녀는 무대 뒤에서 걸어 나와 열성적으로 권력을 장악하기 시작했다. 그녀는 공산당의 위대한 프롤레타리아 문화혁명 프로그램을 통해 생겨난 자치 단체로 중국공산당에 직접 보고하게 되어 있던 문화혁명 소조의 부위원장에 임명되면서 이제 마오의 젊은 사상 경찰인 홍위병에 접근할 수 있게 되었다. 그 후 10여 년 동안 복수심에 불타는 엄격한 성격의 칭은 권력을 이용하여 당과 국가 내의 사상적 불순분자들을 색출하기 시작했다. 그 과정에서 그녀는 나이 든 정적들을 박해했는데, 특히 마오와의 결혼을 반대했던 이들을 숙청했다. '4인방四人幇'—그녀와 그녀의 추종자들의 이르는 명칭—의 한 사람으로서 그녀는 악명 높은 문화혁명을 감독했으며, 그 과정에서 직접 또는 간접적으로 수천 명에 달하는 무고한 인민들의 고문, 아사, 추방, 탄압, 그리고 투옥에 연루되었다. 10년 동안 홍위병은 그녀의 비호 아래 중국을 호령했으며, 중국의 엘리트 지식인뿐만 아니라 충직한 개혁 세력과 우연히 연루된 사람들까지 비난하고 그들에 대한 테러를 서슴지 않았다. 마오가 처음에 정한 목표들—지방 분권이 더욱 체계화된 정부, 공산당을 위한 새로운 피의 수혈, 그리고 농촌 개혁—이 모두 달성되었지만, 이 시기는 중국 현대 역사에 있어 가장 처참한 순간 중 하나로 기록되었다.

마오가 사망한 지 한 달도 못되어 안경을 낀 창백한 얼굴의 장칭이 국가의 적이라는 죄목으로 체포되었다. 그녀는 마오가 죽어가고 있는 동안 자신의 비밀 동맹을 이용해 정부를 전복하고 이루 헤아릴 수 없이 많은 반대 세력을 불법으로 처형한 죄로 기소되었다. 칭의 4인방 역시 3만 5,000명이 넘는 희생자들을 살육하고 70만 명 이상의 무고한 사람들에게 죄를 뒤집어씌운 죄로 고발되었다.

오만한 66세의 미망인은 몹시 노여운 듯하다가 이내 포기한 듯 입을 다물었다가 잠시 후에는 빈정대는 듯한 태도를 반복하는 가운데 자신의 죄를 인정하는 전통을 따르기를 거부한 채 조금도 물러설 줄을 몰랐다. 그녀는 "덩샤오핑鄧小平은 반역자이며 파시스트다!"라고 고함을 치면서 새로 지명된 당 지도자 중 최고의 권력자를 비난했다. 재판은 교묘하게 조작되었고 전 과정이 자세하게 뉴스에 보도되었다. 재판을 하는 내내 철저히 자신의 죄를 부정했던 장칭은 자신의 죄가 그녀의 온 인생을 바쳐 헌신했던 한 남자의 정책과 무관하지 않음을 강조했다. 그녀는 "나는 마오 주석의 충견이었다"라고 주장했다. "그가 짖으라고 하면 나는 짖었다." 그녀는 사형 선고에서 종신형으로 감형되는 순간에도 자제력을 잃지 않았다. 이런 모습은 사형을 언도한 적들을 주눅 들게 만들기 충분했으며, 사형 대신 종신형을 선고하여 만족감을 얻으려던 그들의 속셈은 예상을 빗나갔다. 수 년 동안 계속된 투옥과 단식 투쟁, 후두암과 식도암으로 인한 투병 생활, 그리고 심각한 우울증에 시달린 장칭은 마침내 감방 침대 틀에 목을 매달아 생을 마쳤다. 온갖 음모를 통해 공산당 내에서 출세 가도를 달렸던 장칭은 마침내 함께 음모를 꾸몄던 바로 그 동지들의 희생양이 되었다.

Mick Jagger

믹 재거

1943~

'섹스와 마약, 그리고 로큰롤'이라는 구句가 바로 그를 위해 만들어졌을 거라는 소리를 들었던 이 가수는 팬들이 바란 것처럼 거창하고 쾌락적인 삶을 살았다. 그러나 밴드의 수명이 보통 몇 년에 불과한 음악 산업에서 믹 재거가 이끄는 그룹 롤링 스톤스Rolling Stones는 거의 30년이 넘게 음악을 녹음하고 연주했다. 리드 보컬인 재거는 온갖 우여곡절에도 불구하고 록 뮤직 현상을 이끌며 상징적으로나 실제적으로 스톤스의 대변인 역할을 해왔다(그의 혀와 두툼한 입술은 유명한 밴드 로고가 되었다).

마이클 필립 재거Michael Phillip Jagger는 켄트 주 다트퍼드에서 체육 교사 조 재거와 그의 아내 에바 사이에서 두 아들 가운데 맏이로 태어났다. 어린 시절 그는 지도력이 탁월했으며 무엇이든 열심인 학생이었다. 그는 저녁이나 주말이면 자기 집 정원에서 블루스 음반을 듣거나 머디 워터스Muddy Waters와 보 디들리Bo Diddley, 그리고 척 베리 같은 가수들의 흉내를 내느라 이웃의 불평이 끊이질 않았다.

1962년에 그는 런던대학교 경제학부에 입학 허가를 받았다. 그러나 그때까지도 미국 음악에 대한 환상에 사로잡혀 있던 그는 '전설적인' 언더그라운드 클럽에서 노래를 계속했다. 그보다 2년 전인 1960년에 그는 기타리스트 키스 리처드Keith Richard(후에 리처즈Richards로 성을 바꾸었다)를 만나는 행운을 가졌는데, 오랜 친구 사이인 두 사람은 평생을 같이하면서 곡 작업에 함께 참여했고 마음이 통하는 얘기 상대가 되었다. 재거와 리처드는 기타리스트 브라이언 존스Brian Jones, 베이시스트 빌 와이먼Bill Wyman, 그리고 드러머 찰리 워츠Charlie Watts를 보강하여 1년 가까이 소규모 공연 현장을 누비고 다녔다. 그 후 메인스트림으로 진입하면서 자작곡과 자신들이 좋아하는 R&B 커버곡들을 섞어서 함께 연주했다.

밴드의 초기 히트곡들은 대부분이 커버곡들로서 재거와 리처즈, 그리고 존스가 흠뻑 빠져 있던 R&B 음악이 중심이었다. 그러나 재거와 리처즈 콤비는 마치 비틀

즈의 레넌과 매카트니 콤비처럼 밴드를 위해 1965년 〈(아이 캔트 겟 노) 새티스팩션(I Can't Get No) Satistaction〉을 시작으로 주옥같은 히트곡들을 만들었다. 스톤스는 음반을 발표하자마자 R&B 5인조 밴드에서 세계적인 센세이션을 몰고 온 그룹으로 떠올랐다. 스톤스는 팬들을 열광하게 만든 반면 부모들에게는 걱정거리를 안겨 주었다. 그들이 의도하는 바는 명확했는데, 톰 울프Tom Wolfe 기자는 "비틀즈가 당신의 손을 잡고 싶어 한다면 스톤스는 당신의 마음을 불태우고 싶어 한다"고 정의했다.

1960년대 후반을 거치자 그룹의 위상이 놀랄 만큼 높아졌다. 당시 항상 노련했던 재거가 그룹의 재정을 담당하고 있었다(그는 스톤스가 자리를 잡아 가던 기간에도 2년간 런던대학교 경제학부 등록을 유지했다). 그들이 1970년에 녹음 작업을 중단했더라도 기존에 발표된 곡만으로도 전설이 되고도 남았다. 1965년에 발표한 〈겟 오프 마이 클라우드Get Off My Cloud〉와 〈나인틴스 너버스 브레이크다운19th Nervous Breakdown〉, 1966년에 발표한 〈페인트 잇 백Paint It Back〉과 〈마더스 리틀 헬퍼Mother's Little Helper〉, 1976년의 〈렛츠 스펜드 더 나이트 투게더Let's Spend the Night Together〉, 1968년의 〈점핑 잭 플래쉬Jumpin' Jack Flash〉와 〈스트리트 파이팅 맨Street Fighting Man〉, 1969년의 〈홍키 통크 위민Honky Tonk Women〉 등이 그들의 실력을 말해 주고 있었다. 그러나 물론 그들은 멈추지 않았다.

1967년에 재거가 마약 소지로 체포되는 사건이 발생하면서 그들에게도 좌절이 찾아왔다. 이 사건은 그가 어렵게 쌓아온 '무법자' 이미지를 강조하는 결과를 낳았지만—경찰은 재거의 여자친구인 가수 메리앤 패이스풀Marianne Faithful이 벌거벗은 채 카펫에 싸여 있는 것을 발견했다—그에 따른 대가를 치러야 했다. 뿐만 아니라 밴드는 음악적인 실책을 범하기도 했는데, 사이키델릭한 〈데어 사타닉 마제스티스 리퀘스트Their Satanic Majesties' Request〉(1967)가 가장 악명 높았다. 1960년대 말은 재거와 밴드에게 영광과 오욕이 공존했던 시기였다. 1969년, 그들은 탁월한 앨범 〈렛 잇 블리드Let It Bleed〉를 발표했으며, 후반에는 밴드에서 추방된 브라이언 존스가 자신의 수영장에서 죽은 채로 발견되었다. 그 자리에 믹 테일러Mick Taylor가 보강되었고 스톤스는 그해 말 캘리포니아 주 알타몬트에서 무료 콘서트를 열어 한 해를 마감하려고 했지만 공연 도중 한 팬이 안전 요원과 헬스 엔젤스Hells Angels의 멤버에게 칼에 찔려 죽는 사건이 일어났다. 1960년대는 상징적인 멈춤의 상태로 마감되었다.

재거가 처음으로 밴드 외의 활동에 참여하게 된 건 바로 그 후의 일로, 영화 〈퍼포먼스Performance〉(1970)에서 양성적兩性的 인물로 열연했다. 그러나 그는 곧 밴드의 리더 자리로 복귀하여 1970년대 초에는 그들의 성공을 결정짓는 앨범을 발표하게 되었다. 많은 사람이 외설적이고 활력이 넘치는 앨범 〈스티키 핑거즈Sticky Fingers〉(1971)와 〈에그자일 온 메인 스트리트Exile on Main Street〉(1972)를 밴드의 대표작으로 보았다. 1970년대 말이 다가오면서 펑크와 디스코 음악의 특징을 모두 갖추고 있는 〈섬 걸즈Some Girls〉 같은 앨범들이 스톤스가 아직 살아 있으며 재거가 여전히 활력을 잃지 않았다는 것을 증명해 주었다. 그들의 순회공연은 날이 갈수록 규모가 커졌고, 믹 테일러 대신 론 우드Ron Wood가 그룹에 합류한 1975년에는 엄청나게 화려한 세계 순회공연으로 명성이 자자했다. 그 결과 1989년의 〈스틸 휠즈Steel Wheels〉와 1997년의 〈브리지 투 바빌론Bridges to Babylon〉을 알리는 순회공연에서 최고의 수익을 남겼다.

1980년대 중반 재거는 첫 솔로 음반 〈쉬즈 더 보스She's the Boss〉(1985)를 발표했다. 그 후로 〈프리미티브 쿨Primitive Cool〉(1987)과 〈원더링 스피릿Wandering Spirit〉(1993)을 잇달아 발표했지만 첫 앨범만큼 성공하지는 못했다. 솔로 활동이 어느 정도 성공을 거두면서 팝의 빛나는 순간을 만드는 데는 일조했지만, 팬들의 입장에서는 그의 전설적인 리듬 섹션이 깔리지 않은 목소리는 예전과 같지 않았다(스톤스의 다른 멤버들이 시도한 솔로 프로젝트도 순조롭게 진행되지 못했다).

한편 재거는 개인용 제트기와 수많은 여자 친구, 그리고 궁궐 같은 집과 아름다운 부인들을 거느리며(첫 부인 비안카 드 마시아스와는 1979년에 이혼했고, 두 번째 부인 제리 홀은 재거의 여섯 아이 중 네 명을 낳았다) 록 스타의 특권을 톡톡히 누렸다. 심지어 50세에도 한때 대마초와 파출리 연기로 가득했던 그의 드레싱 룸에서 벤-게이Ben-Gay(박하향이 나는 소염진통제의 일종)* 대신 향기가 나기 시작했다고 기자들이 농담 삼아 말했다. 스톤스가 1980년대와 1990년대에 발표한 앨범들은 과거의 대표작들만큼 주목을 받지는 못했다. 그러나 그건 별로 중요하지 않았다. 한껏 흥분한 재거가 옛 히트곡과 새로운 히트곡을 큰소리로 힘차게 부르는 것을 보기 위해 콘서트를 찾은 관객은 기쁜 마음으로 관람료를 지불했다. 그 정도의 입장료는 록 음악의 진수를 보여 준 남자와 밴드를 직접 보는 것치고는 적은 액수처럼 보였다.

Michael Jackson
마이클 잭슨

1958~

완벽한 가수이자 무용수인 마이클 잭슨은 겨우 다섯 살이라는 어린 나이에 첫 무대에 올랐다. 그와 형제들은 1970년대 소울 음악과 댄스 음악에 지대한 공헌을 했다. 그러나 그는 자신의 힘으로 단시간 내에 잭슨 파이브Jackson Five의 명성을 뛰어넘었으며 몇 개의 솔로 레코드를 통해 팝의 황제라는 타이틀을 거머쥐었다. 그는 레코드와 비디오를 통해 노래와 안무에 커다란 영향을 미쳤으며, 대중음악에 대해 새로운 정의를 내리게 했다.

잭슨은 인디아나 주 게리의 강철 공장에서 일하는 전직 뮤지션의 아들로 태어났다. 아홉 자녀에 대해 원대한 포부를 지니고 있었던 잭슨의 아버지는 그 중 다섯 명의 아이들로 잭슨 파이브를 결성했다. 순회공연으로 살아가는 뮤지션의 삶 속에서 성장하며 어린 나이부터 복잡한 R&B 음악을 접한 잭슨 파이브는 1968년에 할렘의 유명한 아폴로 극장에서 열린 신인 콘테스트에 참가했다가 보컬리스트 글래디스 나이트Gladys Knight에게 발탁되었다. 같은 해 그들은 모타운 레코드와 계약하고 인디애나를 떠나 가족과 함께 캘리포니아 주 엔시노에 정착했다. 그들의 첫 싱글 〈아이 원트 유 백I Want You Back〉은 발매 즉시 센세이션을 불러일으켰으며, 마이클은 본의 아니게 그룹의 스타가 되었다. 그리고 그들은 1970년에 〈아일 비 데어I'll Be There〉와 〈에이비씨ABC〉 같은 히트곡들을 잇달아 발표했다.

그들이 출연하는 카툰 쇼 속의 어린아이 이미지를 벗어날 정도로 성장한 그룹이 어느 정도 인기를 유지하고 있던 1970년대 말에 마이클은 독립이라는 모험을 시도했다. 그는 몇 개의 솔로 곡을 녹음했는데 그 중 1972년에 발표한 영화 〈벤Ben〉의 주제곡이 가장 인기를 끌었다. 1970년대 말까지 그는 흑인용 〈오즈의 마법사〉인 〈마법사The Wiz〉(1978)에서 허수아비로 출연하며 연기에 도전했다. 마이클은 촬영 현장에서 영화 음악을 맡았던 전설적인 뮤지션이자 프로듀서인 퀸시 존스Quincy Jones를 만나 우정을 쌓았고 이것을 계기로 퀸시는 마이클의 첫 번째 솔로

앨범에서 프로듀서를 맡았다. 이렇게 해서 탄생한 〈오프 더 월Off the Wall〉(1979)은 음악적 성취뿐만 아니라 상업적으로도 대성공을 거두었으며 〈돈 스톱 틸 유 겟 이너프Don't Stop'til You Get Enough〉와 〈록 위드 유Rock With You〉는 팝 차트와 R&B 차트에서 넘버원을 기록했다. 그러나 완벽주의자인 마이클은 그 정도의 성공에 만족할 수 없었다. 그리고 다음 번 프로젝트에서 만회에 성공했다.

잭슨이 1982년에 발표한 앨범 〈스릴러Thriller〉로 8개의 그래미상을 획득했고 4,800만 장 이상의 판매고를 기록했다. 이 경이적인 성공은 완벽한 음을 구사하는 뮤지션 정신과 세계 시장을 겨냥한 빈틈없는 마케팅의 결과였다. 이 앨범에 수록되어 차트 순위 정상을 차지한 싱글 곡들은 1982년에 폴 매카트니와 듀엣으로 부른 〈더 걸 이즈 마인The Girl Is Mine〉을 시작으로 그 후 2년 동안 약진이 멈출 줄 몰랐으며 지금도 팝송 형식의 전범이 되고 있다. 또한 잭슨은 자신의 모습을 팬들에게 더 많이 보여줄 수 있는 방법으로 뮤직비디오의 잠재력을 충분히 깨달은 몇 안 되는 음악가 중 한 사람이었다. 그는 뮤직비디오를 레코드 판매의 홍보 도구로만 여기지 않고 거기에 노래를 삽입했다. 〈빌리 진Billie Jean〉과 〈빗 잇Beat It〉 그리고 특별히 타이틀 트랙을 담은 24분짜리 뮤직비디오는 당시로는 100만 달러라는 파격적인 제작비가 투입된 것으로 일종의 미니 영화였으며, 노래들은 그 영화의 사운드 트랙이었다. 팬들이 느끼는 만족감은 거기서 그치지 않았다. 잭슨은 혼자 힘으로 비디오 산업에 변화를 불러일으켜 음악 산업에서 비디오 산업을 꼭 필요할 뿐만 아니라 심지어 없어서는 안 될 부분으로 만들었다. 잭슨은 펩시콜라와 유리한 조건으로 계약을 체결하고 미국의 아프리카 지원을 도와 주기 위해 〈위 아 더 월드We Are the World〉(1985)라는 노래를 공동으로 작곡함으로써 대중과 만남의 기회를 늘렸다. 그가 음악 차트에서 상위로 떠오르고 그에 대한 세계적인 호평은 끝이 없을 것처럼 보였다.

〈스릴러〉에 이어 발표된 앨범 〈배드Bad〉(1987)는 거기에 수록된 네 곡이 넘버원을 기록할 만큼 또 다시 여러 히트곡을 기록하며 2,500만 장이 판매되었다. 그러나 이 엄청난 수치는 이전에 발표된 앨범이 받은 각광에 비하면 실망스러웠다. 그의 충격이 시들해진 것 같았고, 그에 따른 활동 중단은 세인들의 호기심을 자극했다. 그는 1988년에 자신이 개발한 고난도의 춤 이름을 따서 『문워크*Moonwalk*』라는 자서전을 출판했고 1991년에는 소니 레코드와 10억 달러에 계약을 체결했다. 그러나 언론은 그의 개인적인 고통에 더 많은 관심을 보였다. 그는 뛰어난 재능을 지닌 몇 몇 아티스트와 공동 작업을 계속했다. 그러나 반복되는 성형 수술과 수면 습관, 실패로 끝난 '앨리펀트 맨Elephant Man'(19세기 런던에 실존한 기괴한 모습의 기형아)* 의 유해 매입 시도, 그리고 비틀즈의 노래 카탈로그 저작권 취득에 성공한 일 등에 관한 자세한 내용들이 그의 음악적 모험에 관한 뉴스보다 먼저 보도되었다. 1991년 앨범 〈데인저러스Dangerous〉가 발매되어 〈블랙 앤드 화이트Black and White〉 같은 넘버원 히트곡이 나왔지만 앞서 발표된 앨범들만큼 많은 판매고를 올리지는 못했다.

1993년, 잭슨은 언론의 집중 조명을 받게 되었다. 이 엔터테이너가 어린 소년들을 유혹했다는 주장이 제기되었고 그를 조사하기 위한 대배심이 구성되었다. 잭슨은 자신에 대한 의혹을 강경하게 부인했으며 조사가 진행되는 동안 세계 순회공연에 전념했지만 갑작스러운 병이 생겨 중도에 포기해야만 했다. 1994년까지 그에게 제기된 민사 사건들 가운데 한 사건이 법정에서 기각되기는 했으나 그 소송들의 여파는 여전히 그를 괴롭혔다.

1990년대에 접어들어서도 잭슨의 기이한 행동에 대한 언론의 관심은 조금도 줄어들지 않았다. 1994년, 그는 갑자기 엘비스 프레슬리의 딸 리사 마리Lisa Marie Presley와 결혼을 발표했다. 두 사람은 다정한 사이임을 과시하고 다녔던 달콤한 신혼 시절임에도 불구하고 겨우 2년 만에 파경을 맞이했다. 리사는 공연으로 인한 탈진 증세를 보이는 잭슨을 병원에 남겨둔 채 떠났다. 그러자 잭슨은 피부과 간호사 데비 로우와 재혼했다. 결혼 당시 데비는 잭슨의 아이를 임신하고 있었다.

1990년대 후반에 이르기까지 마이클 잭슨이 팬들과 공유한 엄청난 에너지와 재능은 그의 공적인 활동과 사적인 행동에 초점에 맞춰진 탓에 그 빛을 잃게 될 위험에 처해 있었다. 과거 우리에게 노래하는 법과 춤추는 법을 가르쳐 준 것처럼, 그는 20세기 말에 우리에게 유명인사란 어떤 존재인지에 대해 뭔가를 가르쳐 주고 있는 것 같다. 그럼에도 불구하고 그가 미국 대중음악에 남긴 족적은 결코 지워지지 않을 것이다.

Michael Jordan
마이클 조던

1963~

지난 20동안 우리는 어디서든 그의 얼굴을 볼 수 있었다. 광고판과 잡지, 광고, 그리고 특히 텔레비전에는 조각한 듯 날씬한 몸매의 그가 붉은색과 검은색으로 된 유니폼을 입고 링을 향해 공중을 가르며 높이 치솟는 모습을 볼 수 있었다. 목표로 삼은 꿈을 달성했고 전 세계 수백만 팬들에게 숭배의 대상이 된 마이클 제프리 조던은 성공한 스포츠 엔터테이너의 전형이다. 그는 타고난 신동이자 경쟁이 치열한 프로의 세계에서 카리스마를 지닌 선수다. 농구가 전 세계적으로 폭발적인 인기를 누리게 된 데는 그의 공이 아주 컸다는 점에 이의를 제기할 사람은 많지 않을 것이다. 그는 공중으로 높이 날아올라 허공에 뜬 채 방향을 바꾸는 기술 덕분에 '에어 조던Air Jordan'이라는 별명을 얻었다. 그러나 그는 단순한 농구 선수 이상이었다. 조던은 점프 슛과 능숙한 패스, 중력을 거부한 덩크슛, 수비 그리고 무엇보다 팀에 대한 헌신으로 농구 경기를 새로운 경지로 끌어올렸다. 그가 속했던 시카고 불스는 한때 미국프로농구연맹NBA 팀 중에서 약체였지만 연달아 세 번이나 NBA 우승을 거머쥐는 기적을 이루어 냈다. 이 위업은 현대 농구에서 그의 라이벌이었던 셀틱스의 래리 버드Larry Bird와 레이커스의 매직 존슨Magic Johnson이 결코 이루지 못한 것이다. 수려한 용모에 쾌활하면서도 지적인 조던은 팔방미인이었고, 기업의 대변자로서 코카콜라, 나이키, 헤인즈 같은 기업들의 수입과 연차 보고서를 개선시켜준 상업 광고의 비범한 존재였다. 조던의 보증이 회사의 결산 보고에 직접적인 영향을 미쳤다. 고액 연봉 선수였던 그의 1년 연봉도 연간 상품 광고료에 비하면 미미한 정도였다. 1990년에서 1997년까지 그는 최고 3억 달러 이상의 연간 수입을 기록하기도 했다.

조던은 노스캐롤라이나 주 윌밍턴에서 태어났다. 가족 중에 특별히 운동에 재능을 보인 사람은 아무도 없었고 특별히 키가 큰 사람도 없었다. 그는 어릴 적부터 운동에 흠뻑 빠져 농구와 야구 기술을 익히는 데 주력했다. 그러나 불행히도 그는

EXIT

키가 너무 작아서 래니고등학교 신입생 농구팀에 들어갈 수 없었고, 2학년 팀에는 재능 미달이라는 이유로 그 자리에서 탈락되었다. 그러나 3학년 여름 동안 그는 키가 약 180센티미터에서 약 190센티미터로 자랐고 기량도 늘었다. 코치는 우수 대학 진학 후보자를 뽑기 위한 올스타 여름 캠프에 조던을 참가시켰다. 그는 캠프에서 뛰어난 기량을 선보였고 노스캐롤라이나대학교 최강팀 코치인 딘 스미스에게 스카우트되었다. 그는 대학 시절 초기 플레이에서 클러치(공중에서 두 번 이상 슛 동작을 하는 것)*를 매우 선호하는 경향을 보였다. 1982년 전국대회에서 조지타운대학교와 벌어진 경기에서 조던은 시합 종료와 동시에 점프 슛을 성공시킴으로써 노스캐롤라이나대학교는 미국대학체육협회NCAA 우승컵을 차지할 수 있었다. 블로킹과 득점력이 뛰어났던 그는 누가 봐도 올림픽 농구팀 후보 1순위였으며, 결국 1984년 올림픽 경기에서 미국에 금메달을 안겨 주었다.

대학 리그 우승과 올림픽 금메달만으로도 눈부신 성과라고 할 수 있었다. 그러나 목표 의식이 강했던 조던은 미국 NBA를 주시했다. 스타의 명예와 부를 원했던 그는 1984년에 노스캐롤라이나대학교를 떠나 프로 선수 드래프트에 신청서를 제출했고 3순위로 선발되었다. 조던이 속하게 된 시카고 불스는 당시 바닥으로 떨어진 재정 상황을 개선하기 위해 반드시 챔피언 결정전에 진출해야 하는 절체절명의 위기에 놓여 있었다. 이 새로운 스타는 그들을 실망시키지 않았다. 그는 그해 득점 순위 3위를 기록했고 신인왕 타이틀을 거머쥐며 올스타 팀에 선발되었다. 불스의 경기를 보러오는 관중이 거의 두 배로 늘어났고 시카고는 순식간에 팬들의 사랑을 한 몸에 받는 팀이 되었다.

평균 28득점을 기록하는 조던을 코트 위에서 막아낼 자가 없었지만, 그러나 불스는 달랐다. 조던은 1985~1986년 플레이오프에서 레리 버드가 이끄는 셀틱스와 운명의 접전을 벌이는 과정에서 조던은 한 경기에 63포인트의 득점을 올렸고, 이에 버드는 조던이 인간의 모습을 한 농구의 신이라며 극찬을 아끼지 않았다. 그러나 승리의 주역은 버드였다. 조던과 불스는 또 다시 5년이라는 세월을 기다려야 했다. 마침내 1991년 결승전에서 매직 존슨이 이끄는 로스앤젤레스 레이커스를 물리치고 첫 우승을 차지했다. 그리고 다음 해에도, 그 다음 해에도 불스는 모든 농구 팬을 경악하게 만들며 3년 연속 우승이라는 대업을 완성했다.

1993년, 조던의 아버지가 두 명의 부랑자에게 살해당했다. 이 뜻밖의 참사에 그의 생활 태도와 도박 습관에 대한 소문까지 번지면서 조던은 자신이 더 보여 줄 게

없다고 확신했다. 그리고 평소 자신이 훌륭한 야구 선수가 되기를 원했던 아버지에 대한 때늦은 사랑의 표현으로 이 농구 코트의 전설은 시카고 화이트삭스로 들어가 마이너리그 야구 선수가 되었다. 그가 커브 공도 치지 못한다는 신문 보도가 잇달았고, 실제로도 그랬다. 그러더니 갑자기 심경의 변화를 일으킨 조던은 1994~1995년 시즌 말에 팀 복귀를 선언했고, 과거의 기량이 조금도 줄어들지 않은 그를 거부할 사람은 아무도 없었다.

그 뒤 그는 농구 역사상 아무도 이룩하지 못한 기록을 달성했다. 은퇴에서 복귀한 뒤 또 다시 팀이 우승하는 데 견인차 역할을 한 것이다. 그가 함께 했던 1995~1996년 시즌의 시카고 불스는 왕관을 차지했을 뿐만 아니라 정규 시즌에서도 72승이라는 대기록을 수립했다. 한편 조던은 득점왕을 차지하여 두 번째 득점왕에 선정되었다. 그는 그동안 공로를 인정받아 3,000만 달러에 재계약을 체결하여 프로 농구계에서 가장 연봉이 높은 선수가 되었다. 한편 그는 농구 코트에서 수입을 올리는 것에 만족하지 않고 만화와 실제 연기를 〈스페이스 잼Space Jam〉(1996)이라는 영화를 만들었으며, 자신의 이름을 딴 향수를 출시했다. 또 이 듬해 그가 새로 모델이 된 나이키의 '에어 조던'이 출시되어 전국의 신발 가게마다 그의 신발을 사려는 사람들로 장사진을 이루었다. 20세기가 막을 내리면서 조던의 그 유명한 도약은 점점 지면에 가까워지고 있고 링을 향해 돌진하는 모습도 점점 줄어들고 있다. 그러나 그는 여전히 모든 시기를 통틀어 가장 훌륭한 농구 선수라는 타이틀을 보유하고 있다.

James Joyce

제임스 조이스

1882~1941

복잡한 성격이 창의성을 키워준다는 말이 맞는다면, 아일랜드 더블린 출신으로 가장 유명한 문학계의 방랑자인 조이스는 예술에 대한 지칠 줄 모르는 창의적 정열을 지닌 작가였다. 냉정하면서 회의적이고, 그러면서도 자기중심적인 제임스 조이스는 즉흥 합창회를 개최하거나 뭍에서 휴가를 보내는 선원들처럼 돈을 흥청망청 낭비하는 등 신나는 바보짓도 마다하지 않았다. 문학사에서 자신의 위치에 대해 지나칠 정도로 과신하는 바람에 사람들과 멀어진 이 아일랜드 국외 추방자는 자신의 명예를 지키기 위해 미친 듯이 일했으며 결국 현대 소설을 재창조하는 데 성공했다. 그러나 그는 동료들의 거부감과 극빈한 생활 때문에 수년 동안 고통스러운 시간을 참아야 했다. 열 번에 달하는 안과 수술로 힘겨운 투병 생활을 하는 와중에서도 그는 수없이 자신의 작품을 수정함으로써 어려운 시기를 이겨냈다.

사치스러운 아버지는 기세가 기울자 화를 내는 일이 잦아졌고 이 작가는 어두운 어린 시절을 보내야 했는데, 오히려 그것이 그를 역경에 강한 사람으로 만들어 준 것 같았다. 이런 상황에서 위안이 된 것은 바로 그의 어머니였다. 뛰어난 미모를 지닌 재능 있는 피아노 연주자였던 어머니는 열 명의 자녀들을 독실한 가톨릭 교리에 따라 가르치는 일에 정성을 다했다. 아일랜드의 최고 예수회 학교에서 사제 훈련을 받은 조이스는 자라면서 교회에서 점점 멀어지게 되었다. 그럼에도 자신의 전기를 준비하는 사람에게는 자신을 '예수회 수사'로 써달라는 부탁을 잊지 않았다. 그는 13년 넘게 가장 엄격한 종교 수도회에서 수련하면서 '쉽게 전달하고 판단할 수 있도록 사물을 조정하는' 법을 배웠다. 조이스는 자신이 경멸하는 설화적 로맨티시즘을 담고 있는 아일랜드 문화와 교회를 공격했지만, 부모님을 비롯하여 피를 나눈 모든 동족을 아끼는 마음은 변함이 없었다. 그 후 낙천적인 성격을 지닌 아내 노라 바너클Nora Barnacle과 두 자녀를 데리고 유럽에서 떠돌이 생활을 하는 동안 계속해서 그에게 힘이 되어 준 것은 바로 가족이었다. 그는 또 평생 예술적으

로나 재정적으로 그의 형 스타니슬라우스의 도움을 받았다. 또한 그의 뛰어난 재능을 이해하고 있던 후원회의 도움도 적지 않았는데, 후원회원들은 자신들이 예의 바른 작가를 후원하고 있다는 점을 자랑스럽게 생각했다. 자존심이 강한 조이스는 돈이 떨어져도 절대 먼저 도움을 청하지 않았다. 그러다 돈이 생기면 노라와 함께 외식을 하는 등 아낌없이 썼다. 그러나 자금이 풍족했던 때가 거의 없었는데, 그럴 때면 학생을 가르치는 일을 하면서 내핍한 생활을 견뎌냈다.

그는 더블린대학교 시절 지적인 총명함과 반민족주의에 대한 열의로 이미 캠퍼스 안에서 유명인사가 되어 있었다. 그는 대학 졸업 후 더블린과 그가 유럽에서 가장 무지한 인종이라고 묘사했던 동포들의 곁을 떠났다. 1902년 말 파리에 도착하자마자 그는 작문과 의학 공부를 시작했다. 그 후 그의 떠돌이 인생이 시작되었다. 그와 그의 가족은 파리와 취리히 그리고 트리에스테(이탈리아 북부에 있는 항구 도시)* 를 옮겨 다녔다. 그는 1914년에 그동안 완성한 단편들을 모아 첫 작품 『더블린 사람들*Dubliners*』을 발표했으며, 2년 후에는 그의 주요 작품 중 첫 번째 작품에 해당하는 『젊은 예술가의 초상*A Portrait of the Artist as a Young Man*』을 발표했다. 취리히에서 쓴 이 소설은 에즈라 파운드에 의해서 「에고이스트*The Egoist*」라는 전위 잡지에 연재되었다. 에즈라 파운드는 친구였던 시인 W. B. 예이츠에게서 이 성질 고약한 켈트인을 소개받았다.

1922년, 조이스는 7년에 걸친 힘겨운 창작 활동으로 시력을 거의 상실한 상태로 『율리시스*Ulysses*』의 마지막 원고를 마쳤다. 호머의 서사시 『오디세이*The Odyssey*』를 모델로 한 소설로 20세기에 발표된 작품 중 백미로 꼽히는 『율리시스』는 더블린의 18시간—소설의 시간 배경인 1904년 6월 16일은 오늘날 '블룸스데이Bloomsday'라는 이름의 축제일이 되었다—을 다루고 있다. 자유사상가 유대인으로 신문 광고 영업 사원으로 일하는 주인공 레오폴드 블룸은 가수인 몰리 블룸과 힘든 결혼 생활을 이어가고 있다. 외설적인 표현과 감동적인 이야기가 차례로 등장하는 이 소설은 비극과 풍자, 난해주의obscurantism(일부러 의도를 애매모호하게 하는 표현법)*와 난폭한 놀이가 가득한 뛰어난 작품으로, 소설 속에 마치 한 무리의 학자들을 고용한 것과 같은 충격을 안겨주었다. 그러나 그러한 난해주의는 소설 형식상의 구성에 대해 미리 대략적인 설명을 한 조이스가 일부러 의도한 것이었다. 난해주의를 도입한 까닭은 소설 형식을 파괴하기 위한 악의에 찬 계획이 아니라 소설 형식을 무의식의 세계로까지 확대함으로써 소설 형식을 근본적으로 개혁하고자 하는 의

도였다. 이러한 목적을 위해 조이스는 의식의 흐름을 좇는 문체와 여러 잠재적인 이미지들 안에 마음속의 독백을 담는 문학 기법들을 사용했다.

집필을 계속하는 동안에 일부가 출판되었는데 막상 소설이 완성되자 외설이라는 비난을 모면할 수 없을 것이라는 우려 때문에 선뜻 출판하려고 나서는 사람이 없었다. 여러 우여곡절 끝에 조이스의 친구이자 파리에 있는 서점 셰익스피어 앤 컴퍼니Shakespeare & Co.의 주인 실비아 비치Sylvia Beach가 사재를 털어 책을 출판했다. 『율리시스』는 유럽에서 호평을 얻었지만 영국과 미국에서는 외설이라는 비난에 시달렸는데, 9년 후 유명한 법원 소견에 따라 출판이 허용될 때까지 금서로 남아 있었다.

상징과 철학, 판타지 그리고 역사 순환론적 시각에서 본 신화를 바탕으로 쓴 실험적 작품 『피네건의 경야*Finnegans Wake*』(1939)는 제2차 세계대전이 터지는 바람에 제대로 평가를 받지 못했다. 많은 사람이 『율리시스』에 버금가는 수작이라고 평가한 『피네건의 경야』에서 독자들은 꿈의 무의식 세계 속에서 외부 현실을 충분히 이해해야 하는 강박감에 시달리게 된다. 17년에 걸쳐 완성한 작품 『피네건의 경야』 안에서 조이스 자신의 개인적인 고독과 은둔—시력 악화, 고뇌, 그리고 딸의 정신병 악화—이 반영된 부분을 찾기는 어렵지 않다. 그러나 그는 오랜 방랑의 세월을 보냈고 여러 외국어를 구사했음에도 불구하고—그는 게일어Gaelic(켈트어에 속하는 고대 아일랜드 언어)*는 절대 배우지 않았다—비현실적인 그의 작품의 중심은 항상 그의 조국이었다. 1940년, 조이스는 정신병과 처절한 싸움을 벌이는 딸 루시아 때문에 고통 받고 지친 몸으로, 아내 노라와 함께 취리히로 돌아갔다. 그리고 그 다음 해에 그곳에서 눈을 감았다. 자신의 고향을 떠나왔던 이 망명자는 그 후 더 많은 세월이 흐른 뒤에야 비로소 자신의 천재적인 재능을 인정받을 수 있었다.

Elton John
엘튼 존

1947~

30년 동안 대중의 주목을 받아 온 영국의 가수이자 피아니스트 겸 작곡가인 엘튼 존은 아직도 로큰롤 분야의 음악인들에게 막대한 영향력을 행사하고 있다. 그는 마치 우스꽝스러운 안경을 바꿔 끼는 것처럼 정신없이 〈크로코다일 락Crocodile Rock〉(1972), 〈다니엘Daniel〉(1973), 〈돈트 렛 더 선 고우 다운 온 미Don't Let the Sun Go Down on Me〉(1974)를 발표했다. 전례를 찾을 수 없을 만큼 기이한 의상과 과장된 라이프스타일로 평범한 경쟁자들을 압도해 온 이 '캡틴 판타스틱Captain Fantastic'은 좋을 때든 나쁠 때든 대중에게 열렬한 환호를 받았다. 1970년대와 1980년대 초에 발표한 앨범 〈홍키 샤토Honky Chateau〉(1972), 〈굿바이 옐로우 브릭 로드Goodbye Yellow Brick Road〉(1973), 그리고 〈점프 업Jump Up〉(1982)의 판매고는 폭주했지만, 1980년대 말 약물과 알코올 중독, 극심한 분노의 폭발, 자살 시도, 남창과의 성관계를 폭로한 타블로이드 신문 기사 때문에 그는 선택의 기로에 놓였다. 자신의 생활을 완전히 뜯어고치기로 마음먹은 엘튼 존은 모든 역경에도 불구하고 결국 자신의 구원해 냈으며 1998년에는 기사 작위를 받았다.

그의 출발은 아주 소박해서 그 자신의 말을 빌리면 다소 우울할 정도였다. 영국 미들섹스의 피너에서 출생한 그의 어릴 적 이름은 레지널드 케네스 드와이트Reginald Kenneth Dwight였다. 당시 그의 아버지는 영국 공군의 지휘관으로 복무했다. 레그Reg는 억압적인 아버지와 90킬로그램이 넘는 과체중 때문에 괴로운 나날을 보냈다. 한편 그의 어머니 쉴라가 아들의 천재적인 소질을 이해하고 지원을 아끼지 않은 덕분에 엘튼 존은 네 살부터 음악을 듣고 피아노를 치기 시작했다. 실제로 그가 처음 로큰롤 음반을 취입할 수 있게 해준 사람도 바로 그의 어머니였다. 1958년, 어머니는 레그를 영국 왕립음악원 토요일 과정에 등록시켰다.

1964년, 이 17세의 청년은 직업 음악인이 되려는 야심을 품고 학교를 그만두었다. 한동안 그는 정처 없는 떠돌이 생활을 하며 낮에는 심부름꾼으로, 저녁에는 선

술집에서 피아노를 연주하면서 지냈다. 그는 몇몇 지방의 밴드를 거쳐 마침내 존 발드리의 반주를 맡고 있던 그룹 블루솔로지에 정착했다(자신의 이름이 마음에 들지 않았던 그는 이 때 블루스 가수 발드리의 '존'과 색소폰 연주자 엘튼 딘의 '엘튼'을 따서 새 이름을 지었다). 1967년에 그는 리버티 레코드에 자신들의 음악적 재능을 홍보하는 과정에서 평생 동업자가 되는 버니 토핀을 만났고 두 사람은 시험용 음반을 완성했다. 두 사람은 수 년 동안 함께 작업했고 엘튼은 작곡을, 토핀은 작사를 맡았다.

리버티 레코드는 이 두 사람을 주목하지 않았으나 비틀즈 돌풍을 일으키는 데 참여한 음악 흥행사 딕 제임스는 두 사람과 계약을 체결했다. 그러나 모든 사람의 취향을 고려한 팝을 만들려고 했던 그들의 노력은 실패했고, 두 사람은 각자의 장점에 주목하게 되었다. 토핀은 가끔 극단적이기는 했지만 시적 정감이 뛰어났고, 엘튼은 강력하면서도 변화무쌍한 목소리가 특기였다. 특히 그의 목소리는 여러 가지 다른 스타일과 조화를 잘 이루었다. 그들의 이러한 인내는 1969년의 히트곡 〈레이디 사만다Lady Samantha〉와 저예산 앨범 〈엠프티 스카이Empty Sky〉라는 결실을 낳았다. 특히 〈엠프티 스카이〉는 막대한 금액을 투자한 앨범 〈엘튼 존Elton John〉의 탄생에 밑바탕이 된 것으로, 이 앨범에 수록된 〈유어 송Your Song〉과 〈보더 송Border Song〉은 싱글 차트의 상위를 차지했다. 뛰어난 작곡에 솜씨 있는 편곡, 그리고 후에 엘튼 존의 특징이 되어 버린 크레셴도 창법이 유감없이 발휘된 이 곡들은 대서양 양쪽에서 모두 집중적인 조명을 받았다. 이 앨범에 수록된 곡들이 방송의 단골 메뉴로 전파를 타고 있는 동안 프로모터들은 무대 공포증이 있는 이 가수에게 제발 라이브 공연을 해달라고 간청했다. 그는 마지못해 그들의 청을 수락했다. 그해 여름, 그는 로스앤절레스의 트루바두르 클럽에서 균형 잡힌 몸매에 자신이 구할 수 있는 옷들 가운데 가장 특이한 의상을 걸친 채 새로 조직한 밴드를 이끌고 무대에 올라 첫 공연을 가졌다.

앨범 〈텀블위드 커넥션Tumbleweed Connection〉은 엘튼 존에게 또 다른 히트곡들을 안겨 주었으며, 그 결과 또 하나의 히트 앨범 〈매드맨 어크로스 더 워터Madman Across the Water〉가 탄생했다. 1971년 말에 발매된 이 앨범은 한때 실험적이라는 평을 받았지만 이제는 최고의 인정을 받고 있는 목소리의 주인공인 이 싱어 송 라이터를 스타의 반열에 올려놓았다. 1973년에 엘튼 존은 더블 앨범 〈굿바이 옐로우 브릭 로드〉를 통해 자기 음악의 새로운 경지를 개척하는 데 성공했다. 이 앨범에는 타이틀 트랙뿐만 아니라 〈캔들 인 더 윈드Candle in the Wind〉와 〈베니 앤드 젯츠

Bennie and the Jets〉 그리고 〈새터데이 나이츠 올 라이트 포 파이팅Saturday Night's All Right for Fighting〉 같은 주옥같은 히트곡들이 수록되었다. 이 앨범은 1975년에 발표된 〈록 오브 더 웨스티스Rock of the Westies〉 및 〈캡틴 판타스틱 앤드 더 브라운 더트 밴드Captain Fantastic and the Brown Dirt Band〉와 더불어 그의 가수 활동에 한 획을 그은 작품으로서 그가 1970년대 팝 가수의 정수라는 입지를 확보하는 데 도움을 주었다. 엘튼 존은 자신의 레이블인 로켓 레코즈를 출범시킨 지 3년 후인 1976년에 자신이 양성 연애자임을 선언했다.

〈아임 스틸 스탠딩I'm Still Standing〉(1983), 〈아이 게스 댓츠 와이 데이 콜 잇 더 블루스I Guess That's Why They Call It The Blues〉(1984), 그리고 〈아이 돈트 워너 고우 온 위드 유 라이크 댓I Don't Wanna Go On With You Like That〉(1988) 같은 싱글들이 계속 음반 차트에서 강세를 보였지만, 1980년대는 엘튼 존에게 힘겨운 시기였다. 연예인의 스캔들을 취급하는 영국 잡지들은 한때 그의 레코딩 엔지니어로 일했던 르나트 블라우엘과 그가 1984년에 결혼한 일을 비롯하여 남창과의 관계에 관한 주장들을 신나게 보도했다. 이른바 '렌트-보이rent-boy' 스캔들은 그에게 유리하게 결말이 나서 그 기사를 보도한 신문사는 소송을 취하하는 조건으로 그에게 100만 파운드의 합의금을 지불하는 데 동의했지만 그의 추락은 계속되었다. 극단적인 감정 변화, 약물과 알코올 중독, 그리고 병적인 탐식증에 시달리던 그는 마침내 애인의 간절한 부탁에 못 이겨 재활 시설에 입원했다. 한편 그는 이러한 중재안이 하루아침에 이루어진 것이 아님을 밝힘으로써 자신의 상태가 심각했음을 간접적으로 인정했다.

1990년대에 들어 재활에 성공한 엘튼 존은 목소리를 한층 갈고닦아 〈새크리파이스Sacrifice〉(1990)와 〈더 웨이 유 룩 투나이트The Way You Look Tonight〉 같은 히트곡들을 발표했다. 또 동료 피아노 연주자 빌리 조엘Billy Joel과 함께 스타디움 순회공연을 벌여 연일 매진을 기록했고 자신이 직접 에이즈 단체를 설립했다. 엘튼 존의 새로운 사운드의 정수라고 할 수 있는 곡은 〈캔 유 필 더 러브 투나잇Can You Feel the Love Tonight〉이었다. 그래미상을 수상한 이 곡은 1994년에 발표된 디즈니 애니메이션 〈더 라이온 킹The Lion King〉의 주제곡이었다. 이 싱글은 700만 장이나 팔렸지만 이 기록은 1997년에 고 다이애나 왕세자비를 추모하기 위해 만든 〈캔들 인 더 윈드〉에 의해 깨졌다. "이 노래를 그녀에게 바칩니다"라고 선언한 엘튼 존은 이 곡으로 발생하는 모든 수입—지금까지 약 500만 달러에 달한다—을 다이애나 왕세자비 추모 기금에 헌납하겠다고 공언했다.

Charlie Chaplin
찰리 채플린

1889~1977

찰리 채플린은 자신의 작품들 가운데 특히 1925년에 제작된 고전 〈황금광 시대 The Gold Rush〉가 사람들의 기억 속에 오랫동안 남기를 소망했다. 이 영화에는 우리 기억에 길이 남을 명장면들이 많이 등장했다. 특히 채플린의 트레이드마크 같은 등장인물 리틀 트램프Little Tramp가 저녁 식사를 위해 구두를 냄비에 끓인 다음 미식가처럼 오묘한 맛을 음미하면서 먹어치우는 장면이 인상적이다. 그 장면은 비극과 희극이 미묘하게 조화를 이룸으로써 영화의 서정성을 끌어올렸다(상당수에 달하는 다른 작품들에서도 마찬가지였다). 당연히 이러한 서정성은 상당한 상업성을 띠고 있었다.

전 세계적으로 사랑 받고 있는 채플린의 걸음걸이는 관객의 경탄의 대상이 되었으며, 관객이 감정 이입을 통해 등장인물과 자기 자신을 동일시하게 만들었다. 남루한 옷을 걸치고 있지만 한껏 멋을 부린 콧수염의 방랑자는 영화 속에 등장하는 에브리맨Everyman(15세기 영국 도덕극 『*Everyman*』의 주인공)*이었다. 가진 것이라고는 지팡이 하나와 찌그러진 중산모, 그리고 진취적인 기상뿐이었던 그는 개인적인 역경과 고통에도 굴복하지 않은 채 뒤뚱거리며 앞을 향해 걸어갔다. 채플린의 후기 작품에서는 정치적인 비평 때문에 그에 대한 대중의 호감과 사랑스러운 익살들이 충분히 평가를 받지 못했다. 의학적으로 정당한 사유가 있었음에도 불구하고, 보수주의자들은 그가 제1차 세계대전에 참가하지 않았다는 사실에 몹시 분개했다. 또 미국에서 40년간 면세 혜택을 누리고 살면서 미국 시민이 될 수 없었던 점과 1940년대에 그가 보였던 '공산주의 경향'에 대해서도 비난을 퍼부었는데, 공산주의와 관련해서는 하원 비미활동위원회 고문단 앞에서 자신에 대한 혐의를 예의 바르면서도 강력하게 부인했다.

좌파주의자들의 신념을 거부하기는 했지만, 채플린에게는 학대받는 이들에게 남다른 애정을 느낄 만한 충분한 이유가 있었다. 보드빌 쇼에서 일하는 주정뱅이

아버지와 정신적으로 불안정한 어머니 밑에서 태어난 채플린과 이복동생 시드니는 런던의 슬럼가에서 비참한 어린 시절을 보내야 했다. 이 때의 경험은 채플린의 마음속에 모든 버림받은 자들과 그 자신을 하나로 생각하는 동질감을 싹트게 만들었고, 평생을 가난이라는 고통과 싸우게 만들었다.

길거리 모퉁이에서 춤을 추면서 잔돈을 얻어 생활하던 어린 연기자는 여덟 살 되던 해에 '여덟 명의 랭커셔 청년들Eight Lancashire Lads'이라는 클로그 댄스clog-dance(나막신으로 박자를 맞추는 춤)* 그룹과 함께 무대 생활을 시작했다. 10대에 접어들어서는 프레드 카노 희극단과 함께 순회공연을 다녔는데, 이 때 연마한 코미디언의 자질과 교묘한 속임수는 나중에 배우 생활을 할 때 많은 찬사와 경탄의 대상이 되었다. 스물한 살에 채플린은 이미 런던 뮤직홀의 인기 배우가 되어 있었다. 무성 코미디의 훌륭한 개척자 중에 한 사람이었던 맥 세넷Mack Sennett 덕에 순회공연 팀에 합류하게 된 그는 1913년에 할리우드로 건너와 새로 구성된 키스톤 스튜디오Keystone studio에서 주급 150달러를 받고 일했다. 다재다능했던 채플린은 1년 동안 키스톤에서 제작한 35개의 단편영화에 출연했는데, 그 중 상당수의 작품에서 각본과 감독은 물론이고 의상, 인물의 성격, 그리고 헐렁한 바지를 입은 사랑스러운 패배자의 특이한 버릇을 개발하는 것까지 일인다역을 수행했다. 1915년에 엣사네이 영화사Essanay Film Company와 계약을 체결했고 그해 말에 그의 첫 번째 히트작 〈트램프The Tramp〉를 발표했다. 이 영화에서 채플린은 자신이 맡은 배역을 완벽하게 소화해 냄으로써 최고의 연기를 보여 주었다. 1919년에 메리 픽포드, D. W. 그리피스, 그리고 더글러스 페어뱅크스Douglas Fairbanks와 함께 찰리 채플린은 영화 산업에 있어 최초의 독립 프로덕션 회사인 유나이티드아티스츠United Artists Corporation라는 영화사를 세웠다. 그리고 4년 후 그는 협회의 최초 작품 〈파리의 여인A Woman of Paris〉을 제작했다. 1920년대 말 유성영화가 등장하자 채플린은 그가 버틸 수 있는 한 무성영화를 고집했다. 그는 "만약 내가 영화에서 말을 한다면, 다른 코미디언들과 다를 것이 없을 것이다"라고 그 이유를 설명했다.

1940년이 되어서야 그는 비로소 〈위대한 독재자The Great Dictator〉라는 유성영화에 출연했다. 그는 이 영화에서 전 세계인의 열화와 같은 지원 속에서 갑자기 부상하는 히틀러 같은 독재자와 유대인 이발사라는 두 가지 역할을 소화했다. 채플린의 영화는 시간이 흐를수록 교훈적으로 변했고, 관객은 오히려 더 차가운 반응을 보였다(그 중에서도 특히 평화주의를 표방하는 〈살인광 시대Monsieur Verdoux〉(1947)가 그런 경향이 두드러졌는데, 이 영화로 인해 미국 내에서는 채플린을 국외로 추방해야 한다는 운동이 일어났다). 팬들은 채플린이 〈시티 라이트City Light〉에서 보여 준 가난하지만 용기 있는 방랑자의 이미지와, 실제로는 백만장자로 살아가는 그의 이미지가 서로 어울리지 않는다는 것을 깨달았고, 그의 인기는 시들기 시작했다. 실제로 그는 세금과 관련한 심각한 문제들에 휩싸여 있었고 이혼 사건으로 사회적 파장을 불러일으켰다. 게다가 10대 소녀들을 밝히는 성적 경향과 그리고 부자 관계를 인정해 달라는 소송 사건 등에 연루되는 등 불미스러운 사생활의 주인공이었다. 1952년에 런던에서 열린 〈라임라이트Limelight〉의 시사회에 참석하기 위해 대서양을 건너는 동안, 채플린은 영국으로 돌아가자마자 인물에 대한 검토 작업이 필요하다는 것을 깨달았다. 그는 다시는 미국으로 돌아가지 않겠다고 맹세했고, 1972년 아카데미 특별상을 수상하기 위해 미국을 방문할 때까지 이 약속을 지켰다.

스캔들, 정치적 문제, 그리고 까다로운 성질로 인해 한때 전 세계를 감동시킨 채플린의 인기는 꺾이고 말았다. 말년에 그는 주로 사랑하는 아내인 우나Oona와 함께 조용히 은둔 생활을 즐겼다. 그러나 시간이 지나면서 채플린이 영화 예술에 지대한 업적을 남겼다는 사실을 아무도 부정할 수 없었다. 그의 작품의 중요성은 1972년에 엘리자베스 여왕에게 기사 작위를 수여받았다는 사실뿐만 아니라 계속해서 그의 작품을 소재로 한 평론이 발표되고 있다는 사실로도 충분히 입증이 되었다. 자신의 분야에서 박학다식했던 채플린의 비범하고 고집스러운 천재적 자질은 감동적인 팬터마임인 〈시티 라이트〉와 사회적 공감을 불러일으킨 〈모던 타임스 Modern Times〉, 그리고 그가 가장 아끼는 영화 〈황금광 시대〉에서 충분히 확인할 수 있다(그는 각본, 제작, 감독, 편집, 주연, 그리고 자신이 출연한 영화의 음악에 이르기까지 모든 분야에서 활동했다). 이런 영화들 때문에 이 자그마한 팬터마임의 거장은 쇼 비즈니스 역사에서 가장 영향력이 큰 엔터테이너 가운데 한 사람이 되었다.

Winston Churchill

윈스턴 처칠

1874~1965

당시는 대영제국의 암흑기인 동시에 최고의 전성기였다. 히틀러에 대항하여 외로운 싸움을 시작한 고통의 시기에 행운의 여신은 영국 정권을 노련한 군인이자 뛰어난 전략가인 윈스턴 처칠의 손에 쥐어 주었다. 불굴의 의지를 지닌 정치가이자 학자인 그는 제2차 세계대전 내내 비범한 열정과 용기, 그리고 뛰어난 전략을 과시했다(처칠은 노르망디 상륙 작전 공격 개시일에 영국 해군을 참가시켜야 한다고 완강하게 주장했는데, 조지 6세가 나서서 직접 부탁하자 해군이 해안에 머무는 것에 마지못해 동의했다). 이 호전적인 사령관은 고집을 부리는 미국을 상대로 나치에 맞서는 정의로운 싸움에 참전해 줄 것을 애원했지만 결국 1940년 여름에 영국 홀로 전쟁을 치르겠다는 결단을 내렸다. '광적인 천재성을 지닌 미치광이'로서 '인간의 마음을 잠식시킨 가장 악랄한 증오심의 집결지이자 발로'였던 히틀러 총통의 강력한 부대에 맞서 그는 유창한 웅변으로 국민이 전혀 동요하지 않게 만들었다. 이 연설문은 처칠의 시적이며 단호하고 뛰어난 인용 능력을 보여 준 것으로, 그가 어떤 사람인지 충분히 짐작할 수 있게 한다. 일본의 진주만 공격으로 인해 결국 미국이 참전하게 되자, 그는 한숨을 돌림과 동시에 의기양양해졌다. 이제 외롭지 않게 된 이 전사는 "나는 그날 잠자리에 들어 구원을 받은 것에 감사하며 단잠을 잤다"고 기록했다.

지도자이면서 화가와 정원사로서의 자신의 재능을 갈고 닦았던 윈스턴 처칠은 빅토리아 시대 귀족 집안에서 태어났다. 랜돌프 처칠 경Sir Randolph Churchill(재무장관과 보수당 당수를 역임함)*의 장남으로 태어난 그는 말보로 공작의 핏줄을 이어받았으며, 제니 제롬Jennie Jerome이라는 미모의 미국인 어머니에게는 이로쿼이Iroquois(뉴욕 주에 살던 북아메리카 원주민)*의 피가 흐르고 있었다. 시대의 영웅이었던 선조들의 정령이 지켜보는 가운데 블렌하임 궁에서 태어나고 자란 그가 샌드허스트의 왕립육군사관학교에 들어가는 것은 정해진 길이었다. 그러나 태어날 때부터 군인이 되는 것에 열성적이었던 그에게는 어떤 조언도 필요하지 않았다.

1894년, 우등으로 학업을 마친 기병대 장교는 제4경기병대에 배속되었으며, 인도를 포함해 여러 식민지에 주둔했다. 수단에서 1년을 복무한 그는 1898년에 나일 원정대의 일원이 되어 그 유명한 옴두르만Omdurman(수단 중동부의 3대 도시 가운데 하나)* 전투의 승리를 직접 체험했다. 군인과 기자라는 두 가지 역할을 수행한 처칠은 종군기자로 남아프리카에 파견되었는데, 그곳에서 보어인들에 납치되어 탈출한 사건으로 대중에게 이름이 알려지면서 1900년에 영국 의회의 보수당 의원으로 선출되었다.

처칠은 군주가 여섯 번이나 바뀌는 동안 탁월한 공무 집행 능력을 보였다. 1906년부터 시작해서 그는 몇 번이나 내각에 등용되었으며, 1911년에는 영국 해군성 장관으로 선출된 후 제1차 세계대전에 대비하여 영국 해군의 전시 체제화를 주도했다. 터키에 대한 고립 정책을 주장한 다르다넬스 전투Dardanelles Campaign를 혼자서 지지하다 커다란 정치적 위기를 맞은 처칠은 제6로열스코틀랜드퓨질리어 연대의 지휘를 맡으면서 복권에 성공했다. 1917년에 다시 내각에 들어온 그는 군수장관이 되어 탱크 개발에 박차를 가했다. 탱크는 나중에 독일군을 물리치는 데 결정적인 역할을 수행했다. 그는 식민장관을 거쳐 공군장관과 육군장관, 그리고 재무장관에 임명되었는데, 재무장관 시절에는 영국의 파운드화를 금본위제로 복귀시켰다. 1926년에 실업률의 증가에 대한 반발로 일어난 총파업이 처칠에 의해 무산되었으며 노동운동은 침체기에 들어갔다. 1929년에 그는 내각에서 물러났다.

억지로 이선으로 물러나야 했던 처칠은 시간을 잘 활용하여 역사와 회고담을 담은 유명한 저서들을 출간했으며 군사 장비에 대한 자신의 전문 지식이 사장되지 않도록 노력을 게을리 하지 않았다. 특히 그는 동부를 주시하고 영국 하원에 날로 커지고 있는 히틀러의 위협에 대비할 것을 경고했다. 1939년 9월에 폴란드가 함락되자 국민은 이 '멋쟁이 해군'을 내각에 등용하도록 네빌 챔벌린Neville Chamberlain 수상에게 압력을 가했고, 그는 마침내 해군성 장관에 재임명되었다. 그러나 이번에는 앞서 있었던 전투들을 기억하고 있던 그는 적군인 독일군에게 무조건적인 항복을 요구했다. 그때 그의 나이는 65세였다.

다음 해에 수상의 자리에 오른 그는 "어떤 대가를 치르더라도 우리는 싸울 것입니다. 우리는 어떤 폭력에도 맞서 싸울 것입니다. 그 길이 아무리 멀고 험하더라도 우리는 싸울 것입니다"라고 자신의 의지를 천명했다. '피와 수고와 눈물과 땀' 외에는 줄 것이 없다고 외친 처칠은 결국 자신의 목표를 이루었다. 그리고 목적을 이루어 가는 과정에서 독일의 롬멜Rommel이 이끄는 아프리카 군단의 성공을 안타까워할 때나, 러시아 설원에서 히틀러의 패배에 환호할 때, 그리고 루스벨트 및 스탈린과 함께 전략 및 전후 상황에 대해 논의할 때도 그는 언제나 연합군의 지침이 되는 존재였다.

대부분의 위인들이 그랬듯이, 과감하고 인내심이 강했던 처칠에게도 예외 없이 그를 비판하는 세력들이 존재했다. 그들은 영국 식민지 자치정부를 반대한 그의 주장을 보수적이라고 비난했다. 또 1945년 얄타 회담에서 그와 루스벨트가 동유럽에 대한 주권 일부를 스탈린에게 양보한 미온적인 태도와 전후 미국의 위상이 영국을 앞지르게 된 것에 대해 비난을 하는 이들도 생겨났다. 그러나 그는 20세기에 엄청난 유산을 남겼다. 그는 전시에는 냉철하고 침착한 자세를 잃지 않았으며, 1951년부터 1955년까지 평화 시기에는 강력한 지도력을 발휘했다. 계몽적인 내용을 담은 그의 여섯 권짜리 저서 『제2차 세계대전*The Second World War*』은 베스트셀러가 되었으며, 그에게 1953년 노벨 문학상을 안겨주었다. 모험을 두려워하지 않는 용기, 타고난 천재적 언어 감각과 문장력 등은 타의 추종을 불허했다. 1940년에 수상이 된 직후, 그는 마치 운명과 나란히 걷고 있는 느낌이 든다고 썼다. "나의 인생은 이 시간과 이 시험을 통과하기 위한 준비에 불과했으며 나는 내가 결코 실패하지 않을 것임을 확신한다."

Henri Cartier-Bresson

앙리 카르티에-브레송

1908~2004

앙리 카르티에-브레송은 35mm 라이카 카메라를 들고 '세계의 상처'를 찍는 다큐멘터리 작가로서 전 세계를 누볐다. 그는 처음 카메라를 산 후로 찰나의 현실을 탐닉하는 스토커가 되었다. 그는 우리의 일상에 갑자기 의미가 나타나는 순간, 또는 아이러니와 연민과 기쁨이 영혼에 닿는 순간 같은 특별한 순간들을 기록하는 데 성공한 것이다. 사진의 아름다움이 예술의 관점에서 볼 때 충분하지 않다고 가정하더라도, 만약 사진술이 예술의 영역으로 정당한지를 묻는다면 이 겸손한 사진가의 작품이 그것을 증명해 줄 것이다. 브레송의 사진을 '본다'는 것은 거기에 '있는 것', 그리고 사진 속의 '순간'이 보여 주는 그 시간의 일부가 되는 것이다. 그는 포토저널리즘의 선구자 중 한 사람이다. 그는 카메라를 자신의 가장 절친한 친구로 여기며 늘 몸에 지니고 다녔다. 그는 '가장 절친한 친구'와 함께 스페인 내전의 잔인한 현장과 1937년 조지 6세의 화려한 대관식을 목격했다. 몇 년 뒤에는 독일에서 강제수용소 해방 운동을 기록했고, 중국에서는 마오쩌둥과 민족주의 국민당 간의 혁명적 투쟁을 기록했다. 그는 1948년 1월 30일 인도에서 평화주의자 간디가 암살되기 바로 몇 분 전에 그의 초상을 찍었다. 1940년대 후반에는 미국 대륙을 횡단하면서 미국의 뒷면에 감춰진 음울한 장면들을 모은 잊을 수 없는 작품집을 만들었다. 1968년에는 파리의 학생-노동자 혁명을 사진에 담았다.

그는 1930년대 초반부터 주요 잡지와 신문사를 위해 여러 현장을 돌아다녔다. 브레송은 뉴스거리가 있는 곳이면 어디든지 찾아갔다. 댄 호프스태터Dan Hofstadter는 「뉴요커」에 기고한 글에서 브레송에 대해 이렇게 말했다. "그는 역사 교과서에 실릴 도판을 찍는 것이 아니었다. 그는 뭔가 꿈틀거리고 있는 현장으로 나가 매복을 했다." 이것은 공간 구성에 대해 강렬한 열정을 지닌 예술가에게는 아주 자연스러운 것이었다. 브레송은 공간적인 관계에 대해 정확한 감각을 지니고 있었고, '조작되지 않은' 사진이 주는 진가를 알고 있었다. 한편 그는 자신에게 작

업을 부탁하는 사람들이 무슨 생각을 하는지 정확히 알고 있었고 거침없는 발언으로 그를 열렬히 사랑하는 사람들을 괴롭히기도 했다.

원래 화가였던 브레송은 사진을 직업으로 하는 사람들보다 더 깊은 감각을 갖고 있었다. 그가 찍은 유명한 작품들인 마티스의 누드화를 감상하는 수녀나 마른강 둑에 소풍 나온 연인 그리고 나치 협력자를 고발하는 프랑스 여인은 아주 개인적인 모습들이지만 그 시대의 정신을 잘 잡아내고 있다.

브레송은 흑백 필름으로 수천 장에 달하는 사진을 찍었는데, 원판을 잘라내지 않음으로써 피사체에 대한 존경을 나타내었다. 그는 거만하지 않았고 감상에 빠지지도 않았다. 그는 사진의 위력을 항상 인식하고 있었다. 성격이 과민했고 1930년대부터 1940년대까지 좌익 운동에 열광했지만, 그의 작품에서는 이데올로기를 찾아볼 수 없다. 그의 사진들은 주로 사람에 초점을 맞추고 있다. 바로 사람들이 가장 '사람들' 같은 순간, 카메라를 인식하지 않는데도 촬영자와 더 많은 것을 소통하는 그런 순간을 브레송은 잡아낸 것이다.

브레송은 유명한 섬유회사 집안의 자손으로 태어났지만 그의 부모는 너무나 검소해서 브레송은 자신이 가난하다는 생각을 하면서 자랐다. 파리 근교에서 성장한 그는 1927년에 캔버스와 붓으로 그림을 그리기 시작했고 입체파 화가 앙드레 로트André Lhote와 함께 수학했다. 캠브리지와 르부르제에 있는 프랑스의 일급 군사학교에서 1년을 보낸 그는 1931년 화물선을 타고 프랑스령 카메룬의 항구도시 두알라로 위험한 첫 여행을 떠났다. 그는 아이보리 해변에서 1년을 보내는 동안 흑수열에 걸려 거의 죽을 뻔했다. 이후 2년 동안 동유럽, 멕시코, 독일, 그리고 이탈리아 등지를 여행하면서 프리랜서로 작업했다.

브레송은 처음에 마틴 문가치Martin Munkasci가 '탄자니카 호수의 여울에서 장난치며 노는 3명의 아프리카 어린이'를 찍은 사진에서 영감을 받았다. 그는 몇 번의 국제적인 사진 전시회를 통해 급속도로 명성을 얻었다. 그는 〈게임의 법칙La Règle du jeu〉을 촬영하던 장 르누아르Jean Renoir 밑에서 조감독으로 일했고, 직접 다큐멘터리를 만들기도 했다. 그는 31살 때 제2차 세계대전이 터지자 프랑스군에 재입대하여 영화사진부에서 일했다. 1940년 휴전 협정이 체결되던 바로 그날 브레송은 포로가 되었고, 3년 동안 독일군이 만든 최악의 포로수용소에서 노동을 했다. 몇 번의 탈출 시도 끝에 그는 마침내 탈출에 성공했고, 프랑스로 돌아와 레지스탕스에 들어갔다.

1947년 브레송은 로버트 카파Robert Capa, 데이비드 세무어David Seymour, 조지 로저George Rodger와 함께 매그넘 포토Magnum Photos를 설립했다. 이는 자율권을 유지하면서 개인의 상업적 이익을 지키기 위해 중추적인 단체를 원하는 독립 사진 저널리스트들 위한 단체였다. 6년 후 『결정적 순간*The Decisive Moment*』이라는 첫 사진집이 출간되었다. 1970년, 그는 자바 섬 출신의 댄서 라트나 모히니와 이혼하고, 유능한 사진가 마르틴 프랑크와 재혼하여 첫 아들을 얻었다. 곧 이어 이 60대의 노인은 그림 그리는 일을 다시 시작했다.

그가 한 말은 사진에 대한 자신의 천재성을 설명하기에 모자라다. 심지어 그의 작품에 대해서도 그렇다. 그는 자신의 노력을 항상 오이겐 헤리겔Eugen Herrigel의 『활쏘기의 선*Zen in the Art of Archery*』과 비교했다. 궁수가 그러하듯이 그는 특별한 기술을 배울 필요를 못 느꼈다는 것이다. 그는 기술을 배우려는 학생은 끊임없이 연습하고 시도해야 하고, 그러다 보면 어느 날 갑자기 직관력이 생긴다고 믿었다. 한편 그는 지적이고 사색적인 언급은 거의 하지 않았다. 그는 모든 속임수를 내던지고, 빛을 찾아 여행하며, '기본적인 연결'을 찾아 헤맸다. 그는 걸었다. 뛰지 않았다.

Fidel Castro

피델 카스트로

1926~

1959년 1월 1일, 33세의 쿠바 혁명가 피델 카스트로는 게릴라군대를 지휘하여 풀헨시오 바티스타Fulgencio Batista 정권을 무너뜨렸다. 대중에 대한 흡입력과 정치적 비전을 지닌 카스트로는 청중을 매료하는 능력이 뛰어난 연설가였으며 국민의 전폭적인 지지를 받았다. 수상으로 시작해 국가평의회와 각료회의 의장을 역임한 그는 진정한 혁명과 사회 부정의에 대한 투쟁의 상징으로 추앙받았으며 쿠바에 민주주의를 실현하겠다고 공언함으로써 일약 영웅이 되었다. 그러나 민주주의를 실현하는 대신, 자신의 반대파를 투옥하고 추방하고 처형하여 선거를 치르지도 않고 스스로 대통령의 자리에 올랐다.

겸손하고 부유한 사탕수수 농장주의 아들로 태어나 자신감이 강했던 카스트로는 엄격한 예수회 교육을 받았다. 그는 10대 때 나폴레옹과 시저, 그리고 용감한 남미 해방자였던 호세 마르티José Martí와 시몬 볼리바르Simón Bolíbar를 숭배하며 자랐다. 피델 카스트로 루즈Fidel Castro Ruz는 1945년 아바나대학교의 법률 프로그램에 등록한 뒤 좌파 정치에 점점 더 몰두했으며 대학교를 장악하려는 학생 폭력단 사이에서 주도권을 잡기 위해 투쟁했다. 심지어 자신의 라이벌이었던 엘 로코에게 총격을 가해서 가슴에 중상을 입혔다는 소문도 돌았다. 강직한 성격을 가진 그는 폭력을 써서 작은 카리브해 공화국을 장악했다.

바티스타 정권에 대항하는 카스트로의 투쟁은 시작부터 순조롭지 못했다. 1953년 7월 26일, 카스트로와 그의 형 라울은 산티아고에 있는 몬카다 군 주둔지를 습격했지만 실패했고 그들은 1955년 대사면으로 풀려날 때까지 철창에 갇히는 신세가 되었다. 카스트로 형제와 그들이 이끄는 '7월 26일 운동'은 멕시코의 오리엔테 지역에 침투할 계획을 세웠지만 결국 실패했다. 이 사건은 카스트로의 지나친 자만심을 보여 주는 좋은 예가 되었다. 전기작가 테드 슐츠에 따르면, 바티스타 군대에 포위를 당한 채 배고픔과 타는 듯한 갈증으로 고통을 겪고 있던 카스트로는 두

명의 병사들과 함께 사탕수수 밭 그늘 아래 숨어 있었는데, 나중에 서구 지역에 최초의 공산주의 국가를 건립한 이 남자는 흥분하여 "우리가 이겼다! 승리는 우리 것이다!" 하고 동료들을 향해 외쳤다. 그들은 오리엔테에서 패배하고 쿠바 남동쪽 산악 지대 시에라 마에스트라에서 숨어 지내야만 했지만, 더 강력한 게릴라 부대를 조직했고 마침내 바티스타 정권을 몰아낼 수 있었다.

혁명 지도자로 인정받은 카스트로는 수백 명을 처형함으로써 신속하게 권력을 강화할 수 있었다. 통치 첫 해에 카스트로는 외국 기업을 장악했으며, 유산계급의 특권을 박탈했고(대부분의 유산 계급은 국외로 도피했다), 농장의 집단화를 완성했다. 1961년 12월에 그는 스스로 마르크스레닌주의자라고 공표했고 자신의 쿠바 혁명을 소련 혁명과 연계시킴으로써 수십억 달러에 달하는 원조를 얻어 냄과 동시에 소련이 미국의 코앞까지 침투할 수 있는 발판을 마련해 주었다. 한동안 그는 소련에게 받은 돈으로 쿠바인들에게 더 나은 삶을 제공해 주겠다던 약속을 이행할 수 있었다. 그는 국가 차원의 건강 관리를 실시했고 국민에게 글을 가르쳤다. 그러나 이러한 개혁의 대가로 쿠바인들이 얻은 것은 경찰국가뿐이었다.

소련에 대한 쿠바의 경제적 의존 상태 때문에 카스트로는 냉전의 주요 인물로 부각되었다. 1961년 4월, CIA의 지원을 받은 카스트로 반대주의자들이 피그만에 침투하려다 실패한 사건은 카스트로에게는 승리를 의미했지만 미국 대통령 존 F. 케네디를 당황시키기에 충분했다. 악화일로에 있던 쿠바와 미국의 관계는 1962년 쿠바 미사일 위기를 맞으며 최고점에 달했고, 그 후 카스트로가 쿠바 내에 소련의 핵무기를 보유하고 있다는 사실이 밝혀졌다.

10월 한 주 동안, 전 세계는 과연 이 위기가 두 강대국 간의 핵전쟁으로 발전할 것인지 숨을 죽이고 지켜보았다. 결국 니키타 흐루쇼프와 케네디 대통령이 카스트로를 제외한 채 협정을 맺는 바람에 카스트로의 위신이 땅에 떨어졌고, 미사일도 제거되었다. 그러나 세계의 지도자가 되겠다는 카스트로의 야망과 혁명에 대한 목표 의식은 조금도 변하지 않았다.

카스트로는 다른 나라에 혁명을 전파하려는 계획의 일환으로 앙골라(1975~1989)와 에티오피아에 쿠바군을 파견했다. 또한 카스트로는 파나마, 니카라과, 볼리비아의 내정에도 간섭했지만 그의 친구이자 동지였던 체 게바라가 1967년에 체포되어 처형됨으로써 이 일은 수포로 돌아갔다. 1991년에 소련의 그늘에서 벗어남과 동시에 경제 원조도 끊기게 되자, 쿠바의 생활 수준은 급속도로 낙후

되었다. 그러나 카스트로는 이러한 경제적 위기에도 불구하고 내부 개혁을 거부한 채 엄격한 긴축재정을 실시했다.

1990년대 중반에 들어 실업과 식량 부족 현상이 심해지자, 이 독재자는 대중의 불안을 잠재우기 위해 군대를 준비시켰다. 한편 그의 생활은 지난 20년 동안 조금도 달라진 점이 없었다. 그는 다섯 아들을 낳은 달리아 소토 데 발레와 자신이 계획한 그들만의 세상을 즐겼다. 올리브 색 군복과 새 방탄조끼를 차려 입는 것을 항상 고집하던 카스트로는 여전히 대장의 자리를 지키고 있었지만, 상황은 많이 악화되었다. 카스트로는 쿠바 경제가 '달러리제이션'에 직면하고, 암시장이 활개 치는 것을 지켜보아야 했고, 35년간 지속된 미국의 통상 금지에 대한 결과를 해결해야 했다. 쿠바 경제가 끝없는 추락을 계속하자, 그는 새로운 투자를 유치하기 위해 경제 개방을 실시했다. 그러자 태양이 눈부신 아바나의 해변을 찾아 관광객들이 몰려들기 시작했고, 그 결과 국가 경화硬貨 생산의 핵심이었던 설탕 산업이 관광 산업에 자리를 내주었다.

카스트로는 지난 10년간 도미니크회 수사와 나눈 대화를 모아 『피델과 종교*Fidel and Religion*』라는 책을 출판했다. 이 책에서 이 무신론자 군인은 "칼 마르크스는 산상수훈에 서명했을 것이다"라고 주장함으로써 특이한 종교관을 피력했다. 또 그는 1998년에 인도주의적 차원에서 미국이 결정한 통상 금지를 풀어 줄 것을 요구했던 교황 요한 바오로 2세의 방문을 환영함으로써 세계를 깜짝 놀라게 만들었다. 이 나이 든 혁명가는 교황을 만난 일을 '기적'이라고 불렀다. 고통에 신음하고 있는 쿠바 국민은 20세기의 마감과 함께 그들의 고통도 함께 끝나기를 간절히 원하고 있다.

Rachel Carson

레이철 카슨

1907~1964

1962년, 생을 마치기 직전에 발표해 커다란 반향을 불러 온 『침묵의 봄*Silent Spring*』에서 레이철 카슨은 새들의 노랫소리가 들리지 않는 세계를 그렸다. 그곳에는 말라버린 숲이 있고 인간은 원인 모를 질병으로 죽어 가며 하늘에서는 비가 내리듯 독이 내린다. 그녀가 묘사한 세계는 공상과학소설에 등장하는 곳이 아니라 바로 지금 우리가 살고 있는 이 세상이다. 그녀가 책에서 나열한 모든 재앙이 작은 규모이지만 이미 일어나고 있으며, 그녀가 언급한 무서운 사건들은 자연이란 파괴되지 않는 영원불멸의 것이 아님을 인간에게 알려주기 위한 경종이다. 그녀가 공들여 쓴 책에는 앞으로 무분별하게 대량 살포할 경우 자연이 파괴되는 상황이 생생하게 묘사되어 있다. 『침묵의 봄』은 순식간에 베스트셀러가 되었고, 황야에서 부르짖고 있던 카슨의 목소리를 듣고 환경운동이 탄생했다.

레이철 카슨은 펜실베이니아 주 스프링데일의 스코틀랜드계 미국인 가정에서 태어났다. 그녀의 부모는 레이철에게 글을 쓰라고 용기를 북돋워 주었다. 비록 어렸지만 그녀는 자연에 대해서는 진지하고 열정적이었다. 그녀는 항상 작가가 되고 싶어했다. 그녀는 채 열살이 되기도 전에 아동 잡지 「세인트니콜라스*Saint Nicholas*」에 처음으로 자신의 글을 팔았는데, 그 후로 몇 십년 동안 그런 일은 다시 일어나지 않았다. 그녀는 펜실베이니아여자대학교를 다니면서 자신의 과학적 재능을 발견했다. 그 동안에도 그녀는 여러 잡지에 시를 제출했지만 채택되지는 않았다. 1928년에 졸업을 함과 동시에 그녀는 존스홉킨스대학교에 진학했고 1932년에 동물학 박사학위를 받았다. 그 후 한동안 대학교에서 강의를 하던 그녀는 매사추세츠 주 우즈홀에 있는 해양생물연구소에서 부족한 부분에 대해 교육을 받았다. 언니의 죽음으로(아버지는 그 전에 이미 돌아가셨다) 어머니와 두 아이를 돌봐야 했던 그녀는 수입이 있는 직업이 필요했다. 1936년에 그녀는 미국 수산자원국에서 해양생물학자로 일하게 되었다(어업국은 후에 어류야생국Fish and Wildlife Service으로 이름이 바뀌었

다). 1949년에 출판부의 편집장이 된 그녀는 1952년에 사임할 때까지 그곳에서 일했다.

그러나 카슨은 한 번도 글쓰기를 중단한 적이 없었다. 끝내 발표되지 않은 그녀의 시 속에 등장하는 시적 표현들은 그녀의 글 속에서 자연스럽게 자리를 찾았다. 1941년에 그녀는 「애틀랜틱 먼슬리*Atlantic Monthly*」에 '해저'라는 제목으로 발표한 기사를 모아 『바닷바람 아래*Under the Sea-Wind*』라는 책을 출판했다. 바다의 불가사의를 다룬 이 책은 시작에 불과했지만, 그녀의 전문 분야를 발견하는 계기가 되었다. 1955년까지 그녀는 『우리를 둘러싼 바다*The Sea Around Us*』와 『바닷가*The Edge of the Sea*』을 발표하여 바다를 주제로 한 3부작을 완성했다. 문장이 명확하고 표현이 아름다운 이 책들은 풍부한 감성뿐만 아니라 독자의 심금을 울리는 내용들로 되어 있다. 한편 그녀가 DDT의 폐해에 대해 연구하게 된 것은 바로 조류보호구역 내에서 살충제의 무분별한 사용을 비난하는 한 통신원의 편지 때문이었다. 이 때 그녀가 연구한 내용은 『침묵의 봄』의 기초가 되었다. 오두본협회Audubon Society(미국의 조류연구가이자 화가인 존 오두본의 이름을 딴 자연보호단체)*의 장기 회원이자 새를 사랑했던 그녀는 농부와 농장주, 미국 농무부, 그리고 화학약품제조회사에 의해 자행되는 광범위한 폐해에 경악했다. 당시 그들은 모두 해충 없는 수확을 추구한다는 '진보적인' 견해에 사로잡혀 있었다. 연구와 준비 기간을 거쳐 4년만에 책이 완성되었다. 그러나 그동안 그녀는 관절염과 궤양에 걸렸고, 어머니가 돌아가셨으며, 자신은 암 선고를 받았다.

카슨은 DDT를 포함하여 사람들이 허술하게 다루고 있는 염소화탄화수소가 원래 목표로 했던 해충뿐만 아니라 새, 물고기, 동물까지도 무차별적으로 죽이는 물질이라는 사실을 알게 되었다. 농약 살포기를 통해 화학 약품이 땅 위에 뿌려지면 헤엄을 치든 기어 다니든 날아다니든 그 어떤 생명체도 중독을 피할 수 없었다. 더욱 충격적인 것은 사람이 살충제에 노출되면 인체의 지방 세포 안에 이런 독성 물질이 쌓인다는 사실이었다. 이런 독성 물질이 오랫동안 체내에 축적되면 암이나 생명을 위협하는 다른 질병으로 발전할 수 있었다. 카슨은 셰이커교의 법전처럼 명백하고 아름다운 문체로, 자연의 모든 것은 서로 연결되어 있으며 그 체계의 어느 하나라도 어지럽힐 경우 모든 것이 변해버리고 막대한 비용을 초래할 것임을 미국인에게 가르쳤다.

그 후 오늘날의 과학은 이러한 관점을 전통적인 지혜로 받아들이고 있지만, 과

거의 과학은 이러한 생각과 그것을 조심스럽게 주장한 발기인을 조롱했다. 그들은 동물학 학위를 가지고 있는 여성을 "과학자도 아니야!"라며 비웃었다. 카슨이 제시한 새로운 주장이 광범위하게 퍼지면서 수익이 현저하게 감소한 화학약품제조 회사들은 비방과 혹평으로 맞공격을 퍼부었다. 야생동물에 대한 그녀의 사랑을 지지했던 「타임」마저도 그녀의 저서에 대해 "의견이 일방적이고 지나치게 위험을 강조했다"고 비판했다. 그러나 최소한 이 경우만은 진실이 승리했다. 5년 후 '깨끗한 환경을 지키기 위한 서민들의 권리를 인정하기 위해' 환경보호기금이 탄생되었으며, 그로부터 3년 후에는 환경보호국의 신설되었고, 마침내 1972년에 미국 내에서 DDT 사용이 금지되었다. 불행하게도 카슨은 너무 일찍 눈을 감는 바람에 『침묵의 봄』이 몰고 온 결과를 직접 확인하지 못했다. 책이 출판된 지 2년 만에 그녀는 암으로 사망함으로써 모든 만물이 탄생했던 물리적 세계로 되돌아갔다. 그녀는 "아름답고 사랑스러운 것들과 함께 어울려…… 내가 살아갈 수 있다는 것은…… 정말 좋은 일이다"라는 글을 남겼다.

Al Capone
알 카포네

1899~1947

1919년 브루클린 출신의 건장한 체격의 거물 알 '스카페이스' 카포네가 시카고에 나타났다(스카페이스scarface는 '흉터가 있는 얼굴'이라는 뜻인데, 알 카포네의 왼쪽 뺨에는 흉터가 있었다).* 그때까지 시카고는 미국에서 가장 부패한 도시였다. 범죄와 악의 소굴이었던 그곳은 속물 정치인들과 제 잇속만 챙기는 경찰들, 그리고 시시한 불량배들이 활개를 치고 다녔다. 그들은 수천 개에 달하는 술집과 도박장들, 댄스홀, 그리고 성업 중인 매춘굴과의 상호 협력 관계를 통해 이익을 챙기고 있었다. 대장 알이 도시를 장악한 후로는, 이미 악명이 높던 그곳에 밀주와 거물급 밀수업자, 총싸움, 자동차 폭주족들의 습격, 그리고 소름끼치는 살인 사건들까지 난무했다. 수 년 동안 카포네가 이끄는 갱단은 총으로 무장한 채 군복을 빼입고 다니면서 1년에 수백만 달러에 달하는 제국의 법을 강요했다. 그가 실권을 잃을 때까지, 값비싼 체크무늬 정장과 실크 속옷, 그리고 다이아몬드가 박힌 벨트로 치장한 건장한 체격의 갱들은 그곳의 전설이 되었다. 증거 문서들로 충분히 입증된 그의 사악함과—한번은 배반한 자신의 부하 두 명을 야구방망이로 때려서 죽이기도 했다—모두가 알고 있는 소심함에도 불구하고, 그에 관한 이야기는 동정심을 불러일으킴과 동시에 묘하게 낭만을 자아내기도 했다. 한편으로는 날카로운 눈을 한 조직의 천재였으며 다른 한편으로는 성질 급한 갱 두목이었던 카포네는 자선사업가 흉내내기를 좋아했다. 그래서 대공황 때는 무료 급식소를 열었고 공무원들의 도움을 받아 신선한 우유가 학교에 매일 배달되도록 지원을 아끼지 않았는데, 그의 이런 깊은 배려에 감동한 사람들이 그에게 감사의 편지를 보내기도 했다. 그러나 이런 선행에도 불구하고 그는 아름다운 마음을 가진 갱이 될 수 없었다. 그가 뻔뻔한 폭도임을 입증해 주는 사건들이 터질 때마다, 선정주의 정책에 목말라 있던 정부는 반감과 감탄 사이를 오갔다.

갱단의 본거지를 장악하여 현대 마피아의 기반을 다진 알 카포네는 뉴욕 브루클

POLICE DEPT.
FLA.
3563
POLICE DEPT.
FLA.
3563

린의 나폴리 이민 가정에서 태어났다. 이런 환경 속에서 알폰소 카포네Alphonse Capone는 자잘한 범죄 사건에 쉽게 휘말리게 되었다. 10대가 끝날 즈음 그는 매춘 알선업자가 되어 있었다. 또 어느 날 이발소에서 마피아 스타일로 머리를 잘라달라고 고집을 부리다가 그를 건방지게 본 시실리 이발사가 그의 왼쪽 뺨을 칼로 긋는 바람에 부상을 당하게 되는데, 이렇게 해서 생긴 뺨의 상처는 그의 별명이 되었다(이 외에도 여러 가지 설이 있다). 무장강도 경력과 살인 경력이 더해지면서, 의기양양해진 매춘 알선업자는 바텐더와 경비원 일을 모두 해야 하는 자리를 박차고 나와 조니 토리오가 소유한 시카고 매춘굴에서 일하게 되었는데, 그곳은 외사촌 '빅 짐Big Jim' 콜로시모가 도시의 제3구의 불법 거래를 책임지고 있었다. 빅 짐이 사업 확장을 주저하자, 카포네는 브루클린에서 그가 처음으로 모신 두목이자 전문 살인 청부업자 프랭키 예일을 코니아일랜드에서 데려와 빅 짐을 '손보게' 했다. 그는 신속하게 처리했고, 빅 짐은 머리에 총알이 박힌 채 카페 입구에서 발견되었다. 그 후 카포네와 토리오는 동업자가 되었고 미국 범죄자들에게 찾아온 절호의 기회를 충분히 활용했다. 알코올 음료의 제조, 판매, 수송을 금지하는 1919년 금주법의 제정이 바로 그것이었다. 금주법이 시행되면서 싸구려 술집과 주류 밀매업자들은 사업을 중단해야 했다. 포켓 위스키 병을 바지 뒷주머니에 꽂고 다니던 술 취한 난봉꾼들이 미국에 몰래 숨어들었고, 알 카포네는 그들의 든든한 상징이 되었다.

1925년에 살해 위협을 받은 토리오는 현명하게도 행동대장이었던 '빅 알Big Al'에게 전권을 넘겨주고 은퇴했다. 그러나 카포네가 시카고 지하세계의 절대 지존의 자리를 지키게 되자, 노동력 갈취와 대기업 신용 사기부터 지방 · 주 정부, 그리고 결국에는 국가 정치에 이르기까지 도시 생활 전반에 걸쳐 그의 힘이 미치지 않는 곳이 없게 되었다. 카포네는 자동 소총, 방탄유리, 16기통 엔진을 장착한 7톤 무게의 리무진을 타고 자신의 영역을 순찰했다. 또한 두 겹으로 된 상의 안에 방탄조끼를 입었으며 사설 경호부대로부터 서너 겹의 호위를 받았다. 사회생활 면에서 보면 그는 대규모 연회를 베푸는 냉혹한 허풍쟁이였으며, 중요한 스포츠 게임이 있는 날에는 입장표를 전부 사들였다. 또 이랬다저랬다 변덕을 부리면서 도시 내의 모든 문제를 해결하는 열쇠를 쥔 사람처럼 마음껏 지위를 누렸다.

뇌물을 써서 형사 소추에서 벗어날 수 있었던 카포네는 자신의 권력 강화를 위해서라면 경쟁자들과의 전쟁도 마다하지 않았다. 당시 그의 가장 큰 적은 노스사이드에서 화초를 재배하는 디온 오바니온Dion O'Banion이라는 사람으로, 그는 폭력단원의 장례식장을 화려하게 꾸밀 꽃을 재배하는 특이한 취미를 가지고 있었다. 1924년에 카포네는 자신의 적을 살해할 계획을 세웠는데, 그때 하이미 바이스 Hymie Weiss(노스사이드의 리더 중 한 사람)*에 의해 오바니온 갱이 와해되었다. 1926년에 카포네가 바이스를 공격하려고 하자, 바이스는 열 대의 차를 동원해서 카포네가 점심 식사를 하기 위해 자주 찾던 곳을 자동 소총으로 쑥대밭을 만들어 놓는 복수전을 펼쳤다. 그러나 바이스가 살해당함으로써 이들의 라이벌 관계도 끝이 났다. 금주령이 내린 시카고에서 마피아가 일으킨 사건들 중 최고의 사건은 카포네가 '벅스' 모란Geroge 'Bugs' Moran의 갱을 공격했던 일이었다. 당시 모란 갱은 1929년 2월 14일, 수치스러운 성발렌타인 대학살 기간 동안 부자를 상대로 위스키를 판매하는 카포네의 차량을 뻔뻔스럽게도 강탈하고 있었다. 카포네의 부하들이—그 가운데 두 명은 경찰 복장을 하고 있었다—시내에 있는 차고에서 모란의 갱을 향해 기관총 세례를 퍼부었다. 마지막 공격이 되어 버린 처참한 대학살은 대중의 분노를 자극했고, 연방 정부는 후버 대통령이 직접 내린 명령에 따라 카포네를 감옥에 가두기 위해 필사적으로 매달렸다.

카포네는 순식간에 비참한 최후를 맞아야 했던 동료들과는 달랐다. 1931년, 마침내 FBI는 그를 체포하는 데 성공했다. 폭행죄가 아니라 세금포탈죄 명목이었다. 11년 형을 선고 받은 그는 7년 반을 복역한 다음 앨커트래즈Alcatraz에서 석방되었다. 출소 당시 그의 몸은 이미 매독으로 인해 마비되어 있었다. 카포네가 투옥되어 있는 동안 사업을 책임졌던 사람들 가운데 하나인 잭 구지크에 의하면 당시 카포네는 "완전히 얼간이가 되어 있었다." 이렇게 해서 미국 갱 조직의 전형이었던 그는—그의 고약한 라이프스타일을 본 따서 만든 할리우드 갱스터 무비는 전 세계 관객을 상대로 그를 미화시켰다—8년 후 자신의 섬에서 눈을 감았다.

Franz Kafka
프란츠 카프카

1883~1924

카프카는 전체주의의 악몽을 예언한 자로 칭송받고 있지만, 사실 그의 비전은 지극히 개인적인 동기에서 비롯되었다. 일부 모더니즘 작가들에게 문학적 실마리를 제공했던 그의 딱딱하고 우울한 희극은 20세기의 절박한 존재적 · 영적 일탈을 예언하는 것처럼 보인다. 또한 아직 확실하게 규명되지 않은 정치적 학대를 경고하는 것 같다. 피해자가 된다는 두려움과 굴욕을 경고하는 그의 불길한 예언들이 정말 사실로 밝혀짐에 따라 나치와 마르크스주의자들은 모두 그의 작품 판매를 금지했다.

카프카가 자신의 커다란 검은 눈을 통해 처음으로 접한 사악한 세계는 과거 보헤미아 왕국의 수도였던 프라하였다. 그는 그곳에서 직물 가게를 운영하는 괴팍한 성격의 아버지와 아버지보다는 사회적으로 좀더 높은 신분 출신의 어머니 사이에서 태어났다. 그의 가족은 비록 반셈족주의 문화권 속에서 살고 있는 유대인이었지만, 경제적으로 성공했던 부모는 프란츠에게 여자 가정교사를 구해 주었고 두 부부는 사업에만 몰두했다. 쓸쓸하고 외로운 어린 시절을 보내야 했던 프란츠는 화를 잘 내는 아버지의 성격 때문에 더욱 우울한 나날을 보냈는데, 심지어 물 한 잔을 가져다 달라는 말을 했다고 아버지에게 집 밖으로 쫓겨난 적도 있었다.

그렇듯 예민하고 침울했으며 부당함과 무기력감으로 괴로워하던 소년이 성장하면서 세상을 비인간적인 증오로 가득 찬 유형의 식민지로, 그리고 그곳에 사는 개인들을 익명의 독재 권력의 먹이로 이해했다는 것은 전혀 놀라운 일이 아니다. 그러나 한 가지 의외의 사실은 이런 시각에도 불구하고 그 자신은 전혀 무력한 인간이 아니었다는 점이다. 오히려 카프카는 꿈 많은 고교 시절을 보냈으며 1901년에는 페르디난트-카를스대학교에 입학했다. 대학에서 그는 과학과 법률 사이에서 어느 것을 공부할지 고민했다. 체코 언어권에서 독일어를 사용했던 카프카는 통상 유대인이 가입할 수 없는 문화 단체에 가입했다. 예컨대 그는 반셈족주의 단체로

인식되고 있던 독일학 강연 및 대화의 전당Hall for Lecture and Discourse for German Studies에도 가입했다. 그러나 그의 고립감은 그 후에도 계속되었다. 한편 그는 이러한 단체를 통해 다른 지성인들과 처음으로 만나는 기회를 얻을 수 있었는데, 그때 알게 된 곱사등이 유대인 막스 브로트Max Brod는 카프카의 평생 친구이자 작품 출판자가 되어 주었다. 수줍음 많고 자기 확신이 부족한 반면 주위에 가득했던 매춘굴과 카페에 관심이 많았던 카프카는 대학 시절 내내 무절제한 생활 탓에 학업 성적이 형편없이 떨어졌지만 그래도 다행히 법학과를 졸업할 수 있었다.

허약한 몸, 쉴 틈 없는 학업 스케줄, 그리고 부모와의 원만하지 못한 관계 등 여러 가지 문제에 시달려야 했던 그는 1905년에 신경과민증세로 요양소에 입원을 하게 되었고 그 후에도 몇 번 입원을 반복했다. 신원 미상의 여인과 처음으로 성관계를 가지기도 했던 요양소 생활은 고독과 자신의 소심한 성격에 대한 절망으로 이어졌다. 여기에 그가 손에서 놓지 않았던 디킨스, 괴테, 그리고 도스토옙스키의 작품이 영향을 미치면서 그의 최초의 작품이 탄생하게 되었다. 소설가이자 극작가였던 브로트는 자신의 친구가 「어떤 싸움의 기록*Description of a Struggle*」이라는 괴상한 이야기를 썼다는 소문을 들었을 때, 카프카가 이미 독일 문학에서 독창적이고 중요한 표현법에 접근했음을 직감할 수 있었다. 그러나 카프카는 생활비를 벌기 위해 글을 쓰지는 않았다. 그리하여 1906년에 다시 프라하의 한 법률 관련 회사에 입사하여 변호사의 서류를 작성해 주는 일을 시작하면서 흥미로운 이중생활이 시작되었다. 성질이 고약한 아버지에게서 아직 독립을 하지 못했던 그는—카프카의 침실은 부모님의 방과 현관 사이에 위치하고 있었다—겉으로 보기에는 정상인과 별반 다를 것이 없었다. 오토바이와 일광욕을 즐기며 사회적으로도 활동적인 모습이 오히려 매력적으로 비춰지기까지 했다. 그러나 동시에 그는 가장 불안한 이야기들, 일기, 그리고 그동안 마음속에 그려 왔던 소설들을 쓰고 있었다. 그가 『고찰*Meditations*』(1909)이라고 이름 붙인 여덟 편의 단편 산문 작품집을 포함한 소름끼치는 내용의 신서信書도 여기에 포함되었다. 1912년, 카프카는 지칠 줄 모르는 창작력을 지녔지만 고압적인 아버지 밑에서 고통스러워하는 아들을 묘사한 유명한 소설 「판결*The Judgment*」을 발표했다. 그리고 뒤이어 주인공이 어느 날 아침 눈을 떴을 때 자신이 엄청난 벌레로 변해 있는 것을 발견한다는 내용의 우화적인 판타지 「변신*The Metamorphosis*」을 발표했다. 이러한 기상천외한 이야기들은 왕의 보호를 받고 있는 보헤미아 왕국 노동자 상해보험회사에서 부르주아로 부상하고 있던 카프카의 실제 생활과는 완전히 대조를 이루었는데, 이 회사 역시 유대인들의 가입이 거의 불가능한 또 하나의 반셈족주의 단체였다. 제1차 세계대전의 전운이 감돌던 이 기간 동안 오스트리아 작가 로베르트 무질Robert Musil 같은 선각자들이 그의 어두운 소설을 읽고 찬사를 아끼지 않았던 한편, 그는 공장에서 사용되는 위험한 기계를 있는 그대로 이해하기 쉽게 설명한 보고서를 작성한 공로로 제국으로부터 표창 메달을 받았다.

카프카의 성격에서 가장 밑바탕을 이루고 있는 이방인이라는 감정은 부모님과의 관계가 악화되면서 더욱 심해졌다. 또한 내키지 않았지만 매일 오후마다 의무적으로 아버지의 석면 공장에서 일을 해야 했던 것, 그리고 정신병 환자인 사실을 속이고 펠리체 바우어라는 여성과 올린 사기 약혼 역시 악재로 작용했다. 카프카는 결혼에 대한 두려움과 작품 활동에 꼭 필요했던 고독을 상실할지 모른다는 불안감에 시달렸다. 그로 인해 그는 자기 작품 속 등장인물들처럼 거의 병적으로 가난하고 불안하며 고독한 상태가 되었다. 이러한 사실에도 불구하고 그는 1914년 여름 다시 정신을 차리고 『소송*The Trial*』을 완성했다. 카프카가 쓴 소설 가운데 가장 뛰어난 이 작품은 법을 준수하는 은행가 요제프 K의 끔찍한 운명을 다룬다. 어느 날 K는 모종의 죄로 체포당한다. 「유형지에서*In the Penal Colony*」는 자신이 개발한 고문 기구를 자신에게 사용하는 장교에 대한 이야기로 1914년 말에 발표되었으며, 2년 후 「시골 의사*A Country Doctor*」가 발표되었다. 결핵에 감염된 몸으로 불안감을 억누르지 못한 채 여전히 인내심이 강한 펠리체를 괴롭혀 온 카프카는 마지막 소설 『성*The Castle*』(1921)을 어렵게 완성했는데, 이 작품은 악몽 같은 세계에 대한 묘사에서 『소송』을 능가했다. 임종이 임박해지자 카프카는 브로트에게 출간되지 않은 원고들을 모두 소각해 달라고 부탁했으며, 또한 이미 출판된 작품은 재출판하지 말라고 당부했다. 그러나 문학이 가져다주는 엄청난 이익을 외면할 수 없었던 브로드는 친구와의 약속을 지키지 않았다.

Maria Callas

마리아 칼라스

1923~1977

마리아 칼라스는 20세기의 프리마돈나 아솔루타prima donna assoluta(절대적 위상의 프리마돈나)*였다. 극작가 테렌스 맥낼리Terrence McNally는 그녀를 두고 '노래하는 거대한 상어A great singing shark'라고 표현했듯이 그녀는 극 중 소프라노로써 노래를 한 것이 아니라 라이벌들을 잘근잘근 씹어서 삼키듯 했다. 전혀 힘들이지 않고도 울려 나오는 그녀의 풍부한 성량은 뛰어난 예술적 기교와 탁월한 음악적 표현력에 힘입어 더욱 그 빛을 발했다. 중간 음역은 높고 날카로웠고 고음 부분은 불안정하다는 단점이 있었지만, 정작 무대에서는 이런 결점들을 찾아볼 수 없었다. 이 이국적인 미녀가 무대에 서면, 사소한 결점들은 드라마 속에 묻힌 채 칼라스의 모습만 선명하게 부각되었다.

마리아 칼로게로풀로스Maria Kalogeropoulos가 모습을 보인 것은 1937년에 '메이저 보즈의 아마추어 아워'(1934년에 시작된 라디오 버라이어티 쇼)*에 출연했을 때다. 당시 열세 살이던 이 소녀는 가명을 사용했는데, 딸을 성악가로 만들기 위해 극성을 부리는 아내를 못마땅하게 생각한 아버지 조반니를 속이기 위해서였다. 같은 해 말, 어머니는 딸과 함께 뉴욕을 떠나 그리스로 향했다. 딸에게 필요한 음악 수업을 받을 수 있으리라 확신했기 때문이다. 조상의 나라에 도착한 후 마리아는 변화를 경험했다. 그녀는 "내 안에는 순수한 그리스인의 피가 흐르고 있다, 나는 완전히 그리스인이다"라는 말을 수없이 반복했다. 자신의 사명을 진지하게 받아들인 그녀는 아테네에 있는 왕립음악원에서 음악 수업을 받았고, 자신을 가르친 엘비라 데 이달고Elvira de Hidalgo라는 여성과 가깝게 지냈다. 칼라스가 최고 음역을 연습할수록 목소리는 거칠게 느껴졌는데, 음역이 한 음 한 음 높아질 때마다 목소리가 가늘어지더니 전혀 다른 소리로 변했다. 나중에는 그것이 부담이 된 나머지 고음부에서 목소리가 떨리는 경향이 나타났지만, 여하튼 원하던 바를 달성하는 데에는 성공했다. 그녀의 목소리는 탁한 듯하면서도 불꽃처럼 폭발하는 것이 장점이

었다. 마리아는 때때로 악보를 압도할 정도로 완벽한 감정이입을 이루어냈다.

칼라스는 그리스 왕립오페라단에서 〈토스카Tosca〉를 통해 데뷔한 후, 1945년 다시 뉴욕으로 돌아가 메트로폴리탄 오페라의 오디션에 응시했다. 당시 그녀는 아무런 계약 제의도 받지 못했지만 이러한 좌절은 오히려 전화위복이 되었다. 메트로폴리탄 오페라에서 형편없는 역할을 맡아 전혀 주목을 받지 못하고 데뷔를 했다면 그녀의 직업적인 성공에 많은 누가 되었을 것이다. 그러나 그녀는 위대한 지휘자이자 스승인 툴리오 세라핀Tullio Serafin의 지도 아래, 1947년에 스물네 살의 나이로 베로나 프로덕션의 〈라 조콘다La Gioconda〉를 통해 처음으로 큰 성공을 거두었다. 그녀는 라 스칼라 오페라단에 합류하기 1년 전인 1949년에 나이 많은 이탈리아 백만장자 사업가 지오반니 메네기니Giovanni Meneghini와 결혼했다. 남편의 사랑과 재력 덕분에 그녀는 어린 나이에 〈트리스탄과 이졸데Tristan and Isolde〉, 그리고 〈투란도트Turandot〉 같은 대작에서 노래하는 행운을 누렸다. 한편 그녀는 벨칸토 오페라bel canto opera에 적합한 자신의 목소리를 마음껏 발휘하여 오페라 가수로서 중요한 전기를 맞게 되었다. 당시 칼라스는 베니스의 라 페니체 극장에서 〈발퀴레Die Walkure〉의 브륀힐데 역을 막 끝낸 상태였는데, 그때 다음 작품으로 선정된 벨리니의 〈청교도I Puritani〉에서 소프라노 역을 맡은 여배우가 아파 드러눕게 되었다. 그러자 세라핀은 그녀가 엘비라 역할을 맡을 수 있도록 경영진을 설득했고, 그녀는 멋지게 역할을 소화했다. 그 후 그녀는 바그너의 작품들을 포함해 무거운 주제를 담은 작품들을 점점 더 멀리하고, 대신 그 전까지 전혀 관심을 보이지 않았던 벨리니, 로시니, 도니체티 같은 작곡가들의 더 가볍고 오래된 벨칸토 오페라에 출연했다.

또 칼라스는 체중을 약 27킬로그램이나 줄여서—어떤 사람들은 체중 감량이 그녀의 목소리에 악영향을 끼쳤다고도 한다—〈아이다Aida〉의 네페르티티 왕비 역에서는 날씬하고 매혹적인 모습을 보여 주었다(결혼 후 몇 년이 지나자 그녀는 메네기니와 보내는 시간이 점점 줄어들었다. 그 대신 그리스의 선박왕 아리스토틀 오나시스의 지원 속에서 화려한 생활을 즐겼는데, 불길하게도 오나시스는 이 유명 오페라 가수에게 마음이 끌릴수록 오페라를 싫어했다). 그 후 30년에 달하는 격동기 동안, 까다롭고 당당한 이 뛰어난 여배우는 세계 오페라 무대를 누비면서 '라메르무어의 루치아Lucia di Lammermoor'(도니체티의 동명 오페라의 주인공)*와 같은 히로인에게 생명을 불어넣었고, 그녀의 요구 사항 앞에서 풀이 죽는 오페라 하우스 매니저들의 목을 죄었다. 라 스칼라에서 그녀를 지도한 친구이자 이탈리아 영화 감독인 루치노 비스콘티Luchino Visconti의 도움으로 어렵게 연기 기법을 익힌 칼라스는 과장된 연기로 청중을 좌지우지했다. 나아가, 마치 장군이 보병을 부리듯, 필요하다면 주현절 미사에서 기꺼이 자신의 목소리를 제물로 바치고자 했다.

변덕이 더 심해진 칼라스는 〈메디아Medea〉와 〈맥베스Macbeth〉에서는 목소리를 무기로 투쟁을 벌였다. 목소리가 잘 나오지 않는다고 느끼면 공연 중에도 무대에서 내려왔는데, 심지어 1958년에는 대통령이 지켜보고 있는 중에도 공연을 중단했다. 같은 해 또 다른 유명한 사건이 있었다. 당시 라 스칼라의 감독이 칼라스가 출연하는 〈해적Il Pirata〉 공연을 관람하고 있었는데, 그녀는 그를 향해 파시스트식의 인사를 해서 모욕을 주었다. 그러자 분을 이기지 못한 감독은 그녀가 기립박수를 치는 관중에게 인사를 하는 도중에 강제로 커튼을 내리게 했고, 이 일에 분개한 그녀의 열성팬들이 하마터면 폭동을 일으킬 뻔했다. 그 해는 고난의 연속이었다. 메트로폴리탄 오페라의 감독 루돌프 빙Rudolf Bing과의 불화가 끊이질 않았는데, 결국 일주일 사이에 〈맥베스〉와 〈라 트라비아타La Traviata〉 두 작품에 출연을 거절하다가 오페라단에서 쫓겨나게 되었다.

목소리가 잘 나오지 않으면서 고음 부분의 음역이 현저하게 줄어들고 민첩함까지 떨어지자, 사람들은 그녀에게 메조소프라노로서 다시 활동을 시작할 것을 종용했다. 그러나 프리마돈나는 그들의 제의를 일언지하에 거절했는데, 아마도 소프라노로서의 자존심에 상처를 받은 탓으로 보인다. 약물 중독에 빠진 그녀는 오나시스의 아이를 임신했고, 낙태를 요구하던 오나시스는 결국 1968년에 그녀의 곁을 떠났다. 마리아는 결혼해서 가족을 꾸리자고 눈물로 호소했지만, 오나시스는 미국 대통령의 미망인 재클린 케네디와 결혼하겠다고 냉정하게 말했다.

사람들은 대부분 오나시스가 그녀에게 커다란 절망을 안겨주었다고 생각하지만, 그녀는 천부적인 재능을 상실한 것 때문에 파국으로 치달은 듯하다. 오나시스가 떠난 뒤, 그녀는 13개월 동안 고별 순회공연에 올라 그녀의 세 번째 남편 주세페 디 스테파노Guiseppe di Stefano와 합동 공연을 펼쳤다. 그러나 두 사람의 목소리는 형편없었고, 당시 한 평론가는 "개들이 서로 바라보며 짖는 것 같다"고 혹평했다. 칼라스는 53세가 되던 해에 파리에서 눈을 감았다. 더 노래를 부를 수 없었고 아무도 그녀를 사랑하지 않았지만, 예술가로서 그녀의 전설적인 재능은 영원히 남았고, 수많은 음반에 담긴 불후의 목소리에 전 세계가 아직도 전율하고 있다.

Frida Kahlo
프리다 칼로

1907~1954

멕시코에서 가장 탁월한 여성 예술가의 자서전은 그녀의 그림 속에 들어 있다. 최근에 들어서야 비로소 현대 페미니즘의 여주인공으로 인정받게 된 프리다 칼로는 자신을 작품의 소재로 즐겨 사용했다. 고통에 찬 그녀의 삶은 깊은 불안을 보여 주는 예술의 원천이었다. 자화상 속의 그녀는 솔직하고 무표정한 얼굴을 하고 인상적인 자세로 그림을 바라보는 사람의 눈을 정면으로 응시하고 있다. 날개 모양의 짙은 눈썹과 희미한 콧수염 자국에 의해 강조된 그녀의 강렬한 야성미는 보는 즉시 상대방을 압도한다. 칼로는 풍부한 국민적 유산과 스스로는 거부했지만 그녀의 삶 속에 녹아 있는 가톨릭 전통, 그리고 비옥한 자연을 통해 얻은 수많은 상징들이 주변을 장식하는 가운데, 정글 식물의 커다란 잎과 여러 색깔의 꽃들과 농익은 과일들에 둘러싸여 무표정한 얼굴로 앉아 있다. 이러한 풍요로움에는 어두운 면도 존재한다. 다치기 쉬운 알몸이 빚어내는 당황스러운 이미지, 피를 흘리는 태아, 그리고 그녀의 병력을 보여 주는 끔찍한 장식품들인 휠체어, 정맥 주사, 배변이 묻은 침대……. 이 모든 것을 칼로는 마치 성스러운 유품들처럼 다루었다.

칼로는 1954년에 사망했지만 30년이 지난 뒤에야 비로소 명성을 얻을 수 있었다. 그녀는 자신의 죽음에 몰두해 있었고, 멕시코인에게 익숙한 죽음에 대한 환상에 사로잡히기조차 했다. 그녀는 섬뜩한 죽음의 신에게 대머리라는 뜻의 라 펠로나la pelona라는 애칭을 붙여 주었으며, 자신의 침대 캐노피 위에 해골을 올려놓았다. 자신의 죽음에 대한 칼로의 환상은 1925년으로 거슬러 올라간다. 당시 그녀는 버스 사고를 당해 골반이 부서지고 척추가 몇 군데 골절되었으며 오른발이 으스러졌다. 게다가 내부 장기가 손상되는 심각한 부상을 당하여 아이를 낳을 수 없을 정도로 몸이 엉망이 되었다. 그 후 그녀의 삶은 교정 수술의 반복이었다(그녀는 18세부터 47세까지 35번의 수술을 받았다). 첫 번째 수술에서 회복하는 동안 그녀는 고통과 우울을 잊기 위해 그림을 그리기 시작했다. 그러나 그녀는 자신이 당한 그 끔찍한

사고 자체만은 결코 그릴 수 없다고 말했다. 냉엄하고 통렬한 유화 〈부러진 기둥〉에서 칼로는 부상당한 자신의 알몸 상반신을 그렸는데, 척추장애를 막기 위해 평생 몸에 부착하고 다녔던 수많은 철제 교정기구들 중 하나를 장착한 장면을 보여주고 있다. 칼로의 모든 작품에서 잘 나타나 있듯이 그녀 작품의 일관된 소재는 고통이었다.

고통을 제외하고는 칼로와 일생을 같이 한 또 다른 동지는 그녀의 남편이었다. 그는 변덕스러웠지만 그녀는 남편을 사랑했다. 가죽 재킷을 즐겨 입던 혈기 왕성한 10대 시절에 그녀는 친구에게 언젠가 화가 디에고 리베라Diego Rivera의 아이를 갖겠다고 자랑하곤 했다. 그리고 그녀는 처참한 사고를 극복하고 다시 걷게 되었을 때 당시 막 태동하던 멕시코 혁명에 그림을 통해 헌신함으로써 세계의 주목을 받고 있던 이 좌파 화가를 찾아 나섰다. 그는 그녀의 작품에 매료되었고 두 사람은 깊은 관계로 발전했다. 그렇지만 두 사람 모두 정조를 중요하게 생각하는 타입이 전혀 아니었다. 특히 리베라가 칼로의 여동생을 건드린 사건은 너무도 큰 충격을 안겨주었다. 이 일에 자극받은 그녀는 연인에게 맞아 죽는 여자를 묘사한 〈작은 몇 개의 상처〉를 완성했다. 그들은 1939년에 이혼에 합의했지만 상대가 없이는 살 수가 없었던 까닭에 1940년에 재결합했다.

디에고 리베라와 프리다 칼로는 공산당 활동 같은 정치적 행위뿐만 아니라 공공 문화유산의 보존을 위해 헌신하는 등 예술계에서도 두루 활발하게 활동하는 저명인사가 되었다. 칼로는 러시아 혁명가 레온 트로츠키Leon Trotsky가 멕시코에서 보낸 망명 기간 동안 그와 사랑을 나누었으며 스탈린을 찬양하는 작품을 몇 번 발표한 적이 있었다. 칼로의 행동주의는 그녀의 작품에서도 일관되게 나타났다. 헝가리 출신 유대인 사진작가 아버지와, 인디언과 스페인 피를 이어받은 로마 가톨릭 신자 어머니 사이에 태어나 좋은 교육을 받았던 칼로는 다름 아닌 멕시코의 딸이었다. 형식적인 면에서는 정형화되었지만 강렬한 원시주의를 보여 주는 그녀의 작품에는 멕시코의 민속 예술이 반영되어 있다. 한편 주제적인 면에서 볼 때 그녀는 인디언 농부의 삶과 고대 아즈텍 문명에 관심을 보였다. 이러한 정신으로 그녀는 전 세계로 여행을 많이 다녔고, 활짝 핀 꽃과 갖가지 색깔로 짠 리본으로 머리를 땋았으며, 긴 주름치마 테후아나를 입었다. 또한 그녀는 기적을 바라는 신자들이 그림을 그려서 멕시코 교회에 매달아 놓는 레타블로스retablos처럼 작은 양철 조각 위에 꾸밈없는 장면들을 그려 넣기도 했다.

그러나 칼로가 즐겨 입던 농민 복장은 그녀의 그림 내용과는 어울리지 않았다. 앙드레 브르통André Breton은 그녀가 초현실주의자라고 주장했으며, 기교적이지만 천진난만한 그녀의 작품을 '폭탄 둘레에 감아 놓은 리본'이라고 불렀다. 그러나 수십 년이 지난 지금도 그녀의 위치에 대한 예술계의 논란은 그칠 줄 모른다. 마치 고통을 겪고 있는 성인 같은 그녀의 모습은 노골적으로 신의 자비를 바라는 그녀의 간절한 기도가 지겹다고 느끼는 이들을 불편하게 한다. 마찬가지로 이 예술가를 페미니스트의 우상으로 만들고자 하는 사람들에게는, 과감하게 선두에 나서는 그녀의 용기에도 불구하고 고통을 즐기는 그녀의 성격이 그들을 화나게 만든다. 그녀가 보인 돌출 행동과 진통제 중독으로 인한 급격한 감정 변화는 결국 그녀의 작품에도 영향을 미쳤고 그녀가 사랑하는 사람들과 멀어지게 만들었다. 미술평론가 헤이든 헤레라Hayden Herrera는 1983년에 칼로의 평전을 발표하여 그녀가 현재의 위치에 오르도록 도와준 사람이다. 헤레라는 이 예술가가 사람은 반드시 아파야 하며 모든 사람은 영원한 환자라고 생각하는 뮌하우젠 증후군Munchausen syndrome의 희생자일지 모른다고 주장한다. 또한 헤레라는 칼로가 고통과 상처를 비유로 이용하였으며, 자신의 고통을 소재로 한 모든 작품을 통해 삶에서 맞닥뜨린 비극적인 사건들을 신격화함으로써 구원을 갈구했다고 추정한다. 그 중에서도 특히 끝없이 반복되는 수술과 아이를 낳지 못하는 현실, 그리고 디에고 리베라와의 불안정한 관계가 그녀를 가장 괴롭혔다. 한 예로 그녀가 리베라에게 다른 여자가 있다는 것을 알고 난 뒤 1940년에 완성한 〈짧은 머리의 자화상〉이 있다. 이 그림에서 슬픔에 잠긴 칼로는 침울한 표정으로 앉아 있다. 손에는 가위를 들고, 남편의 것이 분명한 옷을 입고 있다. 그리고 그녀가 자른 머리카락이 사방에 널려 있다. 그러나 헤레라는 칼로의 그림 가운데 상당 부분이 슬픔보다는 '감사의 표현'이었으며, 그녀가 직접 그려서 소장하고 있던 레타블로스와 흡사한 의미를 지니고 있다고 주장한다. 질병이나 불행에서 구원 받은 신자처럼, 그녀는 자신에게 허락된 육체적 행복에 감사하고 자신의 영혼이 아직 살아 있음을 확인하기 위해 상징적인 유화를 창조해 낸 예술가였다.

John F. Kennedy
존 F. 케네디

1917~1963

저격수의 총탄에 쓰러진 지 30년이 지난 지금도 역사는 43세의 나이에 미국 35대 대통령으로 선출되어 최연소 대통령으로 기록된 존 피츠제럴드 케네디John Fitzgerald Kennedy가 위대한 지도자인지 아니면 단지 인기 있는 호남아인지 아직도 결론을 내리지 못하고 있다. 이것은 20세기의 가장 카리스마 넘치는 미국 대통령을 둘러싸고 있는 수많은 역설들 중 하나에 불과하다. 그는 지성인이자 난봉꾼이었으며, 기품 있는 지도자이자 약삭빠르고 적극적인 정치인이었으며, 익살맞은 유명인사이자 진지한 정치인이었다.

존은 1917년 5월 29일 매사추세츠 주 브루클린에서 조셉과 로즈 피츠제럴드 케네디 부부의 아홉 자녀 중 둘째로 태어났다. 부유한 아일랜드계 미국인이었던 그의 부모는 첫째 아들 조셉 케네디 주니어가 태어나자마자 아들을 대통령으로 만들기 위해 체계적인 교육을 실시했다. 그러나 조셉이 제2차 세계대전에서 사망하자 케네디 부부의 정치적 야망은 자연히 둘째 아들에게로 옮겨 갔다. 존은 부모의 성격을 골고루 닮았는데, 아버지에게는 묘한 매력을 느끼게 하는 냉정함을, 어머니에게는 굽힐 줄 모르는 의지와 확고한 신념을 물려받았다. 또 그의 부모는 현대 정치에서 가장 필수적인 요소인 부富를 물려주었다.

케네디는 아버지와 형의 뒤를 이어 하버드대학교를 다녔다. 매력적이고 인기가 많았던 그는 처음 2년 동안은 그저 평범한 학생에 불과했다. 그러나 1938년 아버지가 영국 대사로 발령이 나자 케네디는 런던 대사관에서 서기관으로 일하게 되었고, 여행을 하고 고위 인사를 만나며 외교 책략을 배우는 등 평범하지 않은 경험을 쌓을 수 있었다. '1930년대 영국 외교 정책'이라는 광범위한 주제를 다룬 그의 졸업 논문은 1940년에 『영국은 왜 잠자고 있었나*Why England Slept*』라는 제목으로 출판되면서 대단한 호평을 받았다. 제2차 세계대전이 발발했지만 케네디는 고등학교 때 풋볼 경기에서 얻은 만성적인 척추 부상 때문에 육군에 입대하지 못했다. 그

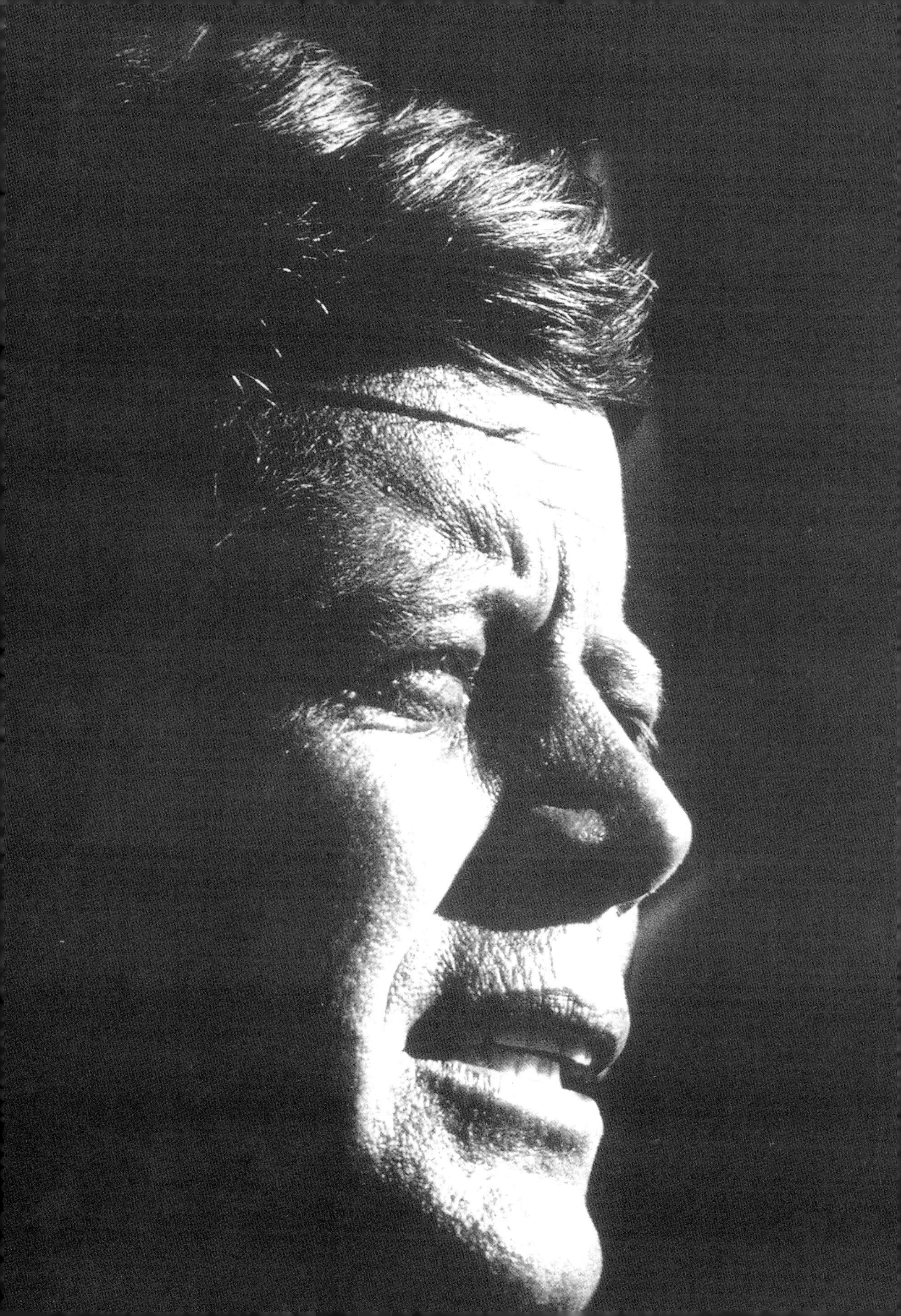

는 결국 해군 소위로 임관하여 참전했다. 초계 어뢰정의 함장이 된 그는 장차 그를 전쟁 영웅으로 만들어 준 사건에 휘말리게 되었다. 그의 순찰정이 일본군의 공격을 받아 솔로몬 군도에서 격침되었는데 그가 부상을 입은 부하 수병을 이끌어 3마일이나 떨어진 외딴 섬으로 구해 낸 것이다.

전쟁이 끝난 후 케네디는 그 전까지는 별로 관심이 없었던 언론계에 뛰어들었다. 그리고 1946년, 이 보스턴 정치가의 손자는 매사추세츠의 11번 하원의원 선거구의 제임스 마이클 컬리의 의석에 입후보하기로 결심을 굳혔다. 개인적인 친분 관계와 천진난만한 카리스마를 앞세워 그는 쉽게 승리를 얻을 수 있었다. 1952년, 아일랜드계 가톨릭 신자인 케네디는 미국 상원의원 선거에서 백 배이Back Bay(보스턴의 문화 거리)* 귀족인 헨리 캐벗 로지 주니어를 근소한 차이로 따돌렸다. 다음 해, 그는 아름다운 귀족 처녀 재클린 부비에Jacqueline Bouvier와 결혼했다. 그는 척추 수술을 받고 회복하는 동안 자서전 『용기 있는 사람들*Profiles in Courage*』을 써서 대성공을 거두었고 퓰리처상까지 받았다. 1956년 그는 대통령 선거에 나가기로 결심했고, 4년 후 마침내 가족의 오랜 숙원을 풀었다. 그는 가톨릭 신자에 대한 미국인의 편견을 극복하고 선거 전략에 기록되어 있는 모든 수단과 방법을 동원해서 아이젠하워 정부 시절 부통령을 지낸 리처드 닉슨을 누르고 대통령에 당선되었다.

케네디는 강력한 민주 국가의 지도자로서 대통령 취임 직후부터 반대 세력인 공산주의와 직접적인 갈등을 빚었다. 새 대통령은 피델 카스트로가 이끄는 쿠바에 대해 아이젠하워 정부가 세웠던 피그만 침공 계획을 이어 받아 계속 진행했지만 결국 치욕적인 실패를 맛보아야 했다. 그 다음에는 교활한 소련 서기장 니키타 흐루쇼프와 대립했는데, 그는 대통령이 바람둥이라고 공개적으로 모욕했다. 1962년 10월에 미국을 겨냥한 러시아 미사일이 쿠바에 배치되자 케네디는 흐루쇼프의 허세에 정면으로 맞서서 카리브 연안에 대한 봉쇄 조치를 단행했다. 케네디는 13일 동안 핵 위기 정책을 고수했고, 전 세계는 숨을 죽인 채 추이를 지켜보았다. 그리고 마침내 러시아는 항복을 선언하고 미사일을 철수시켰다(이 때도 케네디의 뛰어난 책략이 진가를 발휘했다. 케네디는 터키에 배치한 미국 미사일을 철수하라고 요청한 소련의 두 번째 공식 서한을 무시하고, 대신 이 조항이 포함되지 않았던 첫 번째 서한에만 답신을 보냈다). 그러나 그가 외교 정책에서 얻은 가장 큰 성공은 1963년에 핵 실험 금지조약에 서명한 일이었다.

그리고 베트남의 악몽이 이어졌다. 일부 역사가들은 부패한 디엠 정권(베트남의 젊은 지도자 고 딘 디엠Ngo Dinh Diem이 세운 정권)*을 몰아낸 것에 고무된 케네디가 전쟁에 휘말린 국가에서 손을 뗄 준비를 하고 있었다고 믿고 있다. 본토에서는 그가 의제로 내세운 '뉴 프론티어New Frontier'(케네디가 1960년 대통령 선거에서 내건 표어로, 개척자 정신을 뜻함)* 정책이 광범위한 시민 인권법 제정을 향해 신속하게 진행되고 있었다. 그러나 이 정책은 의회에서 상당한 반대에 부딪쳤으며 다른 정치 진영 내에서 깊은 적의를 불러일으켰다.

케네디는 이러한 위기 상황들을 해결해 가는 분주한 상황 속에서도 놀라울 정도로 많은 혼외 관계를 지속했다. 당시 언론은 그의 부적절한 관계에 대해 모두 입을 다물었다. 그러나 그의 문란한 생활에 대한 비난에도 불구하고 그의 위상은 전혀 흔들리지 않았다. 실제로 그러한 생활이 오히려 단조롭고 지루한 일상에 안주하기보다는 과감하게 위험에 맞서는 것을 더 중요하게 생각하는 무모한 실용주의자로서 그의 명성을 더 높이는 결과를 낳은 것 같다. 그는 분명 20세기의 가장 재치 있는 대통령이었으며, 그의 낭만주의적 기질은 그를 섬세함으로 포장해 주었다. 그의 젊음과 활력, 그리고 그의 아름다운 아내는 백악관에 문화 의식의 고양이라는 새로운 바람을 몰고 왔는데, 이러한 문화 의식의 고양은 시간이 지나면서 러너와 로위(극작가 알란 제이 러너Alan Jay Lerner와 작곡가 프레더릭 로위Frederick Loewe를 말함)*의 뮤지컬 〈카멜롯Camelot〉을 연상시켰다.

1963년 11월 22일, 텍사스 주 댈러스의 자동차 퍼레이드에 참석한 케네디는 저격수의 총탄에 맞아 사망함으로써 짧은 대통령 임기를 마감해야 했다. 취임 연설에서 그는 "우리가 얻을 수 있는 유일한 보상인 양심과 우리의 행동에 대한 최종 판단은 역사에 맡긴 채 우리는 사랑하는 이 땅을 이끌어 나갑시다"라고 국민에게 호소했다. 역사는 대통령 임기를 끝까지 채우지 못한 그에 대한 판단을 보류했다. 한 남자로서 케네디는 너무도 인간적인 지도자였으며, 희망을 잃지 않고 국가의 건국이념에 한결 같은 신뢰를 보이는 수많은 국민에게 상징적인 존재였다.

Helen Keller

헬렌 켈러

1880~1968

헬렌 켈러는 보지도, 듣지도, 말하지도 못하던 어린 시절의 장애를 용감하게 극복하여 전 세계 수백만 명의 귀감이 된 사람이었다. 미국의 작가이자 휴머니스트였던 그녀에게는 실제로 태어난 날인 1880년 6월 27일 외에 또 다른 의미의 생일이 있었다. 그것은 그녀가 일곱 살 때인 1887년 3월 3일로, 그녀의 말을 빌리면 "영혼의 생일"이었다. 바로 그날 활기차고 똑똑한 앤 설리번Anne Sullivan 선생이 자신도 부분적으로 청각장애를 겪고 있었던 앤 설리번을 만나면서, 고통스럽고 죽은 상태나 다름없던 헬렌 켈러의 삶은 완전히 바뀌었고 두려움을 모르는 모험과 성취감으로 가득 찬 기쁨을 맛보게 되었다.

놀라운 변화의 과정을 그린 감동적인 실화는 1903년 헬렌 켈러가 『내 인생의 이야기*The Story of My Life*』라는 자서전을 출판함으로써 세상에 알려졌다. 단순하지만 강력한 힘을 지닌 그녀의 독백은 생후 19개월에 원인 모른 고열을 앓고 난 뒤 완전히 귀가 먹고 눈이 멀게 된 이야기부터 시작된다. 그녀는 당시 자신의 모습을 "존재하지 않는 세계 속에 사는 유령이었다"라고 회상했다. 자신의 의사를 상대방에 너무도 알리고 싶었던 켈러는 아주 초보적 수준의 수화법을 생각해 냈다. 또 상대방이 말을 하고 있다고 느낄 때면 자신도 모르게 입술을 움직였다. 어느 것 하나 효과는 없었다. 자신의 생각을 표현할 수 없다는 좌절감에 그녀는 난폭한 아이가 되었고, 아이를 맹목적으로 사랑하는 아버지와 어머니가 그 난폭함을 감당해야 했다. 부모는 결국 통제가 안 되는 헬렌을 위해 확실한 도움의 손길을 찾아 나서게 되었다. 1886년, 그녀의 아버지는 알렉산더 그레이엄 벨 박사를 만나기 위해 워싱턴을 방문했다. 벨 박사는 청각장애를 가지고 있었고, 청각장애인들에게 도움을 주기 위해 전화를 발명한 장본인이었다. 박사의 제안에 따라 켈러 부부는 보스턴의 퍼킨스재단에 딸을 가르칠 선생님을 구해 달라는 편지를 보냈다.

앤 설리번이 앨라배마 주 터스컴비아에 있는 헬렌의 집 현관에 나타났을 때, 헬

렌은 새 선생님에게 달려들어 비명을 지르고 주먹을 휘둘러댔다. 그러나 설리번은 당황하지 않고 재빨리 아이를 품에 안았다. 그리고 위층으로 올라가 첫 수업을 시작했다. 설리번의 따뜻한 태도와 인내심 덕분에 일곱 살먹은 이 영리한 아이는 단 몇 주 만에 안정을 찾을 수 있었다. 선생은 켈러에게 수화 문자를 가르쳤고, 손가락 신호들이 무엇을 의미하는지 설명해 주었다. 또 모든 사물에는 이름이 있다는 것도 알려주었다. 이러한 것들을 이해하기 시작하자, 켈러는 놀라운 속도로 나아졌다. 3년이라는 짧은 기간 동안 켈러는 수화로 의사소통하는 법뿐만 아니라, 브라유 점자법(프랑스의 교육자 루이 브라유Louis Braille가 창안한 맹인용 점자법)*을 읽고 특수 타자기를 사용하는 법을 배웠다. 또 호레이스 만 청각장애인학교에서 상대방의 혀와 입술 위치를 손가락으로 느낌으로써 대화하는 법을 배웠다. 그곳에서 말하는 법을 익힌 켈러는 스승—그녀는 그냥 '선생님'이라고 불렀다—에게 "나는 이제 바보가 아니에요"라고 말할 수 있게 되었다. 그 후 켈러의 발전은 그 끝을 예측할 수 없어 보였다. 열한 살에 벌써 다른 장애 어린이를 위한 교육 기금을 모집하기 시작한 그녀는 십대 후반에는 불어, 독일어, 라틴어, 그리고 그리스어까지 완벽하게 읽을 수 있게 되었다. 스무 살이 되면서 우아한 자태에 자신감 넘치는 숙녀로 성장한 그녀는 래드클리프대학에 입학했고, 그녀가 존경하는 친구 마크 트웨인이 조직한 기금에서 수업료를 지원받았다. 설리번은 수업 내내 그녀 옆에 앉아서 수화를 통해 그녀에게 수업 내용을 전달해 주었다.

1904년, 그녀는 우등생으로 학교를 졸업했고, 곧 세계적인 유명인사이자 세계 곳곳의 장애인들을 위한 역할 모델이 되었다. 이 때부터 그녀는 자신의 육체적 한계를 극복하는 일에서 눈을 돌려 당시 사회 문제를 해결하는 데에 관심을 가지게 되었다. 사랑하는 선생님의 과거—설리번은 어릴 때 부모에게 버림을 받고 고아원에서 비참하게 자랐다—도 분명 그녀에게 영향을 주었을 것이다. 뿐만 아니라 노동자들의 주장에 관심이 많았던 존 메이시와 결혼함으로써 미국에는 사회 부조리에 관심이 많은 또 한 명의 가정주부가 생겼다. 1909년에 H. G. 웰스의 『신세계 *New Worlds for Old*』를 통해 산업노동자들의 비참한 생활에 대해 알게 된 켈러는 사회주의자가 되었다. 그 후 10년 동안 그녀는 사회주의 운동을 대변하는 지칠 줄 모르는 연사로 활동했다. 1924년에 들어서는 사회주의를 신봉하는 마음에는 변화가 없었지만, 사회주의에 대한 지지를 호소하는 대중 연설은 자제했다. 1920년에는 새로 조직된 미국시민자유연맹의 전국위원회 명단에 자신의 이름을 올렸다. 켈러는 또 세계산업노동자동맹IWW의 활동에도 적극적으로 참여했으며 제1차 세계대전 중에는 반전주의 운동에, 제2차 세계대전이 발발하기 전에는 반파시스트로 시위에 참가했다. 1924년 후에는 미국맹인협회를 위한 기금 모금에 주력했으며, 청각장애인을 정신병원에 수용하는 혐오스럽고 일상화된 관례를 철폐하는 데 일익을 담당했다. 1936년에 사랑하는 선생님이 세상을 떠나자, 그녀는 친구 폴리 톰슨과 함께 장애인에 대한 무시와 학대를 극복하려는 노력을 계속했다.

사회운동가로서, 또 자기 변화를 이끌어낸 고무적인 상징으로서 켈러의 숭고한 업적을 평가할 때 떠오르는 광경이 있다. 연극 무대나 스크린을 통해 유명해진 장면이기도 하다. 그것은 설리번 선생이 켈러의 한손을 물이 쏟아지는 홈통 밑에 대고, 나머지 한손에는 '물'이라는 단어를 몇 번이고 반복해서 쓰던 모습이다. 갑자기 켈러는 '잊고 있던 무엇에 대한 희미한 의식'을 느꼈는데, 그것은 바로 '생각하는 힘을 회복한 떨림의 순간'이었다. 바로 그 격정의 순간, 그녀는 자신의 손 위에 씌인 글자들이 다른 한손 위에 쏟아져 내리는 차가운 것을 의미한다는 것을 깨달았다. '그 살아 있는 단어'가 그녀의 영혼을 일깨워 주었고 전 우주가 그녀의 의식 속으로 흘러 들어가게 해주었다. 그 모든 것을 감사하는 마음에서, 켈러는 평온함과 기쁨으로 빛나는 불빛을 다른 사람들에게 쏟아 부음으로써 자신이 받은 은혜를 되돌려 주고자 했다.

Grace Kelly

그레이스 켈리

1929~1982

5년이라는 짧은 기간 동안 11편의 영화에 출연하고, 출연 작품들도 대부분 아주 뛰어나 아카데미상까지 수상한 눈부신 이력의 소유자를 능가할 사람이 있을까? 왕비라면 그렇게 나쁜 출발은 아닐 것이다. 어느 날 날씬하고 우아한 그레이스 켈리는 할리우드 스타가 되어 예의바르면서도 학교를 막 졸업한 천진난만한 모습을 유감없이 발휘하더니, 그 다음에는 모나코 왕국의 왕비가 되기 위해 연회복이 가득 든 트렁크를 끌고 열광하는 추종자들의 환송을 받으며 미국의 콘스티튜션 호에 올랐다. 그리고 고딕풍의 성 니콜라스 성당에서 씩씩한 왕자 레니에 3세와 결혼식을 올렸다. 언론은 전 세계에 중계된 격조 높은 결혼식을 동화 속에 등장하는 화려한 축제에 비유했다. 필라델피아의 부유한 가정에서 바르게 성장한 그레이스 패트리시아 켈리Grace Patricia Kelly는 1954년에 칸 영화제에서 자신의 왕자님을 잠시 만났다. 그 후로는 서로 전혀 연락이 없다가 1955년 크리스마스에 재회한 뒤로 상황이 급진전되었다. 2주 후 약혼이 발표되었고, 4월에 젊은 여배우는 드디어 왕세자비가 되었다. 언론은 그녀가 반짝이는 지중해와 도박의 메카 몬테카를로가 내려다보이는 방 225칸짜리 핑크색 벽의 성에서 정복을 입은 하인들의 시중을 받으며 살게 될 것이라고 입방아를 찧었다. 그레이스 왕세자비는 또 그리말디 백작 부인으로 책봉되었고 기품 있는 가문의 왕실 후계자를 생산할 것으로 기대되었다. 그러나 만약 그녀가 후계자를 낳지 못하면 13세기 이후 독립 군주국 체제를 유지해 온 모나코는 프랑스에 흡수되며, 368에이커에 달하는 영토 내에 거주하는 주민들은 더는 비과세 특혜를 누릴 수 없게 될 상황이었다.

아이러니컬하게도 켈리는 결혼하기 바로 전인 1956년에 〈백조The Swan〉라는 작품을 촬영했는데, 영화 속에서 그녀는 왕자에게 반한 젊은 여성 역을 맡았다. 실제 생활에서 새로운 왕세자비는 왕실의 생활이 마치 동화 속에서 본 것 같이 그렇게 흡족한 것은 아니라는 것을 깨달았다. 그럼에도 불구하고 그 후 26년 동안 자신이

맡은 책임을 완수하기 위해 최선을 다했다. 1958년에는 그토록 간절히 왕위 계승자를 기다려 온 왕세자에게 아들을 선물했는데, 앨버트는 그들의 두 번째 자녀였다. 앨버트는 사랑스럽지만 고집이 센 두 누이 캐럴라인과 스테파니와 함께 제트족으로 자라나 충격적인 기사로 신문의 1면을 장식하게 되었다. 한편 아이들을 돌보는 일과 자선 사업에 몰두하게 된 그레이스 왕비는 언론의 관심에서 점차 멀어졌다. 그녀의 남편은 아내가 영화 일을 하는 것을 반대했고—결혼 후인 1956년에 〈상류사회High Society〉 촬영 현장에 방문한 후 내린 결정이었다—비록 그녀는 다시 영화에 출연하지는 않았지만 할리우드와 완전히 인연을 끊지는 않았다. 1954년 〈갈채The Country Girl〉로 아카데미상을 수상한 것을 포함하여 할리우드에서 짧지만 화려한 시기를 보낸 뒤 여배우로 자수성가한 그녀는 더 증명할 것이 없었다. 이미 성공의 최절정에 오른 그녀에게는 자신의 직업과 완전히 인연을 끊는다는 것을 불가능한 일이었다.

어린 시절 병에 걸려 침대에 누워 있는 동안 인형으로 작은 이야기를 꾸며 놀 때부터 이미 켈리의 배우 기질은 싹트기 시작했다. 스포츠 선수 출신으로 아름다운 몸매를 지니고 있던 어머니는 수줍음 많고 근시였던 딸의 배우 소질을 개발해 주었다. 한편 올림픽 조정 경기 금메달리스트 출신으로 사교적인 성격의 아일랜드인이었던 아버지는 벽돌공에서 시작해서 큰 건설회사 사장 자리에 올랐다. 딸을 지원하는 데 인색했던 그는 욕심 많은 딸에게, 성공하려면 사생활을 포기해야 한다고 경고했다. 풍족한 가정환경에도 불구하고 그레이스는 뉴욕의 미국영화아카데미 수업료를 내기 위해 모델 일을 하며 독립을 선택했다. 그녀는 1949년에 스트린드베리Johan August Strindberg의 〈아버지The Father〉를 리바이벌한 작품으로 브로드웨이에 데뷔했는데, 이 작품에서는 레이먼드 마세이Raymond Massey가 주연으로 열연했다. 그녀는 2년 후 20세기폭스 사가 제작한 〈14시간Fourteen Hours〉에단역으로 출연했다. 1952년에 〈하이 눈High Noon〉에서 게리 쿠퍼의 아내로 출연한 후 켈리는 MGM과 7년 계약을 체결했다. 그 다음 해 존 포드는 〈모감보Mogambo〉에 그녀를 출연시켰는데, 섹스 심벌인 클라크 게이블과 에로틱한 분위기의 에바 가드너Ava Gardner와 그녀의 차가운 매력을 멋지게 대립시키는 데 성공했다.

뛰어난 아름다움에 섬세한 연기뿐만 아니라 강한 감정도 모두 소화해 낼 자신이 있었던 켈리는 실제로 자신의 능력을 입증해 보였다. 그러나 냉정함과 초연함 뒤에 활화산 같은 정열이 숨어 있는 여성의 이미지를 확실하게 심어 준 것은 바로 앨프리드 히치콕 감독의 작품을 통해서였다. 히치콕의 지도 아래 출연한 〈다이얼 M을 돌려라Dial M for Murder〉(1954), 〈이창Rear Window〉(1954), 〈나는 결백하다To Catch a Thief〉(1955)에서 감독의 표현을 빌리면 그녀의 "관능미가 넘치는 우아함"이 드러나고 완성되었다. 켈리는 불과 얼음을 모두 겸비한 인물로 부각되는 동시에 상황이 허락되면 재치 있는 희극 배우의 모습을 유감없이 발휘했다. 비록 함께 출연한 남자 배우들과 로맨스에 관한 소문이 끊이질 않았지만 '얼음 아가씨'는 격식을 차린 예의범절로 할리우드와 어느 정도 거리를 유지했으며, 흠없는 명성을 계속 유지할 수 있었다.

자동차 사고로 왕비가 52세의 나이로 사망하자, 또 한 번 과거의 유사한 사건을 언급하려는 사람들이 생겨났다. 캐리 그랜트와 그녀가 공동 주연을 맡은 〈나는 결백하다〉에서, 그녀는 무아옌 코르니슈Moyenne Corniche(모나코에서 니스로 가는 산악도로)*의 U자형으로 구부러진 위험한 도로 위를 달리는 장면이 있었는데, 1955년에 영화를 촬영했던 몬테카를로보다 훨씬 가파른 곳이었다. 그러나 이번에는 딸 스테파니를 조수석에 태운 그녀의 차는 그늘진 제방을 달려 내려와 한 농부의 정원에 처박히고 말았다. 스테파니는 가벼운 부상을 당하는 데에 그쳤지만 그레이스는 예상보다 훨씬 심한 부상을 입었고, 결국 사고가 발생한지 24시간 만에 눈을 감았다. 그녀는 항상 자신의 인생에 있어 신데렐라 같은 면보다는, 어머니와 아내로서 느끼는 모든 문제를 현명하게 해결하는 현대 여성으로 보이는 것을 더 좋아했다. 그러나 그녀가 결혼식을 올린 바로 그 성당에서 관이 나올 때, 애도하는 국민 중에 그레이스 켈리를 전직 영화배우이자 평범한 이로 기억하는 사람은 거의 없었다. 그들은, 그리고 세계는 왕비의 죽음을 애도했다.

Le Corbusier
르코르뷔지에
1887~1965

동료들은 그를 코르부Corbu라고 불렀는데, 이 말은 프랑스어로 '까마귀'를 뜻했다. 사실 '르코르뷔지에'라는 이름도 본명이 아니었다. 프랑스 건축가 샤를 에두아르 잔네르Charles Edouard Jeanneret는 20대 초부터 외할아버지의 이름을 직업상의 가명으로 사용했다. 성姓을 버리는 것은 물론이고 이름을 바꾸는 것이 보통 과거와의 단절을 의미한다고 보면, 20세기의 가장 영향력 있는 건축가 역시 형식에 충실했다. 르코르뷔지에는 지나칠 정도고 빳빳하게 풀을 먹인 칼라를 이용해 전통을 추구하는 공법을 이해하고 그것으로 미래를 들여다보게 했던 교조주의적 몽상가가 되었다.

르코르뷔지에 이전의 건축은 대부분 예스럽고 운치 있는 멋을 강조했는데, 스펙트럼의 한쪽 끝에는 지역적으로 또는 민족적으로 영감을 받은 단일 가족 주택들이, 그리고 반대쪽에는 역사적으로 알려진 육중한 공공건물들이 자리 잡고 있었다. 이 두 가지 건축 양식은 도시에서 많이 볼 수 있었는데, 신중한 계획 때문이라기보다는 부동산 투기와 자동차 때문에 성장이 극도로 제한되었음을 잘 보여 주었다. 1923년 르코르뷔지에의 영향력 있는 책 『새로운 건축을 향하여*Vers une architecture*』—이 책에서 그는 "집은 사람들이 살기 위한 기계다"라고 선언하여 유명해졌다—를 발표한 후 주택의 '기능'이 제일 과제로 부각되었다. 실용성, 기하학적 원리, 그리고 형태의 통일이 디자인에 가미되면서, 그는 주택은 '모듈레이터modulator'라고 이름 붙인 수학적 측정 시스템을 이용해서 인간의 몸에 비례하여 그 규모를 결정해야 한다고 주장했다. 장식을 배제한 르코르뷔지에의 주거 공간에는 강철, 콘크리트, 유리판과 같이 규모가 크고 잘 사용하지 않는 재료들이 과감하게 사용되었으며, 건물을 지면에서 분리하기 위해 '필로티piloti'(건물을 지면보다 높이 떠받치는 기구)*나 각주를 사용했다. 내부 공간을 위한 '무형식 계획Free plans'은 건물에 확장되는 느낌을 주기 위한 것이었으며, 하중을 받지 않는 벽은 임시 가리

개로 사용할 수 있었다. 또 천장과 바닥의 높이를 다양하게 함으로써 자유과 뜻밖의 놀라움을 선사했다. 건물 외부 장식으로는 리본 윈도ribbon window(건물 벽면을 띠 모양으로 가로지른 일련의 창문)*와 콘크리트로 만든 고정 루버louver(채광, 통풍 등의 목적으로 설치하는 지붕창)*가 전부였다.

그와 같은 충격적인 창작물은 건축의 세계적인 스타일의 예가 되었다. 건축기사들에게 건축 미학을 넘어 통합적 · 유기적 실체로 도시를 이해할 것을 촉구한 르코르뷔지에의 성명서는 오늘날의 도시화를 예견했다. 새롭고 대담한 이 주장은, 독창성 없는 설계도면을 포기하고 거주자의 욕구와 희망뿐만 아니라 물리적 환경을 고려하는 디자인을 선호하는 도시의 수가 점점 늘어남에 따라 원칙으로 자리 잡았다. 1935년, 이 현대 건축의 아버지는 『빛나는 기쁨의 도시*La ville radieuse*』를 출판했다. 나무가 우거진 그린벨트에 둘러싸여 팽창의 제약을 받는 도시의 모습을 예상한 에베네저 하워드 경Sir Ebenezer Howard의 전원 도시 개념에서 힌트를 얻어 쓴 이 책에서, 그는 토지의 효율적인 활용과 햇빛과 녹색의 공터를 최대한 늘릴 것을 주장했다. 또한 그가 꿈꾸는 기술의 시대가 되면 초고층 빌딩, 거대한 콘크리트 더미 위에 세워진 모듈식의 아파트 빌딩, 그리고 고가 고속도로를 질주하는 자동차 등이 가능하리라고 장담했다. 이러한 가상 도시의 청사진은 곧 현실이 되었고, 도시의 얼굴을 바꾸어 놓았다.

르코르뷔지에는 스위스의 불어권 지역 라쇼드퐁에서 태어나 그곳에서 어린 시절을 보냈다. 천부적 재능을 가지고 태어난 그는 어린 시절부터 고향 마을에 만족할 수 없었다. 조상 대대로 전해 온 시계 만들기 전통은 미술과 음악에 재능이 뛰어난 소년에게는 전혀 관심의 대상이 될 수 없었고, 그는 마침내 지방의 한 장식미술학교에 등록했다. 1905년, 18살의 르코르뷔지에는 이탈리아로 떠났고 중세 미술의 아름다움을 접하면서 독창성이 빛을 발하기 시작했다. 그는 빈에 있는 요제프 호프만Joseph Hoffman의 화실에서 그와 함께 분리파에 대해 공부한 뒤 파리와 베를린으로 옮겨 다녔다. 파리에서는 건축가 오귀스트 페레Auguste Perret 밑에서 견습생으로 일했고, 베를린에서는 산업 디자이너 페터 베렌스Peter Behrens와 함께 일했다.

르코르뷔지에는 성심성의껏 기술을 연마했다. 그러나 한편으로는 동료들과 마찰을 빚었고 고객에게 무례하게 대했으며, 성공 가도를 달리면서도 화가로서의 야망 때문에 좌절했다. 1917년에 파리에 정착한 그는 동료 화가 아메데 오장팡

Amédée Ozenfant과 함께 1920년에 잡지 「새로운 정신*L'Esprit Nouveau*」를 창간해 건축에 대한 자신의 혁신적인 열정을 불태웠다. 두 사람의 결속은 '순수파'를 탄생시켰는데, 색채의 투명도와 뚜렷한 윤곽을 강조하는 입체파를 단순화한 한 분파였다. 르코르뷔지에는 작품 판매가 미비해도 한 번도 자신의 재능을 의심하지 않고 매일 아침 그림에 매달렸다. 한편 건축가로서의 수입은 기하급수적으로 늘어났다. 1914년에 조립식 부품을 이용해 실험적인 대량 주택 건설(실제로 이루어지지는 않았다)을 계획했던 '도미노' 프로젝트와 1919~1920년 사이에 진행된 시트로앙 주택 프로젝트Citrohan housing project(철근 콘크리트 골조를 바탕으로 설계된 대량 생산형 주택)*는 모두 대단한 광고 효과를 거두었다. 또한 1930년대에 새로 세운 회사는 완전한 재건축이 필요한 거대 도시를 대상으로 컨설팅을 할 정도로 발전했다.

호리호리한 체격에 안경을 쓰고 옷과 예의범절—대중 앞에 나설 때면 항상 나비넥타이를 잊지 않았다—에 지나칠 정도로 까다로웠던 르코르뷔지에는 그 후 수십 년 동안 앤트워프, 바르셀로나, 스톡홀름, 알제리, 그리고 그가 살던 파리(그는 파리 중심부를 완전히 다시 계획할 것을 제안했다)에서 일어났던 광범위한 변화의 초안을 작성했다. 빅토리아 정부와 승리감에 젖어 있던 프랑스를 위해 전후 재건을 위한 광범위한 물리적 · 사회적 방법들을 연구했던 그의 노력은 존경의 대상이 되었으며, 컨설턴트로 브라질의 미래의 수도 브라질리아 건설 계획에 참가했을 때에도 호평을 받았다. 그는 또 뉴욕의 유엔본부 건물을 디자인하기 위해 조직된 열 명으로 구성된 설계팀에도 참가했다.

르코르뷔지에의 영향력은 아무도 부인하지 못했지만 설계 단계에서는 활기차고 효율적으로 보이던 건물이 실제로 완성되었을 때에는 보잘 것 없고 밀폐된 듯 보였다. 그의 마음속에 자리 잡은 화가로서의 야망은 그가 세운 롱샹 교회의 날개 지붕처럼 더 많은 건물들이 솟아오르기를 소망했다. 그러나 그의 침울한 성격은 그를 땅에 아주 단단히 매어 놓았다.

Colette
콜레트
1873~1954

아름다운 시절Belle Epoque(19세기 말부터 제1차 세계대전 전까지 파리의 평화로운 시대를 가리킴)*의 아이 시도니 가브리엘 콜레트Sidonie Gabrielle Colette는 프랑스 부르고뉴 지방의 아름다운 가족 농장에서 자연을 만끽하며 어린 시절을 보냈다. 어머니는 어린 딸에게 모든 것을 자세히 관찰하도록 가르쳤는데, 서산 너머로 사라지는 아른한 햇살부터 저 멀리서 어렴풋이 들리는 새들의 노랫소리까지 사소한 것 하나도 흘려버리지 말라고 당부했다. 자신을 둘러싼 삶의 본질을 파악하는 능력은 그녀에게 많은 도움이 되어 작가로서 그녀는 잃어버린 어린 세계를 잔잔하게 그려낼 수 있었다. 그러나 결국 그녀의 관심사는 전원의 즐거움에서 침실의 황홀감으로 바뀌었다. 그녀는 다사다난했던 삶의 편린들을 토대로 사랑과 성의 미스터리를 파헤쳤다. 그녀의 인생은 그녀의 작품에 무궁무진한 소재를 제공했다. 81세로 생을 마감할 때까지 쾌락주의자를 자처했던 그녀는 세 번 결혼식을 올렸고, 자신의 양자를 유혹했으며, 마흔에 아이를 낳았고, 음탕한 파리의 풍자극에서 반나체로 춤을 추었다. 타고난 쾌락주의자였던 그녀는 거의 알아차릴 수 없는 미묘한 색감과 은은한 냄새에 대해서도 황홀해할 줄 아는 탁월한 능력을 지니고 있었다. 70대에 접어들면서 관절염으로 인해 행동이 자유롭지 못했음에도 불구하고 그녀는 지난밤 깜빡 잠이 든 사이에 어떤 변화가 일어났는지 알아보기 위해 동이 트자마자 정원으로 달려 나가곤 했다.

파란만장한 인생을 사는 동안 콜레트는 통속문학뿐만 아니라 순수문학 작가로서도 대성공을 거두었다. 대단한 인기를 누린 그녀의 작품에는 그녀가 세심한 노력을 통해 익히게 된 파리 토박이들의 궤변, 화류계에 대한 그녀의 경험, 음란한 기질, 그리고 감상적인 눈으로 연애와 배반을 이해하는 그녀만의 특징 등이 고스란히 반영되었다. 그녀의 팬들은 도덕적 판단이나 비난을 철저히 배제한 채, 몸을 휘감아 도는 비단의 숨 막힐 듯한 유희라고 할 수 있는 그녀의 거침없는 관능성을

사랑했다. 콜레트의 개인적인 세계가 그보다 더 광범위하거나 정치적으로 복잡하게 얽혀 있었던 것은 아니다.

콜레트가 말하고자 하는 주제와 내용이 그 시대의 대부분의 사람들에게 충격적이기는 했지만, 그녀는 작품을 쓰는 데 매우 엄격한 문학적 기준을 고집했다. 자전적인 글이나 오페라 대본—그녀는 라벨의 〈어린이와 요술L'Enfants et les Sortilèges〉 대본을 썼다—을 쓸 때, 또는 요리 기사나 연극 평론이나 「보그*Vogue*」에 실릴 패션 관련 기사를 쓸 때도 그녀는 항상 '정확한 단어'를 중요하게 생각했다. 매일 오후 세 시간씩 글을 쓰는 훈련을 한 콜레트는 명령조의 강한 말투, 활력이 넘치는 등장인물, 그리고 자연스러운 대화체를 발전시켰다. 콜레트는 프랑스의 위대한 작가들 중 아주 진지하거나 난해한 작가는 아니지만, 독자들을 가장 즐겁게 해주었으며 또 가장 많이 언급되는 작가 가운데 한 사람인 것만은 틀림없다. 아마도 자기현시顯示가 가장 두드러진 작가라 해도 손색이 없을 정도인데, 그녀를 가장 프랑스다운 작가라고 부르는 데 이의를 제기할 사람은 아무도 없을 것이다.

콜레트의 재능을 가장 먼저 발견하고 개발한 사람은 그녀의 첫 남편 앙리 고티에 빌라르Henri Gauthier-Villars였다. 화류계의 호색가로 '윌리'라는 필명으로도 알려진 그는 작가라는 신분을 유지하기 위해 여러 명의 대작가를 거느렸다. 스무 살의 아름다운 시골 여성과 결혼한 그는 아내에게 학장시절의 기억들을 글로 옮겨 적은 다음 일부러 지어낸 외설적인 내용을 가미하도록 시켰다. 매일 콜레트는 그날 써야 할 원고를 끝낼 때까지 다락에 갇혀 지냈다. 1900년에 그녀는 클로딘 시리즈의 첫 작품인 『학교에 간 클로딘』을 완성했고, 출간하자마자 선풍적인 인기를 끌었다. 물론 칭찬은 모두 그녀 남편의 몫이었다. 앙리는 클로딘의 유행을 부추기기 위해 콜레트에게 사람들이 모이는 곳에 갈 때마다 넓은 칼러가 달린 클로딘 옷을 입으라고 강요했다.

12년간의 결혼 생활과 네 권의 클로딘 소설을 발표한 콜레트는 작품을 써야 하는 의무감과 앙리의 노골적인 부정 행위에 환멸을 느껴 1905년에 결혼 생활을 마감했다. 한동안 그녀는 이성에 대해 성적 매력을 느끼지 못하고 레즈비언 친구들에게 끌렸는데, 결국 이성 복장 착용자로도 유명했던 '미시' 마틸드 드 모르니와 사귀게 되었다. 콜레트는 벨뵈프 후작 부인이기도 했던 그녀와 함께 1907년에 물랭루주Moulin Rouge에서 선정적인 러브신을 연출했다. 파리의 보드빌 쇼에서 무용수이자 팬터마임 배우로 새로운 활동하는 동안 그녀의 방탕한 생활은 세인들의 입에 오르내리기 시작했으며, 〈뮤직홀의 이면〉(1913)과 〈미츄Mitsou〉(1919)는 당시 그녀가 즐겼던 음탕한 생활의 경험을 십분 활용한 작품들이었다. 그녀는 「르마탱*Le Matin*」의 수석 편집자였던 앙리 드 주브넬과 재혼했고 6개월 뒤 아이가 태어나자 더욱 성숙한 여인이 되었다. 그녀는 아이에게 자신의 이름을 붙여 주었다. 1920년에 그녀는 연상의 여인과 욕망을 찾아 헤매는 미남 청년의 이야기를 다룬 소설 『셰리*Chéri*』를 발표했다. 같은 해에 그녀는 제1차 세계대전 때 부상자들을 위해 자신의 집을 내어 준 남다른 봉사 정신을 인정받아 레지옹도뇌르 훈장을 받았다.

세월이 흐르면서 생기발랄하고 매혹적인 콜레트도 중년 부인의 모습으로 변해 갔지만, 요염한 모습은 여전했다. 두 뺨에 분을 짙게 바르고 복숭아 빛 머리카락은 뽀글뽀글하게 말아서 후광처럼 동그랗게 올렸다. 1925년에 그녀는 양자와의 불미스러운 관계가 폭로되면서 두 번째 결혼도 끝이 났다. 그녀는 예순 살이 넘도록 작품 활동을 계속하면서 수필과 자서전을 결합한 새로운 형태의 소설을 고안해 냈다. 또한 '콩쿠르 아카데미' 최초의 여성 회원으로 선정되는 영광을 누렸으며, 후에는 회장으로 선출되었다. 1944년에 그녀는 『지지*Gigi*』를 발표했다(그 후 젊은 오드리 헵번을 만난 자리에서, 그녀는 아니타 루스가 제작하는 뮤지컬에서 헵번이 프랑스 창녀 역을 맡아야 한다고 우겼다). 그녀의 세 번째 결혼은 성공적이었다. 열여섯 살 연하의 남편 모리스 구드케는 그녀가 관절염으로 고생한 10년의 투병 기간 동안 성실하게 간호해 주었다. 그녀는 심신이 지친 상태에서도 기나긴 저녁 시간 내내 열정적으로 글을 써 내려갔으며, 항상 파리가 내려다보이는 창문 옆에 앉아서 쾌락을 좇던 행복했던 시절을 떠올리곤 했다. 그녀는 지금도 여전히 매혹적이며 신비스럽고 전통에 얽매이지 않는 존재로 남아 있다. 마치 『클로딘과 애니*Claudine and Annie*』의 여주인공처럼 그녀는 "홀로 외로이 여행하는 여자"였다.

Jacques Cousteau
자크 쿠스토

1910~1997

신화에서는 흔히 바다를 여자로 보았다. 해양 탐험가 자크 쿠스토가 일생 동안 이리저리 돌아다닐 때 그녀는 그에게 수없이 손짓을 보냈다. 처음 그가 그녀의 유혹을 받은 때는 고향인 프랑스 생탕드레드컵자크St. André-de-Cubzac 근처에서 열린 여름 캠프에 갔던 어린 시절이었다. 수영에 푹 빠져 있던 열 살짜리 소년은 해군 장교가 되는 꿈을 꾸었다. 수영 실력을 갈고 닦은 그는 10대가 되면서 모든 다이빙 기구를 섭렵했으며, 20년 후 해군사관학교에 입학하면서 어린 시절의 꿈을 이루게 되었다. 쿠스토는 당시 프랑스에서 판매하던 최초의 영화 카메라를 하나 구입했는데, 이미 다큐멘터리 필름 제작광이었던 그는 세계를 돌아다니면서 혼자 촬영 기술을 배웠다. 그리고 몇 년 후 바다는 다시 쿠스토를 유혹했다. 이번에는 대서양의 한 해변이었는데, 해군 비행사였던 그는 치명적인 자동차 사고로 입은 부상을 치료하기 위해 그곳에 머물고 있었다. 특수 고글을 끼고 따뜻하고 투명한 바다 속을 탐사하던 그는 눈앞에 펼쳐지는 놀라운 광경에 꼼짝도 할 수 없었다. 그는 그것이 마치 투명한 '정글'과 같다고 생각했는데, 형형색색의 물고기들과 환상적인 해초들이 살아 숨 쉬고 있었다. 쿠스토는 『침묵의 세계*The Silent World*』(1953)라는 저서에서 "우리의 삶이 변하는 건 낡은 것을 버리고 새것을 받아들이기 위함이라는 것을 깨달을 만큼 운이 좋은 때도 있다"고 썼다. 그 후 그 유명한 검은색 웨트슈트wet suit(다이버, 수상스키어가 입는 잠수용 고무옷)*를 입은 남자가 탄생했다. '바다의 양심'이라고 불리던 그는 수많은 사람들을 바다로 초대하여 바다의 신비와 가능성을 함께 즐겼다.

자크 쿠스토는 제2차 세계대전 중에 친구인 에밀 가냥Emile Gagnan과 함께 자동 가스 충전 밸브가 달린 다이빙 기구를 개발했다. 아쿠아 렁Aqua-Lung이라고 불린 이 혁신적인 잠수용 수중 호흡기는 해양 과학 발전에 크게 이바지했다. 1943년에 쿠스토는 몸에 착용하고 다닐 수 있는 자급식 수중 호흡기인 스쿠바SCUBA를 착용

하고 역사적인 첫 번째 잠수 실험을 실시했다. 이 대담하고 혁신적인 기구는 물에 뛰어들 준비가 된 사람이면 누구나 끝없는 심연 속으로 잠수할 수 있는 가능성을 열어 주었을 뿐만 아니라 군사용이나 상업용으로도 활용이 가능했다. 아이러니컬하게도 페르시아만 유전은 쿠스토에 의해 발견되었고 나중에 그는 유전의 기름 유출을 혐오하게 되었다.

50대가 된 쿠스토는 자신이 마르세유에 설립한 해양발전교육센터에서 바다 깊이 들어갈 수 있는 일인용 잠수함과 이인용 잠수함을 디자인했다. 그 후 그는 잠수구를 이용해서 해저 수천 미터까지 내려가 장기 수중 공동생활을 시도하는 컨셀프 1호(마르세유)와 컨셀프 2호(홍해) 프로젝트에 착수했다. 이와 같은 포화 잠수의 결과는 쿠스토가 직접 개발한 수중 텔레비전 카메라 덕분으로 고스란히 기록되었다.

수많은 쿠스토 지지자들 가운데 그가 프랑스 레지스탕스를 위해 첩보 활동을 했다는 사실을 알고 있는 사람들은 거의 없었다. 특히 그는 이탈리아 해군의 암호책을 은밀히 촬영해 오는 위험한 임무를 수행했는데, 이 때의 공로를 인정받아 레지옹 도뇌르 훈장과 프랑스 무공십자훈장을 받았다. 사실 그는 자신의 경력 중에서 스스로 적극적으로 홍보한 부분을 제외한 사생활은 비밀에 부쳤다. 그의 확실한 후계자였던 필리프가 비행기 추락 사고로 사망했다는 비극적인 소식이 신문의 1면을 장식했다. 최근에 발표한 비공인 전기에서 리처드 먼슨은 쿠스토의 남동생인 피에르가 나치에 협력한 죄로 옥살이를 했다는 사실을 밝혔다. 그러나 재판이 열리기 전에 동생을 남아메리카로 밀항시키려 했던 쿠스토의 행동은 적절하지 못했다고 의견을 피력했다. 또 먼슨은 쿠스토가 파리의 특권층이 받는 교육을 받았으며, 그의 아버지는 부유한 미국인 사업가의 여행 친구이자 법률 고문 역할을 했다는 사실도 밝혔다. 네 명의 자녀와 아내인 시몬느의 노력에도 불구하고 그는 가정에 헌신적인 아버지가 되기를 포기한 채 여행을 즐기는 방랑자의 이미지를 추구했다. 쿠스토가 자신의 유명한 해양탐사선 칼립소호의 뱃머리 앉아 있는 모습이 자주 카메라에 찍혔다. 그는 1949년에 개조한 소해정을 구입했다. 그리고 이 배를 타고 떠났던 여행과 탐사 활동은 그를 신화적 존재로 만들었다. 이 때의 이야기는 베스트셀러에 오른 그의 수많은 저서들과 영화상을 수상한 영화들, 그리고 장기 상영된 '자크 쿠스토의 수중 세계' 같은 인기 있는 텔레비전 쇼 등에 잘 소개되어 있다.

60대가 되어서도 여전히 북극에서 아마존에 이르는 가상의 모든 수로를 정기적으로 왕래했던 쿠스토는 1인 체제의 대기업이 되었다. 이미 에미상과 아카데미상을 여러 번 수상한 그는 1973년에 수중 탐사와 교육을 위한 비영리 단체 쿠스토협회를 설립했다. 80대 중반에 협회는 세계 최초의 터보 항해선인 알키오네의 시판을 위한 자금을 지원했는데, 이 배에는 믿을 수 없을 만큼 바람을 잘 타는 원통 모양의 알루미늄 돛이 두 개 달려 있었다. 또한 쿠스토는 해양 보존 자료를 위한 정보 교환 기구 역할을 수행할 목적으로 파리에 본부를 둔 쿠스토재단을 설립했으며, 자본금이 수천 달러에 이르는 아쿠아 렁 인터내셔널Aqua Lung International을 설립했다. 80대에 접어들어 아들 장 미셸을 후계자로 내세운 쿠스토는 핵무기와 유독성 폐기물과 고기잡이를 국제적으로 더 엄격하게 규제하도록 하기 위해 그간 열성적으로 벌여왔던 로비 활동에 박차를 가했다. 또 세계 기아 문제와 인구 억제, 그리고 해양 생물의 파괴와 같은 인류 재앙을 해결하기 위해 전 세계적인 노력을 촉구했다.

1993년에 쿠스토는 아들을 내쫓고 두 번째 아내인 프렌신을 쿠스토협회의 회장으로 임명했다. 아들 장 미셸이 새로 설립한 다이빙 호텔의 이름을 쿠스토 피지 아일랜드 리조트로 결정하자 가족 간의 불화는 법정 소송으로까지 확대되었다. 그러나 뒤를 돌아보는 성격이 아닌 자크는 그 유명한 칼립소호가 유람선과 충돌하여 싱가포르 항구에서 좌초되자 새로운 소해정을 마련하기 위해 4,000만 달러의 기금을 조성할 계획을 세웠다.

죽음을 눈앞에 둔 상황에서도 그는 세계의 생태계와 물 부족 현상에 관심을 집중했다. '지구의 선장'이라고 불렸던 그는 자신의 말을 들어주는 정부들을 상대로 연약한 지구를 파괴하는 것은 위험하다고 경고했다. 그리고 그는 언제나 바다와 바다의 아름다움, 바다와 인간 간의 가냘픈 관계, 그리고 그가 바다의 부름에 답한 이후로 바다가 그에게 준 혜택에 대해 이야기했다.

Marie Curie

마리 퀴리

1867~1934

마리 퀴리는 세기의 전환기에 러시아의 지배를 받던 폴란드에서 성장했다. 그녀는 당시 과학계에 만연되어 있던 여성의 역할을 제한하는 억압에 맞설 준비가 되어 있었다. 최초의 여성 노벨상 수상자이자 프랑스 최초의 여성 교수였던 그녀는 라듐을 발견함으로써 물질 자체에 들어 있는 발광의 비밀을 밝히는 데 성공했다. 남편 피에르와 공동 연구를 통해 이루어낸 이 획기적인 발견을 통해 퀴리 부인은 불후의 명성을 얻을 수 있었다. 그러나 아이러니컬하게도 이 발견이 서서히 그녀를 죽음으로 몰아갔다.

어렸을 때 이름이 마냐Manya였던 그녀는 교사인 블라디슬로프 스클로도프스카와 브롬슬라바 스클로도프스카 부부의 딸로 태어났다. 그녀는 집에서 학교를 운영하던 어머니의 뒤를 이어 교사가 되고 싶어 했지만, 과학과 수학에 대한 뛰어난 재능은 그녀의 삶을 다른 방향으로 몰아갔다. 그녀에게는 특출한 재능이 있었지만 그 재능을 키우는 일은 그리 쉽지 않았다(소르본느대학교에서 의학 학위를 받은 언니 브로니아도 마찬가지였다). 당시에는 여성이 고등교육을 받는 것이 법으로 금지되어 있었다. 그러나 고등학교 성적이 뛰어났던 마냐는 뜻을 같이하는 젊은이들—대부분 여성이었다—에 비밀리에 운영하던 자유 대학교에서 과학 기술과 사회개혁 사상을 공부했다. 관리자로 일하는 동시에 지역 산업 및 농업 박물관에서 연구를 병행했던 그녀는 마침내 1891년에 파리대학교에 입학했다.

스물네 살의 학생이던 그녀는 파리에서 언니, 그리고 당시 망명 중이던 폴란드계 의사인 형부와 함께 생활했다. 새로운 인생의 장이 열렸음에도 불구하고(파리에 도착하자마자 그녀는 이름을 '마리'로 바꾸었다), 그녀는 여전히 공부가 끝나면 다시 바르샤바로 돌아가서 아버지의 뒤를 이어 교사가 될 꿈을 간직하고 있었다. 2년 후 그녀는 1등으로 물리학 학사 학위를 얻었고, 다음 해에는 수학 학사 자격을 획득했다. 단호하면서 열성적인 젊은 학자였던 그녀는 그동안의 공부를 바탕으로 자신

의 마음을 사로잡은 주제인 자기학磁氣學을 연구하기 시작했다. 그녀는 또한 박사 학위에 도전하겠다는 결심을 굳혔는데, 이는 당시 여성들로서는 꿈도 꿀 수 없었던 당찬 계획이었다. 그녀는 파리물리화학시립대학의 실험실에서 피에르 퀴리 Pierre Curie와 운명적으로 만났다. 마리와 마찬가지로 그는 순수과학에만 관심이 있었고, 두 사람은 힘을 합쳐 자기학 연구에 나섰다.

그들은 1895년에 결혼했다. 같은 해 독일 과학자 빌헬름 뢴트겐Wilhelm Roentgen이 X선을 발견했다. 사람들은 X선의 발견에 너무도 흥분한 나머지 그와 비슷한 발견이 있었다는 사실에 거의 주목하지 않았다. 앙투안 앙리 베크렐Antoine Henri Becquerel이 우라늄 합성물에서 신비로운 '우라늄광선'을 발견한 것인데, 마리 퀴리는 바로 이 문제를 자신의 박사 학위 주제로 선택했다. 그녀는 수천 톤의 역청우라늄석pitchblende(우라늄이 추출된 후 광석 안에 남는 잔여물)*에서 우라늄을 분리하던 중 역청우라늄석이 우라늄이 없이도 더 많은 '방사능radioactivity'(1898년 그녀가 만든 용어다)을 발산한다는 사실을 발견했다. 이러한 현상의 원리를 연구하던 마리와 피에르—그는 마리가 진행하는 힘든 연구를 도와주기 위해 자신의 연구를 이미 중단한 상태였다—는 한 원소를 발견하고 마리의 조국 이름을 따서 그 원소를 폴로늄 polonium이라고 불렀다. 그러나 퀴리는 아직 만족할 수 없었다. 그녀는 세 가지 요소가 이러한 우라늄 광선들을 만들어 냈으므로 분명 광석 안에는 우라늄이나 폴로늄보다 더욱 강력한 무언가가 반드시 있을 거라고 믿었다. 그리고 그녀는 바륨 barium 샘플 안에서 자신이 찾고 있던 것을 발견다. 퀴리 부부는 그것을 라듐 radium이라고 불렀다.

새로운 원소의 발견은 언제나 어느 정도의 비판에 직면하게 마련이기에—이러한 현상은 현재도 마찬가지다—퀴리는 하루아침에 유명인사가 되지는 않았다. 정밀한 조사 작업과 분석이 수 년간 계속되었다. 1903년 퀴리 부부가 앙투안 베크렐과 함께 노벨 물리학상 수상자로 선정된 다음에야 비로소 논쟁은 잠잠해졌다. 같은 해에 박사 학위를 취득한 퀴리는 라듐 추출 개발에 대한 특허권을 거부했다. 특허권을 취득하면 엄청난 부를 얻었겠지만, 그녀는 다른 사람들도 라듐을 마음껏 활용하여 연구할 수 있어야 한다는 신념을 지니고 있었다. 한편 그녀는 연구와 강의를 병행하는 가운데 두 딸 이렌Irène과 에브Ève의 교육에도 소홀함이 없었다(두 딸도 1935년 각각 노벨상을 수상했다). 1906년에 피에르는 마차 사고로 길에서 사망했다. 마리는 남편을 잃은 슬픔에도 불구하고 라듐의 성질을 밝히는 연구를 중단하지 않았다. 이 실험은 특히 암 치료 분야에서 많은 기대를 갖게 했는데, 피에르는 마지막 논문에서 궤양과 피부암 치료에 대한 라듐의 유용성을 설파했다. 마리는 남편을 대신해 소르본느대학교에서 교편을 잡게 되었다. 그녀는 첫 강의를 한 다음 날 일기에서 "피에르, 당신을 대신해서 강의를 하는 것은 상상할 수 없을 만큼 잔인한 일이에요"라고 괴로움을 토로했다. 1911년에 마리는 화학 분야의 업적을 인정받아 두 번째 노벨상을 수상했다. 그러나 노벨상 수상에도 불구하고 그녀가 잘생긴—그리고 유부남인—프랑스 의사와 주고받은 편지가 공개되어 불거져 나온 비방과 불명예를 잠재우지 못했다. 1955년에 그녀의 시신이 피에르와 함께 프랑스의 팡테옹Panthéon(프랑스의 위인들의 무덤과 기념비가 있는 전당)*에 안치됨으로써 그녀는 한을 풀 수 있었다. 제1차 세계대전 동안 그녀는 야전병원에서 X선 진단요법을 사용할 수 있도록 협조했으며, 전쟁이 끝난 후 다시 라듐협회로 돌아가 순수 연구에 몰두했다. 그녀가 아무리 겸손을 보여도 그녀는 이제 아인슈타인과 견줄 만큼 전 세계적으로 유명한 과학자가 되었다.

그러나 그녀가 찾아내어 한때 만병통치약으로까지 불렸던 바로 그 원소가 결국 재앙을 몰고 왔다. 연구 초기부터 마리와 피에르는 라듐이 화상을 일으킬 수 있다는 사실을 알고 있었다. 그러나 두 사람은 그 원소가 얼마나 치명적인지 모르는 상태로 수 년 동안 아무런 보호 장비 없이 연구에만 몰두했다(심지어 그녀의 공책은 심각하게 오염되어 지금도 만질 수가 없다). 결국 마리는 병에 걸렸다. 시력을 상실한 상태에서도 끝까지 연구를 중단하지 않았던 그녀는 1934년에 백혈병으로 생을 마쳤다. 자신이 찾아낸 반짝이는 원소에 지나치게 노출된 것이 원인이었다.

Agatha Christie

애거서 크리스티

1891~1976

시대를 초월하여 가장 인기 있는 추리소설 작가이자 상업적으로 가장 성공한 여성 작가인 애거서 크리스티는 오랫동안 생존하며 많은 작품들을 남겼다. 영국 데번의 한 해변 마을에서 영국인 어머니와 미국인 아버지 사이에서 태어난 애거서 매리 클라리사 밀러Agatha Mary Clarissa Miller는 어린 시절에 아버지가 돌아가시는 바람에 정규 교육을 전혀 받지 못했다. 대신 집에서 어머니의 가르침을 받았던 그녀는 그늘진 거리에서 고리를 돌리면서 아득한 공상의 장소를 배경으로 이야기를 지어내기를 좋아했다. 이 신중한 영국 여성은 성인이 되어 유명해진 뒤에도 여전히 겸손함을 잃지 않았는데, 한가롭게 기차를 타거나 햇볕을 받으며 긴 낮잠을 즐겼으며 욕조 안에 몸을 담그고 사과를 먹으면서 추리소설을 구상했다. 1971년 대영제국의 이등 훈장Dame Commander을 받은 데임 애거서는 분명 사치스러운 생활을 즐길 여유가 있었다. 그녀가 남긴 막대한 수의 작품, 즉 94편의 책과 17편의 연극, 그리고 130편이 훨씬 넘는 단편들은 생전뿐만 아니라 사후에도 수십억 달러에 달하는 수입을 안겨 주었다. 영국 내에서만 10억 권 이상의 책이 판매되었으며(정확한 금액은 산출이 불가능하다), 여기에 외국어 판권과 영화, 연극, 텔레비전 번안물까지 고려하면 전혀 터무니없는 금액은 아니다. 제1차 세계대전과 제2차 세계대전 사이에 가장 왕성한 창작 활동을 벌였던 크리스티는 적어도 1년에 한 권의 작품을 썼다. 그녀는 작품을 완성하는 자신의 능력에 대해 "나는 엄청난 소시지 기계 같다"라고 말했다. 그녀를 따르는 열성팬들은 매년 '크리스마스의 크리스티'를 기대하며 모여들었고 출판업자들과 즐거운 마음으로 엉망이 될 때까지 즐겼다.

'죽음의 공작 부인'이라고 불린 그녀의 놀라운 매력에 대해 얘기할 때 흔히 집필 능력에 대해서는 별다른 언급을 하지 않는다. 비평가들은 대체로 그녀의 문체가 능숙하다고 말한다. 그녀의 글은 간결하고 쉽게 읽히며 대화를 중시하는 대신 서술과 성격 묘사는 부족하다. 크리스티의 장점은 바로 플롯이다. 매끄러운 사건 진

행, 작품의 도처에 깔려서 독자의 주의를 산만하게 만드는 미끼들, 그리고 항상 그럴듯하게 해결되는 교묘한 거짓 단서들이 작품을 흥미진진하게 만든다. 그녀는 쉽게 믿어버리는 경향이 있는 독자들의 특성을 무리하게 이용하려고 하기보다는 독자들이 긴장을 풀 수 있도록 편안한 환경을 만들어 방심하게 만든다. 영국을 배경으로 하는 차분하면서 일상적인 소설 속의 범죄 현장은 더할 나위 없이 편안하다. 크리스티는 화려한 카펫이 깔린 도서관이나 활기가 넘치는 부엌, 그리고 아늑한 목사관 같은 고급스러운 환경 속에 숙련된 솜씨로 시체들을 놓아둔다. 곤봉이나 권총 또는 그녀가 제일 좋아하는 독을 이용한 살인은 결코 마구잡이로 발생하지 않으며 지나치게 처참하지도 않다. 그녀의 소설에서 범죄는 비록 비겁한 면이 있기는 해도 강력한 심리적 동기를 가지고 저질러지는데, 그것은 주로 7대 죄악과 관련이 있다. 범죄는 늘 죽음을 불러오며, 아주 교묘하고 치밀하게 자행된 그 범죄는 언제나 범인이 밝혀지고 사건이 해결된다.

크리스티의 어머니는 어린 딸이 글을 쓰도록 격려해 주었다. 나중에는 그녀의 언니가 자기들이 즐겨 읽는 평범한 이야기들을 능가하는 탐정소설을 써보라고 권유했다. 1916년 그녀는 영국 육군항공대의 하급 장교였던 아치볼드 크리스티와 결혼을 했다. 이 해에 드디어 그녀는 추리소설을 쓰기 시작했고 한편으로 전쟁 희생자들을 돌보는 병원에서 조제 약사로도 일했다. 이 때 독약에 대한 많은 지식을 얻게 되었고 이것은 작품을 쓰는 데 큰 도움이 되었다.

1920년이 지나 출판된 『스타일즈 저택의 죽음*The Mysterious Affair at Styles*』은 자그마한 키에 가공할 만한 능력을 지닌 에르큘 포와로라는 인물을 탄생시켰다. 이 은퇴한 사립탐정은 '회색의 뇌세포'를 회전시켜 사건의 진상을 파악해 냈다. 크리스티는 포와로를 '자기중심적인 파충류'로 생각했다. 아마도 애거서는 그가 처음 맡은 사건이 마지막 사건이 되는 것으로 만족했을지도 모른다. 그러나 독자들은 하찮을 일에도 안달복달하는 포와로의 태도와 뛰어난 관찰력을 숭배했으며 갈수록 그의 인기가 높아졌다. 대중에 대한 포와로의 영향력이 커지자 크리스티는 25권의 소설에 그를 등장시켰고 마침내 『커튼*The Curtain*』(1975)에서 그를 죽였다. 당시 「뉴욕타임스」는 1면에 그의 부고를 실었다. 그리고 1930년에는 영국의 포와로라고 할 수 있는 미스 제인 마플이 등장했는데, 그녀는 머리가 돌았다는 의심을 받지만 불굴의 의지를 지닌 인물이었다. 가상의 도시 세인트 메리 미드라는 작은 마을에 살고 있는 이 품위 있는 노처녀 탐정은 『목사관 살인 사건*Murder at the Visarage*』

에서 처음 나타났다. 1926년에 나온 크리스티의 독창성이 넘치는 또 다른 작품 『아크로이드 살인 사건*The Murder of Roger Ackroyd*』은 출판업계에 일대 센세이션을 불러일으켰다. 이 소설은 서술자가 결국 살인자로 밝혀지는 반전의 묘미가 대단하다.

크리스티는 『아크로이드 살인 사건』을 발표한 직후 사랑하는 어머니가 죽고 남편이 다른 여자와 바람이 나서 이혼을 요구하는 등 고통스러운 나날을 보냈다. 결국 그녀는 마치 자신이 만들어 낸 소설의 등장인물들처럼 어디론가 사라져버렸다. 사람들은 강을 수색했고 수색견을 동원하여 숲을 뒤졌다. 크리스티의 실종에 관한 기사가 11일 동안 신문 1면을 장식한 후에 그녀는 요크셔의 한 호텔에서 발견되었다. 그녀의 실종 원인은 기억상실증으로 추정되었는데, 호텔 숙박부에는 남편의 정부인 테레사 닐이라는 이름이 적혀 있었다. 비판자들은 그녀의 실종 사건이 광고 효과를 노린 깜짝 쇼라고 비난했다. 미스 마플도 그런 식의 알리바이는 인정하지 않았겠지만, 크리스티 자신은 그 사건에 대해 침묵으로 일관했다.

그 뒤로는 평온한 결실의 시간이 찾아왔다. 크리스티는 남편 아치볼드와 이혼하고 친구를 찾아 이라크의 한 유적지를 방문했다. 그곳에서 그녀는 열네 살 연하인 맥스 맬로원 경을 만났다. 오리엔트 특급 열차를 타고 영국으로 돌아온 그들은 결혼식을 올렸고, 크리스티는 맬로원의 유적 탐사를 도우며 살았다. 물론, 그들의 기차 여행에서 『오리엔트 특급 살인 사건*Murder on the Orient Express*』이 탄생했다.

애거서 크리스티는 탐정 이야기를 생각해 내고 줄거리를 만드는 일을 즐겼지만 글쓰기 자체는 고역으로 느꼈다. 아마도 그녀는 스스로 작가로서 자질이 부족하다고 생각한 것 같다. 그녀는 무리엘 스파크Muriel Spark나 그레이엄 그린Graham Greene처럼 글을 쓸 수 없다는 사실에 불안해 했다. 그러나 그녀의 걱정은 기우에 지나지 않았다. 추리소설 작가로서 그녀는 독보적인 존재였다. 비록 문학적 깊이를 제공하지는 못했을지라도 현실적인 재미가 있는 읽을거리와 함께 영국의 농가처럼 예스럽고 평온한 삶을 엿보는 즐거움을 선사해 주었다.

Dr. Jack Kevorkian
잭 키보키언 박사

1928~

잭 키보키언은 '죽음의 박사Doctor Death'로 알려져 있다. 죽음의 현상에 깊은 관심을 가진 병리학자인 그는 고통을 지속하는 것보다는 차라리 죽음을 선택한 병들고 절망적인 환자들의 자살을 '도와줌으로써' 형사 법원을 무시하고 미국 사회의 터부에 도전했다. 그리고 그 과정에서 개인의 죽을 권리와 삶의 존엄성에 대한 진지한 토론을 이끌어 냈다.

잭 키보키언은 미시간 주 폰티액에서 자동차 공장 노동자 아버지와 어머니 사이에서 태어났다. 미국인이었던 그의 부모는 제1차 세계대전 당시 자행된 터키 대량학살에서 가족을 모두 빼앗긴 아픔을 안고 있었다. 이 사건은 키보키언 가족이 삶을 감성적인 시각으로 바라보게 만들었으며, 몇몇 논평자들은 이 미래의 의사에게도 씻을 수 없는 영향을 미친 것으로 보고 있다. 그러나 그에게 가장 큰 영향을 끼친 일은 바로 어머니의 오랜 암 투병 생활이었다. 어린 키보키언은 어머니의 고통을 무기력하게 지켜볼 수밖에 없었다.

키보키언은 결국 아르메니안 그리스 정교를 거부했으며, 제2차 세계대전이 터지면서 독일어와 일본어를 독학으로 공부했다. 1945년에 그는 미시간대학교에 입학했고, 7년 후 의과대학으로부터 입학 허가서를 받았다. 디트로이트의 한 병원에서 병리학과 수련의로 일하는 동안 그는 여자 말기 암 환자를 만나게 되었는데, 당시 그의 눈에는 그녀가 자신에게 도움을 요청하는 동시에 죽음을 간청하는 것처럼 보였다. 그리고 바로 그 일을 계기로 키보키언은 안락사와 자살이 도덕적으로 수용될 수 있다고 결론을 내렸다.

1953년, 의사 면허를 취득한 키보키언은 처음에는 군의관으로 일하다가 병리학 공부를 계속하기 위해 다시 미시간병원으로 돌아왔다. 그는 죽음의 단계를 연구하는 자신의 위치를 이용해서 생명이 끊어지는 순간에 있는 환자들의 사진을 찍기 시작했다. 당시 그는 자신의 행동을 유머라고 하기에는 너무 섬뜩한 '죽음의 회

진'이라는 단어로 표현했다. 그의 행동을 본 동료 의사들은 1956년 그에게 '죽음의 박사'라는 별명을 지어주었다.

그 후 논쟁을 일으키는 제안이 쏟아져 나왔다. 한 의학 잡지에서 그는 죽음의 순간에 각막의 혈관이 보이지 않는 것과 혼수상태에 대한 정확한 진단 사이의 상관관계에 대해 의견을 제시했다. 1958년에는 의식을 잃은 범죄자를 대상으로 과학 실험을 하게 해달라고 공개적으로 요구했고, 나중에는 사형수의 건강한 장기를 이식 수술에 사용해야 한다고 주장했다. 그는 자신의 주장을 결코 포기하려 하지 않았고, 미시간대학교는 이런 제안을 실현에 옮기기 위해 과격한 운동을 벌이는 그에게 사임을 종용했다. 폰티액종합병원으로 자리를 옮긴 키보키언은 논쟁을 일으킨 자신의 주장을 잠시 접어둔 채 사고 희생자의 사체에서 빼낸 혈액을 건강한 환자에게 수혈하는 일에 집중했다.

그 후 25년간 키보키언은 미시간에서 캘리포니아까지 옮겨 다니면서 이 일 저 일을 전전해야 했고, 여러 번 사업 실패를 경험하기도 했다. 또 헨델의 '메시아'에 관한 영화를 완성했지만 발표하지는 않았다. 그러나 그가 어디서 무얼 하든 항상 죽음에 관한 연구와 집필 작업은 계속되었다. 잘 알려지지 않은 독일의 한 잡지만 안락사와 자살에 대한 그의 급진적인 글을 실어 주고자 했다. 자살을 지지하던 헴락협회Hemlock Society(언론인 데릭 험프리가 창립한 협회로, 인간의 죽을 권리를 주장하는 단체. '독약회'라고도 함)*조차 키보키언이 주장한 무조건적이며 무절제한 요구에 따른 죽음을 '위험한 비탈길slippery slope'(언뜻 보기는 괜찮으나 브레이크가 듣지 않아 위험한 코스)*이라고 비난했다. 그러나 그는 이러한 비판을 무시한 채 자신의 연구를 밀어붙였다. 그는 전기 시계 모터와 도르래를 이용해서 타나트론Thanatron(후에 머시트론Mercitron이라는 완곡한 표현으로 바꿔게 된다)이라고 이름 붙인 죽음의 기계를 발명했다(타나트론은 '죽음의 신'을 뜻하는 Thanatos와 '장치'란 뜻의 tron이 결합된 단어이고, 메르시트론은 '자비'를 뜻하는 mercy와 '장치'란 뜻의 tron이 결합된 단어다)*. 타나트론을 판매하고 광고하려는 그의 노력은 언론의 관심을 끌었고 그의 첫 번째 환자 역시 관심의 대상이 되었다.

1990년 6월 4일, 알츠하이머 초기 증세를 보이던 54세의 한 여성이 키보키언의 낡고 찌그러진 밴의 뒷좌석에 누워 타나트론의 스위치를 올리자, 치사량에 달하는 염화칼슘이 혈관을 통해 그녀의 몸속으로 들어갔다. "좋은 여행되세요" 하고 키보키언이 그녀에게 작별 인사를 했다. 그러나 내세를 믿지 않았던 그로서는 그녀의 목적지를 알 수 없었다.

관계 당국은 즉각 이 기계의 사용을 금지하는 조처를 내렸다. 그러나 키보키언은 꿈쩍도 하지 않았다. 1991년에 그는 두 번째 여성의 자살을 도왔는데, 사후 부검 결과 그녀가 걱정했던 질병의 증거를 전혀 찾을 수 없었다. 세 번째 자살이 일어나자, 주 정부는 키보키언의 의사 면허를 취소했다. 그는 이번에는 일산화탄소를 사용했고, 이 방법으로 열 명이 자살을 한 후에야 1993년, 비로소 미시간 주는 자살을 돕는 것을 금지시켰다. 또한 이처럼 지극히 감성적인 문제에 대한 사회의 혼란을 반영하듯이, 1년 사이에 법조항이 철폐되고 다시 번복되기를 반복했다. 한편 키보키언은 루 게릭 병에 걸린 젊은 청년의 자살을 도운 일로 또 다시 비난의 대상이 되었다. 1994년, 무죄 판결을 받은 그는 자살을 도와주는 것을 허용해 달라는 탄원 운동을 시작했다. 그는 열일곱 번째 '자비로운 소임'을 마친 뒤 다시 투옥되었고, 이번에는 단식 투쟁으로 맞섰다. 그리고 배심원은 또 다시 유죄 선고를 거부했다.

대담하면서도 조직적으로 맞선 키보키언은 히틀러가 인류에 그토록 많은 고통을 안겨 주었다는 사실에도 불구하고 자선기금 모금을 위해 아돌프 히틀러의 그림 전시회를 시도함으로써 더 많은 비난에 시달리게 되었다. 1994년, 그는 자신의 생각을 설명하기 위해 『처방 : 의사조력자살*Prescription: Medicide*』라는 책을 발표했다. 이 책에서 그는 의학의 새로운 분야로 죽어가는 과정을 연구하는 '죽음 시술 Obitiatry'에 대한 비전을 제시했으며, 범죄자를 의학 실험에 사용하자는 기존의 주장을 재확인했다.

1996년, 그는 과거의 운동을 재개해 두 여성의 죽음을 돕고 '개인의 절대적 자율성'을 요구했다. 미시간 주의 근엄하고 모호한 법 조항에도 불구하고, 그는 다시 한 번 법정에 출두해야 했으며 또 다시 무죄로 풀려났다. 의사의 도움을 받은 자발적 자살에 대한 토론은 20세기가 막을 내린 후에도 계속되고 있다. 비록 그는 반대자들에게 성토의 대상이 되었지만, 그의 활동은 정부의 개입과 개인의 자율성, 더 나아가 자신의 운명을 스스로 결정할 수 있는 인간의 권리라는 진지한 논점을 미국 사회에 던졌다.

Martin Luther King, Jr.
마틴 루터 킹 주니어

1929~1968

목소리가 사라진 지 약 40년이 지난 지금도 마틴 루터 킹의 감동적인 연설에 담겨 있던 메시지는 미국을 움직이는 원동력으로 남아 있다. 그는 미국의 인종차별과 법률상의 불평등을 세상 밖으로 끌어내어 통일된 미래에 대한 비전을 조국에게 선사한 뛰어난 인물이었다. 카리스마와 영감의 소유자였던 킹은 인종차별에 대한 수동적인 저항을 주장함으로써 전국적인 유명인사로 떠올랐다. 시민인권운동의 아버지였던 그는 억압받는 이들뿐만 아니라 가난한 이들의 대변자 역할을 했으며, 전 세계 행동주의자들의 모델이 되었다.

1929년 조지아 주 애틀랜타의 중산층 가정에서 태어난 킹은 목사인 아버지 마틴 루터 킹 시니어와 학교 선생인 어머니 사이에서 태어났다. 1944년, 의학이나 법률을 공부하기 위해 모어하우스 칼리지에 입학한 그는 종교학자 벤저민 메이스 박사Dr. Benjamin Mays의 영향을 받아 종교에 심취했다. NAACP(National Association for the Advancement of Colored People, 전국유색인지위향상협회)*에 가입한 그는 헤겔Hegel과 소로우Thoreau의 작품을 탐독했으며, 특히 모핸다스 간디와 수동적 저항을 강조한 그의 저서에 많은 관심을 보였다. 1947년, 그는 아버지가 담임 목사로 있던 애틀랜타의 에벤에셀 침례교회에서 목사 안수를 받고 그곳에서 부목사로 재직했다. 그리고 마침내 보스턴대학교에서 신학박사 학위를 획득했다.

1953년에 성악을 공부하던 코레타 스코트와 결혼한 킹은 앨라배마 주 몽고메리에 있는 덱스터 애비뉴 침례교회의 목사가 되었다. 거기서 그는 용감한 흑인 여성 재봉사 로사 팍스Rosa Parks의 모습에서 자신의 운명을 발견했다. 하루 일을 마치고 지쳐서 버스에 오른 그녀는, 백인에게 버스 좌석을 양보하라고 명령한 지방 법령을 어기고 좌석 양보를 거부했다. 그녀는 현장에서 체포되었고 1955년 12월 5일 재판에 출두하라는 명령을 받았다. 마침 그 일을 목격한 킹은 그날 몽고메리 버스회사를 대상으로—이 버스회사의 운전수 중 75퍼센트가 흑인이었다—불매운동

WE
MARCH

을 벌였다. 그는 추종자들을 독려했다. "용감하게 맞서되 위엄과 기독교의 사랑 정신을 잃지 않는다면, 미래의 역사가들은 '그 옛날 문명의 혈관에 새로운 의미와 위엄을 주입한 위대한 사람들, 흑인들이 있었다' 하고 말할 것입니다."

382일 동안 계속된 불매운동은 킹이 기독교 원칙과 소로우의 정치적 선동, 그리고 간디의 비폭력 저항을 하나로 결집해 얻어 낸 최초의 승리였다. 전문적 투사로서 확고한 주장과 인내심을 겸비했던 킹에게는, 비폭력을 피할 수 없듯 대립도 피할 수 없는 것이었다. 그의 운동이 효과를 거둘 수 있었던 것은 바로 단체 행동을 했기 때문이다. 킹의 전략은 캘리포니아 농부들을 지지하는 시저 차베스Caesar Chavez(멕시코 인권운동의 대부로 흔히 마틴 루터 킹 목사와 비견되는 인물)*의 불매 운동과 같은 정치운동뿐만 아니라 1960년대 후반 북아일랜드의 슬럼가에서 일어난 시민 인권행진의 모델이 되었다.

몽고메리 버스회사 불매운동은 세계의 관심을 끌었다. 킹은 가나와 인도 등지를 방문함으로써 그의 진지한 얼굴은 세계 언론에 익숙한 모습이 되었고, 미국 내 인종차별 철폐를 위한 남부 그리스도교 지도자회의SCLC를 설립했다. 1963년 앨라배마 주 버밍햄의 인종차별주의자 보안관 불 코너Bull Connor와 대립한 그는 결국 불 코너를 감옥에 집어넣었을 뿐만 아니라 '버밍햄 교도소에서 온 편지Letter from a Birmingham Jail'라는 선언문을 썼다. 이 선언문의 영향으로 1964년에 시민권 법안이 조속히 통과될 수 있었다. 킹이 승승장구하자 적도 생겨났다. 특히 FBI 국장 J. 에드거 후버는 그에 대한 불신을 조장하려는 공작을 펼치기도 했다. 그러나 킹은 지지자들에게는 지칠 줄 모르는 영감의 주인공이었다. 킹의 인기와 그의 활동은 1963년 8월 워싱턴 행진으로 절정에 이르렀다. 당시 링컨기념관에는 모든 인종과 계층을 초월한 25만 명에 달하는 시민권 주창자들이 모였고, "제게는 꿈이 있습니다I have a dream"라는 구절이 반복되면서 시작하는 킹 목사의 기도 형식의 연설문에 모두 깊은 감동을 받았다. 이 연설은 내용이나 억양이 예의 바른 수사학적 표현에 바탕을 두고 설교하는 듯한 운율이 결합된 것으로, 숭고한 목적을 위해 헌신하는 사람이 자신의 주장을 전달하기에는 가장 완벽한 표현법이었다.

다음 해에 서른다섯 살이 된 킹은 노벨 평화상을 수상했으며 그 후 3년 동안 미국 전역을 돌며 시민의 인권에 대해 역설했다. 1967년, 자신에 대한 비난의 목소리가 커지고 있는 상황에서도 그는 관심 분야를 넓혔다. 그는 베트남전쟁을 도덕적 죄악이라고 단정했으며, 가난을 상대로 한 전쟁을 선포했다. 또 1968년을 목표로 가난한 사람들을 위한 워싱턴 행진을 조직하기 시작했다. 당시 더욱 호전적인 다른 행동가들이 인종차별 철폐하는 수단으로 폭력적 대립에 관심을 보이기 시작한 시대 분위기 속에서도 그는 비폭력 저항을 고집했다. 1968년 4월 4일 저녁, 킹은 청소부 파업을 지지하기 위해 테네시 주 멤피스를 방문했다가 로레인 모텔 발코니에서 암살자의 총탄에 쓰러졌다. 제임스 얼 레이James Earl Ray는 살인죄로 기소되어 1969년 3월에 유죄를 시인했고(그러나 그 후에 자신의 자백을 부인했다) 그 후 유죄가 선고되었다. 킹의 사망을 알리는 뉴스가 전국에 퍼지자 100개 이상의 도시에서 폭동이 일어났다.

암살 당하기 전날, 킹은 자신의 추종자들에게 자신은 죽는 것이 두렵지 않다고 말했다. 자신은 이미 산 정상에 도달해서 산 너머에 있는 약속의 땅을 보았노라고 하면서, 비록 자신은 그곳에 가지 못한다고 하더라도 그들은 반드시 그곳에 갈 수 있을 거라며 용기를 불어넣어 주었다. 그러나 30년이 지난 지금 목적지는 그 어느 때보다 더 요원해 보인다. 그러나 킹의 전설이 유지되도록 애쓰는 이들의 마음속에 신념의 횃불은 여전히 맹렬히 타오르고 있다.

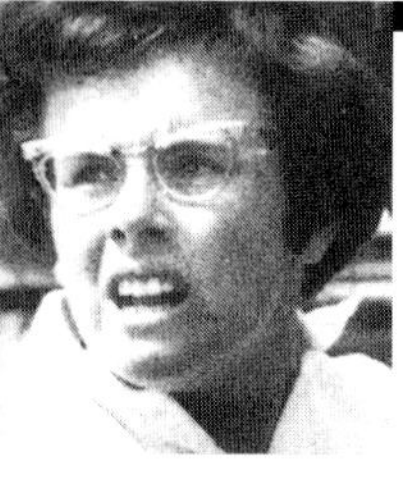

Billie Jean King
빌리 진 킹

1943~

캘리포니아 주 롱비치에 있는 유치원에 입학할 때 쯤 빌리 진 모피트Billie Jean Moffitt는 커서 '뭔가 아주 훌륭한 일'을 하겠다고 결심했다. 그녀가 열세 살 되던 해, 올림픽 장대높이뛰기 선수였던 밥 리처드 목사는 무심코 그녀에게 장차 무슨 일을 할 거냐고 물었다. 그러자 그녀는 아주 자신 있게 세계에서 가장 훌륭한 테니스 선수가 되겠다고 대답했다. 1961년 163센티미터의 키에 가무잡잡한 피부를 한 그녀는 처음 마음먹은 대로 윔블던을 향해 행군했으며, 윔블던에서 톱시드를 배정받은 오스트레일리아의 베테랑 마거릿 스미스Margaret Smith를 일회전에서 무너뜨렸다. 당시 그곳에 모인 관중은 이변을 보며 입을 다물지 못했다. 그러나 빌리 진은 그렇게 놀라지 않았다. 그것은 그녀가 건방졌기 때문은 아닐 것이다. 그녀는 뚜렷한 목표를 정하고 정신적으로나 육체적으로 자신을 단련했고, 목표를 이룰 때까지 어떤 희생도 마다하지 않고 최선을 다했다.

처음 운동을 시작했을 때 킹은 많은 여성 운동선수가 흔히 맞닥뜨리는 여러 가지 제약에 부딪쳤다. 대중 매체는 여자 선수들의 노력에 대해 관심이 적었고 여성을 지원할 수 있는 전국적인 규모의 단체는 하나도 없었다. 그러나 빌리 진은 은퇴할 때까지 재능을 최대한 발휘하여 무려 39번에 걸쳐 단식과 복식 그랜드슬램은 물론이고 혼합 복식에서도 우승하는 기염을 토했다. 그 과정에서 스포츠를 널리 알리는 데 앞장섰고 실제적으로 여성 프로 테니스를 탄생시킨 장본인이 되었다. 또한 그녀는 세계 곳곳에 있는 여성의 새로운 역할 모델이 되었다. 뿐만 아니라 배타적 경기로 인식되던 테니스가 결코 '부잣집 아이들만을 위한' 운동이 아니라고 믿고 모든 계층의 아이들을 위한 특별 프로그램을 보급하여 상류층 남성의 오락으로 알려진 이 운동의 민주화를 위해 싸웠다.

킹은 이러한 용기를 부모님에게서 물려받았다. 소방관이었던 그녀의 아버지는 소프트볼 놀이를 좋아하던 열한 살짜리 딸에게 테니스를 가르쳤고, 비서였던 어머

니는 스포츠에 대한 가족의 열정에 동참했다. 그녀는 유전적으로 순간적인 반사운동 능력과 힘과 놀라운 집중력을 타고났다. 어머니의 설명에 따르면 그녀의 인내심은 세미놀족Seminole(북아메리카 인디언의 한 종족)*이었던 외가의 영향이 컸다. 한편 경쟁의식과 에너지는 그녀만의 특징이었다. 1958년 시합 경험이 전혀 없던 이 열네 살 소녀는 서던 캘리포니아 챔피언십에서 같은 연령대의 참가 선수들을 모두 물리쳤다. 그녀는 프랭크 브레넌Frank Brennan과 우수한 테니스 선수 앨리스 마블Alice Marble의 지도를 받고 1961년에 카렌 한체Karen Hantze와 복식조로 출전하여 처음으로 윔블던 트로피를 차지했다. 2년 후에는 윔블던 단식 결승전에서 마거릿 스미스에게 져서 다소 풀이 죽었지만 약혼자 래리 킹의 격려에 힘입어 더욱 열심히 테니스에 매진할 것을 다짐했다. 빌리 진은 로스앤젤레스주립대학교를 졸업한 뒤 최상의 훈련과 몸 조절을 위해 래리를 남겨 두고 오스트레일리아로 건너갔다. 그녀는 머빈 로즈Mervyn Rose의 세심한 지도로 원기를 돋우고 경기를 마무리하는 법을 익히는 데 전념했다.

다시 미국으로 돌아온 킹은 정상을 향한 발걸음에 박차를 가했다. 1965년, 그녀는 모든 미국 선수를 물리쳤지만 윔블던 준결승에서 고배를 마셔야 했다. 그 후 포리스트 힐스에서 열린 미국 론 테니스 대회에서 그녀의 영원한 경쟁자 마거릿 스미스와 만났지만 결국 참패를 기록했다. 그러나 킹은 패배를 딛고 다시 일어서는 법을 배웠고, 정신 집중과 기술 교정 그리고 경기 운영 방식을 터득하는 데 더욱 전념했다. 그 결과 대중은 그녀에게 더욱 열광했으며, 그녀의 요란한 보디랭귀지와 화려한 플레이는 테니스 역사상 가장 인기 있는 선수의 탄생을 가능하게 했다.

그녀에게 1966년은 결실의 해였다. 처음으로 전 시즌에 참가한 그녀는 여러 번 세계 대회를 거쳐 마침내 그토록 가지고 싶어 하던 윔블던 트로피의 주인공이 되었다. 그 뒤 그녀의 기록은 놀랍도록 상승하여 19개의 윔블던 타이틀을 추가하였다. 1971년에 킹은 계속되는 체중 조절 문제와 거듭되는 양쪽 무릎 수술로 인한 고통을 이기고 1년에 10만 달러 이상을 벌어들이는 최초의 여자 테니스 선수가 되어 또 한 번 유명해졌다. 그런데 그녀는 이번에는 다른 여자 선수들의 수입에도 눈을 돌렸다. 여자 선수들은 이미 킹 덕분에 자신만의 프로 투어를 가지고 있었지만, 페미니스트인 그녀는—그녀는 그렇게 불리는 것을 아주 싫어했다—또 다른 것을 이루기 위한 운동을 시작했다. 그녀의 주장은 당시 여자 선수가 남자 선수보다 훨씬 많은 인기를 누리고 있다는 것이 증명이 되었으므로 동등한 상금을 받아야 된다는 것이었다. 그녀는 이 목표를 이루기 위해 윔블던의 호텔 방에서 동료 여자 선수들과 자주 모임을 가졌고, 그 결과 1973년 여자테니스협회Women's Tennis Association가 구성되었다. 그리고 그해 미국 오픈에 참가했던 여자 선수들이 처음으로 남자 선수와 동등한 상금을 받게 되었다.

과거 화려한 세계적 경력을 지니고 있던 테니스 선수 보비 리그스Bobby Riggs는 여자 선수도 합당한 대접을 받아야 한다는 데 동의하면서도 남자 선수들이 받는 상금의 25퍼센트 정도가 가장 적당하다는 계산법을 내놓았다. 그 결과 '성 대결'이라는 이름으로 이 두 사람 사이에 테니스 경기가 성사되었고—1973년 9월 20일 휴스턴 아스트로돔에서 열린 이 시합은 세계 30개국 이상에 생중계 되었다—그 결과는 경솔하게 지나친 자신감을 내보였던 리그스의 참패로 끝났다. 그 후 킹은 여성 코치이자 테니스 장비 업체를 운영하는 성공적인 경영인, 그리고 여성을 위한 최초의 스포츠 잡지 발행인으로 눈부신 활약을 펼쳤다. 그러나 1981년 테니스계를 대표하는 이름에도 작은 균열이 생겼다. 킹이 그녀의 오랜 비서이자 동반자였던 매릴린 바넷을 그들이 살던 말리부의 집에서 쫓아내려고 하자 바넷은 위자료를 요구하는 소송을 제기한 것이다. 이러한 사건의 충격 속에서도 그녀에 대한 변함없는 사랑을 잃지 않았던 대중은 그녀의 편이 되어 주었고, 테니스계의 기념비적인 인물로서 그녀의 위상은 조금도 흔들림이 없었다. 그녀는 항상 오르막이 있으며 내리막이 있기 마련인 게임을 통해 삶을, 그리고 승리와 패배를 바라보는 시각을 얻게 되었다고 말하곤 했다. "당신이 최고인 순간은 아주 짧다. 당신은 반드시 좌절을 딛고 일어서야 한다."

Ted Turner
테드 터너

1938~

테드 터너는 자신만의 독특한 비전을 통해, 마셜 맥루한Marshall McLuhan이 '지구촌the global village'이라고 명명한 세상을 창조하는 데 일조했다. 그의 개인사를 추적하다 보면, 두 가지 이미지를 발견할 수 있다. 첫 번째는 '용감한 대장'의 이미지다. 그는 스물네 살 때 집안이 운영하던 빌보드 광고회사를 파산 직전에서 살려냈다. 그리고 거기에서 발생한 수익을 투자하여 최초의 케이블 TV 슈퍼스테이션(유선 텔레비전국과 통신위성을 연결하여 계약자에게 방송을 보내는 서비스)*을 세웠고, 최초로 24시간 동안 TV로 세계 뉴스를 내보내는 케이블 뉴스 네트워크CNN로 키웠다. 세계에서 가장 높은 시청률을 기록하는 뉴스 채널로 인정받는 CNN은 사건을 있는 그대로 보도하는 방식으로 변화를 시도했고 이 덕분에 '세계적인' 사건과 '세계적인' 여론이 형성되었다.

이러는 동안, 얼굴에 주름이 많은 미남이었던 터너는 애틀랜타 브레이브스라는 야구단과 애틀란타 호크스라는 농구단을 소유하게 되었다. 또 그는 경기장 안팎에서 돌출 행동을 하기로도 유명했다. 브레이브스 홈경기를 관전할 때 '남부의 입The Mouth of the South'(테드 터너의 애칭)*은 덕아웃 뒤쪽 자신이 제일 좋아하는 자리에 앉아 있다가 파울볼이 날아오면 그걸 잡으려고 스탠드로 뛰어오르기도 했고, 가끔씩 팬들에게 장내 방송으로 경기 상황을 해설해 주기도 했다. 이 경쟁심 많은 실외 스포츠 애호가는 요트 경기에도 심취하여 요트 경기 역사상 가장 많은 우승을 차지했고, 1977년에는 아메리카컵을 차지했다.

터너는 아버지 로버트 에드워드 터너에게서 추진력과 야망을 물려받았다. 그의 아버지는 오하이오 주 신시내티에서 세일즈를 하던 고집 센 알코올 중독자였다. 화를 잘 내는 불안한 성격을 지닌 그는 세 번째 아들이 태어날 무렵에 이미 백만장자가 되어 있었다. 에드 터너는 특히 아들에게 심하게 대했다. 조용하고 인자한 모습을 보이다가도 갑자기 불 같이 화를 내면서 아들에게 매질을 했다. 테드 터너는

채터누가에 있는 맥콜리군사학교에서 '대단한 테드'로 알려지게 되었고 해군사관학교에 입학할 것을 꿈꾸었다. 그러나 아버지의 강요에 못 이겨 브라운대학교에서 경영학을 공부했다. 그러나 기숙사에서 여자와 함께 지냈다는 혐의로 정학을 당했고, 다시 아버지가 끼어들어 그를 해안 경비대로 보냈다. 테드 터너가 가족 사업에 합류한 후 아버지가 사업을 매각하기로 결정하자, 두 사람 사이의 불화는 극에 달했다. 1963년, 아버지 에드 터너가 권총으로 자살하자 테드 터너는 큰 충격을 받았지만 확고한 결심을 굳혔다.

터너는 교묘한 회계 방식을 사용해 터너 광고회사의 매각을 서둘러 끝내고 상속받은 재산을 늘리기 시작했다. 1970년, 그는 망해 가는 애틀랜타의 TV방송국 '채널 17'을 인수하여 터너 커뮤니케이션 그룹의 본거지인 WTCG을 세우고 이것을 미국 4위의 네트워크로 키울 계획을 세웠다. 1980년에 터너가 CNN 사업을 시작했을 때 친구들은 장난기 어린 야유를 보냈다. 그러나 몇 년 후 전 세계 시청자들은 베이루트에 로켓포가 작렬하고 베를린 장벽이 무너지는 장면을 지켜보았다. 뉴스, 보도, 텔레비전이 변했다는 것은 명백했다. 터너는 MGM의 귀중한 필름들을 15억 달러에 사들였고, 스튜디오에 보관된 상당한 양의 흑백 고전영화에 채색을 함으로써 비평가들이 치를 떨게 만들었다. 그런 다음 TNT 채널 사업에 착수하여 사람들의 시선을 끌었다.

시간이 지나면서 노련해진 테드 터너는 헌신적인 개혁자이자 인도주의자로 알려지기 시작했다. 심한 우울증 증세를 극복한 그는 정치 · 사회 문제에 관심을 집중했다. 텔레커뮤니케이션의 선두주자였던 그는 세계인을 상대로 인구 폭발, 인종차별, 군비 확장, 기아, 환경 오염, 그리고 환경 재해 등에 관해 교육을 할 수 있는 기회와 방법을 모두 가지고 있었다. 1991년, 그는 배우이자 건강 옹호자로서 오랫동안 헌신적으로 활동해 온 행동주의자 제인 폰다Jane Fonda와 결혼했다.

노년의 터너는 젊은 시절의 모습을 일부 그대로 간직하고 있었다. 여전히 매력적이고 가끔 강인함과 집중력을 보여 준 그는 젊은 시절 요트에 빠졌듯이 사회적인 대의명분에 대해 강한 열정을 보였다. 한편 야외 활동을 좋아하는 성격은 여전했는데, 서부에 있는 자신의 목장에서 여가시간을 보냈으며 물소를 키우는 데 열중했다. 또 자신이 선택한 사회 운동에 관심을 유도하기 위해 CNN과 자신의 대중매체 지국을 활용했다.

1996년, 방송업계의 경쟁이 점점 치열해지자 그는 극적인 변화를 시도할 때가 되었다고 느꼈다. 그는 75억 달러를 투자해 타임워너와 합병했다. 그 결과 터너는 23억 달러의 순수익을 올렸지만 타임워너의 제럴드 레빈Gerald Levin 다음의 2인자로 강등되었다. 회사는 그만의 것이 아니었다. 게다가 그의 '소유주들'은 오스트레일리아 출신의 뉴스 코프News Corp의 사장 루퍼트 머독Rupert Murdock 같이, 한때 터너의 라이벌이었던 수많은 벤처 사업가들과 손을 잡았다. 그러나 새로운 구조 안에서도 터너의 비전은 계속 유지되고 있으며 CNN은 계속해서 새로운 뉴스 시장을 개척하고 있다. 터너는 영화 원본을 케이블 네트워크 방송에 적합하게 바꾸는 사업으로 할리우드에서 인기와 영향력을 갖춘 인물이 되었다. 뿐만 아니라 사회 변화에 대한 터너의 개인적인 관심도 꾸준히 늘어나고 있다.

1997년, 터너는 UN의 사회 프로그램을 지원하기 위해 앞으로 10년간 10억 달러를 기부하겠다고 밝혔다. 이로써 그는 세상을 만들어 가는 또 다른 방법을 찾았다. 왜 자선 기금을 내느냐는 「뉴욕타임스」의 질문에, 이 실용주의적 진보주의자는 기술 습득에 빗대어 대답했다. "저는 베푸는 법을 배우고 있습니다."

Mother Teresa

테레사 수녀

1910~1997

1946년 9월 10일, 먼지를 일으키면서 다르질링(인도 서벵골의 휴양지)*을 향해 출발한 후텁지근한 기차 안에서 서른여섯 살의 테레사 수녀는 두 번째로 성령의 부름을 받았다. 하느님의 말씀은 너무도 명확하고 강했다. 그것은 로레토 수녀원의 수녀로서 캘커타의 세인트 매리 여학교에서 17년간 중산층 소녀들에게 역사와 지리를 가르치던 평온한 은둔 생활을 청산하고 가난한 사람들을 위해 봉사하라는 것이었다. 그러나 그녀는 자기가 속한 아일랜드 수녀 공동체가 그래 온 것처럼 모티지힐 근처의 빈민가에서 가난한 이들에게 음식이나 다른 필수품을 보급해 주었을 뿐만 아니라 말 그대로 그들 속으로 들어가 함께 살았다. 나빈 차울라Navin Chawla가 테레사 수녀의 허락을 얻어 쓴 평전에서 그녀는 당시를 이렇게 회상했다. "그것은 내 가족과 조국을 떠나 종교 생활을 시작하는 것보다 훨씬 더 큰 희생이었다."

장차 '빈민굴의 성녀'라고 알려지게 될 신앙심 깊고 활동적인 소녀는 유고슬라비아(당시는 알바니아 왕국이었다)의 스코페에서 성공한 건축업자인 니콜 브약스히야와 베니치아 출신인 그의 아내 드라나이 베르나이 브약스히야 사이에서 태어났다. 분홍빛 볼에 오동통했던 아그네스Agnes—그녀의 세례명이었다—는 '곤히야'라고 불렸는데, 이 말은 알바니아어로 '꽃봉오리'란 뜻이었다. 여섯 살 때 아버지가 돌아가시는 슬픔을 겪었고 아버지의 친구가 재산을 거의 독차지하는 바람에 경제적으로 어려움에 처하기도 했지만 그녀는 즐거운 어린 시절을 보냈다. 그녀는 특히 어머니를 많이 따랐다. 신앙심이 아주 두터웠던 어머니는 자수를 놓은 옷을 내다 파는 것으로 겨우 가족의 생계를 꾸리면서도 가난한 사람들을 한 번도 외면하지 않았다. 세 아이가 '나나 로케Nana Loke' 또는 영혼의 어머니라고 불렀던 드라나이는 자비와 나눔의 화신이었고, 후에 병든 자와 배고픈 자를 돌보는 일에 평생을 바친 딸의 전범이 되었다. 1928년 9월 26일, 신앙심 깊은 열여덟 살의 딸이 자그레브

JESUS
T ME BELONG
NLY TO YOU
S M T W T F S

를 출발해 아일랜드의 로레토 수녀원으로 향하면서 두 사람은 작별을 고했고, 그리고 그것이 두 모녀가 함께 한 마지막 시간이었다.

그녀가 새로운 사명을 실천하기 위해서는 가톨릭 성직자단에게 수녀원을 떠나도 좋다는 허락을 받아야 했다. 그녀는 결국 2년 만에 허락을 받는 데 성공했다. 수녀원장에게 작별 인사를 하는 날, 그녀를 위해 면으로 만든 세 벌의 사리sari가 준비되어 있었다(사리는 인도의 빈민층 여성이 입는 옷이다). 그녀의 영적 조언자인 셀레스트 반 엑셈 신부는 사리를 위해 축성을 내려주었고, 그렇게 해서 사리는 그녀의 새로운 예복이 되었다. 1948년 8월, 테레사 수녀는 캘커타 대주교 소속이 되어 '마더 테레사Mother Teresa'로 불리게 되었다. 그리고 같은 해에 인도 북부의 미국 의료사업 수녀단에서 3개월에 걸친 집중 의료 훈련을 받은 후 캘커타에 빈민층 아이들을 위한 첫 학교를 열었다. 그녀는 먼저 벵골어와 힌디어를 공부했고 맨 땅에서 야외 수업을 실시했는데, 나무조각으로 흙 위에 단어를 써서 아이들을 가르쳤다. 테레사 수녀가 새로운 소명을 실천에 옮기기 시작한 지 2년이 못 되어 겨우 열두 명의 수녀가 소속되어 있던 '사랑의 선교회'는 캘커타 대주교구 내의 공식 종교 단체가 되었다.

야심 찬 프로젝트를 시작한 그녀는 1954년에 과거에 생명을 주기도 하고 파괴하기도 하는 힌두 여신 칼리를 모시던 사원 안에 '죽어가는 이들을 위한 기관'을 세웠다. '니르말 흐리다이'(순수한 영혼의 쉼터)는 하느님의 소명으로 이루어진 백여 개가 넘는 공식 병자 수용소 가운데 첫 번째 수용소다. 모든 병자 수용소는 죽어가는 사람들의 육체적 · 감정적 궁핍함을 채워 주기 위해 설립된 곳이었다. 나무 밑의 개간지에서 초라하게 시작한 단체가 나병 환자들까지 받을 수 있을 정도로 점점 규모가 커져서 지금은 1년에 1만 5,000명의 환자를 수용하고 있다. 그녀가 '가족'이라고 불렀던 그녀의 동료들은 에이즈 환자, 폭행당한 여성, 사형 선고를 기다리는 죄수, 노인, 장애인, 그리고 부모에게 버림받은 아이들과 고아들까지 돌보기 시작했다.

1979년, 테레사 수녀는 노벨 평화상을 받았고 유명인사라는 짐을 지게 되었다. 그녀는 가난한 사람들의 이름으로 상을 받았으며 "가난과 기아와 고통 역시 인류의 평화를 위협하는 적이다"라는 현명하고 정치적인 발언을 주저하지 않았다. 이 왜소하고 비쩍 마른 수녀는 1990년대 말까지 선행善行의 제국을 대표하며 쉼없는 순례 여행과 추진력 있고 끈기 있는 운영 방식을 이어갔다. 집 없는 자들을 수용하기 위한 286채의 집과 140개가 넘는 학교, 거의 840대에 달하는 이동 진료소가 매년 500만 명 이상의 사람들에게 도움을 주었다. 그녀가 이끄는 사랑의 선교회는 4,000명이 넘는 수녀와 12만 명의 협력자가 참여하게 되었고 120개가 넘는 나라로 확산되었다. 테레사 수녀는 금욕적으로 살면서 육체 활동을 통해 자신의 신앙심을 표현했다. 격무에 시달리는 중에도 금방 기운을 회복하는 그녀의 놀라운 능력은 절대적으로 시간이 부족한 일을 위해서는 더없는 은총이었다. 자신에게 꼭 필요한 것만 요구했던 그녀는 새벽 4시부터 하루 16시간 동안 벅찬 일과를 소화해 내며 항상 마룻바닥에서 잠을 청했다.

그녀는 사회의 소외된 이들을 위한 봉사 활동에도 불구하고 언제나 비판의 대상이 되어야 했다. 그녀는 인구 과잉 문제가 심각한 나라에서도 낙태와 피임을 반대하는 가톨릭계의 시각을 확고하게 고수했다. 이러한 입장은 특히 페미니스트들의 분노를 샀다. 또 일부에서는 그녀의 봉사 활동이 가난과 질병이라는 증세만을 해결할 뿐이며 근본적인 원인을 치유하지 못한다고 비아냥거리는 사람들도 생겨났다. 그러나 테레사 수녀가 늘 강조했듯이, 진정한 가난이란 물질적인 가난뿐만 아니라 영적 가난을 의미한다. 그녀는 이러한 상태를 완곡한 표현으로 '사랑의 부재'라고 불렀다.

1997년 새해가 시작된 지 얼마 안 되어 그녀는 눈을 감았다. 나무를 잘라 만든 그녀의 소박한 관은 마하트마 간디를 실었던 마차에 실려 캘커타의 인구 과밀 지역을 거쳐 화장터로 옮겨졌다. 그녀를 성인의 반열에 올리려는 얘기가 언론을 통해 보도되는 가운데 교황 요한 바오로 2세는 그녀의 공적을 이렇게 칭송했다. "테레사 수녀는 20세기 역사를 쓰신 분입니다. 그분은 인류를 위해 봉사하면서 인류의 위엄과 존경심을 드높여 주었고 인생의 패배자들에게 하느님의 사랑을 느낄 수 있게 해주었습니다."

Elizabeth Taylor
엘리자베스 테일러

1932~

'영화배우' 하면 사람들의 머릿속에 제일 먼저 떠오르는 여성이 누구일까? 보라색 눈에 말로 형언할 수 없는 아름다움을 갖춘 엘리자베스 테일러가 사람들의 관심 밖으로 밀려난 적은 한 번도 없는 것 같다. 그녀의 대표작과 스캔들이 신문 일면을 장식한 때로부터 세월이 한참 지난 후에도 그녀의 삶은 여전히 대중의 흥미를 자아내기에 충분했다. 사람들은 마치 그녀가 주연 여배우가 되어 출연하는 한 편의 화려하고 인기 있는 드라마를 보는 듯한 반응을 보였다. 그러나 테일러는 대중 앞에 계속 모습을 나타내는 단순한 방법으로 스타가 된 것은 아니었다. 그녀의 매력이 절정에 달했을 때 그녀는 좀처럼 보기 힘든 이국적인 미인이었고, 언제나 관객을 실망시키지 않는 연기를 펼친 여배우였다.

테일러는 아홉 살에 영화계에 입문한 후 줄곧 배우로 활약했다. 가는 곳마다 감탄하는 시선을 한 몸에 받았고, 놀랄 만큼 침착한 무대 매너를 보인 그녀는 부모의 손에 이끌려 유니버설영화사의 오디션에 참가했다. 영국 출신의 이 미국인 소녀는 오디션 결과 〈1분마다 한 명이 태어난다There's One Born Every Minute〉(1942)의 단역으로 출연하게 되었다. 이 명석한 열한 살 소녀는 MGM의 스크린 테스트를 받고 〈래시 집으로 돌아오다Lassie Come Home〉(1943) 출연 계약을 체결했고 그 후 계약사의 양해를 얻어 20세기폭스가 제작한 〈제인 에어Jane Eyre〉(1944)에 단역으로 출연했다. 엘리자베스는 거만한 어머니의 지시에 따라 MGM과의 계약에 맞춰 활동하면서 어린 시절을 보냈다. 사람들의 관심을 모은 이 아역 배우는 스튜디오의 야외 촬영지가 세상 전부인 다른 아역 배우들과 마찬가지로, 왜곡된 자의식과 중심 배역에서 밀려날지 모른다는 두려움 속에 자랐다.

어린 시절 배워 둔 승마가 테일러의 초기 영화 출연에 중요한 역할을 했다. 그녀는 〈녹원의 천사National Velvet〉에서 용감한 어린 기수 역에 딱 들어맞았고, 매력적인 그녀의 연기는 곧 센세이션을 불러왔다. 3년 후, 그녀의 첫 키스 장면이 등장하

는 영화 〈신시아Cynthia〉의 광고물을 찍기 위해 스튜디오의 광고 기계가 무리하게 속도를 올렸다. 1950년 그녀는 고등학교를 졸업했고 〈신부의 아버지Father of the Bride〉에서 스펜서 트레이시의 딸로 등장했다. 그 다음 해 그녀는 이제 막 무르익기 시작한 매력을 〈젊은이의 양지A Place in the Sun〉에서 유감없이 발휘했다. 그녀의 상대역으로 출연한 몽고메리 클리프트와는 평생 친구가 되었다. 그러나 1956년 〈자이언트〉에서는 록 허드슨과 10대 아이돌 스타 제임스 딘에 비해 비중이 낮은 역을 맡아야 했으며, 그 다음 해에 제작된 〈레인트리 카운티Raintree County〉에서는 관객의 냉담한 반응을 감수해야 했다(이 영화에서 그녀는 정신이상자 역으로 아카데미상 후보자에 이름이 올랐다). 그러나 테일러는 견뎠고 결국 성공을 거머쥐었다. 1958년에 테네시 윌리엄스의 소설을 영화로 만든 〈뜨거운 양철 지붕 위의 고양이Cat on a Hot Tin Roof〉에서 그녀는 실크 옷을 입은 분노에 휩싸인 고양이 매기 역을 통해 명성을 얻었다. 이 영화로 그녀는 엄청난 출연료를 받는 영화배우로 자리를 굳힐 수 있었다.

그리고 실제로 엄청난 소득을 올렸다. 1963년에 제작된 그 유명한 광상곡인 〈클레오파트라Cleopatra〉에서, 비록 성공적인 캐스팅은 아니었지만 테일러는 100만 달러라는 전례 없는 고액의 개런티를 받았다. 엄청난 제작비가 투자된 호화로운 촬영장에서 화려한 의상을 갖추어 입은 그녀는 웨일즈 출신의 유명한 배우 리처드 버튼의 상대역으로 출연했다. 그러나 관중을 사로잡은 것은 영화 속 그들의 연기가 아니라 촬영장 밖에서 벌어진 열정적인 로맨스였다. 그때까지 테일러는 차례로 호텔 상속자 니키 힐튼, 배우 마이클 윌딩, 감독 마이크 토드와 결혼했다. 그녀는 세 번째 남편의 비극적인 죽음 때문에 힘들어 했다. 그리고 네 번째 남편은 팝 가수 에디 피셔였다. 에디 피셔는 1959년 당시 테일러와 결혼하기 위해 데비 레이놀즈를 배신한 일로 언론의 입방아에 오르기도 했다. 그러나 이번에 그녀는 다시, 사색하기를 좋아하고 술을 많이 마시는 리처드 버튼과 결혼했다. 약혼식 날, 그는 테일러에게 33캐럿짜리 크루프 다이아몬드 반지를 선물했다.

테일러와 버튼의 격정적인 로맨스는 격조 높은 드라마에서 저급한 코미디로 곤두박질했다. 그러나 두 영화배우의 결합은 에드워드 올비의 희곡을 영화화한 〈누가 버지니아 울프를 두려워하랴Who's Afraid of Virginia Woolf?〉(1966)와 같은 주옥같은 작품을 만들어 냈다. 술 취한 조지 역을 맡은 버튼의 상대역으로 품위 없는 술주정뱅이 마사를 연기한 그녀는 두 번째 아카데미상을 거머쥐었다. 이 역할은 그녀에게 첫 번째 아카데미상을 안겨 준 〈버터필드 8Butterfield 8〉의 사랑스럽고 외로운 정부 로렌스와 별반 다를 것이 없었다. 테일러와 버튼은 1966년부터 1972년까지 많은 제작비를 들인 흥행작을 여러 편 만들었지만 결혼 생활을 둘러싼 잡음이 끊이지 않더니—그들은 불화설을 두 번이나 공식적으로 부인했다—결국 1976년에 헤어지고 말았다. 같은 해 테일러는 존 워너와 결혼했고, 존은 얼마 안 있어 버지니아 주 상원의원으로 선출되었다. 정치가의 아내가 얼마나 외로운 위치인지 알게 된 그녀는 자신의 역량을 무대에서 확인해 보고자 했다. 그래서 1981년에 〈작은 여우들The Little Foxes〉에 출연한 데 이어 1983년에는 리처드 버튼과 다시 손을 잡게 되었는데, 떠들썩한 광고에도 불구하고 그들의 만남은 노엘 카워드의 〈사생활Private Lives〉을 단순히 리바이벌한 것에 불과했다. 다음 해에 버튼이 뇌졸중으로 갑자기 사망하자 테일러는 깊은 슬픔에 빠졌다.

1980년대에 그녀는 심각한 질병과 고통스러운 등 질환 재발 탓에 활발한 활동을 하지 못했다. 그녀는 20여 회에 걸친 수술을 받았고, 베티 포드 클리닉에 두 번 입원한 것을 포함해 이유를 밝히지 않고 여러 번 입원했다. 그리고 건강을 회복한 테일러는 남의 고통을 통감할 줄 아는 사람으로 거듭났다. 1985년 친구 록 허드슨이 에이즈로 사망하자 테일러는 대스타로서는 최초로 공식적으로 에이즈 연구를 지지하기 시작했고 미국 에이즈연구기금AmFar과 엘리자베스 테일러 에이즈재단을 통해 지칠 줄 모르는 활동을 벌였다.

1991년, 59세의 테일러는 베티 포드에서 요양하던 중 건설 노동자 래리 포텐스키를 만나 결혼했다. 총 1,500만 달러가 든 결혼식은 팝 스타 마이클 잭슨 소유의 네버랜드에서 열렸다. 어른으로 성장하는 것이 가장 힘들었다고 고백한 그녀의 생활은 안정적이고 새로운 단계에 접어드는 듯했다. 그러나 여덟 번째 남편은 테일러의 인생의 흐름에 역행했고, 결국 두 사람은 1995년에 갈라섰다. 2년 후 그녀는 양성 종양을 제거하기 위해 뇌 수술을 받았다. 그러나 팬들은 여전히 희망을 잃지 않았다. 영화배우로서 자신의 직업에 대해 걱정하는 일은 테일러에게는 어제오늘의 일이 아니었다. 어쩌면 그녀가 한 말이 이런 상황을 가장 잘 표현하고 있는지도 모른다. "이봐요, 난 그 모든 것들을 다 겪어 왔다고요. 나는 용기의 화신이에요."

Shirley Temple
셜리 템플

1928~

셜리 템플은 세 살 때 영화에서 탭댄스를 선보인 것을 계기로 배우로 활동하게 되었다. 예쁜 미소를 지닌 아역 배우 셜리 템플은 세계 대공황 시절 미국인의 연인이었다. 무료 빵 배급으로 생활해야 했던 우울하던 그 시절, 사람들은 시름을 잊게 해줄 대상이 필요했다. 1934년 〈구두쇠와 꼬마 숙녀Little Miss Marker〉라는 영화에 출연한 뒤로 '리틀 미스 미라클Little Miss Miracle'이라는 애칭으로 불리게 된 그녀는 사람들의 요구를 충족시키기에 조금도 부족함이 없었다. 금발의 곱슬머리에 달콤한 목소리를 후광 삼아, 언제나 명랑한 모습을 잃지 않은 이 아역 배우는 진부하지만 달콤한 십여 편의 영화의 버팀목이 되었으며, 풀이 죽은 미국 시민들에게 힘이 되어 주었다. 손가락을 흔들며 그녀가 들려준 교훈들은—항상 입술을 앞으로 쭉 내밀면서 말했다—놀랍게도 또래 팬들보다는 어른들에게 더 많은 감동을 전해 주었다. 이 놀라운 아이가 아무리 전성기라고 해도 일주일에 1만 달러라는 과도한 수입을 올린다는 사실이 언론에 알려진 뒤에도 그 인기는 여전했다.

셜리 열풍이 최고조에 이르렀을 때 엄마들은 딸들에게 셜리 템플의 옷을 입혔고, 셜리 템플 인형을 사주었다. 그러나 발랄한 아이의 때 묻지 않은 순수함과 다정한 성품, 그리고 항상 노래와 춤을 잊지 않는 기운 찬 모습은 아무도 따라할 수 없었다. 그녀의 노래와 춤 실력은 전문가 빰칠 정도였다. 1930년대 말에 〈하이디 Heidi〉(1937), 〈위 윌리 윙키Wee Willie Winkie〉(1937), 〈서니브룩 농장의 레베카 Rebecca of Sunnybrook Farm〉(1938), 그리고 〈리틀 미스 브로드웨이Little Miss Broadway〉(1938)를 통해 전성기를 맞게 된 그녀는 박스오피스 인기 순위에서 클라크 게이블을 앞질렀다. 공동 주연을 맡은 배우들은 셜리의 배우로서의 본능, 뛰어난 완벽주의, 그리고 굽힐 줄 모르는 확고한 신념을 높이 샀다. 심지어 그녀는 1934년에 영화 산업에 미친 놀라운 공헌을 인정받아 특별히 제작된 작은 아카데미상 트로피를 받기도 했다.

그러나 다른 사람들의 춤과 노래를 따라 하는 그녀의 능력은 많은 전문 영화배우들을 화나게 만들었다. 영화배우 아돌프 멘쥬Adolphe Menjou가 반조롱조로 셜리를 '신전의 아이'(셜리 템플의 템플temple(신전)에 빗대어 한 말)*라고 불렀듯이, 그들은 셜리와 함께 출연하는 것을 명확한 불이익으로 생각했다. 일부 영화 비평가들은 셜리의 아이답지 않은 침착한 태도를 의심해서 그녀가 사실은 난쟁이라고 확신했다. 그레이엄 그린은 그녀가 〈위 윌리 윙키〉에서 보여 준 교태에 대해 어느 영국 잡지에 쓴 기사에서 그녀가 아이로 분장한 어른이라고 주장했다. 이 문제로 소송이 벌어졌고 잡지사는 거액의 배상금을 물어 주게 되어 결국 파산했다.

한편 일반 팬들은 거리에서 이 어린 스타와 그녀의 보디가드들에게 몰려들었다. 반면 퍼싱 장군, H. G. 웰즈, 엘리너 루스벨트(셜리는 엘리너 루스벨트와 하이드파크에서 함께 햄버거를 먹기도 했다) 등 더 유명한 팬들은 20세기폭스 사 촬영 현장에 방갈로 놀이집을 만들어 주어 그녀에 대한 사랑을 표현했다. 셜리를 적극적으로 후원한 사람들 중에는 몇몇 영화에서 그녀의 춤 상대자로 출연한 빌 '보쟁글즈' 로빈슨Bill 'Bojangles' Robinson도 있었다. 그는 56세 되던 해에 여섯 살이던 셜리와 함께 공연했는데, 영화 역사상 서로 인종이 다른 두 사람이 듀엣 공연을 보인 것은 그때가 처음이었다. 세계적으로 성공한 최고의 무용수 중 한 사람이었던 그는 그녀의 본능적인 감각에 끝없이 감탄하면서, 복잡한 춤의 순서를 익히는 데 걸리는 시간을 단축하기 위해 끊임없이 노력했다.

사실 템플은 '한 번에 끝내는 셜리One-Take Shirley'로 알려져 있었다. 이것은 음정, 스텝, 또는 악절 하나 틀리지 않는 완벽함 덕분에 얻은 별명이었다. 물론 이것은 타고난 솜씨였지만, 딸을 맹목적으로 사랑하는 어머니 거트루드 템플의 도움으로 얻은 것이기도 했다. 셜리의 어머니는 밤마다 딸이 연기와 대사를 연습할 때 도와주었다. 촬영 현장에 자리를 잡고 앉은 거트루드 템플은 감독을 도와 "신나게, 셜리야, 더 신나게!" 하고 그녀의 기운을 북돋워주었다(그녀는 딸이 활동을 시작한 초기부터 봉급을 따로 받았다). 〈베이비 벌레스크Baby Burlesks〉라는 릴 한 개짜리 풍자 코미디 연속극 중 한 편에서 마를레네 디트리히를 흉내 내던 가장 초기부터, 셜리의 간식을 준비하거나 클로즈업 장면을 위해 머리 모양을 어떻게 할 것인가 하는 세세한 일에 이르기까지 모든 것을 결정한 사람은 바로 그녀의 어머니였다.

아직껏 셜리를 능가하는 소녀 배우는 없는 듯하다. 수입과 지출 계정을 청산한 후 비로소 그녀는 부모가 자신의 개인 매니저로 역부족이라는 사실을 깨닫게 되었다. 그녀는 19년 동안 거의 60편의 영화에 출연했지만, 수중에는 단돈 몇 천 달러 밖에 남지 않았다. 재정을 담당하던 아버지가 잘못된 투자로 돈을 날리고, 신탁기금에 정기적으로 예금을 하지 않았기 때문이다. 그러나 관대하고 온화한 성품을 지닌 그녀는 부모의 모든 잘못을 용서해 주었다.

아역 시절 눈부시게 활동한 다른 많은 배우들과 마찬가지로, 셜리 템플도 십대에 들어서자 과거의 명성만큼 극적인 성공을 계속 이어가지 못했다. 팬들은 자그마한 곱슬머리 아이를 원했고, 열두 살이 된 그녀는 너무 키가 크거나 매력이 없지는 않았지만 기본적으로 영화배우로서는 재기가 불가능했다. 그러나 다른 할리우드 신동들과는 달리, 셜리 템플은 성공적인 제2의 삶을 살았다. 그녀는 1950년에 두 번째 남편이자 성공한 사업가인 찰스 블랙과 결혼했으며 세 명의 아이를 키웠다. 또 1950년대에 텔레비전 무대에 성공적으로 컴백했고, 1967년에는 공화당 공천 후보자로 의회 진출을 위한 선거에 출마했다. 선거 운동은 실패로 끝났지만, 그녀는 자신이 귀중한 공화당 지지자라는 사실을 충분히 입증할 수 있었다. 1969년에 리처드 닉슨 대통령에게 유엔 대사로 임명되어 논란이 일었지만, 열정적으로 일을 해서 외교상의 경험 부족을 극복했다.

또 다른 분야에서 용감한 활동을 벌이던 그녀는 1972년에 기자 회견을 열어 자신이 유방암에 걸렸다는 사실을 알렸는데, 유명인사로서는 처음 시도한 일이었다. 몇 년 후 그녀는 당시를 회상하며 "나는 동료들을 도울 수 있다는 생각이 들었다" 라고 말했다. 암을 극복한 셜리 템플 블랙은 1974년부터 1976년까지 가나 대사로 일했고, 포드 정부 시절에는 국무부 의전 책임자로 임명되었다. 침착한 성품을 타고난 과거의 스타에게는 더없이 완벽한 자리였는데, 1998년에 아카데미 시상식에 모습을 드러낸 그녀에게서 또 다시 그녀의 성품을 확인할 수 있었다.

Arturo Toscanini

아르투로 토스카니니

1867~1957

20세기 초반에 활동했던 가장 위대하고 영향력 있는 이 지휘자는 통상적으로 지휘자가 지니는 절대적인 곡 해석권을 거부했다. 아르투로 토스카니니는 음악이란 당연히 작곡가의 소유이며 자신은 작곡가가 지시한 대로 하면 된다고 생각했다. 그러나 그는 극적인 강렬함, 지휘를 맡은 오케스트라에 대한 절대적 통제력, 그리고 연주자들을 독려하여 완벽한 음악에 도전하도록 이끄는 능력으로 유명했다. 위대한 클래식 음악에 대한 그의 곡 해석은 지휘의 표준이 되었다. 이는 이따금 작곡가가 악보에 표시한 지시 사항들을 모두 무시하는 낭만주의 시대 지휘자들의 방종과는 현격한 대조를 이루었다.

이탈리아 파르마에서 가리발디를 따르던 붉은셔츠당Redshirts(1860년대 이탈리아 통일운동 당시 활동하던 혁명의용군)* 출신의 소박한 재단사의 아들로 태어난 토스카니니는 처음에는 의상 디자인에 관심을 보였다. 그러나 아홉 살 되던 해에 파르마 음악원에 입학하여 1885년에 첼로와 작곡 부분에서 최고의 성적으로 졸업했다. 그는 이탈리아 오페라 레퍼토리를 전부 암기하고 있었는데, 다음 해에 자신의 실력을 유감없이 발휘할 수 있는 좋은 기회를 얻었다. 당시 젊은 첼리스트로 브라질에서 순회공연 중이었던 그는 공연을 시작하기 바로 전에 지휘자를 대신하여 무대에 올랐다. 토스카니니가 연단에 서자 청중은 야유를 보내기 시작했다. 그러나 〈아이다〉에 대한 격정적이면서도 정확한 곡 해석은 너무도 감동적이었다. 청중은 연주가 진행되는 동안 지휘자가 악보를 한 장도 넘기지 않았다는 사실을 알아차리지 못한 채 그의 지휘에 열중했다. 그는 성공적인 공연에 힘입어 나머지 시즌 내내 지휘를 맡게 되었다. 토스카니니의 놀라운 기억력은 말년에 더욱 빛을 발했다. 시력을 상실한 상태로 지휘를 해야 했던 그에게 기억력은 더 없이 큰 도움이 된 것이다.

명성이 높아지면서 그는 이탈리아의 한 지방 오페라 극단에서 일하게 되었다. 첼리스트였던 그는 1887년에 〈오텔로Otello〉 세계 초연 리허설장에서 베르디Verdi

를 만났는데, 두 사람은 1896년까지는 서로 제대로 알지 못하는 사이였다. 신진 오페라 작곡가들의 지지를 받고 있던 토스카니니는 1892년 레온카발로Ruggiero Leoncavallo의 〈팔리아치I pagliacci〉의 초연에서 지휘를 맡았으며, 1896년에는 푸치니Puccini의 〈라보엠La bohème〉 초연 지휘를 맡았다. 그에게 격찬을 아끼지 않았던 사람은 그의 고국 동포가 아니라 바로 바그너Wagner였다. 바그너는 그를 "19세기 최고의 지휘자"라고 불렀다.

1897년에 토스카니니는 밀라노 주식 브로커의 딸인 카를라 데 마르티니와 결혼했다. 두 사람 사이에는 세 아이가 태어났는데, 발음하기 좋게 월터, 월리, 그리고 완다라고 이름을 지었다. 완다는 후에 위대한 러시아 피아니스트 블라디미르 호로비츠와 결혼했다. 1898년에 토스카니니는 밀라노의 유명한 라 스칼라 오페라하우스의 수석 지휘자이자 예술 감독으로 임명되었다. 그는 이곳에서 바그너의 〈뉘른베르크의 명가수Die Meistersinger von Nürnberg〉 이탈리아 초연을 시작으로 자신의 첫 번째 시즌을 시작했다. 밀라노에서 5년 동안 활동했던 그는 엄격한 성격 탓에 1903년에 청중의 앙코르를 받아들이는 대신 차라리 사임을 선택했다. 그는 오페라에 발레를 포함시킨 19세기의 기묘한 전통만큼이나 앙코르를 못마땅하게 생각했다. 토스카니니는 5년 동안 유럽과 아프리카를 여행한 뒤 1908년에 뉴욕 메트로폴리탄 오페라의 지휘봉을 잡게 되었다. 뉴욕에서 활동하는 동안 그는 별도의 리허설 시간을 요구하여 관철시켰으며 오케스트라를 엄격하게 통솔했다.

이 마에스트로가 리허설 중 버럭 화를 냈던 일은 전설이 되었다. 한번은 오케스트라의 연주를 "암살자들!"이라는 한 단어로 요약했다. 또 그는 예민하기로도 유명했다. 어느 한 악절에 아주 가볍고 섬세한 연주를 원했는데 표현을 못하자—그는 영어가 형편없었다—그는 주머니에서 흰색 실크 손수건을 꺼내서 공중으로 휙 집어던졌다. 그리고는 손수건이 마치 꿈을 꾸듯 공중을 떠다니다 바닥에 떨어지는 모습을 오케스트라와 함께 지켜보았다. "저거야!" 하고 그가 말했다. "저렇게 연주를 하라고!" 오케스트라의 연주자들은 토스카니니와 함께 작업하는 것이 힘들다고 느낄 때마다 그가 자신들을 힘들게 하는 만큼 스스로도 힘들어 한다는 것을 알고 있었다. 그는 "나는 피를 토해내고 있네. 자네들도 그렇게 해봐!" 하고 브람스와 베르디를 연습하는 단원들을 독려하곤 했다. 그는 단원들이 자신의 요구한 대로 정확히 따라 주면 기쁨의 눈물을 흘리곤 했다. 한번은 토스카니니가 실수를 했다. 정말 드문 일이었다. 그는 단원들이 보는 앞에서 자신의 뺨을 때렸다. 벌칙을 받는 데에는 지휘자도 예외일 수 없음을 직접 보여 준 것이다.

제1차 세계대전 당시 그는 지휘 활동을 중단한 채 군악대를 조직해서 몬테산토 공격이 진행되는 동안 이탈리아 최전방에서 연주 활동을 벌였다. 그 후에는 전쟁 희생자들을 위한 자선 공연에서 지휘를 맡았다. 제1차 세계대전이 끝난 후 그는 처음에는 베니토 무솔리니의 초기 파시즘에 끌렸지만, 그 후에는 대외적으로 변함없이 반파시스트 입장을 고수했다. 1931년에 토스카니니는 파시스트 찬가 연주를 거부했으며 히틀러가 유대인 음악가들의 활동을 제한 한 일을 비난했다는 이유로 볼로냐에서 폭행을 당했다. 그 사건을 계기로 유명한 독일 바이로이트와 오스트리아 잘츠부르크 축제와의 오랜 인연을 청산했다.

1937년, 실험적인 라디오 방송인이었던 데이비드 사르노프David Sarnoff가 1928년부터 뉴욕 필하모니 지휘자로 활동하던 토스카니니에게 NBC 심포니를 맡아줄 것을 요청했고, 그의 제안을 받아들인 토스카니니는 17년 동안 즐거운 마음으로 충실한 연주를 위해 노력했다. 그 후, 반짝이는 흰 머리에 섬세하고 영혼이 깃든 듯한 외모, 그리고 가느다란 콧수염은 수백만 미국인들의 눈에 친숙한 모습으로 자리 잡았다. 그는 텔레비전이라는 매체를 통해 정확하고 생기 넘치는 지휘를 선보임으로써 미국인들에게 클래식 음악의 진수를 선사했다. 87세의 마에스트로는 1954년 4월 4일 NBC 오케스트라와의 마지막 공연에서 〈뉘른베르크의 명가수〉의 마지막 화음을 지휘하던 도중 지휘봉을 떨어뜨렸다. 그리고 연단에서 내려와 그가 생명을 불어넣은 작품들의 위대한 작곡가들을 따라 역사의 뒤안길로 사라졌다.

Harry S. Truman

해리 S. 트루먼

1884~1972

미국의 33대 대통령 해리 S. 트루먼은 세계 정치의 미래를 형성할 결단을 내려야 했다. 적극적이고 신중했던 '본때를 보여 줘 해리Give'Em Hell Harry'는 신속하게 판단했으며 확신을 가지고 행동에 옮겼다. 1944년에 병세가 심각해진 프랭클린 D. 루스벨트의 러닝메이트로 선택된 트루먼은 취임한 지 1년도 안 되어 루스벨트가 사망하자 그를 대신하여 제2차 세계대전의 종전과 그에 따른 정치적 여파를 책임지고 해결해야 하는 중책을 맡았다. 전후 독일과 유럽 문제를 해결하기 위해 준비된 포츠담 회담 참가자이기도 한 트루먼은 태평양 전쟁을 종식시키기 위해 히로시마와 나가사키에 폭탄 투하를 허락했다. 7월 25일자 일기에서 그는 "우리는 세계 역사상 가장 잔인한 폭탄을 발명했다"라고 인간적인 고뇌를 토로하기도 했지만, 대통령으로서 미국인과 일본인의 생명을 구하기 위해 폭탄을 사용해야 한다는 용단을 내릴 수밖에 없었다. 전후 세계에서 트루먼은 서구 민주주의가 존폐 위기에 놓여 있다는 사실을 직시했다. 그는 소련의 팽창주의에 대해 봉쇄 정책으로 맞섰는데, 그 결과 이념과 군사적 측면에서 세계를 양분하는 데 결정적인 역할을 했으며 40년 동안 지속된 냉전 시대의 막을 열었다. 그러나 일부 비평가들은 외교 정책에 더 많은 지식을 갖춘 더욱 타협적인 지도자라면 막다른 교착 상태를 피할 수 있었을 거라고 주장했다. 그런 시각에서 본다면, 자신을 역사의 교차로라고 생각한 해리 트루먼이 미국의 국익에 가장 보탬이 되는 방법을 선택했다고 보는 것이 올바른 평가일 것이다.

트루먼은 미국 중서부의 한 시골에서 태어났다. 1884년 5월 8일, 미주리 주 라마르에서 세 남매의 장남으로 태어난 트루먼은 "정말 행복한 어린 시절을 보냈다"라고 회상했다. 그러나 1889년에 가족이 미주리 주 인디펜던스로 이사한 후, 한꺼번에 큰돈을 벌겠다는 아버지의 무모한 계획 때문에 집안 살림에 심각한 타격을 입게 되었다. 피아노 연주를 좋아하고 근면했던 소년 해리는 돈이 없어 대학에 진학

할 수 없었을 뿐만 아니라 지독한 근시 때문에 웨스트포인트 사관학교에도 들어갈 수 없었다. 아버지는 아들에게 외할머니의 농장 일을 도와주라고 명했고, 해리는 11년간 농장에서 일하면서 자신감을 얻게 되었다. 그는 제1차 세계대전 당시 129야전포병대에서 장교로 참전하면서 자신의 지도자 능력에 대해 더욱 자신감을 갖게 되었다. 전선에서 고향으로 돌아온 트루먼은 그의 사회적 지위가 낮다는 장모의 반대에도 불구하고 거의 10년 동안의 구애 끝에 드디어 베스 윌리스와 결혼했다.

그가 이끌던 의류 소매업이 실패하자, 트루먼은 캔자스시티 정치계의 거목이었던 T. J. 펜더가스트Thomas Joseph Pendergast에 의해 정치에 발을 들어 놓게 되었다. 그는 1922년에 부패한 펜더가스트의 지원을 받아 주 판사로 선출되었다. 자금이 풍부한 조직의 도움으로 탄탄대로를 달리던 그는 마침내 1934년에 상원의원에 선출되었는데, 정치계의 거목과의 불미스러운 관계 탓에 루스벨트 정부와 냉랭한 관계를 지속할 수밖에 없었다. 펜더가스트가 세금 포탈로 유죄 확정을 받고 그를 지지하던 정치 조직이 와해된 후, 트루먼은 1940년에 힘겨운 재선 운동에서 승자가 되었다. 전시 군비 지출에 대한 상원위원회의 의장으로서 군비의 비효율적 이용과 남용에 관한 철저한 조사를 벌인 그는 곧 전국적인 저명인사가 되었다.

1944년 여름, 루스벨트 대통령의 보좌관들이 대통령이 죽어 가고 있다는 사실을 깨닫게 되면서 트루먼은 부통령 러닝메이트로 결정되었다. 뉴딜 정책 옹호자들과 노동자들, 그리고 더 보수적인 민주당원들의 호감을 사고 있던 트루먼은 처음에는 "대통령이란 자리는 대단히 영광스러운 자리이며, 저는 그러한 자리에 앉고 싶은 욕심이 없습니다"라면서 고사했지만, 곧 생각을 바꾸었다.

트루먼은 루스벨트에게서 배경 지식이나 계획은 물론이고 최고 수준의 결정을 내리는 과정에 대해서도 전혀 설명을 듣지 못한 채 대통령직을 수행하게 되었다. 그 결과 자신에게는 정보가 너무 부족하며, 준비가 안 되어 있고, 또 두려움마저 느끼고 있다는 사실을 깨달았다. 사실 그는 외교 정책에 관한 배경 지식이나 경험이 전혀 없었으며, 믿고 도움을 청할 보좌관들도 없었다. 또 곧 전쟁의 해결에 관해 회담을 벌이기로 되어 있던 각국의 정상인 스탈린과 처칠에 대해서도 직접적인 정보를 가지고 있지 않았다. 12년 동안 놀라운 지도력을 보인 루스벨트의 뒤를 이어 대통령직을 계승하게 된 것은 너무도 불리한 상황이었다. 그의 앞에는 중요한 결정들이 산적해 있었다. 독일의 무조건 항복과 관련된 선택권들, 유럽의 운명, 더욱 거칠어지는 소련의 저항, 그리고 일본의 패망 시기를 앞당기기 등 수많은 문제들이 그의 결단을 기다렸다. 그는 이러한 문제들에 대해 단호하게 대처했고, 이런 모습은 그를 제외한 거의 모든 사람들을 놀라게 했다.

1948년에 치른 대통령 선거에서, 미국 전역의 작은 도시도 마다하지 않는 적극적인 선거 유세를 펼친 트루먼은—이 때는 자신의 뜻을 마음껏 펼 수 있게 되었다— 공화당 후보 토머스 듀이Thomas Dewey를 근소한 차이로 이김으로써 미국 선거 역사상 가장 놀라운 역전극을 연출했다. 국내적으로 트루먼은 페어딜Fair Deal 정책을 제창하여 루스벨트의 뉴딜 정책의 정신을 계승하고자 했지만 대다수 공화당 의원들의 반대에 부딪쳤다. 오늘날 그는 주로 외교 정책에 능한 대통령으로 기억되고 있다. 트루먼은 소련의 야망을 잠재우기 위해 다양한 해석이 가능한 트루먼 독트린Truman Doctrine을 발표했고, 이를 통해 1947년부터 공산주의자가 이끄는 게릴라를 소탕하기 위해 그리스와 터기에 4억 달러를 원조해 줄 것을 의회에 요청했다. 트루먼 독트린은 나토NATO의 창설로 더욱 힘을 받게 되었다. 서부 유럽의 경제 회복을 보장하는 마셜 플랜과 미군의 한국전 참전도 그에게 힘을 실어 주었는데, 특히 더글러스 맥아더 장군을 해임한 유명한 사건을 통해 그의 권위는 최고점에 달했다. 1952년, 그는 대통령 재선 출마를 거부했다.

솔직하기로 유명한 이 미국인은 20세기는 물론이고 미래 역사에 남을 중요한 순간에 자신이 맡은 막중한 책임을 잘 이해했다. 제2차 세계대전이 끝난 지 50년이 지난 지금도 원자폭탄 사용의 도덕성과 그가 소련의 위협이라고 느낀 부분에 대한 대처 방법에 대한 논쟁은 계속되고 있다. 미국의 33대 대통령은 책임을 회피하지 않고 반대자들에게 "뜨거운 열기를 참을 수 없다면 이 부엌에서 나가시오"라고 당당하게 주장한 특별한 사람으로 국민의 가슴속에 아직도 기억되고 있다.

Luciano Pavarotti

루치아노 파바로티

1935~

루치아노 파바로티는 격조 높은 오페라 공연과 음반 제작을 통해 문화 발전에 이바지했을 뿐만 아니라 음악이라는 대의명분을 위해 역사상 가장 많은 돈을 모은 인물이었다. 이 20세기의 가장 위대한 테너는 베르디, 푸치니, 바그너가 창조한 세계를 고급 문화라는 고립된 성채에서 끌어내어 많은 사람이 쉽게 즐길 수 있는 볼거리로 바꾸려고 노력한 점에서도 독보적인 존재다. 1990년대 초반까지 '빅 루치아노'—이탈리아인은 그를 이렇게 부른다—의 모든 활동은 오직 오페라에 집중되어 있었다. 그는 전문가 과정을 개설했고 개인 지도를 했으며 경연대회의 재정을 지원하기도 했다. 이 나이 든 음악 수호자는 오페라 소극장을 벗어나 엄청난 규모의 스포츠 경기장과 위성 텔레비전 방송이라는 더 큰 공연장을 개척한 덕에 불어난 전 세계의 청중 때문에 더 큰 부담을 느끼고 있다. 한편 극히 배타적이고 엄격한 비판의 잣대를 들이대는 오페라 전통주의자들은 1993년 센트럴파크에서 열린 콘서트에서 그런 것처럼 감성적인 나폴리의 사랑 노래와 청중이 좋아하는 아리아를 부르는 파바로티의 연주회를 종종 비난했다. 오페라 팬이라면 광적이라고 할 정도로 오페라에 대한 지식을 갖추어야 한다고 믿는 고집 센 순수주의자들은 오페라 가수가 상품 광고에 등장하는 것을 보고 당혹감을 감추지 못했고 팬들이 파바로티 시즌에 열리는 모든 공연을 관람하려고 제트기를 타고 전 세계를 누비는 이유를 이해하지 못했다. 그들은 파바로티, 오페라의 거장 플라시도 도밍고Placido Domingo, 호세 카레라스José Carreras를 내세워 '3명의 테너Three Tenors'라는 타이틀로 엄청난 광고를 해대는 것에 불만을 나타냈다.

그러나 이러한 반대의 목소리에도 불구하고 이 이탈리아 가수가 감미로운 선율을 쏟아 놓는 동안 수백만 명의 팬들이 발을 구르고 고함을 지르며 그를 향해 기다란 장미 꽃송이를 던졌다. 한결 같은 음조와 섬세한 기교, 그리고 밝은 음색을 자랑하는 파바로티의 맑고 영롱한 목소리는 그보다 앞서 활동한 오페라의 거장 엔리

코 카루소Enrico Caruso의 목소리에 비유되었다. 힘 있는 목소리를 지닌 카루소는 제1차 세계대전이 발발하기 바로 직전 오페라의 황금기를 주름잡던 인물이었다. 그러나 만인의 사랑을 받은 카루소와는 달리, 포 리버 계곡 근처에서 태어난 제빵업자의 아들은 하이 C음까지 올라갈 수 있었다. 실제로 그는 도니제티Donizetti의 〈연대의 아가씨La Fille du Régiment〉에 나오는 첫 번째 테너 아리아에서 처음으로 아홉 개에 달하는 하이 C음을 소화한 몇 안 되는 테너 중 한 명이었다(1966년 코벤트 가든 공연에서 토니오로 출연한 파바로티는 소프라노 조안 서덜랜드Joan Sutherland와 그녀의 남편이자 지휘자인 리처드 보닝게Richard Bonynge의 권유로 처음 시도했다). 그러한 고음은 본질적으로 테너의 섬세한 목소리를 가진 파바로티에게 극심한 스트레스로 작용했지만 그 덕분에 엄청난 돈을 벌기도 했다. 비록 그는 '고음의 테너'가 아니라 '선율의 테너'로 인정받고 싶었지만 이러한 음역 파괴를 위해 피나는 노력을 기울여야 했다. 언젠가 그는 무대 저편에서 우레와 같은 박수 소리가 터져 나올 때 그 열기를 모두 들이마신다고 고백했다. 그에게 그것은 산소와 같고, 팬들의 사랑을 보여 주는 그러한 증거가 자신을 지탱하고 더욱 박차를 가하게 한다고 했다. 그는 매니저에게 자신이 세상에서 가장 듣고 싶은 단어는 바로 '매진'이라고 고백했다. 실제로 1990년대에는 공연을 할 때마다 그 말을 들을 수 있었고 매년 약 2,000만 달러의 수익을 올렸다.

그러나 파바로티에게 가장 중요한 것은 돈이 아니라 행복이다. 전성기 때 그는 일년 중 대부분을 고향 이탈리아의 모데나에서 머물렀다. 그곳에서 그는 아내와 세 아이를 사랑하는 만큼 파스타와 테니스와 빠른 자동차와 유화를 즐겼다. 테너들이 흔히 걸리는 노이로제 증세와는 거리가 먼 파바로티는 자신에게는 가족과 수많은 친구들이야말로 세계 그 자체라고 주장한다. 사실 그가 노래를 하게 된 것은 재능 있는 테너였던 아버지에 대한 사랑 때문이었다. 파바로티는 1961년에 한 지방 경연대회에 나가 1등을 해서 아버지를 기쁘게 했다. 이 때 〈라보엠〉을 불러 상을 받은 그는 1963년 자신의 우상 주세페 디 스테파노Giuseppe di Stefano를 대신해 코벤트 가든에서 로돌포 역으로 데뷔할 수 있었다. 그리고 그로부터 불과 5년 후 그는 33세의 나이로 메트로폴리탄 오페라 무대에 데뷔했다.

십대 시절 운동을 좋아했던 파바로티는 근육질의 몸매를 자랑하는 씩씩한 청년이었다. 이 신인 가수를 가르친 사람은 우아하고 당당한 체격을 가진 서덜랜드 여사였다. 그녀는 파바로티에게 허리에 손을 얹고 횡격막으로 호흡하는 기술을 가르쳐 주었다. 데임Dame 서덜랜드의 예술적 기량은 '빅 피Big P'(그녀는 그를 이렇게 불렀다)에게 많은 영향을 주었고 두 사람은 오랫동안 파트너 관계를 유지하면서 주옥같은 오페라 음반을 많이 남겼다.

파바로티는 활동 초기부터 목소리를 개발하는 속도를 능숙하게 조절했다. 그는 〈사랑의 묘약L'Elsir d'amore〉에 등장하는 네모리노와 같은 감미로운 테노레 리리코tenore lirico(음색이 특히 감미로운 테너)* 역을 맡았다. 그는 까다로운 스핀토spinto(더 크고 찌르는 듯한 쨍쨍한 소리를 내는 목소리)* 음역을 서서히 연습했고 베르디의 〈일 트로바토레Il trovatore〉에 나오는 만리코와 폰치엘로의 〈라 조콘다〉에 나오는 엔조 역의 장중하고 극적인 레퍼토리들을 익혔다. 여러 비평가들이 지적했듯이 그는 천천히 변화하는 법을 아는 현명한 사람이었다. 어쩌면 파바로티 자신도 이러한 사실을 알고 있었는지 모른다. 그는 이탈리아에서 공연한 가벼운 작품들을 담은 비디오와 CD 판매량을 늘리면서 영리 사업을 확장했다.

그가 벌어들이는 막대한 수입 중 상당 부분은 아내 아두아가 가져갔다. 당시 서른다섯 살이던 그녀는 파바로티가 스물여섯 살의 여비서 니콜레타 만토바니와 스캔들이 나자 이혼을 해버렸다. 그러나 오페라 팬들에게는 다행스럽게도, 복잡한 애정 사건과 수백만 달러에 달하는 경제적 손실은 파바로티의 노래에는 전혀 영향을 미치지 않았다. 만약 이 긴 발성법의 대가가 사라진다면 그만큼 팬들의 가슴을 가득 채워 줄 오페라 가수도 없을 것이며 '이시모issimo'('더욱 ~하게'라는 뜻)*의 왕이라고 불릴 만한 가수도 찾기 어려울 것이다.

Anna Pavlova
안나 파블로바

1881?~1931

러시아의 발레리나 안나 파블로바를 무용수라고 말하는 것은 마치 단테를 시인이라고 표현하는 것과 같은데, 이 말은 모든 것을 의미하는 동시에 아무것도 의미하지 않는다. 파블로바는 20세기 최고의 무용수로서 무용계의 독보적인 존재였다. 마치 천상을 걷는 것처럼 가벼운 발걸음, 힘찬 도약 그리고 백조를 연상시키는 우아한 자태는 발레 전성시대의 전형이 되었다. 감정에 호소하는 능력이 남달랐던 그녀는 탁월한 음악 감각을 지니고 있었다. 그 결과 오랜 기간 무용수로 활동하는 동안, 그녀는 엄선한 몇 편의 안무 구성에 맞추어 춤을 추었다. 그나마 대부분의 안무 구성은 특별히 그녀만을 위해 만들어진 것으로 〈동방의 인상Oriental Impressions〉, 〈잠자리Dragon Fly〉, 그리고 〈금영화California Poppy〉 등과 같이 문화적 주제나 다양한 식물상과 동물상이 중심이 되었다. 그녀는 음악당과 대극장을 순회하며 꾸준한 공연을 펼쳐 수많은 팬들에게서 아낌없는 찬사를 받았을 뿐만 아니라, 고전 무용을 대중화한 발레계의 전도사로서 그 어떤 발레리나보다 많은 인기를 누렸다.

상트페테르부르크의 가난한 가정에서 태어난 그녀는 무용이 그녀의 인생을 구했다고 할 정도로 어려운 시절을 보냈다. 가난한 어머니(아버지는 그녀가 두 살 때 돌아가셨다) 밑에서 자란 파블로바는 일찍부터 무용에 재능을 보여 1892년에 지금은 '키로프Kirov'로 알려진 황실발레학교에 입학할 수 있었다. 섬세하고 훌륭한 기교를 가진 프레오브라젠스카야Preobrajenskaya를 포함하여 당대 최고의 러시아 무용수들에게 사사한 그녀는 1899년에 황실발레학교를 졸업했다. 그곳에서 보낸 7년이란 세월 동안 그녀는 코뤼페coryphée(단순히 군무를 추는 무용 단원들이 아니라 서너 명의 소그룹 무용수 중 독무가)에서 주연 발레리나prima ballerina로 성장했다. '지젤' 역을 맡은 파블로바는 1907년부터 1910년까지 유명한 니진스키Nijinsky를 포함하여 황실발레단의 주연 무용수들와 함께 유럽 순회공연에 올랐다. 그녀는 발레 뤼

스Ballet Russes를 만든 흥행주 세르게이 디아길레프Sergey Diaghilev의 마력에서 한동안 벗어나지 못했다. 그녀는 발레 뤼스와 잠시 공연한 적이 있었는데 디아길레프가 시도한 전위파적 혁신과 쇼맨십은 그녀에게 거의 종속적인 역할을 강요했기 때문에 그녀에게는 적합하지 않았다. 악보가 발레 음악 같아 보이지 않는다는 이유로 스트라빈스키Stravinsky의 〈불새Firebird〉의 주연 역할을 거부한 그녀는 디아길레프의 발레단은 무용이 아니라 음악을 더 중요하게 생각한다고 결론을 내렸다. 여기에는 그녀의 가장 큰 특징 중의 하나인 아이 같은 순진함이 어느 정도 영향을 미쳤다. 물론 파블로바는 무용 다음으로 음악을 중요하게 생각했다. 그녀는 교향악에 팝 음악이 가미된 것을 좋아했는데, 이런 음악이 자신의 춤을 더욱 드러낼 수 있다고 생각했다. 또 발레는 순수한 로망스가 되어야 한다고 믿었는데, 그런 의미에서 예술이란 '모든 추한 것을 꾸준히 제거하고, 진정하고 영원한 아름다움을 대신해 주는 것'이라고 정의를 내렸다.

파블로바가 디아길레프를 거절한 또 다른 이유는 돈이 절실하게 필요했기 때문이다. 그녀의 남편으로 알려진 준귀족 빅토르 단드레Victor Dandré가 러시아 감옥에 수감되어 있었다. 그는 처음에는 그녀의 보호자이자 첫사랑이었다가 나중에는 부양자이자 매니저가 되었고 결국 수상한 거래로 인해 감옥에 갇히는 신세가 되었다(두 사람이 정식으로 결혼을 했는지는 확실치 않다. 그들의 관계가 어떠했든 두 사람은 끊임없이 다른 사람들과 염분을 뿌리고 다녔는데, 단드레보다 파블로바가 더욱 분별 있게 행동했다). 파블로바는 그의 보석금을 지불하기 위해 영국, 아일랜드, 프랑스 순회공연에 올랐다. 몹시 힘든 일정이지만 돈을 많이 벌 수 있었기 때문이다. 이 때 그녀가 공연했던 〈지젤〉에 대한 그녀의 해석은 지금까지도 유명하며, 또 다른 고정 레퍼토리였던 〈빈사의 백조The Dying Swan〉는 청중이 가장 보고 싶어 하는 작품였다. 1905년, 러시아의 천재 무용수 미하엘 포킨이 안무를 짜고 생상의 〈동물 사육제Carnival of the Animals〉를 배경음악으로 한 〈빈사의 백조〉에서 파블로바는 뛰어난 연기력을 아낌없이 발휘했다. 당시 그녀의 연기가 너무도 감동적이어서 공연을 지켜본 관객들은 너나 할 것 없이 눈물을 흘렸다.

파블로바는 런던에 정착하고 한때 화가 터너의 소유였던 집을 구입했다(현재 방 하나가 그녀의 박물관으로 사용되고 있다). 그리고 1911년 후로는 단드레가 관리를 맡은 자신의 극단과 함께 세계 순회공연을 가졌다. 음악당을 중심으로 이루어진 순회공연에서 그녀는 스페인, 인도, 그리고 러시아 전통 무용을 포함한 여러 나라의 무용을 레퍼토리에 포함시켰다. 예민하고 강박 관념에 사로잡혀 있었으며, 감정의 기복이 심했던 그녀는 쉬지 않고 일에 매달렸으며 다른 사람들도 모두 그녀의 선례를 따라 주기를 요구했다. 그녀는 기쁘든 슬프든 마치 속사포를 쏘듯 말을 했지만 두서가 없었다. 그리고 전혀 연관성이 없는 이야기들을, 때로는 완전히 상반되는 이야기들을 하나로 연결시켜 생각했다. 자신이 추구하는 예술을 말로 표현하는 능력이 부족해서 제자들을 가르칠 수 없다는 사실이 그녀를 비참하게 만들었다. 혁명이 진행 중이던 멕시코에서 군인들의 보호를 받으며 순회공연을 할 때도, 산만한 성격의 파블로바는 주위에서 일어나는 격변을 전혀 눈치 채지 못했다. 그녀는 종종 단드레에게 심한 말을 해댔지만, 인자하고 친절한 마음의 소유자이기도 했던 그녀는 발레 단원들에게 의료 급부금 및 휴가를 제공했고 자신이 사랑하는 수많은 사람들을 위해 선물을 준비하는 정성을 보였다. 그녀는 또 미신을 깊이 믿었다. 한번은 친구네 정원에서 장미덩불의 아름다움에 대해 이야기하다가, 마치 멜로드라마에 나오는 주인공처럼 갑자기 정색을 하면서 장미꽃이 떨어지면 자신은 죽게 될 거라고 말했다.

다른 무용수들보다 훨씬 많은 나이가 많았고 매년 장거리 순회공연을 다니며 살인적인 스케줄을 소화했지만 그토록 오랫 동안 그녀가 한 번도 병에 걸리지 않았다는 것은 정말 놀라운 일이다. 그러나 강철 같은 체력을 자랑하던 그녀도 결국 위기를 맞게 되었다. 남편이 합창단 출신 무용수와 바람을 피우고 있던 1931년 1월, 그녀는 공연을 하기 위해 살을 에는 듯한 추위를 무릅쓰고 서둘러 헤이그로 향했다. 그때 약하게 걸린 감기가 갑자기 심해져 늑막염으로 발전했고, 결국 파블로바는 의식 불명 상태에 빠졌다. 3일 후 겨우 의식을 회복한 그녀는 사랑하는 하녀 만야에게 "백조 의상을 가져다 줘"라는 말을 남기고 눈을 감았다. 바로 그 순간 정말로 장미 덤불이 시들었다고 그녀의 친구가 나중에 증언했다.

Boris Pasternak

보리스 파스테르나크

1890~1960

20세기에 들어 러시아 소설의 경작자이자 고결한 거장이었던 레프 톨스토이Lev Tolstoi의 빈자리를 채우는 것이 바로 보리스 파스테르나크의 몫이었다. 매우 독창적이고 상상력이 풍부한 문체를 구사한 그는 혁명 이후 러시아 시인들의 존경을 한 몸에 받았던 인물로, 뛰어난 운율과 낭만주의적인 감성에 두 번의 내전과 한 번의 세계대전으로 인한 고통들을 결합시킴으로써 그의 세대에서 가장 서정적인 서사시를 탄생시켰다. 거의 40년이 걸려 완성된 자전적 성향이 강한 『닥터 지바고 *Dr. Zhivago*』는 1958년에 그에게 노벨 문학상을 안겨주었는데, 당시 소련 정부는 그에게 수상 포기를 종용했다. 외로운 방황과 연정을 담은 이 러브스토리가 1965년에 데이비드 린 감독에 의해 영화로 만들어지자 어둠이 짙게 깔린 눈길의 우수에 젖은 지식인은 순식간에 세계적으로 유명해졌다. '파스테르나크 사건'은 막 가열되기 시작한 동서 냉전에 언어의 형태를 한 미사일 공격을 퍼부었다. 이 작가는 확고한 결의가 없는 사람이라면 도저히 견뎌낼 수 없을 힘겨운 육체적 박해에 직면해서도 조금도 동요하지 않는 용기를 보여 줌으로써 런던과 파리와 뉴욕에서 유명인사가 되었다. 한편 파스테르나크는 출판이 금지된 모스크바에서는 반역자로 낙인찍혔다. 그는 '영광스러운' 10월 혁명에 대한 잘못된 해석으로 소련 시민들의 명예를 훼손한 '필리스틴의 돼지'(교양 없고 뻔뻔한 속물을 일컫는 말)*라는 비난을 면치 못했다. 소련의 문학 비평가들은 그를 개인주의에 사로잡혀 문학적 초월성을 이루지 못한 작가로서 소련작가동맹 회원 자격이 의심스럽다고 공격했다. 결국 그는 노벨 문학상 수상자로 선정된 뒤 소련작가동맹에서 제명되었다.

그러나 파스테르나크에게는 비평가들의 비난이 전혀 의미가 없었다. 어린 시절부터 러시아인들의 일상이 되어 버린 폭력의 소용돌이 속으로 내몰린 파스테르나크는 평생 시로 표현할 수 있는 범위와 주제에 대한 연구를 게을리 하지 않는 한편, 조국의 억압적인 분위기 속에서 예술가의 의무라는 더 큰 과제에 대해서도 소

홀함이 없었다. 어린 시절 그는 교양이 풍부한 부모와—그의 아버지는 유명한 초상화가였고 어머니는 유명한 콘서트 피아니스트였다—부모 친구들의 영향 속에 자신의 문화적 소양을 다듬었다. 톨스토이도 그들 가운데 한 사람으로, 어린 이상주의자는 노년에 접어든 문학 천재의 평화주의에 영향을 받았다. 그에게 긍정적인 영향을 미친 또 다른 인물로는 작곡가 알렉산더 스크리아빈Alexander Scriabin이 있었다. 스크리아빈은 자신을 따르는 파스테르나크를 음악으로 이끌려고 했지만 파스테르나크는 음악보다는 철학에 더 많은 관심을 보였다.

파스테르나크는 혁명이 새로운 출발로 인식되던 초창기에 혁명에 많은 관심을 보였다. 그는 1905년 혁명 당시의 반란군 해군 장교를 주인공으로 한 소설 『슈미트 중위*Lyutenant Shmidt*』를 완성했다. 이 작품은 그 12년 뒤에 일어나게 되는 훨씬 더 의미 있는 봉기(1917년 10월 러시아 혁명을 가리킴)*의 의미를 해석하려는 의도에서 각고의 노력 끝에 완성된 작품이었다. 그러나 정부의 공인을 받은 사회주의 리얼리즘은 파스테르나크의 작품과 그의 작품이 지닌 지극히 개인적이며 영적인 성향이 두드러진 주제들과는 너무나 거리가 멀었다. 30대에 들어선 작가는 1922년에 『나의 여동생, 인생*Sestra moya zhizn*』라는 작품에 이어 1931년에 『안전통행증*Safe Conduct*』이라는 자서전을 발표함으로써 악평을 받게 되었다. 그는 '일탈자'라는 비난과 함께 작품을 출판할 수 없게 되자 고전 작품을 번역하는 일에 열중했다. 러시아 지식 계급이 숙청을 당하는 동안, 파스테르나크는 기적적으로 피비린내 나는 스탈린의 추격을 벗어날 수 있었다. 이는 아마도 독재자의 고향인 그루지야공화국의 시 몇 편을 번역하였던 일이 도움이 된 것 같았다.

철권 정치를 실시하는 냉혹한 독재자와 미묘한 신경전을 벌이는 가운데 입지가 좁혀져 있던 시인은 문학잡지 「나비미르*Navy Mir*」의 사무원으로 일하고 있던 올가 이빈스카야와 사랑에 빠지게 되었다. 아이러니컬하게도 그녀가 일하던 잡지는 그 후에 『닥터 지바고』의 출판을 거부했다. 파스테르나크의 두 번째 부인은 물론이고 스탈린의 개인적인 비난을 포함하여 그 어떤 것도 두 사람의 사랑을 방해할 수 없었다. 특히 스탈린은 지금은 유명한 일이 되어 버린 전화 사건을 일으키기도 했다. 이 지도자는 그에게 직접 전화를 걸어 그의 동료 작가이자 친구로서 당시에 막 감옥에 수감되었던 오지프 만델스담Osip Mandelstam을 지켜주지 못한 것에 대해 비열하게 시인을 조롱했다. 14년간 파스테르나크의 파트너이자 뮤즈이며 비서이자 '빛나는 태양'이었던 이빈스카야는, 파스테르나크의 분신이었던 젊은 의사 유리

지바고의 불타는 사랑의 대상이었던 라라처럼 그의 시와 소설 속에 자주 등장했다. 이빈스카야는 파스테르나크의 동조자라는 이유 하나만으로 9년 동안 육체적 고문과 감옥 생활을 견뎌내야 하는 등 극심한 고통을 감수하면서도 자신의 영웅에 대한 확고한 사랑을 지켰다. 이빈스카야가 아이를 임신한 상태로 감옥 생활을 하고 있던 어느 날, 간수들이 파스테르나크가 그녀를 면회하러 왔다고 전해 주었다. 그러나 그들이 그녀를 데리고 간 곳은 감옥의 시체 공시장이었고, 파스테르나크가 죽었다고 믿은 그녀는 혼자서 유산의 고통을 감내해야만 했다.

파스테르나크가 교설적인 문학을 통해 프롤레타리아 의식을 고취시키는 데 동조하라는 당의 요구를 거부한 것은 서구적 자유주의에 대한 신념때문이라는 평가가 지배적이었다. 그리고 최근에는 다소 내키지 않은 것 같지만 그의 조국에게서도 같은 평가를 받기 시작했다. 그러나 그를 한 번도 타협이나 자기 방어 본능 때문에 괴로워한 적이 없는 투사이자 성자로만 보는 것은 지나치게 단순한 시각이다. 말년을 슬픔 속에서 보내야 했던 파스테르나크는 살아남은 자의 양심의 가책으로 번민했다. 또한 악명 높은 1958년 편지에 서명을 하는 데서 올가와 작은 공모를 꾸민 일을 수치스럽게 여겼다. 그녀가 대필한 이 편지는 니키타 흐루쇼프에게 파스테르나크의 추방을 철회해 줄 것을 애원하는 내용이었다.

그러나 위대한 시인이 지니고 있는 바로 이러한 결점들이 오히려 그를 상처받은 인류의 귀감이 되는 표본으로 만들어 주었다. 스탈린도 자신의 추종자들에게 "이 몽상가를 건드리지 말라"라고 경고함으로써 파스테르나크의 영혼과 정신의 넓이를 인정하지 않을 수 없었다.

Charlie Parker

찰리 파커

1920~1955

자신의 창조적인 운명을 스스로 깨달았던 예술가가 있다고 한다면 그 사람이 바로 모던 재즈의 위대한 확장자인 찰리 파커였다. '버드Bird'(찰리 파커의 별명)*는 자신의 음악적 숙명을 반미치광이처럼 추구하는 가운데 스스로의 재능과 알코올과 마약에 무분별하게 탐닉하면서 삶을 탕진했다. 특히 마약과 알코올은 그의 정신과 육체를 약화시켰다. 그리고 결국 그의 경력에 치명적인 손상을 입혔다. 하지만 그가 들려주는 도발적이며 가슴속을 날카롭게 파고드는 경이의 사운드는 어느 누구도 따라할 수 없는 독보적인 테크닉을 만끽하게 해주었다.

알토 색소폰을 선택한 파커는—그가 제일 좋아하는 가수 루디 발레Rudy Vallee 역시 알토 색소폰을 연주했다—나이를 속이고 미주리 주 캔자스시티의 담배 연기 자욱한 작은 클럽들에서 연주할 수 있었다. 그곳은 재즈가 살아있는 도시였다. 자만심만 강할 뿐 정규 음악 교육은 한 번도 받은 적인 없던 어린 파커는 음악적으로 자유분방한 거리의 전사들과 매일 밤 잼세션을 벌였는데, 매번의 재즈 연주 때마다 그만의 거침없고 독창적인 연주 스타일을 선보였다. 복잡한 멜로디 라인과 한껏 길게 끄는 코드 진행, 튼튼한 블루스적 기반, 가락과 리듬이 서로 뒤엉키면서 만들어내는 파격적인 변화들, 그리고 그의 특징으로 굳어버린 마치 새가 비상하듯 갑자기 격렬해지는 즉흥 연주 등을 겸비한 파커의 음악적 스타일은 갈수록 독창적이고 혁신적인 음악으로 발전해나갔다. 그러나 그는 재능의 신장과 함께 재즈 클럽 생활의 일부를 차지하고 있던 부도덕적인 생활에 깊이 빠져들기 시작했다. 그가 담배와 알코올을 처음 맛보았을 때는 아직 어린 소년에 불과했다.

버드는 음악적으로나 다른 측면으로나 불안한 영혼이었다. 그는 제이 맥샨Jay McShann의 밴드와 첫 순회공연을 가졌으며, 1941년에 역시 그들과 함께 첫 음반을 만들었다. 그 후 1940년대 초에 그는 뉴욕의 디지 길레스피와 함께 빌리 엑스타인Billy Eckstine 밴드의 핵심 멤버가 되었다. 그는 10대 시절의 우상이었던 버스터 스

미스Buster Smith와 절친한 친분을 유지했으며, 돈 바이어스Don Byas, 오란 핫 립스 페이지Oran Hot Lips Page, 그리고 찰리 세이버즈Charlie Shavers 같은 음악의 대가들로부터 배울 수 있는 모든 것을 받아들였다. 그는 또 피아니스트 셀로니어스 몽크Thelonious Monk와 색소폰 연주자 레스터 영Lester Young의 열광적인 팬이었다. 흥미를 느끼는 일에 몰두하는 성격을 지닌 그는 자신의 음악을 통해 스트라빈스키, 쇤베르크, 힌데미트Paul Hindemith 같은 현대 작곡가들이 전달하고자 했던 현대적인 메시지들을 이해하고 있었다.

파커는 결국 스트라빈스키가 그랬듯이 자기 분야에서 모더니즘의 선지자 같은 존재가 되었다. 그만의 독특한 아방가르드적인 형식은 소규모 음식점과 싸구려 술집의 블루스 음악, 그리고 아프리카의 음악적 감성과 유럽의 악기가 하나로 접목된 가운데 탄생되었다. 여기에는 어떤 음악이나 영향도 다 받아들이고자 하는 그의 개방적인 자세가 큰 몫을 했다. 이 진화하는 대중적 형식 속에서는 규칙이란 거의 찾아볼 수 없었으며 파격 그 자체가 중요한 것이었다. 파커는 마음이 이끄는 대로 연주했으며, 그런 면에서 그는 진정한 천재였다.

그는 25세의 나이에 자신이 이끄는 그룹으로 본 궤도에 오를 때까지 디지 길레스피와 나란히 비밥bebop이라고 불린 새로운 재즈 조류의 대가로 널리 알려지게 되었다. 비밥은 당시 널리 유행하던 '스윙swing'에 비해 기술적으로 어려웠으며 기막히게 빠른 손재주가 요구되었다. 그리고 비밥 재즈는 결정적으로 상업적인 성공이라는 측면에서 뒤쳐져 있었고, 비평가들은 본래의 태도와는 달리 이에 상당히 보수적이었다. 많은 사람들은 파커와 길레스피가 재즈의 전통을 완전히 무시하고 있다고 생각했다. 그러나 파커는 이러한 비판을 무시한 채 유행에서 벗어나 있는 음악 형식에 대한 탐구를 중단하지 않았다. 복합적인 기교를 통해 이루어내는 하모니, 악기를 완벽하게 다룰 줄 아는 숙련된 솜씨, 그리고 연주 도중에 점점 더 빨라지는 템포는 여전히 팬들을 전율하게 만들었고 동료 음악인들을 자극했다. 1945년 5월, 파커-길레스피 콤보는 비밥의 고전이 된 〈쇼 너프Show 'Nuff〉와 〈핫 하우스Hot House〉 그리고 〈솔트 피너츠Salt Peanuts〉 같은 유려한 연주들을 녹음했다.

그러나 동서 양해안의 음악 현장은 파커와 어울리지 않았다. 그의 고전이 된 〈러버 맨Lover Man〉 싱글 판이 1945년 그의 할리우드 방문을 통해 탄생되기도 했지만, 그보다는 약물 중독으로 생긴 신경쇠약을 치료하려고 입원했던 카마릴로 스테이트 병원이야말로 그에겐 중요한 음악 현장이었다. 다시 뉴욕 본거지로 되돌아온—여기서는 헤로인을 훨씬 더 쉽게 구할 수 있었다—파커는 유망한 트럼펫 연주자 마일즈 데이비스와 함께 퀸텟을 구성했으나 왕성한 녹음 활동에도 불구하고 가파른 하강곡선을 그리기 시작했다. 1951년에 뉴욕 마약 단속반에게 카바레 활동 면허를 박탈당하게 되자 빚에 쪼들리게 된 이 음악가는 경제적으로 더욱 어려움에 처하게 되었다. 3년 후 그는 두 번째 자살을 시도했다.

파커의 문제는 주로 그의 신경증적인 성격에서 비롯되었다. 그는 따뜻하면서도 짜증을 잘 부렸고, 유쾌한 듯하면서도 금세 험악해지는 종잡을 수 없는 성격을 보였는데 때로는 지나칠 만큼 공격적으로 변했다. 게다가 그의 이상한 행동들은 약물 중독이 가져다주는 폐해와도 밀접한 관련이 있었다. 그밖에도 일생 동안 계속되어 온 인종차별주의에 대한 분노와 비평가들과의 작은 충돌들도 마찬가지로 그에겐 악영향을 주었다. 그는 비평가들이 자신의 뛰어난 재능을 과소평가함으로써 명성을 깎아내리려고 한다고 느꼈다. 그러나 파커의 발목을 잡은 가장 큰 장애물은 무질서한 생활이었다. 혈기 넘치는 욕구를 주체하지 못했던 그는 특히 성생활이 문란했다. 그는 마지막으로 대중들 앞에 모습을 드러낼 때까지-그를 존경하는 의미에서 그의 이름을 붙였던 버드랜드Birdland 재즈 클럽이 그의 마지막 무대가 되었다-수많은 여자들과 마음 아픈 이별을 나누어야 했으며 여러 아이들을 떠나보내야만 했다. 파커는 서른네 살의 젊은 나이로 그의 후견인인 니카 드 쾨니히스바르터 남작부인의 아파트에서 텔레비전을 보던 중 갑자기 사망했다. 부검을 맡았던 의사는 그의 나이를 어림잡아 55세라고 기입했다. 파커는 부검의가 정확한 사망 이유를 결정하는 데 애를 먹을 정도로 몸이 엉망으로 망가졌는데, 그의 공식적인 사망 원인은 폐렴으로 기록되었다.

파커는 그와 비슷하게 보이기 위해 일부러 바지를 구기고 다녔던 제자들이 보여준 사랑에도 불구하고 살아 있는 동안에는 자신이 그토록 간절히 원하던 명성을 얻는 데 실패했다. 그는 사후에야 비로소 가장 위대한 재즈 뮤지션 가운데 한사람으로 영원히 인정을 받게 되었으며, 레코드에 담긴 그의 연주와 그가 작곡했던 〈오니솔로지Ornithology〉, 〈앤스로폴로지Anthropology〉, 〈스크래플 프롬 디 애플Scrapple from the Apple〉 같은 작품들 또한 존경받는 재즈 스탠더드 넘버가 되었다.

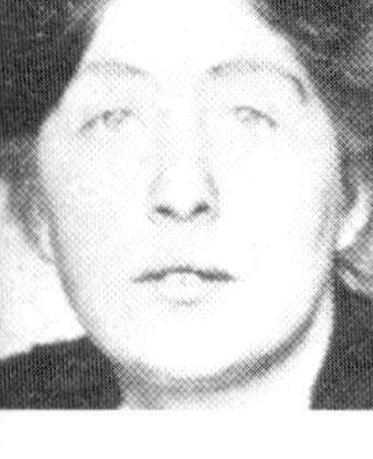

Emmeline Pankhurst
에멀린 팽크허스트

1858~1928

에멀린 팽크허스트는 의회 전술에서 장외 선동에 이르기까지 전투적인 페미니즘의 표준과 체계를 세웠다. 추진력 있고 아름다우며 예의바른 영국 여성이었던 그녀는 여성 역시 남성과 동등한 자유를 누려야 한다는 원칙을 위해 일생을 바쳤다. 연설과 폭동, 신문 지면상에서의 맹렬한 공격, 그리고 다우닝 가 10번지 창문에 돌을 던지는 행위 등 그때까지 알려진 모든 정치적 투쟁 전술을 동원했던 그녀는 군중들을 선동하여 에드워드 7세가 통치하던 영국에서 지상 최대의 정치 쇼를 연출해 냈다.

그녀는 맨체스터 북쪽의 공업 지역에서 태어났다. 당시의 개화된 중산층에서 흔히 찾아볼 수 있던 다소 정신분열적 성격을 지닌 공상적 이상주의자였던 그녀의 아버지는 자본주의자인 동시에 급진적인 초기 사회주의자였다. 그는 예의에 어긋나지 않는 어조로 자신의 반대의사를 똑똑하게 밝힐 줄 아는 딸이 자신의 능력을 개발할 수 있도록 지원해 주었다. 맨체스터와 파리의 고등사범학교에서 교육을 받은 그녀는 21세의 나이에 또 다른 여성 참정론자이자 법정 변호사인 리처드 마스던 팽크허스트와 결혼했다. 정치와 사회봉사에 관심이 많았던 에멀린 팽크허스트는 1894년에 독립노동당Independent Labour party(ILP) 지원자 자격으로 공공자선단체인 철튼 구호위원회에 가입했으며, 6년 후 맨체스터 교육위원회 위원이 되었다. 그러나 그녀의 자선활동은 그녀가 좋아하던 비싼 옷이나 모자와 마찬가지로 겉치레에 불과했으며, 그녀의 마음속에는 사회에 대한 깊은 반감이 감추어져 있었다. 이렇게 평소에는 다정하고 인자하며 예의범절이 깍듯한 여성은 진정한 급진주의자로서 사회활동을 벌였다.

팽크허스트의 첫 번째 표적은 데임 리디아 베커Dame Lydia Becker('데임'은 기사에 맞먹는 작위가 수여된 여자의 존칭)*였다. 베커가 이끄는 여성참정권 지지 그룹은 전투의식이 강한 팽크허스트에게는 너무도 무기력해 보였다. 베커는 부유층 여성들에

대해서만 참정권을 요구함으로써 기혼여성들은 모두 참정권 수여 대상자에서 배제되었다. 그러나 팽크허스트에게는 모든 여성들을 위한 참정권만이 의미가 있었다. 여성들의 참정권을 획득하기 위한 그녀의 열정 뒤에는 어떻게 가난이 여성들에게 절망적인 행동을 강요하는지에 대한 이해가 자리 잡고 있었다. 그녀는 빈민구호법 감독자로 활동하는 과정에서 이러한 사실을 체득하게 되었다. 그녀는 8년에 걸친 런던 생활 후 남편의 의정활동 재개를 지원하려던 자신의 목표를 실현하기 위해 남편과 함께 1889년에 여성 프랜차이즈 리그Women's Franchise League를 창설했지만, 이 단체는 몇 년 후 자금 부족으로 해체되었다.

만약 팽크허스트가 남성들을 도덕적으로 열등한 존재로 생각했다면 결혼을 하고 다섯 아이를 낳아 키우지는 못했을 것이다. 1898년에 리처드 팽크허스트는 에멀린에게 빚과 네 자녀를 남겨 놓고 세상을 떠났다(큰아이는 1889년에 디프테리아로 죽었다). 그녀는 가재도구를 팔아 빚을 청산하고, 출생과 사망을 기록하는 지역의 호적 사무원으로 취직했다. 이렇게 해서 그녀는 노동자들의 곤궁한 삶을 더욱 잘 이해할 수 있게 되었다. 한편, ILP가 여성들의 즉각적인 정치 참여를 지지하는 데에 소극적이라는 사실이 드러나자 그녀는 ILP에 대한 지원을 중단했다.

그녀가 여성들의 참정권을 요구하기 위해 영국 자유당 회의장에 난입한 죄로 체포되었을 때, 그녀에게 불타는 투지를 보여 주었던 사람은 바로 팽크허스트의 딸 크리스타벨이었다. 그녀의 딸이 보여 준 모습은 고무적이었다. "나는 투쟁을 사랑합니다!" 팽크허스트는 나중에 자신을 이렇게 표현했는데, 열정적인 투쟁을 중단하지 않던 그녀는 결국 상습 법률 위반자로 낙인이 찍히게 되었다. 언제나 기품 있는 태도를 잃지 않은 채 고급 레이스 옷을 즐겨 입던 이 선동가는 시위를 할 수 있는 권리를 박탈당한 후에도 시위의 주동자로 활약했으며, 경찰들과 말다툼을 벌이고, 반대자들(영국의 모든 정당들이 여기에 포함되었다)의 모임에 나타나 훼방을 놓았으며, 새총 쏘는 법을 배워서 몸을 움츠리고 있던 애스퀴스Asquith 수상의 머리에 부싯돌을 쏘아 명중시켰다. 그녀는 수도 없이 체포되었는데, 심지어 보디가드로 나선 건장한 여성 노동자들에게 둘러싸여 보호를 받고 있던 상황에서도 경찰은 그녀를 놓아주지 않았다. 비록 팽크허스트의 적극적인 협조가 있었던 것은 아니지만 그녀의 추종자들은 그녀의 동의하에 그녀를 체포하는 일에 지나치게 적극적이었던 경찰관을 납치하기까지 했다. 그러나 그들이 엉뚱한 사람을 납치했다는 사실이 밝혀졌다. 그럼에도 팽크허스트와 참정론자들은 더욱 파괴적인 행동에 나서서 말을 자극하거나 정원을 파괴했고, 예술 작품들을 못 쓰게 만들었으며, 심지어 로이드 조지Lloyd George(영국의 재무장관)*의 새 집에 폭탄을 설치하기도 했다(부상자는 발생하지 않았다). 팽크허스트는 3년의 징역형을 선고받았다. 그녀는 감옥에 들어가서도 몇 차례 단식 투쟁을 벌임으로써 정부를 당혹스럽게 만들었다. 팽크허스트는 민주주의의 헌신적인 대변자였지만, 참정권 운동을 벌일 때는 마치 독재자처럼 명령과 포고를 발포했으며, 피후원자들을 독려했고, 그녀의 뜻대로 따라 주지 않는 적에 대해서는 응징을 가했다.

팽크허스트는 드디어 제1차 세계대전이라는 대격변에 힘입어 여성들의 참정권을 실현할 기회를 포착하게 되었다. 영국의 우월성을 확신하고 있던 애국자이자 전쟁이 영국 문화에 대한 위협임을 이해하고 있던 그녀는 자신의 뛰어난 리더십 수완과 참정권 지지 단체들을 전쟁에 참가한 조국을 돕는 데 이용했다. 1918년에 전쟁은 끝났고, 참정권 지지자들과의 전쟁을 재개하는 일에 적극적이지 않았던 로이드 조지는 타협에 동의했다. 그리하여 마침내 30세 이상의 여성들은 투표권을 획득하게 되었다.

팽크허스트는 한층 더 바빠졌다. 미국에서 강연을 열고 프렌치 리비에라French Riviera(칸느, 니스, 모나코로 이어지는 남프랑스 해안지대. '코트다쥐르'라고도 함)*에 영국식 찻집을 열었다. 또 보수적인 여성 사회 명사로 다시 돌아가 사회주의나 짧은 스커트, 재즈 음악에 반감을 느끼는 사람이 되었다. 한편 그녀를 돌이킬 수 없는 몰락의 길로 내몬 사람은 바로 그녀의 딸 실비아였다. 섹스에 대해 보수적인 어머니를 이해하지 못했던 실비아는 결혼도 안한 상태에서 사생아를 낳았다. 팽크허스트는 그 사실을 알게 되자 수치심을 이기지 못해 실신했고, 결국 1928년에 그때의 충격에서 회복하지 못하고 눈을 감고 말았다. 의회가 모든 여성들에게 투표권을 인정한 바로 그 시간에 영혼이 그녀의 몸을 떠났다.

Eva Perón

에바 페론

1919~1952

아르헨티나 지도자 후안 페론의 아름다운 아내이자 20세기의 강력한 여성 지도자 중 한 사람이었던 에바 페론의 삶은 야망과 카리스마, 그리고 실수를 모르는 정치 감각의 조합체였다. 배우에서 정치가로 변신한 그녀는 여성이 대표할 수 있는 거의 모든 전형을 총망라한 복합적인 인격체였다. 그녀는 창녀였고, 가난한 자들에게는 인자한 어머니였으며, 자기희생을 두려워하지 않는 아내이자, 정치적 또는 육체적 죽음을 마음대로 결정할 수 있는 여신이었다. 아이러니컬하게도 에비타(에바 페론의 애칭)*는 추종자들로부터 성인으로 추앙받았다. 보석과 모피, 파리에서 구입한 드레스로 가득 찬 창고가 증명하는 그녀의 낭비벽은 전혀 문제가 되지 않았다. 그 대신 추종자들은 아낌없이 내놓은 자선기금과 페론 부부를 지지하는 수백만 노동자 데스카미사도스descamisados('셔츠를 입지 않은 사람들')의 삶을 개선하려는 그녀의 헌신적인 삶에 주목했다. 1952년에 그녀가 암으로 사망하자 페론의 충성스러운 지지자들은 교황 비오 12세에게 가톨릭교회에서 성인으로 추앙하기 위한 첫 번째 단계인 시복식을 거행해 달라고 요청했지만 그들의 요구는 받아들여지지 않았다.

에바 마리아 두아르테Eva Maria Duarte는 부에노스아이레스에서 멀리 떨어진 작고 한적한 마을 로스톨도스에서 요리사의 사생아로 태어났다. 그녀는 10대 초반에 배우가 되겠다는 꿈을 안고 고향을 떠나 부에노스아이레스로 향했다. 신선하기는 했지만 그저 그런 용모에 학식과 처세술이 부족했던 그녀는 10년 가까이 무명 생활을 해야 했다. 그녀는 라디오 드라마에서는 어느 정도 성공을 거두었지만 여전히 야망을 버리지 못한 스물네 살의 처녀에 불과했다. 1943년 6월 4일 쿠데타가 일어나고 얼마 후, 그녀는 지진 피해자들을 위한 시위 행렬에서 잘 생긴 홀아비 후안 도밍고 페론Juan Domingo Perón 대령을 만났다. 노동복지부 비서관으로 일하던 페론 대령은 우아한 포사도스 거리에서 그녀를 자신의 애인이라고 공개했다. 2년

후 후안이 아르헨티나에서 벌어진 권력 다툼에 휘말려 체포되자, 에비타는 5만 명의 노동조합 지지자들을 규합하여 그의 석방을 요구하는 행진을 벌였다. 결국 행진은 성공했고 후안은 다시 자유의 몸이 되었다. 페론이 석방된 지 나흘 만에 두 사람은 결혼식을 올렸고, 남편에게 절대적으로 복종하던 화려한 에비타는 마르크스주의와 유사한 페론의 일당 독재를 지지하는 행동주의자들의 하부구조를 조직하는 데 없어서는 안 될 존재가 되었다.

1946년에 그녀의 남편이 대통령에 당선된 후 첫 임기를 맡은 6년 동안 영부인은 매정한 지도자들을 노동조합에서 제거함으로써 페론이 이끄는 정당과 조직 노동자 사이의 유대 관계를 공고히 하는 작업을 시작했다. 재미로 정치를 한다는 비평을 들은 에비타는 곧 그러한 비판이 잘못되었다는 것을 증명해 보였다. 비록 그녀는 은밀한 정치적 연합과 중상모략의 세계가 낯설기는 했지만 자신의 적들인 과두정치 지지자들을 탄압하는 데에는 적극적이었다(에비타의 심복들은 그녀가 10대 때 지주의 두 아들에게 성폭행을 당하면서 이러한 뿌리 깊은 반감을 가지게 되었다고 추측했다). 그녀는 가난한 사람들이 있다는 사실은 동시에 다른 곳에 부자들이 있다는 사실만큼 고통스러운 일이라고 고백했다. 하루에 18시간을 1분 1초도 헛되이 사용하지 않는 그녀의 모습은 아르헨티나 노동자들의 마음에 불을 지폈으며, 나라에서 가장 영향력이 큰 노동조합인 노동자총연맹을 페로니즘Perónism(아르헨티나의 대중 영합 정치)*의 도구로 바꾸어 놓았다. 또한 그녀는 이혼의 합법화, 여성의 참정권, 그리고 페론주의 여성당의 구성을 적극 지원함으로써 여성에게 감사와 존경을 받았고, 페론주의 여성당은 그녀 남편의 재선에 결정적인 역할을 수행했다.

후안이 군부를 견제하면서 광범위한 토지 개혁을 단행하고 있는 동안에 에비타는 골치 아픈 일을 해결하는 역할을 자처했으며 사회 개선을 추구했다. 자선 단체의 고위층 여성들이 전통적으로 대통령의 부인에게 부여된 명목상 지위를 경멸하듯 거부하자 에비타는 즉시 그 단체를 해산시키고 '에바 두아르테 데 페론 사회구호재단'을 설립했다. 역사상 가장 낭비적인 복지 단체 가운데 하나였던 이 단체는 정당을 후원하기 위한 개인적인 자금줄이었는데, 노동계와 산업계, 그리고 정부의 기부를 통해 1년에 1억 달러의 자금을 조성했다. 국가의 구호 활동을 도와준 이 단체는 미혼모를 위한 호화 주택과 노인을 위해 유료 관리인을 고용한 사치스러운 시설을 세웠으며, 또 자그마한 집들과 어린아이 키만한 감옥이 갖추어진 어린이 왕국을 건설했다. 선전의 귀재였던 에비타는 매일 아르헨티나 방방곡곡을 찾아다니면서 약과 음식을 나누어 주고 일자리를 구해 주었는데, 항상 사진사가 그녀와 동행했다. 언제나 우아한 옷맵시를 자랑했던 그녀는 절망한 조국의 국민이 숭배하는 구제자의 모습이라기보다는 자신이 그토록 열망하던 영화배우에 가까웠다. 페론 부부의 스위스 은행 계좌는 불어나고 있었지만 두 사람은 검소한 생활을 즐겼으며 일찍 일어나고 열심히 일하는 부지런한 모습을 보여 주었다.

에비타 페론이 처음으로 공식적인 권력을 장악한 1951년 여름은 건강이 악화되기 시작한 시기와 일치했다. 그녀가 재선에 성공한 남편이 자신에게 부통령 자리를 제안해 주기를 기다리고 있는 동안, 군부는 대통령에게 그의 부인이 일선에서 물러날 것을 종용했다(군부는 여성 사령관을 모셔야 될지도 모른다는 위기의식을 느끼고 있었다). 선거가 치러지기 직전에 에비타는 암 수술을 받았고 그 후 몇 달 만에 눈을 감았다. 그때서야 비로소 당황한 후안은 싸늘하게 식어가는 그녀의 두 손에 보석이 박힌 성 마틴 수장을 쥐어주며 자신의 배우자에게 장엄한 대통령장을 거행해 줄 것을 약속했다.

에비타의 죽음은 국민에게 깊은 슬픔을 안겨 주었고 그녀를 애도하는 분위기는 한동안 식을 줄 몰랐다. 며칠 동안 관공서와 재계는 일손을 놓았다. 유리로 된 뚜껑에 가장자리를 은으로 장식한 흰색 관이 노동자총연맹 본부에 안치되자 주위 건물마다 조문 행렬이 두고 간 꽃들이 가득 쌓였다. 국민의 조문이 끝나자 세심하게 방부 처리된 수척한 에비타의 시신은 실험실 석제 안치대에 3년간 보관되었다. 그 후 그녀의 시신은 행방이 묘연해졌고, 수십 년 동안 나타났다가 사라지기를 반복했다. 1971년에 그녀의 시신이 발굴되어 페론에게 전해졌고, 마침내 그녀는 부에노스아이레스의 레콜레타 묘지 지하의 가족 납골당에 안치되어 쉴 수 있게 되었다. 이마저도 전해진 말일 뿐이지만.

Enrico Fermi

엔리코 페르미

1901~1954

1939년, 물질의 신비를 밝힐 천재를 찾고 있던 운명의 여신의 눈에 엔리코 페르미가 띄었다. 수학자이자 공학자인 동시에 핵 연쇄 반응의 아버지라는 특이한 경력은 갖춘 그는 핵폭탄 제조에 없어서는 안 될 존재였다. 그의 삶에서 최고의 걸작이라고 할 수 있는 핵폭탄은 민주주의의 승리를 안겨 주었으며 또 역설적으로 새로운 공포의 시대가 왔음을 알렸다.

파르마 공작의 말단 공무원의 손자로 로마에서 태어난 페르미는 어린 시절부터 과학 신동의 운명을 타고 났다. 어릴 적부터 그는 수학과 과학 분야에서 단 한 번도 실수를 허용하지 않는 천부적인 재능을 보였으며 라틴어로 씌인 물리학 관련 논문들을 탐독했다. 그는 열 살 때 이미 복잡한 함수 개념을 이해하기 시작했다. 고등학교를 마칠 때에는 대학 졸업생과 비교해서 조금도 손색이 없을 정도의 과학적 지식을 갖추었는데, 대부분 독학으로 이룬 것이었다. 고등사범학교를 다니는 동안 용모가 단정하고 성격이 차분한 이 17세의 소년은 자신을 가르치던 교수에게 혁신적인 양자 이론에 대해 강의했다. 그러나 빠르게 발전하는 현대 물리학의 기술과 전위적 개념들을 섭렵하고 나자 공부를 계속하고 싶어진 그는 독일의 괴팅겐과 네덜란드의 라이덴에서 장학생으로 공부를 계속했다.

페르미는 1924년에 피렌체대학교에서 강의를 시작했다. 그리고 2년 만에 새로운 종류의 통계학을 발견했다. 그는 한 개 이상의 전자가 한 번에 양자 숫자만큼의 궤도를 차지하지 못하는 이유를 밝혀냄으로써 볼프강 파울리Wolfgang Pauli의 제외 법칙의 문제를 해결했다. 1927년에 그는 이탈리아 신 물리학의 요람이었던 로마대학교 물리학과에 들어갔다. 그리고 마침내 원자 연구에서 가장 난해한 분야에 업적을 남긴 덕분에 그는 이탈리아의 독재자 베니토 무솔리니가 새로 설립한 이탈리아 아카데미에 들어갔다. 그러나 이론과 실험 두 분야에서 탁월한 능력을 가지고 있던 몇 안 되는 과학자 중 한 사람이었던 페르미는 원자 이론물리학이 침제기

$-\frac{\hbar}{i}\frac{\partial}{\partial t} = \frac{p^2}{2m} - \frac{Ze^2}{r}$
$\alpha = \frac{\hbar^2}{ec}$

를 맞았다는 사실을 인식하고 실험 핵물리학 분야로 눈을 돌렸다. 그리고 얼마 안 있어 자연의 새로운 상수를 공리公理로 간주했는데, 이것이 G라고 알려진 페르미 상수常數였다. 그 결과 핵 내부에서 베타 붕괴의 중요성이 확인되었으며 핵 연구에 있어 중요한 이론상의 발전을 이룰 수 있었다. 퀴리 부부가 방사능의 특징 중 일부를 밝혀내자, 페르미는 중성자를 이용해 각 원소에 충격을 가하는 등 다양한 원소에 대한 실험을 실시했다. 우라늄과 토륨에 대한 충격 실험에서 분열을 밝혀내는 데에는 실패했지만, 그의 연구는 1938년에 밝혀진 우라늄과 토륨의 분열 과정에 직접적인 영향을 주었다. 놀랍게도 그는 가장 간단한 기술 장비들과 총 1,000달러도 안 되는 적은 연구비용으로 오로지 중성자에 관한 연구에 매달렸다. 그의 연구는 1936년에 절정을 이루었다.

제2차 세계대전을 알리는 어두운 그림자가 서서히 다가오면서 가족의 생존이 위태로워지자, 페르미는 연구에만 매달릴 수 없었다. 당시 그는 1928년에 이탈리아 해군 장성의 딸이었던 유대인 라우라 카폰과 결혼한 상태였다. 나치의 압력에 굴복한 무솔리니가 유대인에 대한 체계적인 학대를 시작했고, 이러한 반셈족주의는 1938년에 절정을 이루었다. 아내에 대한 걱정과 원래 말을 잘 안하는 성격 때문에 페르미는 공개적으로 반대를 할 수 없었다. 반파시스트 선언문을 발표할 수 없었던 그는 컬럼비아대학으로 자리를 옮기고 싶다는 의사를 조용히 전달했다. 1938년, 그는 스웨덴의 스톡홀름에서 노벨 물리학상을 수상하고 곧바로 뉴욕으로 향했다.

1939년 1월 미국에 도착하자마자 그는 워싱턴에서 열린 이론물리학 컨퍼런스에 참석했다. 그 자리에서 그의 친구이자 덴마크 출신의 유명한 물리학자였던 닐스 보어Niels Bohr는 우라늄 원자가 분열하면 지금까지 상상한 것보다 몇 백만 배에 이르는 강력한 힘을 생산한다는 사실을 공표했다. 그러나 연설을 하는 내내 우물거리던 보어에게 페르마가 더 자세한 설명을 요구하자 청중은 깜짝 놀라 숨을 멈추었다. 핵분열의 발견은 페르미를 흥분시켰다. 그는 곧 연쇄 반응의 가능성을 이해하고는 이 문제에 전적으로 매달렸다. 그는 자신의 획기적인 연구 결과가 앞으로 일어날 갈등이 씨앗이 될 것임을 이미 알고 있었다. 핵무기에 눈독을 들이고 있던 미국은 그의 연구에 지원을 아끼지 않았다. 그는 시카고대학 미식축구 경기장 아래에 위치한 스쿼시 코트에 최초의 핵 원자로를 설치했다. 우라늄 사이사이에 흑연을 깔았고, 붕소와 카드뮴 막대기가 '완화제' 역할을 했다.

그리고 곧 페르미는 뉴멕시코 주 로스알라모스의 작은 협곡으로 거주지를 옮겼다. 미국 정부의 주도하에 시행된 이 연구는 프랭클린 루스벨트 대통령이 20억 달러를 지원한 극비 작전 맨해튼 프로젝트의 일환이었다. 그곳에서 그는 원자를 이용해서 가공할 만한 자연의 힘을 얻어냈다. 그리고 히로시마와 나가사키가 원자폭탄의 위력에 의해 처참히 파괴되는 사건이 터지자 비로소 페르미의 엄청난 발견이 미국인들에게 공개되었다. 불가지론자였던 그는 두 원자폭탄을 의미했던 '팻맨Fat Man'과 '리틀 보이Little Boy'가 몰고 온 재앙에 대해 머리로는 초연하려고 애를 썼다. 그러나 결국 원자폭탄의 파괴적인 위력 때문에 그의 눈부신 발견은 빛을 잃게 되었다.

Pelé
펠레

1940~

'검은 진주', '축구의 황제', '검은 튤립' 중에서 그 어떤 것으로 불리든 에드손 아란테스 도 나시멘토Edson Arantes do Nascimento는—'펠레'로 더 많이 알려져 있다—한때 세계에서 가장 유명한 축구 선수였다. 전성기 시절 그는 제1세계와 제2세계, 그리고 제3세계에 이르기까지 전 세계적으로 열광적인 팬을 거느린 스포츠의 절대 군주로 군림했다. 다만 미식축구와 야구가 프로 협회의 풋볼, 즉 축구와는 비교도 안 될 정도로 전폭적인 인기를 끌고 있던 미국만이 예외였다. 그러나 세계적으로 그의 명성이 자자했기 때문에 미국인들의 머릿속에 축구하면 떠오르는 인물은 역시 펠레였다.

그가 프로 선수로 쌓은 성취는 엄청난 것이었다. 그는 선수로 활동하는 동안 200개가 넘는 금메달을 획득했는데, 이것은 동료 선수 중 두 번째로 성적이 좋은 라이벌보다 두 배나 많은 숫자였다. 그는 1958년과 1962년, 그리고 1970년에 브라질 팀의 주장이자 정신적 지주로 출전하여 월드컵 3회 연속 우승이라는 전대미문의 업적을 기록했을 뿐만 아니라 브라질의 공식 경기에서 매 게임당 거의 한 골에 해당하는 평균 득점을 기록했다. 그가 속한 프로 클럽인 산토스는 두 번의 세계 클럽 대회를 비롯하여 헤아릴 수 없이 많은 지역 대회에서 모두 52번의 우승을 기록했다. 그러나 그러한 기록보다 더 유명한 것은 플레이 스타일이었다. 그는 빠른 속도와 미끄러지듯 유연한 몸, 그 누구도 선보인 적이 없는 놀라운 점프력과 헤딩 실력과 패스 능력, 그리고 득점력까지 갖춘 완벽한 선수였다.

펠레는 브라질의 작은 마을 트레스 코라코에스에서 처음 축구를 배웠다. 당시 그곳에서는 마이너리그 축구 선수인 그의 아버지 돈딘호가 불안한 선수 생활을 하고 있었다. 돈딘호가 다른 팀에 합류하기 위해 바우루라는 도시로 이사하게 되자, 펠레는 구두를 닦거나 구두 장수의 일을 도와주고 돈을 벌어 미력하나마 가계에 보탬이 되었다. 쾌활하고 운동을 잘하는 펠레는 공부에는 별 흥미를 보이지 않았

다. 대신에 그는 바우루 판자촌에서 양말로 만든 축구공을 가지고 몇 시간씩 축구 기술을 다듬었다. 아버지에게 처음 축구를 배운 그는 열 살 되던 해에 가족끼리 잘 알고 지내던 유명한 축구 선수 발더마르 데 브리토Waldemar de Brito의 지도를 받기 시작했다. 열네 살이 되자 그는 바우루 팀에서 가장 기량이 뛰어난 선수가 되었다. 1956년에 데 브리토는 그를 상파울로 팀으로 데려갔는데, 펠레는 거기서 빅리그 선수들에게 시골뜨기라며 멸시를 당했다. 그러나 비교적 규모가 작은 산토스 팀은 덜 까다로웠고 그 팀에 있던 유명한 코치 룰라Lula가 펠레에게 기회를 주었다.

위대한 운동선수들이 다 그렇듯이 펠레도 애초부터 구단주를 만족시켰던 건 아니었다. 그러나 첫 출전한 경기에서 그는 팀이 기록한 일곱 골 가운데 네 골을 몰아넣었고, 1년 사이에 브라질의 스타가 되었다. 1958년에 스웨덴 스톡홀름에서 열린 월드컵 대회에 참가한 것을 계기로 전 세계인이 비로소 그의 진가를 알게 되었다. 웨일즈 전에서 그림 같은 슛을 연출했던 그는 결승전에서 맞붙은 스웨덴을 격파하고 생애 최초로 월드컵 챔피언의 자리에 올랐다.

그때 그는 이미 최고가 된다는 것의 두 가지 의미를 모두 이해하고 있었다. 펠레에게 공이 갈 때마다 상대편 선수들은 그를 경기장 밖으로 내보내기 위해 발로 차는 것은 물론이고 그와 정면충돌도 불사했다. 항상 그의 주위에는 선수들이 '세 겹으로 둘러쌌고' 이러한 상대편의 전술은 그를 자극하여 더욱 기막힌 묘기를 연출하게 만들었다. 실제로 아홉 명의 선수를 제치고 달려가 골을 넣은 장면은 너무도 극적이어서 브라질 텔레비전은 한 달 내내 매일 똑같은 장면을 반복해서 내보냈다.

펠레는 시야가 아주 넓어서 바로 앞에서 일어나는 일뿐만 아니라 주변 상황까지도 모두 파악하고 있었다. 동료 선수들과 상대편 선수들의 움직임을 미리 예측하는 능력은 위대한 체스 그랜드 마스터들과 같은 수준이었다. 그는 아버지가 지옥 훈련을 시킨 덕분에 잘 발달된 다리로 그는 헤딩슛을 하기에 충분한 높이까지 점프할 수 있었고 100야드(약 91.4미터)*를 10초 내에 주파할 수 있었다. 펠레는 자신과 팀 동료들이 만족할 만한 플레이를 수없이 연출하는 불가능을 모르는 사나이처럼 보였다. 1960년대에 나이지리아에서 발발한 피비린내 나는 바이프라Biafra 내전 당시 양측의 전투원들이 그의 경기를 보기 위해 휴전까지 했다는 웃지 못 할 상황이 연출되기도 했다. 이처럼 그는 전쟁을 중단하게 할 정도로 신기에 가까운 축구 기술을 선보였다.

34세가 되자 전성기를 구가하던 펠레의 체력도 바닥이 나기 시작했다. 이미 아름다운 브라질 여성과 결혼도 하고 돈도 많이 벌어 두었던 그는 어디를 가든 몰려드는 군중이 너무도 부담스럽게 느껴지기 시작했다. 그는 운동장에서 적의와 실망감으로 가득 찬 상대편 선수를 만나거나 길거리에서 열성팬들과 부딪치는 일을 더 감당할 수 없었고 결국 1974년에 은퇴를 선언하고 가족의 품으로 돌아갔다. 그 후 그는 사업 투자와 영화배우로 활동을 시작했고, 그의 이름을 딴 커피가 생겨났고 수많은 광고 섭외가 몰려들었다.

그런데 1975년에 태동 단계에 있던 북아메리카축구리그NASL 소속의 뉴욕 코스모스 팀은 펠레의 인생에서 마지막 도전이 되었다. 당시 그는 세계에서 가장 인기 있는 스포츠를 냉대하는 미국을 축구의 식민지로 만들자는 원대한 포부를 가지고 있었다. 500만 달러에 달하는 연봉이 앞에 놓이자 펠레는 주저 없이 뉴욕으로 향했다. 뉴욕에 도착한 그는 자신이 수많은 유명 선수들 가운데 한 사람에 불과하며 거리를 걸어가도 아무도 귀찮게 굴지 않는다는 것을 알고 무척 기뻐했다. 그리고 3년 동안 그는 전도사의 열정으로 미국인을 축구에 열광하게 만들기 위해 노력했다. 그가 코스모스에서 처음 출전한 경기에서 2만 1,000명의 관중이 플레이를 지켜보았다. 그리고 3년 뒤 마지막 경기를 끝낸 그에게 7만 6,000명의 관중이 경의를 표했다. 그러나 이제 NASL은 해체되었고 코스모스 팀도 희미한 기억 속의 팀이 되었다.

펠레가 텔레비전 축구 해설가로 활동하자 미국은 1994년 월드컵 기간 동안 그의 재능을 다시 한 번 맛볼 기회를 얻었다. 당시 월드컵 개최지였던 미국은 온 국민의 열화와 같은 성원에 힘입어 월드컵 열기가 후끈 달아오른 상태였다. 그러나 만약 미국인들이 펠레가 출전한 축구 경기보다 펠레를 더 사랑했다면, 그것만으로도 그들은 전 세계인의 축구 사랑에 동참한 것이다.

Federico Fellini

페데리코 펠리니

1920~1993

대부분의 동시대 영화감독들이 시작과 끝이 확실히 구별되는 내러티브에 집착했던 반면, 페데리코 펠리니는 완벽한 꿈을 완성했다. 펠리니가 그린 세계는 무의식의 세계와 깊은 연관이 있다. 그의 작품에는 슬픔을 모르는 쾌락주의자, 다산多産을 상징하는 가슴 큰 여성, 그리고 때로는 관객을 매혹하고 때로는 관객을 불쾌하게 하는 심술궂은 눈초리의 괴기한 존재들이 등장한다. 한 손에 메가폰을 잡고 검은색 카우보이 모자를 멋지게 비스듬히 걸친 이 거장巨匠은 그가 직접 만든 서커스 영화의 연기 주임 역할을 했다. 방황하는 다섯 명의 젊은이들의 삶을 추억하는 희비극이자 자전적인 작품 〈작은 악당들I vitelloni〉(1953)을 포함한 그의 초기 작품들부터, 현대 로마의 혼란을 냉소적으로 그려 세계적인 흥행에 성공한 〈달콤한 인생La dolce vita〉(1960)에 이르기까지, 펠리니는 자신이 영화에 대해 가지고 있는 환상을 철저히 해부했을 때 가장 큰 성공을 거두었다. 다행히도 영적인 위기감에 대한 집착만큼이나 풍부한 유머와 패러디 감각 역시 충분히 개발되었다. 그가 품은 환상은 이러한 조화로운 개발을 통해 세계인의 마음에 깊은 감동을 줄 수 있었다.

비평가와 영화 역사학자들이 펠리니의 네오리얼리즘과 성적 명상을 분석하고 있을 때, 이 감독은 그의 영화들이 바로 그들을 대변한다고 우기는 듯했다. 그의 반지성적 태도는 고향인 아드리아 해의 항구도시 리미니의 사투리를 제거함으로써 지적 교양과 모순되었다. 펠리니는 영화는 여자라고 선언했다. 그것은 모든 창조적 과정에 나타나는 신화적이고 신비스러운 정신이었다. 융Jung에게 영향을 받은 이 내성적인 감독은 자신의 잠재의식에 도달할 수 있는 연결 기제, 즉 자기 내부의 여성성을 탐색했다.

은퇴한 약사인 안나 조반니니는 육감적이고 아름다운 자신의 자태가, 펠리니 애정관 뿐만 아니라 주연 배우의 선택에도 영향을 주었다고 주장했다. 그러나 이 거장의 공식적인 미의 여신은 그의 아내이자 절친한 친구였던 줄리에타 마시나

Giulietta Masina로, 그가 연출한 여러 영화에서 주연으로 눈부시게 활동했다. 그는 1943년에 그가 쓴 라디오 극본을 읽고 있던 그녀의 목소리를 처음 듣게 되었고, 그로부터 8개월 후 그들은 결혼했다. 당시 그는 이미 단편을 쓰고 범죄나 재판을 보도하는 일에 관여하고 있었다. 그는 열아홉 살 때 순회 보드빌에 입단했다. 이 때의 경험은 그의 작품에 반복적으로 등장하는 상징인 서커스의 실체를 경험할 수 있는 잊을 수 없는 추억이었다. 그는 기자들과 인터뷰를 할 때 날짜를 과장하기를 좋아했다. 그는 자신이 여섯 살 때 집에서 도망쳐 나왔다고 말한 적도 있다. 그러나 그가 다니던 사립 기숙학교의 수도사들에게서 가끔 체벌을 받은 일을 제외하면 사실 그는 행복하고 유복한 어린 시절을 보냈다.

제2차 세계대전 당시 징집을 피하는 데 성공한 펠리니는 몇몇 친구들과 함께 '퍼니 페이스 숍'을 열었다. 그는 당시 로마를 점령하고 있던 미군 병사들을 상대로, 본국에 두고 온 애인에게 보낼 수 있도록 목소리를 녹음해 주거나 기념 캐리커처를 그려 주어 많은 돈을 벌었다. 그는 전쟁 당시 자신의 체험을 살려 풋내기 감독이었던 로베르토 로셀리니와 손을 잡고 초현실주의의 고전이라고 할 수 있는 〈무방비 도시〉(1945)의 시나리오를 완성했다. 3년 후 로셀리니는 펠리니의 이야기를 바탕으로 한 〈기적Il miracolo〉이란 작품을 내놓았다. 영화배우처럼 수려한 용모를 지녔던 펠리니는 이 영화에서 순진한 시골 처녀를 빠른 언변으로 교묘하게 꾀어 임신시키는 방랑자 역을 맡아 영화계에 데뷔했다. 시골 처녀 역을 맡았던 안나 마그나니는 영화에서 그를 성 요셉으로 생각했다. 그 후 몇 번의 사소한 실패를 거듭한 끝에 그는 〈작은 악당들〉이라는 결정적인 성공작을 탄생시켰다. 그리고 1954년에는 서커스에서 일하는 잔인한 괴력의 사내에 관한 섬뜩한 이야기인 〈길La strada〉를 준비하기 시작했다. 괴력의 사내 역을 맡은 앤서니 퀸Anthony Quinn의 연기가 돋보인 이 영화에서 매정한 괴력의 사내는 결국 순진무구한 조수의 연약한 영혼을 무참히 짓밟아 버리는데, 조수 역은 마시나가 완벽하게 소화해 냈다. 〈길〉을 통해 펠리니는 처음으로 아카데미 최우수외국영화상을 수상했고, 그 후로도 세 번이나 더 아카데미상의 주인공이 되었다.

1956년에 발표된 코미디 〈카비리아의 밤The Nights of Cabiria〉에서 마시나는 불행이 닥쳐와도 미래에 대한 기대와 믿음을 포기하지 않는 순진한 로마 창녀 역을 통해 또 다시 감동을 전해 주었다. 이 작품이 발표된 후 1960년대에 접어들면서 펠리니의 예술 세계는 더욱 힘을 받게 되었다. 그가 만든 첫 번째 희가극으로, 생기 있고 풍자적인 내용을 담고 있는 〈달콤한 인생〉은 마르첼로 마스트로얀니Marcello Mastroianni라는 스타를 탄생시켰다. 감독의 분신이던 마르첼로는 이 영화에서 영혼이 없는 로마의 밤 문화에 사로잡혀 자신의 운명을 저주하는 기자 역을 맡았다. 그가 보여 준 반종교적 이미지는—관능미를 물씬 풍기는 아니타 에크베르그Anita Ekberg가, 분수 안에서 신이 나서 뛰어 다니는 그 악명 높은 장면을 말할 것도 없고—바티칸의 비난의 대상이 되었지만 박스오피스에서는 대단한 성공을 거두었다. 펠리니의 예술 세계는 1963년에 절정에 오르게 되었다. 그때까지 만든 영화의 숫자를 본떠서 제목을 지은 〈8과 1/2〉라는 작품이 기폭제였다. 마스트로얀니가 주연을 맡은 이 영화는 빛을 발하지 못한 자신의 창의력에 정면으로 맞서기 위해, 과거의 이미지와 사람들이 서로 뒤범벅이 되는 장면을 연출한 어느 좌절한 영화감독의 희극적인 에피퍼니epiphany(평범한 사건이나 경험을 통하여 직관적으로 진실의 전모를 파악하는 일)*를 기록하고 있다. 포위당한 감독이 메가폰을 사용해서, 싸우기 좋아하는 동료들을 서커스 링 주위로 조화롭게 이끄는 잊지 못할 마지막 장면은 펠리니의 놀라운 창의력을 보여 주는 시각적 메타포가 되었다.

〈8과 1/2〉 이후에도 주목할 만한 작품들이 많이 발표되었다. 특히 원죄가 없는 예수 이전의 세계에서 젊은 청년들이 겪게 되는 모험의 역사를 그린 초현실주의 서사시 〈사티리콘Fellini's Satyricon〉(1969)과 1930년대 시골에서 어린 시절을 보낸 감독이 자신의 유년기를 돌아보면서 만든 작품으로 달콤한 향수를 불러일으키게 하는 〈아마코드Amarcord〉(1974)가 눈에 띄는 작품들이었다. 희극적 요소를 부드럽게 가미한 이야기 전개 방식과 잊을 수 없는 이미지들은 그 후로도 여전히 전 세계인을 감동시키고 있다. 특히 그가 영감을 얻었으며 작품을 완성하는 데 많은 도움을 준 시골 사람들에게는 더욱 큰 감동으로 다가왔다. 결혼 50주년을 맞은 바로 다음 날 그가 세상을 떠나자 그의 조국은 대범한 성격과, 트레이드마크였던 방종한 언행이 완벽한 조화를 이루었던 한 남자의 죽음을 애도했다.

Henry Ford
헨리 포드
1863~1947

1896년 비가 내리던 어느 여름 날, 미시간 주 디트로이트의 에디슨 조명 회사에 다니던 서른세 살의 한 엔지니어는 아내가 기대에 찬 시선으로 지켜보고 있는 가운데 터무니없어 보이는 '네발 자전거'의 시운전을 시작했다. 농장 소년에서 발명가로 변신한 그는 자신이 새로 발명한 '말이 끌지 않는 마차'가 지나가기에는 길이 너무 좁다는 이유로 가게를 둘러싸고 있던 벽돌담을 모두 부수어 버리기까지 했는데, 이 일은 그가 연구를 하는 내내 얼마나 심각한 불안감에 시달려야 했는지를 단적으로 보여 주는 것이었다. 이렇게 4기통에 브레이크가 장착되지 않은 박스를 바퀴 위에 올려놓은 장치(포드는 쉬는 시간을 이용해 이 장치를 만들었다)와 똑같은 원리를 이용해, 포드는 12년 후 대량 생산을 겨냥한 최초의 표준 크기의 자동차인 모델 T를 완성했다. 1903년에 포드가 지방 석탄 중개인에게서 2만 8,000달러에 인수한 포드 자동차 회사는 비용 면에서 이익이 많이 남지 않는 몇 가지 모델을 폐기하는 시행착오를 여러 번 거치고 나서 이와 같이 튼튼하고 저렴하며 믿을 수 있는 자동차를 만들어 내는 데 성공했다. 이렇게 탄생한 자동차는 일밖에 모르는 이 기업가의 생각에는 '대량 생산을 목표로 한' 제품인 동시에 '고소득자가 아닌 사람들도 구입할 수 있는' 저렴한 가격대의 제품이었다. 그리고 처음 출시된 후 1년이 지나지 않아 1만 대의 모델 T들이 도로 위를 달리게 되었다. 1920년에는 세상에 나와 있는 자동차 두 대 가운데 한 대가 포드 자동차 회사의 것이었다. 그는 거창했던 꿈 이상의 성공을 거두었다.

'틴 리지Tin Lizzie'라는 별명으로 불린 검은색 모델 T가 미시간 주 하이랜드 파크에 있는 포드 공장에서 처음 출시 된 후 몇 년 만에 회사는 3분마다 한 대씩 자동차를 생산해 냈다. 생산 방법이 개선되자 900달러가 조금 못 되던 모델 T의 원가가 500달러 정도로 떨어졌다. 이 자동차 발명가는 수십억 달러의 재산가가 되었으며 전 세계적으로 널리 퍼진 저렴한 가격의 이 자동차는 물질적 · 사회적 · 경제적

측면에서 미국인의 삶을 변화시켰다. 1924년이 되자 모델 T는 가격이 겨우 290달러로 떨어졌고 단기간에 미국 농촌의 모습을 바꾸었다. 농촌에 신문이 배달되고 소득이 높아졌으며 과거에는 한적했던 농가의 문턱을 낮춤으로써 농촌의 고립을 종식하는 결과를 낳았다. 자동차는 처음으로 전국적인 상업 유통망을 창출하여 농업 시장을 대대적으로 확대시켰고 도시 거주자들을 시골로 실어 날랐다. 그리고 몇 십 년이 흐르자 복잡한 고속도로망이 탄생하면서 도시들이 생겨났고, 한때는 목초지였던 곳이 교외 주택지로 변모했다. 자동차는 땅을 바꾸었고 미국인들의 일하는 방식과 여가를 보내는 방식도 바꾸어 놓았다.

포드가 20세기에 남긴 가장 위대한 업적은 바로 1913년에 일괄 조립 라인을 도입한 것이었다. 그는 통조림 공장에서 도살한 소를 매단 채 움직이는 기구를 보고 이 혁신적인 작업 방식에 대한 영감을 얻었는데, 이로부터 본격적인 대량 생산 시대가 열렸다. 움직이는 컨베이어 벨트, 표준화된 디자인과 부속을 갖추게 되면서 효율적인 대량 분배와 예비 부품 시스템의 지원 하에 모든 것이 원활하게 운영되었다. 포드 사가 특별히 이러한 각각의 요소들을 보유하고 있었던 것은 아니었지만, 그것들을 결합시킨 곳은 포드 사밖에 없었다. 조립 라인의 속도와 경제성, 그리고 기술상의 정확도는 전 세계적으로 미국 산업의 우수함을 상징하게 되었다. 포드는 궁극적으로 미국인의 성공담을 대변하고 있었다. 허름한 방 안에서 시계를 고치던 가난한 시골 소년이 정부에 참여할 수 있는, 혹은 정부에 당당하게 맞설 수 있는 강력한 거물로 성장한 것이다. 실제로 포드는 두 가지를 모두 실천했는데, 1918년에 고향 미시간 주를 대표하는 상원의원에 출마했다가 고배를 마셨으며, 1933년에는 당시 대통령이던 프랭클린 D. 루스벨트가 제안한 국가산업부흥법 자동차산업 관련 조항을 거부함으로써 대통령을 난처한 입장에 빠뜨렸다.

포드는 늘 대중적인 관심의 대상이 되었다. 열성적인 반전주의자였던 포드가 1915년에 제1차 세계대전의 종전을 촉구하기 위해 '피스 십the peace ship'으로 널리 알려진 선박을 전세 내어 유럽으로 달려가는 순수한 모습을 보였을 때도 그의 인기는 식지 않았다(당시 포드가 내건 표어는 '참호에서 나와 크리스마스는 가족과 함께 보내자'였다). 당시 그는 대중에게 영웅으로 인식되어 있었다. 그가 상원의원 선거에서 패배하고 자신을 무정부주의자라고 부른 「시카고트리뷴*Chicago Tribune*」을 상대로 100만 달러에 달하는 명예 훼손 소송을 제기한 후에도 영웅으로서 입지에는 전혀 흔들림이 없었다. 그가 법정에서 증언하다가 누구나 알고 있는 역사적 사실을 전혀 모르고 있다는 것이 밝혀졌는데, 이로 인해 그가 문맹일지 모른다는 소문이 돌기도 했다. 그가 소유하고 있던 「디어본인디펜던트*Dearborn Independent*」에 반셈족주의 기사가 실렸을 때에도 대중은 그를 외면하지 않았다. 그는 기사 내용을 전혀 몰랐다고 고백하는 것으로 사과를 대신하려고 애썼다. 또 포드가 노동조합에 강력하게 반대했을 때에도 대중은 그를 비난하지 않았다. 그러나 1937년에 노동조합 위원장인 월터 로이터Walter Reuther와 세 명의 파업 노동자들이 잔인하게 폭행을 당한 소위 '고가도로 투쟁 사건Battel of the Overpass'이 발생하고 1941년에 미국자동차노조가 파업을 벌이게 되자 포드는 마침내 조합에 무조건 항복하지 않을 수 없었다.

한편 포드는 상당한 매력의 소유자였다. 그는 자동차 연구에 대한 재정 지원을 얻어내기 위해 자신의 경주용 자동차로 기록을 갱신하는 기염을 토했다. 또 노동자들과 농부들이 고통스러운 생활에서 자유로워질 수 있도록 하기 위해 기계의 역할에 대해 역설했으며, 그러한 고귀한 시도에서 자신이 담당하고자 하는 중요한 역할을 강조했다. 포드가 직원들의 최저 임금을 일당 5달러(기존 임금의 거의 두 배에 달했다)로 올리는 대폭적인 임금 인상과 근무일 감소, 그리고 토요 휴무를 발표하자 동료 사업자들은 한숨을 내쉬었지만 노동자들은 갈채를 보냈다. 그러나 그것은 포드의 치밀한 계산에 따른 것이었다. 그는 대량 생산을 위해서는 대량 소비가 필수적이라는 사실을 이미 간파한 것이다. 노동자들에게 그들이 만든 자동차 값을 지불할 수 있는 방법과 그들이 만든 자동차로 여가를 보낼 시간을 제공함으로써 포드는 대량 판매 시장을 창출했고, 그 결과 대량 판매 시장은 더 많은 생산의 필요성을 낳았다. 포드의 발명은 미국인들의 거의 모든 생활을 변모시켰다.

Wernher von Braun

베르너 폰 브라운

1912~1977

헌신적인 과학자이자 몽상적인 이론가였으며 맡은 일을 민첩하게 잘 처리하는 신동이었던 베르너 폰 브라운은 인간의 달 착륙이라는 20세기 최고의 순간을 연출한 핵심 인물이었다. 또한 그는 제2차 세계대전 때 런던을 비롯한 영국의 여러 도시를 폐허로 만든 V-2 로켓 개발의 숨은 주역이기도 했다. 그러나 그를 비방하는 사람들은 이 우주광狂이 주장하는 말에 대해 미국의 애국자로 돌아선 전범戰犯이 자신의 잘못을 덮어 두기 위한 술수라고 낙인을 찍었고, 한 개인이 미국 정부 고위직까지 신분 상승에 성공하게 된 사례들 가운데 그의 경우가 윤리적으로 가장 진의가 의심스럽다고 비난했다.

1945년에 군사 기밀 프로젝트를 실행에 옮기기 위한 일급 군사 작전을 계획 중이던 미국은 수백 명에 달하는 독일 최고 과학자들과 함께 엄청난 괴력을 자랑하는 독일 로켓 무기의 기술 책임자이자 전 나치 당원이었던 폰 브라운을 영입했다. 수십 년이 흐를 때까지 대다수의 미국인들에게도 비밀로 되어 있던 이 문제의 사업은 엄청난 성과를 불러왔다. 1958년 2월 11일 오전 10시 48분, 군의 지원을 받은 폰 브라운 팀이 익스플로러 1호를 발사했다(팀원 중 대부분은 발트 연안에 있는 독일의 로켓기지 페네뮌데에서 브라운과 함께 연구하던 핵심 전문가들이었다). 주피터 C-로켓의 도움을 받아 플로리다 주 케이프커내버럴에서 성공적으로 이륙한 약 14킬로그램짜리 위성은 당시 아연한 상태에 빠져 있던 미국에게 두 개의 치욕적 사건을 극복할 수 있는 계기를 제공했다. 하나는 소련이 1957년 10월과 11월에 세계 최초의 인공위성 스푸트니크 1호와 2호 발사에 성공한 것이고(2호에는 개가 타고 있었다), 또 하나는 그 전해인 1956년 12월에 미국 해군이 떠들썩하게 선전했던 뱅가드 로켓의 발사대가 폭발한 것이었다.

익스플로러 1호의 성공적인 발사에 이어 '신비한 우주 탐사'라는 폰 브라운의 마스터플랜은 두 가지 큰 성과를 이루어 냈다. 3년 후 미국의 첫 우주인이 우주 공

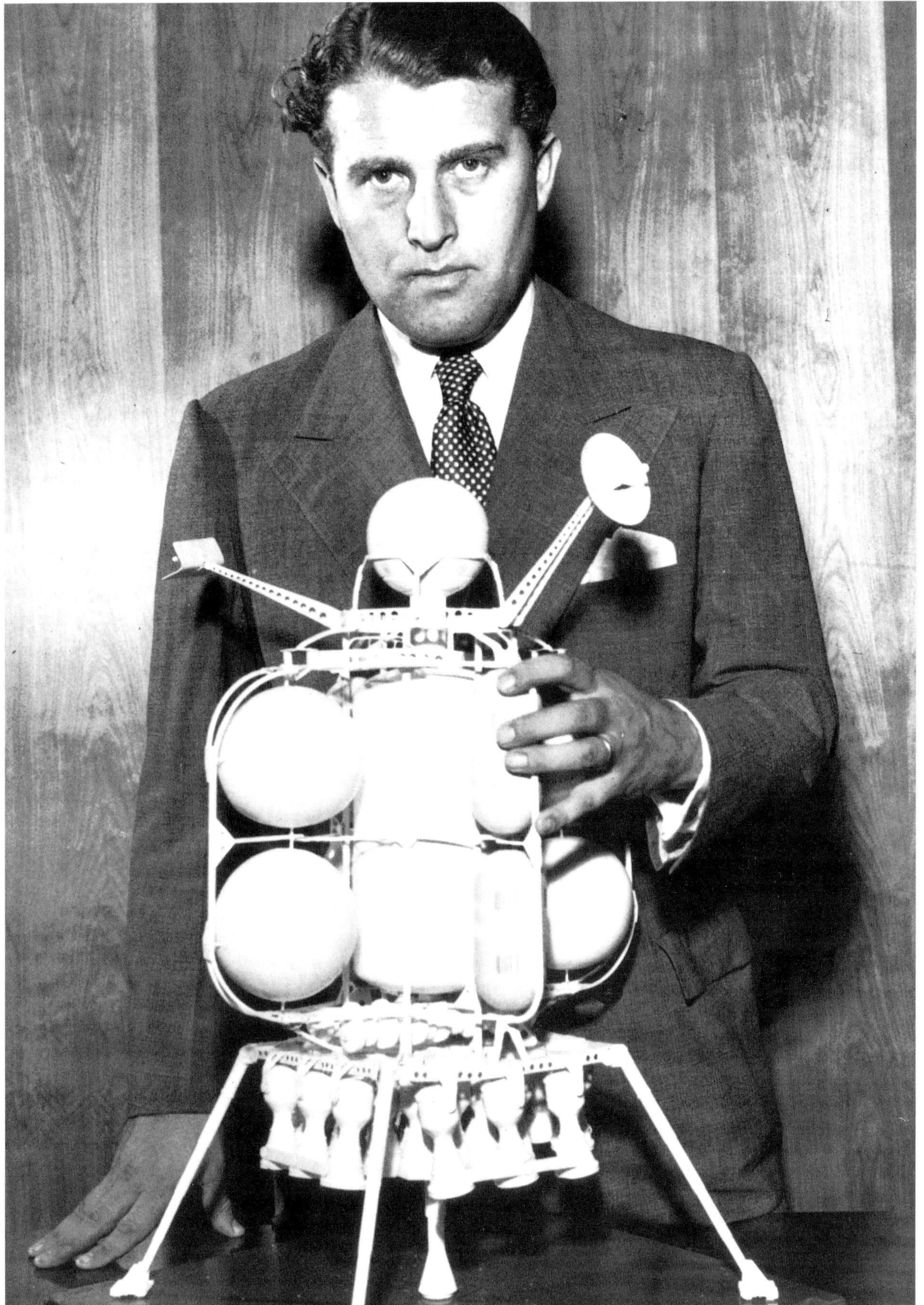

간을 향해 비행을 시작했고, 그로부터 8년 후인 1969년 7월 20일, 세 명의 우주인을 태운 아폴로 11호가 달 착륙에 성공했다. 세 명의 우주인 중 한 사람이었던 닐 암스트롱은 달 표면에 발을 디딘 최초의 인간이 되었으며, 경외감에 사로잡혀 텔레비전 앞에 모여 있던 수백만에 달하는 시청자들을 향해 그가 말했듯이 "한 인간에게는 작은 한 걸음이지만 인류에게는 커다란 도약"을 실현했다.

독일의 비르지츠에서 성장한 폰 브라운은 어릴 적부터 원대한 꿈을 꾸었다. 바이마르 내각의 일원이었던 마그누스 폰 브라운 남작의 세 아들 중 둘째로 태어난 베르너는 아마추어 천문학자였던 어머니 에미 폰 퀴스토르프 남작부인의 영향으로 천문학에 관심을 가지게 되었다. 가족이 베를린으로 이사를 한 뒤, 이 여덟 살 소년은 탄도 추진 전문가 헤르만 오베르트의 복잡한 수학 공식으로 가득 찬 책 『우주로 가는 로켓』을 발견했고, 3년 후 로켓 동력을 갖춘 왜건을 만들었다. 당시 이 공학계의 신동은 베를린 공대생이었는데, 우주 열성팬들이 결성한 작은 클럽에 가입했다. 이 클럽 사람들은 베를린 교외에 있는 폐허가 된 군수품 창고에서 위험한 미사일 발사 시험을 하기도 했다. 훤칠한 키에 넓은 어깨, 그리고 뛰어난 외모를 지녔던 이 젊은 개척자는 1932년에 발터 도른베르거라는 장교에게 발탁되었다. 독일군 물리학자였던 도른베르거는 1919년에 체결된 후 독일 군사력을 극도로 제약했던 베르사유 조약에 위반되지 않는 원거리 무기를 개발하고자 했다. 초음파 항공 역학의 이론적 토대를 정확하게 이해하고 있던 폰 브라운을 인상 깊게 본 도른베르거는 박사 과정에 있던 학생을 쿰머스도르프에서 진행 중이던 액화연료 로켓 개발 대표로 임명했다.

1936년, 겨우 24세에 불과하던 폰 브라운은 페네뮌데라는 황량한 전초지에 설치된 거대한 로켓 연구소의 민간인 기술 책임자가 되었다. 그곳에서 그는 그 악명 높은 V-2를 생산했는데, V-2는 '복수Vengeance의 무기 2호'를 의미했다. 촉박한 생산 스케줄 때문에 사임 직전까지 갔던 그는 프로그램을 SS(독일 나치의 준군사조직으로 '나치 친위대'라고도 함)*에 넘겨주라는 게슈타포 대장 하인리히 힘러의 명령을 거부한 죄로 1944년에 잠시 감옥에 갇히기도 했다. 그러자 도른베르거가 직접 나서서 폰 브라운이 없으면 V-2 프로그램은 제자리걸음을 면치 못할 것이라고 히틀러를 설득하여 사건을 중재했다. 히틀러의 직권으로 감옥에서 풀려난 그는 다시 페네뮌데로 돌아가서 독일을 미사일 기술의 선두 자리에 올려놓게 될 전략을 계속 진행했다. 도른베르거 일행이 로켓 연료가 실린 트럭을 타고 바이에른 산악 지대로 도망치고 1945년 5월 2일 오스트리아에서 폰 브라운이 미군 부대에 항복할 당시 그의 팀은 뉴욕을 목표로 하는 발사체 개발에 몰두하고 있었다.

항복과 동시에 폰 브라운이 이끌던 최고 수준의 독일 과학자 그룹은 뉴멕시코에 위치한 미군과 계약을 맺었다. 한국전쟁에 자극 받은 미군 당국은 폰 브라운과 그의 팀원들을 앨라배마 주 헌트스빌에 위치한 레드스톤 병기고로 보내 그곳에서 핵탄두를 장착한 대륙간 유도 미사일 개발에 참여시켰다. 마침내 폰 브라운은 미국 시민권을 획득하고 NASA의 조지 C. 마셜 스페이스 플라이트 센터의 책임자로 임명됨으로써 미국 최고의 로켓 과학자가 되어 초기 단계에 있던 우주 프로그램까지 연구 영역을 넓혔다. 새턴 5호의 강력한 추진력 덕분에 아폴로 우주선이 달 착륙에 성공함으로써 폰 브라운은 어린 시절부터 품어왔던 원대한 꿈을 실현할 수 있었다.

폰 브라운의 나치 관련 경력은 여전히 문제로 남아 있다. 1971년, 그는 순수 과학이라는 핑계를 내세워 자신의 입장을 침착하면서도 확고히 정당화했다. 그는 개발자가 깨끗한 사람인가 아닌가 하는 문제보다는 개발품의 사용 목적을 결정하는 '후원자'가 과연 어떤 사람인가 하는 점이 더 중요하다고 주장했다. 그러나 런던을 폐허로 만들고 수천 명에 달하는 영국 시민의 목숨을 앗아 간 V-2 대공습에 대해서는 심심한 유감을 표했다는 기록이 남아 있다. 폰 브라운은 동료 과학자들과 마찬가지로 독실한 유신론자로서 진정한 과학자는 반드시 종교에 귀의하게 되어 있다고 주장했다. 그러나 1951년에 「뉴요커」에 실린 기사에서 그는 페네뮌데에 있는 교회에 다녔느냐는 질문에 대해 "전쟁은 이미 시작되었고, 그때는 이미 너무 늦었다"고 고백했다.

Jackson Pollock
잭슨 폴락
1912~1956

튀기기, 흩뿌리기, 뚝뚝 떨어뜨리기. 미국의 추상 표현주의 화가 잭슨 폴락의 이 농익은 예술 기법들은 마치 자연의 힘과 같았다. 무의식의 깊은 곳을 자극하는 그의 에너지는 캔버스 크기뿐만 아니라 현대 예술 영역 자체를 파괴했다. 폴락이 작업하는 것을 지켜보던 동료 화가 바네트 뉴먼Barnett Newman은 폴락이 "손을 완전히 잊고 있었다. 오로지 마음—정신이 아니라 마음—과 영혼과 집중력 그리고 본능만으로 그림을 그렸다"라고 말했다. 그러나 캔버스 가득 층층이 선과 움직임으로 이루어진 놀랍도록 빛나는 패턴을 만들어 낼 수 있었던 그의 마음은 사실 안정과는 거리가 멀었다. 폴락은 성인이 된 후 폭력, 알코올, 기억 상실, 그리고 창작의 한계 등에 시달려야 했다. 폴락은 가장 창의적이며 성공적인 작품 활동을 하던 시기에도 시간이 갈수록 자신을 괴롭히는 온갖 악령들을 떨쳐 내지 못한 채 결국 자신의 예술과 함께 사라지고 말았다.

와이오밍 주에서 태어난 폴 잭슨 폴락Paul Jackson Pollock은 서부의 광활함 속에서 자랐다. 네 형제가 화가인 집안에서 다섯 형제의 막내로 자란 그는 코디라는 마을의 양 방목장에서 어린 시절을 보냈다. 가장의 역할을 담당한 어머니는 품위가 있었고 예술을 이해할 줄 알았다. 이사를 자주 다녀야 했던 아이들은 어려서부터 정처 없는 생활에 익숙해 있었다. 애정이라고는 조금도 찾아볼 수 없었던 냉혹한 아버지는 측량기사로 집을 떠나 있을 때가 많았다. 가족이 로스앤젤레스에 정착하자, 잭은 수공예미술고등학교에서 조각과 회화 수업에 등록했다. 그는 실물 모델의 사생화나 투사 같은 전통적인 훈련 과정에서 두각을 나타내지 못했는데, 그에게는 이것이 큰 문제였다. 열여섯 살 때 폴락은 힌두 시인이자 철학자인 크리슈나무르티Khrisnamurti의 제자가 되어 신지학을 받아들였다. 폴락은 그 후에도 여러 번 영적 · 정신적 안내를 갈구했고, 나중에 여러 번 심리 분석 치료를 받으면서 미국 원주민 문화와 융Jung이 주장한 원형을 받아들이게 되었다. 고등학교 시절 두 번

이나 퇴학을 당했던 그는 마침내 자신의 적성을 시험해 보기 위해 뉴욕으로 가기로 결심했다. 그는 아트스튜던츠리그에서 구상 미술의 대가 토머스 하트 벤튼Thomas Hart Benton 아래서 수학했다. 체격이 좋고 반항기가 넘쳤으며 전설적인 바람둥이였던 벤튼은 폴락에게 깊은 감명을 주었고, 폴락은 벤튼의 창작 스타일뿐만 아니라 그의 행동까지도 따라했다. 한편 폴락은 벤튼의 애제자가 되기 위해 피나는 훈련을 해야 했다. 수공예미술고등학교에서도 이미 증명이 되었듯이 폴락의 능력 부족은 벤튼을 당황하게 만들었다. 벤튼은 폴락에 대해 논리적인 발전을 이룰 능력이 없다고 평가했다. 당시 함께 공부를 했던 한 학생은 폴락과 미술 도구 사이에서 "끊임없는 전쟁이 계속되었다"고 회상했다.

대공황이 계속되는 동안 폴락은 연방 정부가 지원하는 몇 가지 미술 프로젝트에 참여하여 벤튼과 샤갈 풍의 양식으로 말 그림을 그렸다. 1930년대 말에서 1940년대 초까지 폴락은 피카소와 초현실주의 작가들에게서 영감을 받아 신화나 잔인한 주제를 담은 작품들을 연달아 발표했다. 그리고 얼마 안 있어, 멕시코의 다비드 알파로 시케이로스David Alfaro Siqueiros에게서 스프레이 페인팅과 스텐실 인쇄 같은 혁신적인 기법을 접하게 되었다.

새로운 기법은 그의 예술적 비전에 변화를 주었다. 한편 1945년에 결혼한 화가 리 크레이스너Lee Krasner와의 관계는 그의 창작욕을 자극할 수 있는 환경을 만들어 주었다. 폴락과 크레이스너는 뉴욕을 떠나 롱아일랜드 아마간셋 근처의 스프링스로 이사했고, 그곳에 새로운 기술을 마음껏 발휘할 수 있도록 커다란 스튜디오를 마련했다. 그 후 4년은 그의 인생에서 가장 행복하고 생산적인 시기였다. 구상주의에서 벗어난 폴락은 캔버스 위에 물감이나 알루미늄 발광 페인트를 직접 떨어뜨리기 시작했다. 그리고 얼마 안 있어 그는 캔버스를 바닥에 고정하는 아주 간단한 방법으로 이젤을 거부했으며, 이젤 안에 표현되는 위와 아래, 왼쪽과 오른쪽으로 이루어진 질서 정연한 우주를 거부했다. 폴락이 캔버스 주위를 옮겨 다니면서, 때로는 캔버스를 가로질러 가면서 다양한 각도에서 물감을 방울져 떨어뜨리고, 마구 뿌리며, 획 던질 때마다 실처럼 가는 선들이 끊임없이 생겨나면서 캔버스를 채워나갔다. 눈이 부실 정도로 명쾌한 작품 속에서 에너지와 선들이 나타났다. 폴락은 한없이 불편하기만 했던 전통적인 작업 도구들에서 해방되자 캔버스, 합금판, 금속, 카드보드 같은 다양한 표면 위에 여러 가지 물감 사용법을 실험할 수 있었다. 그는 자신이 창조하는 이미지들이 그것의 내용 및 개념과 거리를 두게 하려고 작품에 제목을 붙이는 대신 번호를 매겼다. 폴락의 인기는 꾸준히 올라갔다. 1948년에 「라이프*Life*」가 '그는 살아 있는 미국 화가 중 가장 위대한 화가인가?'라는 제목으로 그와 작품에 대한 기사를 실었을 때, 그는 이미 유명인사가 되어 있었다. 1949년에 한 쇼에 걸린 그의 작품 27개 중 18개가 예술 후원자들에게 팔렸고, 존 D. 록펠러 부인도 그의 작품을 구입했다. 그는 37세에 이미 성공한 화가가 되어 있었다.

그러나 이러한 성공과 새롭게 발견한 예술적 자유도 그를 난폭한 성질과 알코올과 미술 작업의 침체에서 자유롭게 해주지 못했다. 말하자면 그가 이룩한 성공이 오히려 자기 파괴에 빠져들게 만드는 원인을 제공한 것처럼 보였다. 항상 불안하고 서로 상처만 주는 부부 관계는 그 정도가 더욱 심해지더니 마침내 두 사람 모두 이혼을 거론하기 시작했다. 술만 먹으면 거칠어지는 성격 때문에 친구들과 친지들은 모두 그를 멀리했다. 작업을 할 수 없게 되자, 한때는 수려한 외모를 자랑했던 이 남자도 육체적으로 황폐해져 갔다. 1950년대 중반에 들어서면서 비평가들의 눈에 폴락의 작품들이 예전보다 훨씬 못한 것처럼 보였다. 1956년, 위기가 닥쳤다. 당시 폴락은 루스 클리그먼Ruth Kligman이라는 어린 여성에게 관심을 보이기 시작했고, 리 크레이스너는 유럽에 머물고 있었다. 1956년 8월 12일, 밤새도록 술을 마신 폴락은 자신의 정부와 에디스 메츠거란 친구와 함께 차에 올라탔다. 자동차 사고에서 살아남은 사람은 루스 클리그먼뿐이었다. 미국 미술을 최첨단 예술로 발전시킨 장본인은 44세로 눈을 감아야 했다. 그러나 그는 우리에게 엄청난 유산을 남겼다. 거대한 캔버스 위에 인간의 마음을 담은 명료한 풍경화 〈폭발 직전Simmering Substance〉과 〈푸른 기둥들Blue Poles〉도 그 가운데 속한다.

Francisco Franco

프란시스코 프랑코

1892~1975

스페인의 파시스트 폭군 프란시스코 프랑코의 재임 기간은 20세기 독재자들 중 가장 길었다. 곧 붕괴하리라는 소문만 무성했던 잔인하고 억압적인 통치는 1939년부터 시작해 36년간 계속되었다. 흥분을 잘하는 독재자는 격동의 시기를 맞은 조국을 통치하면서 온순한 사람도 폭발하게 만들 정도의 전 세계적인 모욕과 천대를 견디어냈다.

부정한 방법으로 세운 정권의 최고사령관으로 긴 세월 동안 끈질기게 실권을 장악했던 그였기에 1975년, 그가 여든세 살의 나이로 사망한 후에도 한참 동안 그의 고향 사람들을 비롯하여 많은 감시자들은 그가 "아직 안 깨어났어?"라며 짐짓 놀란 척을 하곤 했다. 그러한 이 우울한 농담은 스페인 사람들이 그들의 숭배와 두려움의 대상이었던 냉담한 지도자에 대해 가지고 있던 복잡한 시각을 보여 주었다. 그는 아침에 경건한 마음으로 성체를 모시고 나서, 오후에는 냉정하게 사형 집행을 명령하는 사람이었다. 최근 들어 프랑코에 대한 세상의 평가는 더욱 모호하다. 과거에는 정체되고 무정부적인 나라에 사회 안정과 근대화된 경제 성장을 가져온 사람으로 평가되었지만, 오늘날 대부분의 역사가들은 그를 권력에 눈먼 들쥐로 묘사한다. 그의 가혹한 법률 때문에 스페인이 서부 유럽 공동체 안에서 문화적 · 정치적으로 더 높은 위상을 성취하지 못했다고 평가하는 것이다.

그러나 현대 역사에서 프랑코가 유명인 대열에 낄 수 있는 이유는 스페인 내전 당시 그가 보여 준 리더십 때문이다. 단호하면서 꼼꼼한 성격의 그는 하급 보병에서 국민전선 최고사령관의 지위까지 올랐는데, 1936년 인민전선에 대한 폭동 전투에서와 마찬가지로 온갖 수단과 방법을 가리지 않았다. 엘페롤의 작은 마을 갈리시아에서 대대로 해군에 복무한 중산층 집안에서 태어난 프란시스코 파울리노 에르메메힐도 테오둘로 프랑코 비아몬데Francisco Paulino Hermemegildo Teódulo Franco Bahamonde는 15세 되던 해인 1907년에 톨레도의 군사학교에 입학했다.

1912년부터 1927년 사이 그는 스페인의 모로코 섭정 정치 과정에서 벌어진 몇몇 전투에서 눈부신 활약을 했으며, 마침내 저항군 두목 압드-엘 크림Abd-el Krim을 제압했다. 이 기간 동안 서른세 살의 군인은 준장으로 승진했고 나폴레옹 이래 유럽에서 최연소로 장군이 된 기록을 세웠다. 1927년에 결혼 4년을 맞은 그와 오스트리아의 갑부였던 그의 아내는 스페인 북동부의 에브로에 위치한 도시 사라고사로 이사했고 그곳에서 그는 군사학교의 책임자가 되었다. 1931년에 제2공화국이 알폰소 13세를 왕위에서 축출하자 프랑코를 포함해 알폰소 국왕의 사랑을 한 몸에 받던 왕정주의자들은 스페인 동부 연안의 발레아레스 제도로 유배 아닌 유배를 떠났다.

프랑코는 2년 후 다시 스페인 본토로 돌아왔고 새로 출범한 중도 우익 정부는 그에게 아스투리아스 지역에서 일어난 광부들의 폭동을 진압할 수 있는 기회를 주었다. 프랑코는 자신이 맡은 임무를 열정적으로, 그리고 간담을 서늘할 정도로 잔인하게 완수했다. 이 때문에 그는 '백정'이라는 별명을 얻었고 좌파들에게 영원한 멸시의 대상으로 남게 되었다. 파시스트인 팔랑헤Falange당이 득세하고 공산주의가 그의 뒤를 바짝 좇고 있는 상황에서, 신중한 프랑코는 마침내 우익과 군주제주의자, 그리고 동료 장교들을 규합하여 인민전선을 뒤엎을 쿠데타를 계획했다. 당시 인민전선은 1936년 총선에서 다수당을 차지한 좌파들과 자유주의자들로 구성된 연합 전선이었다. 그해 7월 모로코를 시작으로 스페인 내전이 발발하자 프랑코는 독일 나치와 이탈리아 파시스트의 도움을 받아 본토에 병력을 공수했다. 전투가 잔인했던 만큼 인간적인 면과 이데올로기 면에서 처절한 갈등이 그 후로도 계속되었다. 30개월에 걸친 피나는 전투에서 50만 명 이상의 스페인 사람들이 목숨을 잃었는데, 대부분이 서민들이었다. 전투에 가담하지 않는 사람들을 무자비하게 살상하는 것을 처음 목격한 전 세계의 이상주의자들과 모험가들, 예술가, 그리고 지식인들은—프랑코가 증오했던 볼셰비키도 합세했다—하나로 힘을 합해 공화국을 원조하기 시작했다. 무솔리니의 군대가 집과 교회에 포격을 가하고 독일 공군이 집중 폭격을 해대는 사이, 민주주의와 파시즘 사이의 갈등이 전 세계를 휩쓸었다. 스페인은 외국 부대와 외국 부대의 싸움터로 변했으며 그의 세대는 알베르 카뮈가 썼듯이 "정의로운 사람도 공격을 당할 수 있다"는 쓰라린 교훈을 얻었다.

1939년 3월에 스페인 내전이 끝나자 프랑코는 군대와 가톨릭 교회의 지지 속에 빠르게 행동했다. 그가 이끄는 민족 운동의 비호 아래 비밀경찰들은 모든 반대자를 제거했으며 모든 스페인 국민의 완벽한 순종을 바랐던 엘 카우디요El Caudillo(프랑코의 별칭으로 '지도자'라는 뜻)*의 병적인 요구를 실현하기 위한 작업에 들어갔다. 그러나 질서가 전혀 잡히지 않은 가운데 그는 갑자기 히틀러가 주장한 레벤스라움Lebensraum('정원'이란 의미로 나치가 주장한 정치적, 경제적 발전에 필요한 영토)*에 모든 에너지를 집중해야 했다. 근본적으로, 내전 중에 독일과 이탈리아가 보여 준 지지를 생각하면 프랑코가 추축국 가담을 거부하는 것을 있을 수 없는 일이었다. 그러나 고집스럽고 교활한 외교술을 폈던 그는 '신중한 중립 정책'을 선언하여 연합군을 달랬으며, 히틀러와 긴밀히 접촉하여 스페인을 나치의 적대국 목록에서 제외하는 대신 전후 지브롤터와 프랑스의 모로코 보호령 분할상의 이권을 양보함으로써 추축국에서 빠질 수 있었다. 전쟁 기간 동안 프랑코는 기다리기 작전을 많이 사용했는데, 승리자 편에 붙어서 자신의 친나치 성향을 위장했다. 그러나 독일이 러시아를 침략하자 동부 전선을 책임질 푸른셔츠단blue division(20세기 아일랜드의 파시스트 운동단체)*을 위해 스페인 시민군을 징집할 것을 허락함으로써 마침내 그의 정체가 드러났다. 그러나 스페인은 전쟁이 진행되는 동안 공식적으로 중립을 고수했다.

시간이 지나면서 전 세계적으로 프랑코를 용서하는 분위기가 감돌았다. 대사들이 다시 엘 파르도 궁전을 방문했으며, 1955년 12월 유엔이 스페인을 받아들임으로써 스페인의 추방도 끝이 났다. 또 조국의 눈부신 발전을 지켜본 80대의 독재자는 비로소 조국에 대한 지배권을 놓을 수 있었다. 1969년 7월, 압력에 못 이긴 그는 정치적 계승자를 지명했다. 그리하여 스페인은 다시 왕정을 회복했고 이제 힘을 잃은 총사령관이 그토록 탐내던 직함은 후안 카를로스 국왕에게 넘어갔다.

Anne Frank
안네 프랑크

1929~1945

안네 프랑크는 명랑하고 똑똑하며 꿈꾸는 어린 소녀였다. 가족과 함께 히틀러의 반유대인법을 피해 도망자 신세가 된 그녀는 암스테르담의 한 다락방 안에서 그 유명한 일기를 썼다. 그녀는 항상 유명한 작가가 되기를 꿈꾸었고, 결국 유작이 된 일기장으로 불멸의 작가가 되었다.

1933년 프랑크 가족은 조국에서 세력을 키워가고 있던 나치에 쫓겨 이민길에 올랐다가 암스테르담에 정착했다. 그녀의 일기장에 '핌Pim'이라는 세례명으로 나오는 가장 오토 프랑크Otto Frank는 솜씨 좋은 펙틴pectin(사과, 버찌 등 익은 과일에 함유되어 있는 효소)* 제조업자로, 구시가지에 가족의 거처를 마련할 만큼 성공한 사업가였다. 나치는 네덜란드를 침공하여 유대인을 무자비하게 억압했다. 안네의 언니 마르고트Margot에게 노예 노동 캠프 '이스트East'에서 강제노동을 하라는 단호한 명령이 떨어지자 프린센그라하트 263번지 창고 위의 방이 겁에 질린 가족의 은신처가 되었다. 그들은 반 펠Van Pel 부부와 그들의 열다섯 살 된 아들 페터Peter, 그리고 프리츠 페퍼Fritz Pfeffer라는 이름의 치과 의사와 함께 지냈다(안네의 일기에서 반 펠 가족은 반 단 가족으로, 치과 의사는 앨버트 두셀로 불렸다).

그로부터 2년 동안 다락방은 안네의 집이 되었다. 두렵고 불안한 은신처에 들어갈 때 안네는 아버지에게서 받은 일기장을 가지고 갔다. 낭만적이고 낙천적이면서도 때로는 풍자적인 면도 보였던 그녀는 재치와 따뜻한 마음의 소유자였고, 특수한 상황에서 성장해 가는 어린 소녀의 자잘한 일상생활을 기록했다. 감수성이 예민하고 독자의 공감을 이끌어 낼 줄 아는 작가였던 그녀는 비록 일기에서는 멋지고 성숙한 모습을 연출했지만, 관심 분야는 여느 어린 소녀들과 다를 것이 없었다. 사랑, 어른이 되는 것, 가족과의 관계, 특히 그녀가 사랑하는 아빠 핌과의 관계가 그녀의 마음을 차지하고 있었다.

많은 사람들이 알고 있는 『안네의 일기*The Diary of a Young Girl*』는 사실은 교정본

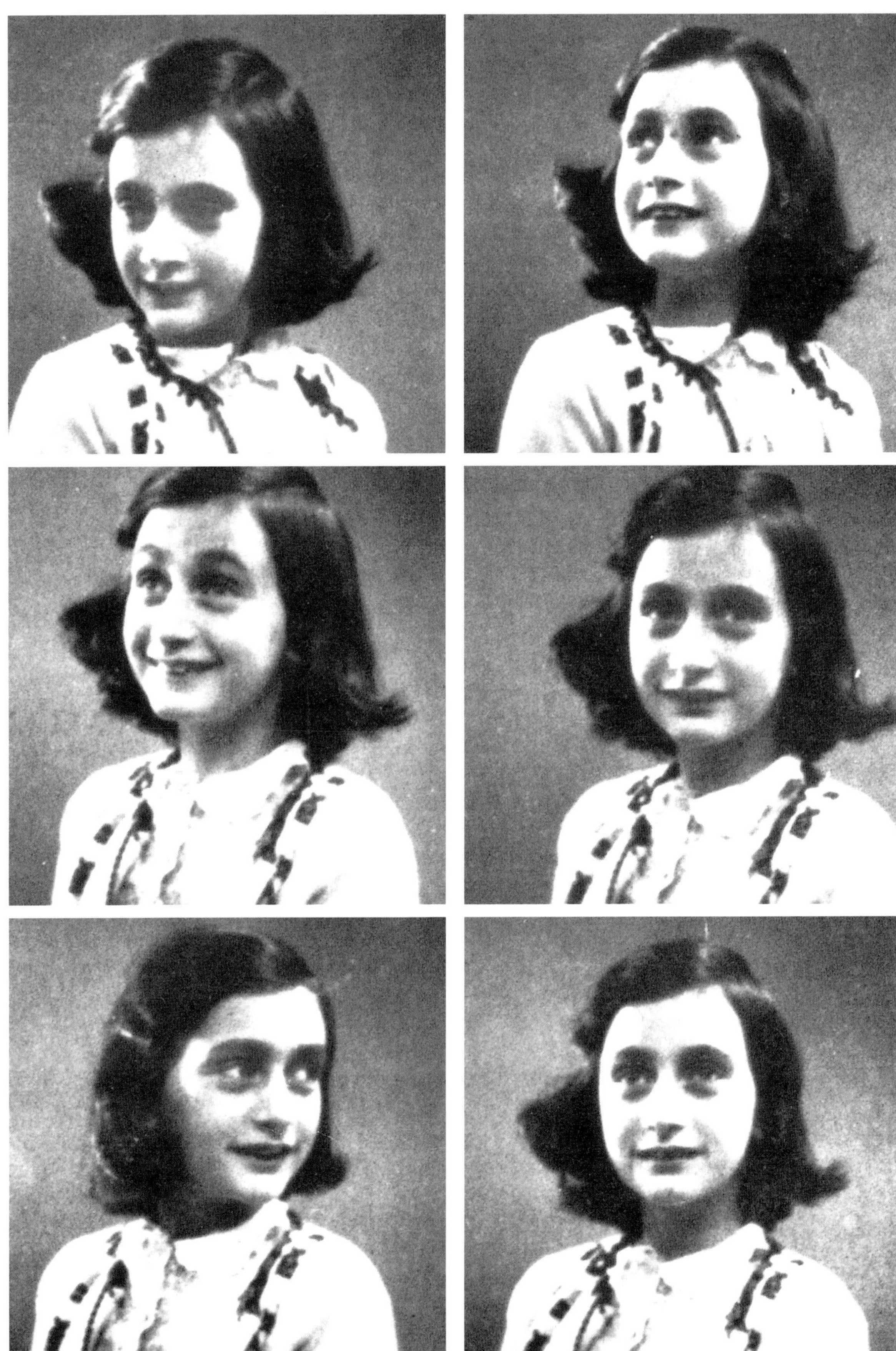

이었다. 프랑크는 두 권의 일기장을 가지고 있었는데 한 권은 일상적인 기록을 위한 것이었고, 다른 한 권은 책으로 출판되기를 바라는 마음에서 준비해 두었던 교정본이었다. 딸의 소원을 들어주기 위해 일기장의 출판하기로 마음먹은 그녀의 아버지는 두 권을 하나로 합쳐 놓았는데, 월경이나 어린 페터에 대한 열정적인 관심을 포함해서 사춘기 소녀의 성적 관심에 관한 내용을 편집 과정에서 모두 삭제한 것이었다.

안네는 여느 10대 아이들처럼 자라기를 바랐지만, 운명은 그녀를 위해 다른 것은 준비해 두고 있었다. 갈등이 점점 더해 가는 외부 세계에 관한 소식들은 소녀를 긴장하게 만들었지만, 일기 속 그녀는 순수하고 총명한 마음에서 우러난 관대함을 여전히 잃지 않았다. 비록 비좁은 은신처 안에서 아버지에 대한 끊임없는 애정이나 어머니에 대한 안타까움을 호소하기는 했지만, 일기마다 그녀의 유머와 진지함이 묻어 나온다. "그 모든 것에 불구하고, 나는 사람들이 선한 마음을 가지고 있다고 믿는다." 잊지 못할 그녀의 고백은, 비록 그녀의 적들의 경우는 예외라고 생각하는 사람들이 많다고 해도 그녀가 어떤 소녀였는가를 충분히 보여 주고 있다.

1944년 6월과 7월 사이에 프랑크가 쓴 일기를 읽는 것은 고통스럽다. 밀수한 라디오를 통해 결전의 날이 다가왔음을 알게 된 그녀의 일기는 희망과 기쁨으로 가득 차 있다. 몇 주 동안 그녀는 중요 도시들이 차례로 함락되었다고 썼다. 그녀의 일기는 은신처에 숨어 사는 생활을 시작한 지 2년 만인 1944년 8월 1일로 끝이 나 있었는데, 마치 커다란 재앙이 덮칠 것을 알리는 어떤 암시와 같았다. 창고 주인으로 의심되는 익명의 제보자가 '비밀 가옥'의 거주자들을 배신하고 두려움의 대상이었던 나치 비밀경찰에 그들을 밀고한 것이다. 3일 후 나치가 창고를 습격했고 겁에 질린 비밀 가옥 거주자들을 젖소를 실어 나르는 차에 실어 아우슈비츠로 보냈다. 다른 사람들과 헤어진 마르고트와 안네는 베르겐벨젠에 수용되었고, 1945년 4월 영국군이 수용소를 점령하기 몇 주 전 유행성 장티푸스로 숨을 거두었다.

안네 가족의 친구들은 안네가 체포되는 과정에서 떨어뜨린 일기장을 발견해 보관하고 있다가 전쟁이 끝난 후 안네의 가족 중유일하게 살아남은 오토 프랭크에게 전해 주었다. 1947년 일기가 출판되자마자 극적인 반응이 일었다. 그녀의 열성팬들은 나치의 잔혹함을 폭로한 문학 작품이라고 극찬한 반면, 적국에서는 복수심에 불탄 연합군이 주도한 정치 선전이거나 가짜라는 비판이 끊이지 않았다. 한편 안네의 일기는 유럽에서 베스트셀러가 되었고, 미국에서는 연극으로 공연되어 충격을 받은 청중이 할 말을 잃고 눈물을 흘렸다. 1991년에 발행된 2판에는 전편에 비해 30퍼센트 정도 새로운 내용이 추가되었다. 『안네의 일기 : 완결판*The Diary of a Young Girl: The Definitive Edition*』에서는 조금 더 괴팍하고 반항적이며 우울한 안네의 모습을 볼 수 있는데, 때로는 언니를 질투하고 종종 어머니에게 짜증을 부리는 평범한 소녀의 모습이 그려져 있다. 또한 책의 내용이 길어지면서 비좁고 안전한 피난처 내의 걱정스러운 분위기가 더 자세히 묘사되어 있다. 1997년, 제2판을 각색한 연극이 무대에 올랐다.

안네 프랑크가 쓴 일기의 영향력은 아직도 크다. 그녀의 일기는 홀로코스트 Holocaust(나치의 유대인 학살)* 위에 인간의 얼굴을 올려놓았지만, 그녀의 특별한 체험은 인간 정신의 존엄성과 회복력을 상징하는 표상이 되었다. 나이에 비해 조숙했던 그녀가 이 점을 가장 잘 이해했다. "나는 수많은 사람의 고통을 느낄 수 있다. 그러나 고개를 들어 하늘을 바라보면 모든 것이 곧 좋아질 것이며, 이 잔인한 전쟁이 곧 끝날 거라는 생각이 든다. 그리고 평화와 고요의 시대가 다시 찾아올 것이다."

Aretha Franklin
아레사 프랭클린

1942~

소울의 여왕은 테네시 주 멤피스에서 당시 유명한 침례교회 목사이던 클레런스 프랭클린의 딸로 태어나 디트로이트에서 성장했지만, 실은 미국이 낳은 최고의 복음성가 가수 마할리아 잭슨Mahalia Jackson 슬하에서 자랐다고 할 수 있다. 어린 아레사는 아버지가 이끌던 베델 침례교회 합창단에서 솔리스트로 활동했고 그녀의 말을 빌리면 "매일, 하루 종일" 노래를 불렀다. 그녀는 열네 살 되던 해 체스 레이블을 통해 첫 앨범을 발표했고, 고등학교 시절부터 전문 복음성가 가수로 활동했다. 그녀는 자신의 숙모였던 복음성가 가수 클라라 워드Clara Ward를 보고 많은 용기를 얻었다. 또한 전 세계 소울 가수들과 블루스 가수들의 표본이었던 샘 쿡Sam Cooke, 디나 워싱턴Dinah Washington, 그리고 B. B. 킹B. B. King 등이 프랭클린의 집을 정기적으로 방문했다. 그들은 그녀에게 팝 음악을 해볼 것을 권했다. 그녀는 열여덟 살에 뉴욕으로 가서 프로듀서 존 해먼드John Hammond를 만나 성량이 풍부하고 유려한 목소리를 선보였고, 해먼드는 곧 컬럼비아 레코드와 계약 체결을 주선했다. 그러나 불행히도 전설적인 프로듀서의 입김은 프랭클린에게 효과가 없었다. 그가 그녀의 목소리를 개발하기 위해 시도한 재즈, 블루스, 팝 스탠더드, 뮤지컬 음악 등 온갖 음악들은 한창 물오른 이 즉흥 연주가가 지닌 재능을 억누를 뿐이었으며, 지루하고 변변치 않는 음반들은 저조한 판매 실적을 올리는 데 그쳤다.

1966년에 계약 기간이 만료되자 프랭클린은 컬럼비아 레코드를 떠나 좀더 융통성이 있고 독창적이며 펑키한 요소가 강한 애틀랜틱 레코드와 계약했다. 애틀랜틱 레코드의 핵심 간부 제리 웩슬러Jerry Wexler와 아메트 에르터군Ahmet Ertegun은 그녀의 날개에 새로운 힘을 실어 주는 역할에만 만족했다. 앨라배마 주 머슬 숄즈에 있는 스튜디오에서 회사 소속 밴드와 함께 녹음 작업을 한 프랭클린은 1967년에 힘차고 간결한 소울 곡 〈아이 네버 러브드 어 맨I Never Loved a Man(The Way I Love You)〉으로 혜성처럼 나타났다. 100만 장의 판매고를 올린 이 동명 앨범을 필두로

ONE LORD
ONE FAITH ONE BAPTISM

놀라운 히트곡 행진이 계속 되었다. 〈두 라이트 우먼-두 라이트 맨Do Right Woman-Do Right Man〉, 〈리스펙트Respect〉(그녀의 테마 음악), 그리고 너무도 유명한 곡 〈어 내추럴 우먼A Natural Woman〉과 함께 〈체인 오브 풀즈Chain of Fools〉와 〈신스 유브 빈 곤Since You've Been Gone〉 같은 곡들을 발표했다. 1967년과 1974년 사이에 그녀는 열 번이나 그래미상을 수상했다.

그러다 갑자기 그래미의 연속 수상이 중단되었다. 1970년대 중반 디스코를 비롯한 다른 스타일의 음악이, 멜로디를 중요시하는 그녀의 음악과 그녀의 대표 장르였던 하드 소울 록을 완전히 밀어냈다. 그녀가 추구하는 음악들은 춤을 추기에 적합하지 않았다. 또한 그녀는 병마와 싸워야 했다. 그녀가 대중 앞에서 완전히 모습을 감추자 스틸리 댄Steely Dan은 1980년대 초 발표한 노래에서 열아홉 살 젊은이들이 "소울의 여왕을 기억하지 못한다"고 한탄했다. 그러나 프랭클린은 1980년에 클라이브 데이비스가 소유한 아리스타 레코드와 다시 계약을 체결하고 1980년대 중반까지 활동했다. 가수 루더 밴드로스Luther Vandross가 프로듀싱을 맡아 1982년에 발표한 〈점프 투 잇Jump to It〉을 통해 그녀는 새로운 음악 인생을 시작하게 되었다. 그 후로도 〈겟 잇 라이트Get It Right〉, 〈프리웨이 오브 러브Freeway of Love〉, 그리고 〈후즈 주밍 후?Who's Zoomin' Who?〉 같은 히트곡들을 잇달아 발표했다.

성공의 날들이 이어졌다. 1985년에 미시간 주는 그녀의 목소리를 미시간의 천연 자원이라고 선언했으며, 1986년에 프랭클린은 텔레비전 특별 쇼 〈아레사!Aretha!〉에 출연했다. 1987년에 그녀는 여성 최초로 로큰롤 명예의 전당 회원이 되었으며, 조지 마이클George Michael과 듀엣으로 불러 발표한 〈아이 뉴 유 워 웨이팅(포 미)I Knew You Were Waiting(For Me)〉가 또 한 번 넘버원 레코드로 기록되었다.

그러나 성공 뒤에는 개인적인 슬픔이 따라다녔다. 1960년대 말 테드 화이트와의 첫 결혼이 실패로 끝났고, 이어서 1978년에 재혼한 배우 글린 터먼과의 두 번째 결혼 역시 1984년에 끝이 났다. 그리고 그 무렵 1979년에 발생한 강도 사고로 의식 불명 상태에 놓여 있던 프랭클린의 아버지가 세상을 떠났다. 그녀는 디트로이트와 캘리포니아의 집을 오가면서 5년 동안 아버지를 간호할 정도로 애정이 남달랐던 만큼 슬픔 또한 컸다. 급기야 1988년에는 언니 캐롤린이 암으로 사망하자 그녀의 우울증은 더욱 심해졌다. 그리고 다음 해 아리스타 레코드에서 16년 만에 처음으로 그녀만의 복음성가집 〈오 로드, 오 페이스, 오 뱁티즘One Lord, One Faith, One Baptism〉이라는 앨범이 나왔다. 아버지에게 바치는 감동적인 이 앨범에 대해 비평가들은 1972년에 발표된 〈어메이징 그레이스Amazing Grace〉에 버금갈 만큼 훌륭하다고 평가했다. 이 앨범 작업에는 프랭클린의 두 여동생 엘마와 캐롤린을 비롯하여 남동생 세실 프랭클린 목사, 그리고 제시 잭슨 목사가 함께 참여했다. 앨범이 호평을 받았음에도 불구하고 습관이 되어 버린 수줍음과 무대 뒤의 사생활이 노출되는 것을 꺼리는 성격은 조금도 변하지 않았다.

프랭클린의 가수 활동은 그녀가 지닌 소극적인 성격의 부침에 따라 오르락내리락한 것처럼 보였다. 그녀는 작은 비행기 사고에서 구사일생으로 살아난 뒤 생긴 비행 공포증으로 한동안 휴식기를 갖기도 했다. 이 때문에 그녀는 이익이 많이 남는 해외공연을 거부했다. 1993년에 그녀는 빌 클린턴 대통령 부부의 부탁으로 취임식장에서 노래를 불렀는데, 대통령 부부 역시 베이비 붐 시대에 태어난 수많은 팬들 중에 속했다. 2년 후 프랭클린은 음악에서 그녀가 보인 업적을 인정받아 케네디예술센터에서 공로상을 수상하며 음악 분야 최연소 수상자라는 기록을 남겼다. 그녀는 항상 체중과 싸웠고, 금연에 성공한 덕에 목소리의 음역을 일부 회복할 수 있었다. 오랜 절망의 시기를 보낸 뒤 1997년에 발간된 자서전에 밝혔듯이, 자신의 과거를 감추는 것은 그녀에게 거의 보호 본능과도 같았다. "이제 책을 쓸 때가 되었다"라고 하면서 그녀는 자신의 개인사를 털어놓을 것을 약속했다. 그해 봄 그녀는 복음성가단과 함께 뉴욕의 링컨센터에서 '에이즈 퇴치를 위한 아레사의 십자군'이라는 공연을 펼쳤고 그래미 시상식에 깜짝 출연을 하기도 했다. 1990년대가 저물면서 그녀가 예전처럼 콘서트 도중에 피아노 앞에 앉는 일은 거의 볼 수 없게 되었지만, 성량이 풍부하고 열정적인 목소리에 이어지는 그녀의 힘찬 피아노 연주는 사람들에게 인기가 높았다. 그러나 떠들썩한 미국 흑인 교회음악을 세계에 알린 이 위대한 영혼의 소유자는 결코 반주가 필요 없었다. 모든 것을 되돌리는 데는 그녀만으로도 충분했다.

Elvis Presley

엘비스 프레슬리

1935~1977

리듬앤블루스, 가스펠, 그리고 컨트리앤웨스턴 음악을 하나로 녹여 낸 엘비스아론 프레슬리Elvis Aron Presley는, 한 세대 전체에 활기를 불어 넣은 백비트 backbeat(록 음악 특유의 강한 비트)*와 함께 지루한 1950년대에 혜성처럼 등장했다. 미시시피 주 투펠로의 전형적인 남부 가정에서 태어나 모든 사람이 인정하는 '로큰롤의 황제'가 된 그는 어머니와 교회와 기타를 사랑했고, 수백만 달러를 버는 갑부가 된 뒤에도 땅콩버터와 바나나 샌드위치를 즐겼다. 쌍둥이 아들 중 유일하게 살아남은 엘비스는 시골에 사는 가난한 부모와 함께 신앙부흥집회에서 흑인 영가를 불렀다. 그는 열 살 때 미시시피-앨라배마 페어 앤 다이어리 쇼에서 〈늙은 양 Old Shep〉이라는 노래를 불러 2등을 차지한 후 복음성가 가수가 되는 것에 대해 생각하기 시작했다. 그러나 그는 스물다섯 살이 되기 전에 이미 십대들의 새로운 반항 음악의 우상이 되었고, 아직도 전 세계적으로 영향을 미치는 현상이 되었다.

외모에 자신감이 있었던 그는 제2의 제임스 딘이 되겠다고 결심하고, 주로 본능에 의존해서 활기 있는 혼성 음악hybrid music을 발전시켜 나갔다. 엘비스의 무대 매너는 보는 이들을 흥분시키기에 충분했다. 반항적이고, 과감하며, 멋진 몸매의 그가 몸에 착 달라붙는 바지를 입고 이마가 보이도록 머리를 뒤로 빗어 넘긴 모습은 비난의 대상이 되기 쉬운 동시에 위험했다. 그의 외모와 노래는 문화적 폭발 현상을 불러일으켰고, 그를 따르는 십대들의 옷과 행동도 기발하고 대담해졌다. 엘비스가 청소년에게 나쁜 영향을 미친다는 사실에 화가 난 부모와 종교계, 그리고 기성세대—보통 '사악한 음악'을 무조건 반대하는 사람들—는 아이들이 그의 음악을 듣지 못하게 했다. 그러나 이미 때는 너무 늦었다. 로큰롤의 신나는 박자는 이미 미국 젊은이들의 심장 박동이 되었다.

엘비스의 독특한 음악에 처음 반응을 보인 전문가는 멤피스에서 선Sun 레코드사를 경영하던 샘 필립스였다. 사실 그도 처음부터 엘비스의 음악이 그렇게 마음에

든 것은 아니었다. 당시 열여덟 살의 트럭운전수 엘비스는 사랑하는 어머니 글레디스를 위해 4달러짜리 45RPM 레코딩을 하기 위해 제작자의 스튜디오를 다녀간 적이 있었다. 집으로 돌아온 샘은 나중에 엘비스의 팬들이 그랬던 것처럼 음반을 반복해서 틀고 또 틀었다. 마침 흑인 노래를 부르는 백인 가수를 찾고 있던 샘은 엘비스에게 전화를 걸어 스튜디오로 나오라고 했고, 1954년에 발표된 〈댓츠 올 라이트(마마)That's All Right(Mama)〉는 음악 역사를 다시 썼다. 엘비스는 자신이 아프리카계 미국인의 음악 전통에 많은 영향을 받았다는 사실을 알고 있었다. 그는 블루문 보이스Blue Moon Boys와 함께 순회공연을 다니는 동안 '밀어 올리기'라고 이름붙인 창법을 계속 개발했다. 이 때 톰 파커 대령이 그에게 관심을 보였다. 네덜란드 출신의 이 쾌활한 에이전트는 결국 평생 엘비스의 매니저가 되었다. 파커의 주선으로 엘비스는 〈더 힐 빌리 캣The Hill Billy Cat〉으로 지방 순회공연을 시작했다.

그는 1956년이 되어서야 비로소 행운의 주인공이 될 수 있었다. 엘비스는 RCA 빅터와 3만 5,000달러에 계약을 맺고, 사랑의 쓸쓸함을 노래한 발라드 〈하트브레이크 호텔Heartbreak Hotel〉을 취입했다. 이 음반은 200만 장이 팔렸고 샘 필립스는 엘비스가 10억 달러 이상의 거금을 버는 대스타로 성장하는 것을 평생 놀라운 눈으로 지켜보았다. 그가 발표한 노래들이 계속해서 톱 10에 히트곡으로 선정되는 진귀한 광경이 연출되었다. 그 중에는 〈돈 비 크룰Don't Be Cruel〉, 〈하운드 독Hound Dog〉, 〈블루 수에이드 슈즈Blue Suede Shoes〉, 그리고 〈러브 미 텐더Love Me Tender〉 같은 곡이 있었다. 그해 말 도시 브라더스Dorsey Brothers는 엘비스에게 전국에 방송되는 자신들의 주말 프로그램 '스테이지 쇼Stage Show'를 통해 텔레비전에 데뷔하는 것이 어떻겠냐고 제의했다. 당시 엘비스는 '그랜드 올 오프리Grand Ole Opry(내쉬빌에 있는 WSM 라디오 방송국의 정규 음악 프로그램으로 지방 사람들의 연주 솜씨와 노래자랑을 들려주었다)'라는 라디오 프로그램을 통해 데뷔한 뒤 폭발적인 인기를 끌고 있었다. 그러나 엘비스는 도시 브라더스의 제의를 거절하고 '에드 설리번 쇼The Ed Sullivan Show'에 출연하여 획기적인 돌파구를 마련했다. '미스터 선데이 나이트'라고 불렸던 진행자 에드 설리번은 55만 명의 미국인들에게 십대의 도덕성에 엄청난 위협이 되고 있는 이 가수를 "정말 예의 바르고 멋진 소년"이라고 자신 있게 소개했다. 그러나 설리번은 엘비스의 허리 위로만 카메라로 잡게 해서 잡음이 일지 못하게 했다.

그 다음은 할리우드였다. 1956년에 엘비스는 영화 제작자 할 월리스와 7년짜리 계약을 체결했다. 첫 영화 〈러브 미 텐더〉는 총수입이 제작비의 여섯 배에 달했다. 그러나 비평가들은 이 영화뿐만 아니라 그 후 엘비스가 출연한 32편의 B급 영화에 대해 좋은 평을 하지 않았다. 다소 연약해 보이는 팝 아이돌 스타는 참치 어부와 같은 현실성 없는 역할과는 전혀 어울리지 않는다고 생각했다. 한편 항상 여성의 관심의 대상이 되어 온 엘비스는 할리우드 생활 방식에 동화되는 대신, 친숙한 고향 친구들과 만났다. 돈을 받고 항상 그를 쫓아다니던 '멤피스 마피아'는 그와 함께 술을 마시며 사치스럽고 변덕스러운 그의 취향을 충족해 줌으로써 이 수줍음 많고 주제넘게 나설 줄 모르는 스타를 보호했다. 그러나 아무리 파렴치한 행동을 하고 다녀도, 그의 깊은 신앙심을 변함이 없었다. 또 그는 자신의 재능은 하느님에게 받은 축복이며, 오직 하느님의 의지대로 이런 축복을 받았듯이 언제든 다시 거두어 갈 수 있다는 것을 잊지 않았다.

1960년대에 틀에 박힌 영화에 출연하던 프레슬리는 대대적인 선전 보도와 함께 미 육군에 입대했다. 그는 텔레비전에도 출연하지 않고 전혀 모습을 보이지 않다가 1968년에 라스베가스 스타일처럼 나직한 목소리로 감미롭게 노래하는 가수로 컴백했다. 제작자 프리실라 보로유와 부부가 된 그는 SRO(standing room only의 약자로 '입석 공연'을 의미함)* 청중을 향해 노래를 불렀다. 그들은 엘비스가 공백기를 가졌다는 사실에 개의치 않는 듯 했으며, 몇 년에 걸친 방종한 생활로 망가진 몸매를 감추기 위해 스팽글이 달린 옷을 입는다는 사실도 신경 쓰지 않았다.

엘비스의 기묘하고 화려한 행동은 1973년에 10억 명의 사람들이 텔레비전으로 지켜본 하와이 공연에서 절정에 달했다. 그러나 활동 후반기의 엘비스는 전보다 훨씬 더 쓸쓸한 생활을 해야 했다. 그는 1973년 이혼을 했고, 23개의 방이 있는 자신의 맨션 그레이스랜드와 콘서트장만 왔다 갔다 했다. 1977년 8월 16일, 처방 약품에 대한 중독과 여러 가지 건강 문제로 그는 결국 숨을 거두었다. 그를 사랑하는 수천 명의 팬은 그날 그레이스랜드 앞에 모여 북받쳐 오르는 눈물을 참지 못하고 오열했고, 멤피스에 있는 모든 꽃집에서는 추모객들 때문에 꽃이 모두 바닥났다. 사람들은 엘비스 프레슬리에 관한 이야기만 하면 하나 같이 흥분을 했다. 비틀즈의 존 레넌이 한마디로 말했듯이 "엘비스는 대단한 인물이었다."

Sigmund Freud
지그문트 프로이트

1856~1939

런던과 빈 두 곳에 위치한 지그문트 프로이트 연구실의 반짝이는 책상 위에는 고대 문명의 인물 조상彫像들이 놓여 있었다. 과거의 신화를 바탕으로 만들어진 이 토템totem들은 박물관이 무색할 정도로 많은 프로이트의 원시 예술품들 가운데서 특별히 엄선된 것으로, 정신분석학의 아버지로서 인간 심리의 가장 깊고 가장 오래된 내면을 밝혀내려는 그의 피나는 노력을 보여 주는 증거들이었다. 자칭 인간의 마음을 연구하는 고고학자가 거기에서 발견한 것은 놀랍고도 혁신적인 인간 본성에 대한 생생한 묘사였다. 자기 자신과 환자들을 대상으로 한 힘겨운 분석에 중점을 두었던 그의 연구는 20세기 인류에게 이질적이며 인식할 수 없는 자아의 숨겨진 동기들과 낯선 죄의식, 억압된 분노, 그리고 덧없는 성욕을 드러내 보였다.

무의식에 대한 탐구와 무의식이 인간 행동에 미치는 영향에 대한 프로이트의 주장은 동료들에게 조롱의 대상이 되었으며, 현대 사조에서 가장 격렬한 논쟁을 불러일으켰다. 그러나 그는 자신을 '잠들어 있는 인류를 깨우고자 하는 정복자'로 당당하게 평가했다. 사람들은 그를 허풍쟁이나 괴짜라고 비웃었으며, 심지어 지금도 그의 이론을 둘러싼 갈등은 계속되고 있다. 오로지 이것 때문만은 아니지만, 정신신경증의 성적 배경, 유년기의 성, 그리고 그와 관련된 오이디푸스 콤플렉스가 갈등의 주요 원인이 된 것은 사실이었다. 그러나 프로이트의 이론과 그러한 이론을 설명하기 위해 그가 소개했던 용어들은 우리 문화와 언어 세계에 이미 널리 퍼져 있기 때문에 이제 아이들이 순수함을 의미하던 시대, 또 인간 감정 가운데 가장 추악한 원인을 오직 다른 사람들에게서 찾으려고 했던 시대로 되돌아가기는 힘들어 보인다.

지그문트 프로이트는 모라비아의 프라이베르크에서 야콥과 아말리에 프로이트 부부 사이에서 태어났다. 그의 어머니는 자신의 첫 아들이자 열 남매 중 맏이였던 그를 편애했다. 어린 시절 그는 훌륭한 학생이었다. 다만 천성적으로 호기심이 많

아서 빈대학교 재학 시절 몇 년 동안은 전공에 집중하지 못했다. 그가 처음 관심을 보인 학문은 정치학이었지만, 빈에 거주하는 유대인으로서 자신의 앞날이 희망적이지 않다고 생각한 그는 전공을 의학으로 정했다.

프로이트는 인간 심리에 대한 탐구를 시작하기에 앞서 매우 왕성한 연구 경력을 쌓으며 진화 이론과 현대 신경학의 기초 분야 모두에서 큰 공적을 남겼다. 1895년에 『히스테리 연구*Studies in Hysteria*』(요세프 브로이어Josef Breuer와 공동 집필)를 발표할 때까지 그는 '자유 연상'이라는 방법을 통해 환자의 복잡한 개인사를 해석했다. 자유 연상이란 정신 분석을 받고 있는 환자가 생각나는 것을 자연스럽게 이야기하는 과정을 뜻했다. 그리고 몇 년 후 프로이트 자신이 노이로제에 걸리게 되었다. 그는 불안하고 혼란스러운 꿈을 용감하게 해석함으로써 자신의 무기력증과 싸웠다. 이때의 용감한 분석 과정이 『꿈의 해석』이라는 결과를 낳았다. 1900년에 이 책이 처음 발간되자 야유와 조롱이 끊이지 않았다. 꿈의 특징과 중요성을 분석하고 무의식의 기능에 대해 철저히 해부해 놓은 이 책에서, 그는 이 암흑세계가 유년기에서 비롯된 것이라고 규정하면서 이곳은 의식이 받아들일 수 없다고 느껴 어떤 대가를 치르더라도 무시하려고 애쓰는 감정과 사고로 가득 차 있다고 설명했다. 1905년에 발표된 『성욕에 관한 세 편의 에세이』도 공격 대상이 되었다. 가장 논란이 된 부분은 여태껏 감춰져 있던 유년기의 성욕에 관한 부분이었다. 프로이트는 유년기라는 질풍노도의 시기는 부모에게 강력하고 부정할 수 없는 애착을 느끼는 시기이며, 동시에 그만큼 강한 적대감을 느끼는 시기라고 규정했다.

새로운 주장은 항상 새로운 적을 만들어 내듯이 그의 충격적인 관점에 대해 사회 전체가 비난을 퍼붓기 시작했다. 그는 『모세와 유일신교』에서 위대한 히브리 지도자가 실제로는 이집트 사람이었다고 주장함으로써 동료 유대인들에게 외면을 당했다. 그는 이미 11년 전에도 『환영의 미래』라는 책에서 종교적 신념은 죽음에 대한 공포에서 벗어난 초자연적인 존재를 창조하려는 인간의 욕구와 영생에 대한 열망에서 비롯되었다고 주장함으로써 일대 파란을 불러일으킨 전력이 있었다.

프로이트와 동시대를 살았던 사람들은 죄의식, 무모함, 그리고 노이로제에 관한 연구를 통해 자신의 치부를 드러내는 이 연구자가 자신들의 성적 욕구와 그밖의 행동들을 규정한다는 사실에 분개했다. 예를 들어 프로이트의 전기를 준비하는 작가는 프로이트가 처제 민나 버네이즈와 불륜 관계였다고 의심했다. 아마도 결혼 기간 내내 그들의 관계가 유지되었을 것으로 추측된다(실제로 처음엔 프로이트를 신봉했던 칼 융은 1907년에 처음 프로이트를 만났을 때 민나가 직접 자신에게 형부와의 '아주 친밀한 관계'에 대해 털어놓았다고 주장했다). 프로이트는 가장 친한 친구이자 중요한 존재였던 빌헬름 플리스Wilhelm Fliess 박사에 대한 '저항할 수 없는 동성애 감정'을 느끼게 되었음을 인정했다. 그는 빌헬름 박사가 말한 보편적인 양성적 충동에 관한 이론을 후에 자신의 이론으로 채택했다. 또한 그는 기차 여행에 대해 강한 두려움을 갖고 있어서 공포증 치료를 받아야 할 정도였다. '구강 성욕'과 '죽음 본능'이라는 단어를 만들어낸 그는 하루에 시가를 스무 개나 피웠고 평생 코카인 중독자로 살았다(그는 턱에 생긴 암을 치료하기 위해 33번이나 수술을 받아야 했는데, 코카인은 수술 후 통증을 잊게 하는 데 유용하게 쓰였다). 프로이트는 자신의 어리석음을 드러내는 결정적인 잘못을 저지르기도 했다. 인간에 대한 정신 분석을 규제하는 글을 발표하고도, 정작 자신은 딸 안나 프로이트를 대상으로 정신 분석을 시도한 것이다. 그것은 도저히 용서받을 수 없는 죄악이었다.

사생활을 철저하게 비밀에 부친 프로이트는 생전에 여러 차례에 걸쳐 상당량의 파일과 기록을 폐기했는데, 아마도 후대가 자신에게 호기심을 갖는 것을 막기 위한 조치로 보인다. 최근 프로이트의 전기를 준비하고 있는 피터 게이Peter Gay는 프로이트가 "전기 편찬 사업을 신뢰하지 않았다"고 주장했다. 프로이트는 자신이 동시대 사람들뿐만 아니라 다음 세대에게도 오해의 대상으로 남을 수 있다는 사실을 예상한 듯하다. 그러나 계속되는 비난 속에서도 프로이트식 정신 분석은 불안한 생존을 계속하고 있다. 아마도 이러한 현실은, 사람들이 자기 자신에 대해 가지고 있는 환상을 깨트림으로써 그들을 자기 인식이라는 고통 속에 몰아넣은 위대한 고해자에게는 오히려 최대의 찬사일 것이다.

Marcel Proust

마르셀 프루스트

1871~1922

정통 교리에서 벗어난 생활 습관을 고집한 반半수도사이자 20세기 프랑스의 위대한 소설가인 프루스트는 쓰레기가 가득한 파리의 작은 방에서 대부분의 시간을 보냈다. 천식을 앓는 연약한 몸에 신경이 몹시 예민했던 그는 평생 병을 안고 살아야 했다. 그럼에도 불구하고 정교하고 독특한 문체와 문학사 전반에 커다란 영향을 미침으로써 많은 비평가들은—그리고 프루스트 자신도—7부로 구성되어 있는 그의 소설을 대성당에 비유했다. 중후한 시선을 지니고 있으면서도 아기자기한 섬세함을 잃지 않고 있는 『잃어버린 시간을 찾아서*À la recherche du temps perdu*』는 난해한 소설이다. 그래서 독자들은 작품의 구조 안에 포함되어 있는 미묘한 차이를 모두 경험할 때에야 비로소 장엄한 구성상의 하모니와 궁극적인 의미를 충분히 이해할 수 있게 된다.

1900년대 초기에 시작된 뒤 잠시 중단되었다가 몇 년 후 다시 집필한 『잃어버린 시간을 찾아서』는 다양한 등장인물과 주제상의 덧칠을 자랑하는 작품으로, 대략적인 내용 정리마저도 완강하게 거부한다. 제목에서 알 수 있듯이 이 소설은 시간과 깊은 관련이 있다. 이 '눈에 보이지 않는 요소'는 시시각각 흘러가면서 불가피한 변화를 일으키고 기억을 남긴다. 프루스트에게 기억이란 '의지적인 것'과 '무의지적인 것' 두 가지로 존재한다. '무의지적인 기억'을 더 좋아했던 그에게, 무의지적인 기억의 '출현'이 가져다주는 갑작스러운 충격은 비록 순간적이기는 하지만 인생에 없어서는 안 될 환멸감으로 그가 이해했던 것들로부터 인류를 구원해 주는 일종의 최고의 기쁨을 선사해 준다.

프루스트의 자전 성격이 강한 이 알레고리적 소설은 『스왕네 집 쪽으로』라는 놀라운 회상 장면으로부터 시작한다. 당시 이 제1권을 본 출판업자들이 모두 출판을 거부했기 때문에 결국 1913년에 프루스트 자신이 자비로 출판했다. 소설의 서술자(그는 작가와 이름이 같은 마르셀이다)는 라임 꽃차에 적신 '작은 마들렌' 과자를 먹

게 되는데, 이 행위를 계기로 불쑥 자신에게 이런 대접을 해주던 숙모에 대한 기억을 떠올린다. 그리고 그 어떤 이야기보다 관능적이며 흥미로운 이야기들이 전개된다.

제3공화국이라는 시대적 상황 속에서 상류사회의 세련됨과 비열한 행동을 배경으로 한 『잃어버린 시간을 찾아서』는 작가/서술자의 과거에 대한 절절한 탐색인 동시에 덧없는 사건들이 연달아 일어나는 우울한 이야기이다. 제1차 세계대전에 연루되고 문화적 · 정치적 격변기를 겪어야 했던 프랑스는 드레퓌스 사건(19세기 말 프랑스에서 유대인 출신 장교 드레퓌스의 간첩 누명을 둘러싸고 정치적으로 큰 물의를 빚은 사건)*으로 혼란에 빠지게 되었다. 온 나라를 시끄럽게 했던 이 사건에서 프루스트는 1894년에 반역죄로 억울하게 기소된 유대인 육군 장교를 대신한다. 성실한 출세주의자였던 프루스트가 갈등 속에서도 관심을 보이게 되는 파리의 특권 계급은 이미 붕괴된 상태였다. 그러한 붕괴 과정, 즉 의식하지 못하는 사이에 서서히 이루어진 에티켓의 상실, 음란한 이성 커플과 동성 커플들, 그리고 재앙을 불러온 신분상의 동요 등에 대한 묘사를 통해 독자는 가장 비관적인 세계관을 접하게 된다. 프루스트의 소설에 등장하는 인물들은 열정은 덧없는 괴로움일 뿐이며 우리는 타인을 진정으로 이해할 수 없기 때문에 사랑은 불가능하다고 거듭하여 외친다. 순환적 구조를 지닌 소설이 끝났을 때, 독자들은 또 다시 처음의 자리에 와 있는 자신을 발견하고 아연실색하게 된다. 잃어버린 시간을 찾아가는 과정에서 서술자는 자신의 소명을 발견했다. 그리고 그는 독자들이 방금 읽기를 마친 소설을 씀으로써 산산이 부서진 믿음에 대한 괴로움을 함께 나누기로 마음을 먹는데, 그렇게 하는 과정에서 시간을 되찾게 된다.

작가는 파리 교외의 오퇴유에서 가톨릭 신자이며 저명한 의사인 아버지와 어머니 조앤 사이에서 태어났다. 아홉 살 때 천식 진단을 받은 뒤로 병치레가 잦았던 프루스트는 어머니에게 애착을 가지고 있었다. 교양미 넘치고 성적으로 엄격한 여인이었던 그의 어머니는 남편과 함께 예민한 아들을 애지중지 키웠다. 그러나 이 조숙한 어린 학자는 특권 계급에 속하는 중산층 가정 밖의 전혀 다른 세계에서 무언가를 얻는다는 건 힘들다고 느꼈다. 게다가 청소년기에 접어들면서 많은 동성 친구에게 성적으로 다가섰지만 번번이 거절을 당하게 된 일로 좌절했다. 어머니의 돈과 소르본대학교 철학과와 법학과 학위 증서로 무장을 한 이 박식한 바람둥이는 1년간의 군복무를 마치고 돌아와서 순수 문학 서클에 가입했다. 그러자 서클에서 활동하던 똑똑한 청년들이 사회적으로 서로 관련이 있는 어머니들의 모임인 '아름다운 시절' 살롱에 젊은 애송이 작가를 소개시켜 주었다. 얼마 지나지 않아 가장 계산적인 출세주의자였던 프루스트는 파리 상류사회의 화려하고 사치스러운 응접실에서 서서히 호감을 얻기 시작했는데, 출신 성분이 좌우하는 그곳 세계에서 그는 로맨틱한 애정 행각을 벌이며 헛되이 시간을 낭비했다.

1890년대가 되면서 현실을 망각한 채 화려한 생활에 익숙해 있던 이 낭만적인 우화 작가는 19세기의 지극히 개인적이며 감성적인 우주와 더욱 가혹해진 20세기의 절대 자아 사이의 차이를 메우는 가교 역할을 하고자 했다. 그가 지니고 있는 언어와 자연에 대한 외경심은 당시 쇠퇴기에 놓여 있던 빅토리아조 시대의 생활에서 비롯되었다. 그는 심리학적으로 단조로운 대화를 미래로 끌어들였다. 상징과 주제와 이미지가 서로 밀접하게 연관되어 있는 중심 모티프와, 서술자와 더욱 친숙해짐에 따라 성격이 변해가는 '준비된 등장인물들'이 그의 미래에 등장했다. 1950년대에 발견된 미완성 작품으로 『잃어버린 시간을 찾아서』의 전조가 되었던 『장 상퇴유*Jean Santeuil*』(1896~99)를 시작으로 프루스트는 『스왕네 집 쪽으로』와 그 뒤를 이어 대작의 두 번째 책으로 그에게 공쿠르 상의 영광을 안겨 준 『꽃피는 아가씨들 그늘에』(1918)로 이어진 무의식으로의 여행에서 놀라울 만큼 신중한 자세로 '삶'을 살았다. 그는 전 작품의 마지막 책인 『되찾은 시간』 안에서 삶의 종착점에, 그리고 특이하면서 엄청난 영향력을 지닌 대하소설의 종착점에 도달했다. 이 책은 그의 사후인 1927년에 출판되었다.

끝없이 묵상하는 인물인 프루스트는 '특혜 받은 순간들'을 소중하게 간직할 것을 후손들에게 가르치고 싶어 했다. 그것은 바로 자기 인식의 은총과 내세에 대한 모방과 함께 사람들을 깜짝 놀라게 하는 기억들이 자동적으로 한꺼번에 떠오르는 순간을 의미했다. 자신의 몸을 돌보지 않은데다 계속되는 야간 작업으로 탈진한 그는 정성스럽게 마무리한 자신의 메시지가 쉽게 잊히지 않을 거라는 점에 만족하면서 1922년 11월 8일에 폐렴으로 눈을 감았다.

Betty Friedan
베티 프리단

1921~2006

"나는 모든 여성들 가까이 있다." 페미니스트 지도자이자 사상가였던 베티 프리단은 이렇게 천명했다. 어쩌면, 가정주부이자 세 아이의 어머니였던 프리단이 자신의 개인적인 고통과 연민에서 우러난 분노를 통해 바로 모든 여성이라는 개념을 만들어냈다는 것이 더 옳은 표현일 것이다. 프리단의 명저인 『여성의 신비*The Feminine Mystique*』가 발표되기 전까지, 여성은 주로 협력자나 섹스 파트너, 그리고 어머니와 같은 역할에 의해 규정되었다. 남성과 여성의 생각을 모두 바꾸고, 사회와 문화가 여성을 이해하는 방법에 변화를 일으켜서 여성의 위상을 바꾸어 놓은 것은 바로 프리단의 비범한 재능 덕분이었다. 중산층의 존재에 대한 허무와 관련된 당시의 이론을 여성의 삶에도 적용한 것은—과거에는 남성들에게만 적용되었다—그녀의 놀라운 독창성을 보여 주었다. 1963년에 『여성의 신비』가 발표된 후에도 그녀와 같은 생각을 하는 사람은 아무도 없었다. 프리단이 수십 년에 걸친 작품 활동과 정치 운동을 한 후에야, 여성은 자기 인식을 추구할 자유뿐만 아니라 남성과 사회적으로 평등한 존재로 발전할 수 있었다.

프리단은 대단한 부르주아적 비전을 지니고 있었다. 또, 다른 위대한 개혁자들이 그렇듯이 그녀가 해방시키고자 애를 썼던 사회 하층민을 이상화하는 경향을 보였다. 활동 초기에 그녀가 전문 직업인으로 변화시키고자 노력한 대상은 사회적 지위를 잃은 프롤레타리아 계급의 가정주부들이었다. 프리단의 '여성 천국gynotopia'에는 여성 판사는 있어도 스스로 희생양이 되는 여성 살인자는 존재하지 않으며, 여성 은행가는 있지만 가난한 여성의 권리를 유린하는 여성 은행가는 없으며, 여성 정치 지도자들은 있지만 잘못을 범하는 여성 정치 지도자들은 등장하지 않았다. 그러나 '여성의 교주'는—그녀는 농담 삼아 자신을 이렇게 표현했다—결코 남성을 악마로 보지 않았으며(바로 이런 관점의 차이로 그녀는 나중에 급진주의 페미니스트들과 결별하게 된다), 오히려 그들을 인간다운 사회를 만들기 위한 투쟁 동지

로 이해했다.

베티 나오미 골드슈타인Betty Naomi Goldstein은 일리노이 주 피오리아에서 보석상의 딸로 태어났다. 그녀는 딸을 학자로 키우고자 했던 아버지의 열성 때문에 의무적으로 일주일에 다섯 권의 책을 도서관에서 빌려 와야 했다. 미국 중서부의 작은 도시에서 태어난 유대인으로 외롭고 수줍음이 많았던 프리단은 인종차별에 예민하게 반응했다. 천성적으로 감수성이 예민했던 그녀는 스미스대학에서 심리학을 공부했으며, 대학 시절 학교 문학잡지를 발간하는 데 참여했다. 그녀는 1942년에 최우등으로 대학을 졸업하고, 캘리포니아대학교의 장학생이 되었다. 당시 여학생에게는 보기 드문 영광이었다. 버클리에서 1년 동안 심리학을 공부하던 그녀는 1943년에 학교로부터 두 번째 장학금 제의를 받았는데, 당시 그녀와 사귀던 질투심 많은 물리학과 남학생의 종용을 받아 장학금 제의를 거절했다.

이렇게 해서 프리단은 버클리를 떠나—물리학과 남학생도 역시—뉴욕으로 돌아왔다. 그녀는 기자로 일하면서 뉴욕 그리니치빌리지에서 우아한 보헤미안 생활을 즐기다가, 1947년에 칼 프리단과 결혼했다. 당시 섬머스톡의 연극 프로듀서로 일하던 그는 후에 광고계에 뛰어들었다. 그녀는 1950년대 중산층 부부들의 청사진을 충실히 따랐다. 두 번째 아이의 출산을 얼마 앞두고 휴가를 신청했던 그녀는 회사로부터 해고 통보를 받았다. 그 일이 있고 난 뒤 그녀는 1956년에 록클랜드 카운티로 나갔다가 퀸즈에 정착했다. 그리고 얼마 후 그녀는 자신이 해고당했다는 사실에 분개했지만, 한편으로는 "언제부턴가 일을 하는 게 왠지 죄스럽게 느껴졌어"라면서 위안을 삼기도 했다. 허드슨강이 내려다보이는 빅토리아풍 주택에서 프리단이 남편과 아이들과 함께 가정을 꾸린 것은 일종의 일시적인 도피일 가능성이 컸다.

그러나 얼마 못 가서 그녀는 빨래와 아이들 돌보기, 그리고 매일 똑같은 사람들과 칵테일 파티를 여는 일에 자신이 갇혀 있다는 생각이 들었다. 그래서 부지런히 여성 잡지에 글을 기고했는데, 자신이 작성한 기사 가운데 행복한 가정주부의 이미지에 어울리지 않는 부분은 무조건 삭제했다. 전문 심리학자였던 그녀는 15회 동창회를 준비하는 과정에서 스미스대학 동창생들을 상대로 앙케트 조사를 실시했는데, 그 과정에서 '이름 붙일 수 없는 문제들'이 그녀가 상상한 것 이상으로 심각하다는 사실을 알게 되었다. 그녀는 자신이 발견한 내용과, 뚜렷한 목적의식에 힘을 얻어 1960년에 '여성도 인간이다Women Are People Too!'라는 기사를 「굿 하우스키핑Good Housekeeing』에 발표했다. 독자들의 폭발적인 반응과 성화에 못 이겨 프리단은 자신이 발견한 내용들을 책으로 엮었다.

1963년에 『여성의 신비』가 출간되자, 일부 사람들은 이 책이 프로이트 작품보다 현대 사회에 더 많은 영향을 끼쳤다고 생각했다. 책은 즉시 베스트셀러가 되었으며, 여성 자신에 대한 여성의 태도와 여성에 대한 남성의 태도에 일대 변혁을 불러일으킨 책의 위력은 30년이 훨씬 지난 지금도 여전히 유효하다. 프리단이 설명한 이론, 즉 완전한 인간이 되기 위해서 여성은 남성과 완전히 동등해져야 하며, 그러한 평등은 절대적인 권리라는 주장은 간단해 보였지만 실제로는 훨씬 복잡한 것으로 나타났다. 모든 사람이 다 그녀의 주장에 동의하는 것이 아니었으며, 정치적 반발에 부딪힌 프리단은 전미여성기구NOW를 조직했다.

프리단이 자신의 주장과 저술, 강의, 그리고 시위 참여에 매진하는 동안, 여성운동은 그녀의 결혼과 가족을 앗아 갔다. 이것은 그녀에게 괴롭고도 모순적인 충격이 아닐 수 없었다. 누구보다 가족의 가치를 신봉했던 그녀는 결혼 자체를 절대로 공격하지 않았는데, 이 점 때문에 여성 단체의 급진적인 여성 회원들과 마찰을 빚었다. 그러나 그녀는 맡은 일을 진행했고, 논쟁과 행진과 여성에게 희망을 주는 일을 중단하지 않았다. 그녀의 머리는 항상 여성이 가질 기회를 넓히려는 생각으로 가득 차 있었다.

시간이 지나면서 노년층 여성의 문제에 관심을 갖게 된 그녀는 이들의 삶의 질을 개선하는 일에 적극적으로 매달렸다. 1993년, 10년에 걸친 연구 끝에 그녀는 『노년의 샘The Fountain of Age』을 완성했는데, 이 책을 통해 그녀는 나이가 든다는 것은 오로지 노화 과정일 뿐이라는 전설을 일소했다. 그녀의 페미니즘은 그 범위가 확대되었고, 휴머니스트인 프리단은 이와 같은 미지의 영역을 탐사하는 데에서 더 없는 기쁨을 느꼈다. 그러나 항상 그렇듯이 그녀가 가장 중요하게 생각한 것은 개인 삶의 본질적인 질이었다. 모든 여성은 늙게 마련이지만, 그녀는 지금도 새로운 세계를 만드는 일로 바쁘다(베티 프리단은 2006년 2월 4일 워싱턴에 있는 자택에서 심장마비로 사망했다).*

Edith Piaf

에디트 피아프

1915~1963

눈부신 스포트라이트를 받고 있는 작고 연약한 몸매의 '파리의 나이팅게일'은 왠지 애처로워 보인다. 무대 화장도 안한 맨 얼굴에 보석은 찾아볼 수 없으며 낯익은 짧은 검은색 드레스—그녀는 "이것은 내 유니폼이고 나는 군인이다"라고 말했다—를 입은 그녀는 곱슬머리를 뒤로 넘긴 채 자그마한 발을 널찍이 벌리고 서서 잃어버린 사랑과 상처 받은 운명에 관한 우울한 이야기로 관객의 마음을 사로잡는다. 그녀의 목이 쉰 듯한 떨리는 목소리는 거리에서 노래를 부르며 성숙해지고 카바레에서 다듬어졌으며, 질병과 사고와 마약과 알코올로 혹사당하면서도 자신의 고통스러운 경험이 빚어낸 극적인 상황에 의해 더욱 그 깊이가 더해졌다.

피아프의 삶은 마치 빅토리아 시대의 소설을 읽는 것과 같다. 말 그대로 길가에서 두 명의 경찰이 지켜보는 가운데 태어난 에디트 가시옹Edith Gassion은 프랑스인과 알제리인의 피가 섞인 한 카페 가수의 딸이었다. 그녀가 두 살 되던 해 어머니는 그녀를 외할머니에게 맡겼다. 순회 곡예사였던 아버지는 제1차 세계대전에 참전 중이었다. 2년 후 전쟁에서 돌아와서 허름한 집에서 살고 있던 그녀를 찾아낸 아버지는 와인을 섞은 우유로 아이를 진정시킨 다음 노르망디에 있는 친할머니에게 맡겼다. 세 살 때 심각한 결핵을 앓은 그녀는 4년간 앞을 볼 수 없었는데, 어느 날 할머니를 따라 리지외에 있는 성녀 테레사 성지로 순례를 다녀온 후 갑자기 다시 시력을 회복했다(피아프는 이때의 일을 기적으로 믿게 되었다). 그 날 이후 아이는 테레사 성녀의 초상이 그려진 목걸이를 목에 걸고 다녔다. 나중에는 영화배우 마를레네 디트리히에게 크리스마스 선물로 받은 에메랄드가 박힌 십자가를 항상 걸고 다녔다.

곡예사인 아버지를 따라 순회공연을 따라다닐 정도로 성장한 피아프는 프랑스와 벨기에의 공연장이나 시골 카페에서 노래를 부르기 시작했다. 1930년에 15세가 된 그녀는 몽마르트 거리에서 노래를 불러 생계를 유지하면서 험난한 파리 생

활을 혼자서 헤쳐 나갔다. 그리고 5년 후 그녀는 샹젤리제의 유명한 카바레 주인 루이 르프레Louis Leplée에게 발탁되었다. 그는 그녀에게 교양 있는 고객들을 대하는 용기를 심어주었을 뿐만 아니라, 그의 강력한 주장 덕분에 떠돌이 같은 그녀의 페르소나가 무대 이미지로 자리 잡히게 되었다. 르프레는 라 모메 피아프La Môme Piaf 또는 '귀여운 참새'라는 그녀의 이름도 지어 주었고, 음색이 불안한 그녀의 샹송들을 스타에게 걸맞는 고상한 레퍼토리로 만드는 작업을 도와주었다. 공연에 앞서 커피로 입을 헹구곤 하던 르프레의 작은 새는 제2차 세계대전이 발발할 때까지 파리 밤무대의 스타였다.

1935년에 그녀가 어렵게 데뷔 무대에 오르고 난 6개월 후 르프레가 살해되었다. 그녀가 '파파 르프레'라고 불렀던 그의 죽음은 이 가수에게 엄청난 충격을 안겨주었으며, 그녀 자신도 살인 용의자로 한동안 프랑스 경찰에 억류되어 있었다. 설상가상으로 그녀의 배다른 여동생 마르셀르까지 죽자 열아홉 살의 피아프는 이 모든 비극이 자신에 대한 저주로만 느껴졌다. 계속되는 음주로 그녀의 삶은 빠르게 피폐해져 갔다. 성공적인 컴백 뒤 탈진으로 인한 건강 악화와 영원할 듯했지만 항상 비극으로 끝나버린 사랑이 그녀에게는 상처로 남았다. 특히 사랑의 상처는 피아프를 더욱 힘들게 했다. 혼자서는 도저히 잠을 이루지 못하던 그녀였기에 애정을 갈망하는 마음은 누구보다 강했다(실제로 그녀는 단 하루도 혼자서 잠을 잔 적이 없었다).

유럽이 제2차 세계대전의 포화에 휩싸여 있을 때, 피아프는 프랑스 전쟁포로들에게 노래를 불러 주기 위해 독일을 여러 번 방문했고 그들은 그녀를 대모代母라고 부르며 반겼다. 그러나 그녀가 좋은 의도에서 시작했던 순회공연은 파리 함락 이후 한동안 프랑스 국민에 의해 반역 행위로 매도되었다. 그런 와중에 전쟁이 끝나고 그녀가 체포당할 위험에 처해 있던 유대인 친구들을 구해 준 일과 연합군의 공격이 심해지는 위험을 무릅쓰고 용감하게 순회공연을 감행했던 사실이 알려지면서 그녀의 인기가 갑자기 치솟기 시작했다. 피아프는 순회공연을 위해 미국을 열 번이나 방문했다. 사실 그녀는 나이트클럽을 몹시 싫어했으며, 미국 청중이 뜻하는 않은 행동으로 자신이 애써 조성하려는 분위기를 망쳐버리면 어떻게 할까 하는 걱정이 항상 그녀의 마음을 떠나지 않았다. 전 세계 청중이 그녀의 목소리에 완전히 매료되었고 장 콕토Jean Cocteau는 그녀의 목소리에 대해 "마치 검은색 벨벳이 물결치듯 잔잔하게 울려 퍼진다"라고 극찬을 아끼지 않았다. 영화 〈어두운 별Étoile sans lumière〉에 출연한 이후 1946년까지 피아프는 '샹송의 동반자들Les Compagnons de la Chanson'과 함께 공연을 다니기 시작했는데, 이 보컬 그룹과 함께 부른 〈세 개의 종Les Trois Cloches〉은 1940년 대 말 세계적인 히트곡이 되었다. 1949년, 그녀의 위대한 연인이자 세계 복싱 챔피언인 마르셀 세르당Marcel Cerdan이 아조레에서 비행기 사고로 사망하면서 또 한 번 불행이 그녀를 덮쳤다. 자기 연민을 몰랐던 피아프였지만 이번만큼은 한동안 충격에서 헤어나지 못했다. 그녀는 1960년대 말 그녀의 마지막 히트곡 〈밀로르Milord〉로 팬들을 즐겁게 해주었다. 그러나 관객은 〈후회하지 않아요Non, je ne regrette rien〉, 〈장밋빛 인생La Vie en rose〉, 그리고 전쟁에 나가 죽은 음악가 애인을 그리워하는 소녀의 이야기를 담은 〈아코디언 연주자L'Accordéoniste〉와 같이 그녀가 오래 전에 발표한 곡들을 더 좋아했다.

피아프의 삶은 충동적이며 혼돈스러웠지만 그녀의 예술은 그렇지 않았다. 자신의 재능을 누구보다 잘 이해하고 항상 관리할 줄 알았던 그녀는 완벽하게 인위적인 동시에 진심에서 우러난 것이기도 한 무대 위의 페르소나를 창조했다. 모든 동작과 모든 감정 표현들은 철저히 계산된 것이었고 독창적인 전체 이미지에 부합되도록 만들어졌다. 모든 노래는 철저한 선별 작업을 통해 심혈을 기울여 만들어졌고 종종 그녀가 직접 가사를 쓰기도 했다. 결국 그녀가 계획한 것들은 처음부터 끝까지 모두 진실이었다. 왜냐하면 이 창백하고 불행한 참새는 자신의 예술을 통해 사랑하는 사람을 잃은 이들과 잊힌 이들의 고통에 대해 마치 자신의 일처럼 괴로워했기 때문이었다. 그리고 그러한 사실은 1963년에 그녀의 죽음이 알려지자 수만 명의 파리 시민이 거리를 가득 메웠다는 사실로도 충분히 입증되었다.

Pablo Picasso

파블로 피카소

1881~1973

피카소의 놀라운 삶에 대한 수많은 일화들 중 크게 두 가지 이미지가 떠오른다. 하나는 아홉 살 때 고향 말라가에서 아버지의 친구에게 자랑하려고, 움직이는 말을 열심히 스케치하는 장면이다. 또 다른 하나는 아주 나이가 많이 든 피카소가 마룻바닥 위에 길게 드러누워 볼륨을 끈 텔레비전의 형광 스크린 위에 무언가 열심히 그리는 모습이다. 이 두 개의 이미지는 역사적으로 중요한 의미가 전혀 없지만 이 20세기 현대 미술의 거장에 대해 많은 것을 말해 준다. 사실 이 천재에게는 유희 같은 탐구의 에너지가 가장 중요했다. 91년의 생을 마감할 때까지—그는 80년 동안 왕성하게 창작했다—피카소는 자연스러움과 독창성을 항상 유지하고자 노력했고, 여기에 천재적인 재능이 더해져 20세기의 가장 중요한 화가가 되었다.

파블로 루이즈 피카소Pablo Ruiz y Picasso는 채 열 살이 안 되었을 때부터 아버지 호세 루이즈 블라스코의 지도 아래 정식으로 그림 공부를 시작했다. 미술 교사였던 아버지는 결국 자신이 못다 이룬 꿈을 자신보다 더 많은 재능을 가지고 태어난 아들을 통해 실현하는 데 성공했다. 바르셀로나미술학교에서 공부를 마친 욕심 많은 열여섯 살 소년은 마드리드에 정착했고 그곳에서 프라도 미술관에 전시된 거장들의 작품을 발견하고 기쁨을 감추지 못했다. 그는 고야, 엘 그레코, 그리고 벨라스케스의 작품에 빠져들었다. 가족은 피카소가 대학 교수가 되기를 바랐지만, 그는 카탈루냐 출신의 친구 카를로스 카사헤마스와 함께 파리로 여행을 떠났다. 반 고흐, 툴루즈 로트렉, 그리고 세잔의 작품들을 둘러보면서 자유를 만끽하던 것도 잠시, 그는 카사헤마스의 자살로 깊은 우울증에 빠지게 되었다. 이 사건은 몇 편의 그림을 완성하는 자극제가 되었으며, 그 유명한 청색 시대Blue Period가 시작되었다. 청색 시대에 주류를 이루던 낙심한 인물상들은 1904년 말에 시작된 분홍 시대Rose Period 이후로 자취를 찾아볼 수 없게 되었다. 분홍 시대에는 더욱 고전적이며 황토색의 물체들이 등장했으며 카니발의 익살꾼과 곡마단 패거리를 묘사했다.

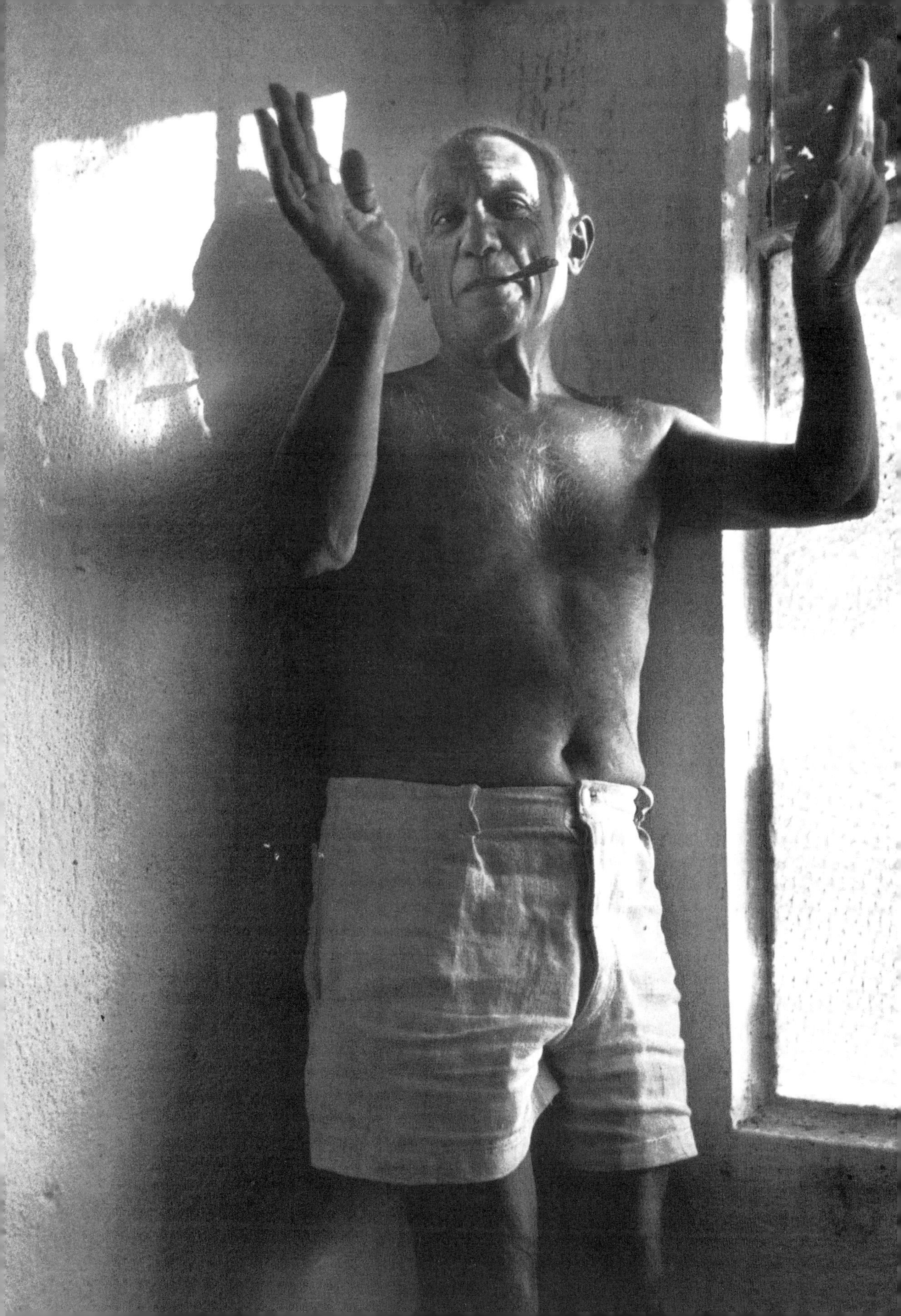

피카소는 전통적인 예술에서 벗어난 파격적인 그림을 많이 그렸는데, 1907년에 그린 〈아비뇽의 아가씨들Les Demoiselles d'Avignon〉은 그런 의미에서 무척 중요한 작품 중 하나였다. 실물보다 약 두 배 정도 큰 다섯 명의 나체상을 그린 이 그림은 당시로서는 상당히 충격적이었다. 도전적인 자세를 한 인물들이 음영이 있는 각진 평면 상태로 해체되어 있는 이 작품은 분석적인 큐비즘 탄생의 신호탄이 되었다. 피카소와 동료 화가 조르주 브라크Georges Braque가 주도한 이 혁신적인 미술사조는 르네상스식 투시법을 완전히 뒤집어 놓았으며, 피카소는 제2의 고향인 파리에서 화제의 인물이 되었다. 그의 특이한 비전을 충족하는 여러 가지 자료들—아프리카 조각, 초기 이베리아식 작품들, 기독교 도상학—은 과거의 예술을 참고로 변형 과정을 거쳐 완전히 새로운 것을 창조해 내는 피카소의 능력을 더욱 돋보이게 만들었다. 피카소는 어디를 가든지 예술적 형태와 내용을 발견했다. 그 자신을 포함하여 자신이 좋아하는 화가들과 조각가들의 작품과 뽀얀 먼지를 뒤집어 쓴 채 수십 년이라는 세월을 묵묵히 참아 온 수집품들 역시 좋은 작품 재료가 되었다. 피카소는 단 한 번이라도 입은 옷은 모두 보관했는데, 옷 속에는 성자의 잔재와 같은 일종의 마력이 들어 있다고 믿었기 때문이었다. 문학도 그의 시각적 상상력을 자극했다. 특히 오스카 와일드Oscar Wilde와 그의 친구 기욤 아폴리네르Guillaume Apollinaire의 작품에서 많은 영감을 얻었다.

피카소는 불타는 창작욕만큼이나 연애에도 적극적이었다. 그는 네 명의 부인을 포함해 여러 명의 연인들과 오랫동안 사귀면서 난잡한 애정 행각을 벌였다. 그가 만난 여성들은 모두 파트너이자 뮤즈였다. 혹시 여인들이 자신을 거부할지 모른다는 강박관념에 사로잡히게 되면 종종 여자들끼리 서로 싸움을 붙인 다음 그들이 뿜어내는 질투를 즐겼다. 유고슬라비아 출신의 사진작가 도라 마르—그녀는 1930년대 중반까지 피카소의 첫 번째 부인인 러시아 출신의 발레리나 올가 코클로바와 그의 정부 마리 테레즈 발터의 자리를 억지로 빼앗았다—는 발터가 목을 매 자살하자 결국 신경쇠약에 걸렸다. 프랑수아즈 질로는 두 아이 쿨로드와 팔로마를 데리고 피카소를 떠남으로써 그를 몹시 화나게 만들었다. 그의 마지막 아내였던 자클린 로크는 권총 자살로 생을 마감했다. 여자를 기피하는 피카소의 성격과 그의 오랜 친구이자 시인인 막스 자코브Max Jacob를 나치 감옥에서 구출하려던 것이 실패한 일 등을 비롯해 여러 가지 사건들은, 교묘히 사람들을 잘 다루면서도 강한 그의 성격을 자세히 밝혀보려는 전기작가들과 비평가들에게 실망을 안겨주었다.

피카소의 상상력은 비이성적이며 때로는 파괴적인 면을 지닌 그의 성격에 그 뿌리를 두고 있는 것처럼 보인다. 그는 자신의 후기 작품들을 풍자적으로 결합한 희생자이자 공격자였고, 사랑과 증오라는 이중성에 대한 자신의 환상을 그리스 신화에 나오는 미노타우로스로 상징적으로 그렸다. 피카소는 온정과 관대함을 보여 주기 위해 과장된 몸짓으로 자기중심주의와 방종을 종종 억눌렀다. 놀라운 육체적 에너지를 갖춘 그는 돈키호테를 연상시키는 자신의 몽상가적 특징을 모든 매개물을 통해 자연스럽게 표현하는 능력이 뛰어났고 조각, 석판 인쇄, 세트 디자인, 드로잉, 도자기, 그리고 모든 종류의 건축에서도 뛰어났다. 일단 그의 눈에 띄면 안전한 것이 아무 것도 없었다고 한다.

피카소는 분석적인 큐비즘에서 탈피하여 콜라주collage와 통합적인 큐비즘을 추구했으며, 그 후에는 초현실주의의 원형에 관심을 가졌다. 1937년에 발표된 최고의 걸작 〈게르니카Guernica〉—스페인 내전 당시 독일군이 바스크 국회의사장을 폭격한 사건을 비난하는 열정적인 공화제 지지자의 분노가 담겨 있다—는 분명 이러한 경향을 잘 보여 주고 있다. 그의 모든 작품에서와 마찬가지로 이 작품에도 그의 정서를 확인할 수 있다. 이러한 의식의 흐름을 담은 독백은 피카소 모더니즘의 정수로, 그는 모더니즘을 통해 갈등하는 욕구들을 캔버스 위에 분출할 수 있었다. 생을 마감할 시간이 얼마 안 남자 그는 죽음에 더욱 몰두하기 시작했다. 그는 놀라운 창작 욕구를 이기지 못하고 눈앞에 다가온 자아 상실에 대한 강박 관념에 사로잡혀 외로움과 고통 속에 말년을 보내야 했다. 어쩌면 그것이 더욱 인간적인 모습이었는지 모른다.

Mary Pickford
메리 픽포드

1893~1979

그녀는 '전 세계인의 연인'이었다. 금발 고수머리를 한 활기 넘치는 어린 소녀는 최초의 진정한 영화 배우였을 뿐만 아니라 당대의 가장 유명한 여성이기도 했다. 동료 배우들이 인정하고 있듯이, 그녀는 최고의 파워 브로커power broker(커다란 영향력을 행사하는 사람)*였다. 그러나 그녀 덕분에 영화가 20세기의 가장 중요한 매체가 되었지만 정작 그녀는 영화를 일시적인 현상으로 보았다. 그래서 그녀는 자신이 출연한 영화를 모두 사들인 다음 영화를 상영하지 못하도록 완전히 태워버리려고 했다. 그는 또 '리틀 메리'가 결국 사람들의 조롱거리가 될 것을 염려했다. 다행히 릴리안 기시Lillian Gish를 포함한 여러 동료들의 만류에 생각을 바꾼 픽포드는 영화 보관과 재생을 지원하기 위한 기금을 조성했다. 친구의 적극적인 설득 덕분에 〈서니브룩 농장의 레베카Rebecca of Sunnybrook Farm〉(1917), 〈가엾은 부자소녀The Poor Little Rich Girl〉(1917), 그리고 〈폴리애나Pollyanna〉(1920) 같은 고전 영화를 통해 수많은 사람들에게 아직도 '리틀 메리'로 불리던 그녀의 모습을 볼 수 있다.

다정하고 개방적인 성격의 픽포드는 비련의 여주인공을 연기했는데, 마치 그런 역할을 하도록 태어난 사람 같았다. 그러나 슬프게도 관객들은 그녀가 정형화된 틀에서 벗어나는 것을 허락하지 않았다. 그녀가 어른으로 성장하는 것을 용납할 수 없었던 관객들은 마흔 살이 다 된 여배우에게 청순한 사춘기 소녀 역할을 강요했다. 비록 픽포드가 이미지를 관리하는 능력이 뛰어나고 또 재능있는 영화 제작자라는 것이 증명되었지만, 판에 박힌 역만 맡는 것은 연기에 대한 그녀의 야망에 제약이 되었으며 끝까지 그녀를 괴롭혔다.

본명이 글래디스 메리 스미스Gladys Mary Smith인 픽포드는 토론토에 본거지를 둔 집시 가족과 함께 레퍼토리 극단을 만들어서 순회공연을 시작했다. 억척스러운 미망인이었던 그녀의 어머니는 글래디스와 또 다른 딸 토리, 그리고 아들 잭을 뒷바라지하며 레퍼토리 극단의 잔일을 도맡아 했다. 곧 베이비 글래디스 스미스라는

이름으로 알려지게 된 가족 레퍼토리 극단은 그녀에게는 성공적인 데뷔를, 가족에게는 생계를 꾸릴 수 있게 해주었다. 스미스 부인은 가족 극단을 위해 새로운 무대 이름을 지었는데, 아이들의 친할머니 이름을 따서 픽포드로 정했다. 그 다음 해 무대 경험이 많았던 열네 살 소녀는 우연을 가장한 만남을 통해 브로드웨이 프로듀서 데이비드 벨라스코David Belasco와 만났고, 〈버지니아의 미로The Warrens of Virginia〉에 배역을 따내는 데 성공했다. 2년 후 메리 픽포드라는 이름으로 활동하고 있던 그녀는 영화계의 선구자 D. W. 그리피스와 함께 일할 기회를 찾고 있었다. 그리피스는 그녀를 만나자마자 〈피파가 지나간다Pippa Passes〉 촬영 현장으로 그녀를 안내했다. 감독이 그녀에게 하루에 5달러의 출연료를 제의하자 그녀는 그 두 배를 요구했다. 그녀가 원하는 조건으로 계약이 체결되었고, 결국 두 사람은 24편의 영화를 함께 작업했다. 대부분 눈물을 짜게 하는 장면이 주류를 이루는 플롯은 그녀의 자연스러운 연기 덕분에 빛이 났다. 영화에 등장하는 수많은 버림받은 처녀들과 슬퍼하는 젊은 어머니들 뒤에는 명민하고 설득력이 있는 연기를 펼치는 한 여자 연기자가 있었다. 따뜻한 마음과 활기찬 성격을 지닌 그녀는 큰 노력을 들이지 않고도 멜로드라마의 한계를 초월할 수 있었다.

픽포드는 첫 출연작 〈크레모나 바이올린The Violin Maker of Cremona〉(1909) 이후로 단시간 안에 기술적인 면에서 상당한 발전을 이루었다. 배우 오웬 무어와 결혼을 한 그녀는 '곱슬머리를 한 바이오그라프(초기의 영화 촬영기를 말함)* 소녀'라는 아이덴티티에서 벗어나 유명한 프로듀서인 아돌프 주커Adolph Zukor와의 친분을 이용해 현실적인 이익을 꾀했다. 두 사람은 영화계의 흥행 보증 수표가 되었고, 픽포드는 1914년에 〈방황하는 마음Hearts Adrift〉과 〈스톰 군郡의 테스Tess of the Storm Country〉를 통해 일약 스타로 발돋움했다. 주커는 그녀와 획기적인 계약을 체결했는데, 주당 1만 달러, 영화 한 편당 25만 달러, 30만 달러의 보너스, 여기에 이윤을 함께 나누고 그녀의 독립 프로덕션을 세우는 데 협조하겠다는 선례를 찾아볼 수 없는 파격적인 조건이었다. 1923년에 발표된 자서전에서 주커는 "때로는 메리와 영화를 찍는 것보다 계약을 체결하는데 더 많은 시간이 걸렸다"라고 털어놓았다. 최고의 수익을 올릴 당시—개인소득세는 최소한의 액수만 내던 시기였다—픽포드는 연간 100만 달러 이상의 돈을 집에 가져갔다. 미래를 내다보는 안목이 뛰어났던 그녀는 이렇게 해서 번 돈을 부동산에 투자했다. 1919년에 픽포드는 찰리 채플린, D. W. 그리피스, 그리고 더글러스 페어뱅크스와 함께 유나이티드아티스츠를 세웠다. 영화 산업에 있어 획기적인 모험이었던 이 영화사를 통해 네 사람은 창작 활동의 독립과 이익을 모두 얻을 수 있기를 기대했다.

무어와 이혼한 픽포드는 1920년에 만년 소년 같은 페어뱅크스와 재혼했다. 운동을 즐기는 멋쟁이였던 페어뱅크스는 적극적인 애정 공세를 펼쳤고, 팬들의 눈에 그는 첫 번째 결혼의 실패로 상심했을 여배우와 너무도 잘 어울려 보였다. 그러나 사실 픽포드는 이미 5년 전부터 페어뱅크스와 연인 관계였는데, 가톨릭 신자였던 그녀는 그를 위해 자신의 종교마저 포기할 정도였다. 유럽으로 신혼여행을 떠난 두 사람은 열광하는 군중 속에 말 그대로 파묻히는 신세가 되었다. 미국으로 돌아온 후 영화계의 황제와 여왕은 베네딕트 캐넌 근처에 있는 구불구불한 사유지 픽페어에 정착했다. 1929년에 픽포드는 첫 유성영화 〈코케트Coquette〉로 오스카상을 수상했으며 페어뱅크스와 함께 〈말괄량이 길들이기The Taming of the Shrew〉라는 유성영화도 만들었다. 그러나 영화는 처참한 실패를 기록했다. 잠시도 가만히 있지 못하고 허세를 부리는 페어뱅크스의 경솔함을 더 참을 수 없었던 그녀는 결국 1936년에 그와의 결혼생활에 종지부를 찍었다. 이혼으로 상처를 입고, 유성영화계로 진출하려는 몇 번의 노력마저 실패하자 상심에 빠진 그녀는 다음 해 버디 로저스와 결혼함으로써 위안을 얻을 수 있었다. 두 사람이 함께 출연한 〈마이 베스트 걸My Best Girl〉(1927)에서 로저스는 영화 안에서 처음으로 메리에게 키스를 하는 남자 배우가 되었는데, 당시 그녀는 34살이었다.

계속 유나이티드아티스츠에 남아 있던 픽포드는 1956년에 주식을 정리하고 그 일에서도 손을 뗐다. 박애주의자였던 그녀는 영화 일보다 버디 로저스와 몇몇 친구들과 함께 시간을 보내는 일이 더 좋아졌고 1970년에 은퇴를 선언했다. 아카데미는 1976년에 그녀를 특별상 수상자로 선정했다. 83세의 고령에도 불구하고 그녀의 내적 아름다움과 총명함은 여전히 빛을 발하고 있다.

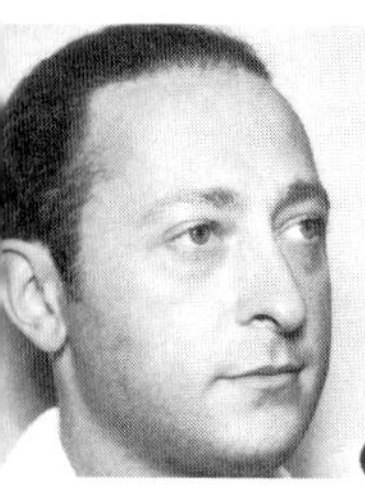

Jascha Heifetz

야사 하이페츠

1901~1987

'신동'이라는 단어는 한손에 아주 커다란 악기를 들고 있는 심각한 표정의 어린 아이가 타고난 천재성으로 세인의 주목을 받고 있는 이미지를 떠올리게 한다. 혹은 모차르트처럼 눈부신 활동을 벌이다가 일찍 죽음을 맞이하는 운명이 떠오르기도 한다. 이런 기준에서 볼 때 천재 바이올린 연주자 야사 하이페츠는 전혀 신동이 아니었고, 불과 세 살이라는 어린 나이에 보기 드물게 성숙한 기량을 선보인 것뿐이었다. 그가 20세기 최고의 바이올린 거장의 자리에 오르게 된 것은 전무후무할 정도로 극적인 사건이었으며 일단 거장의 자리에 오른 뒤로는 그 누구보다 오랫동안 그 자리를 지켰다.

그의 아버지 루빈은 러시아의 빌나에서 활동하던 바이올린 연주자였다. 아버지에게서 처음 바이올린 잡는 법을 배운 하이페츠는 걸음마를 떼기 전부터 일리야 말킨Ilya Malkin이라는 거장에게 바이올린 수업을 받기 시작했다. 정식 공부를 시작한 지 2년도 못되어 그는 멘델스존의 까다로운 바이올린 콘체르토를 능숙하게 연주할 수 있게 되었다. 1910년에 그는 음악학교에서 위대한 스승이자 신동을 잘 교육시키는 것으로 유명한 레오폴드 아우어Leopold Auer를 사사하기 위해 상트페테르부르크를 방문했다. 그러나 어린 천재 바이올리니스트에 대한 교수의 열정에도 불구하고, 학교에 등록된 유대인 학생들에 한해서 도시 안에서 거주하도록 허가하는 면제 대상에서 그의 부모가 제외되었다는 사실이 알려지면서 야사의 계획은 거의 무산될 위험에 처하게 되었다(당시 유대인들이 상트페테르부르크 안에 거주하는 것이 법으로 금지되어 있었다). 그러나 예외 조치로 루빈 하이페츠 역시 아들과 함께 학교에 등록할 수 있게 되었다. 그리고 2년 후 아직 어린아이에 불과했던 하이페츠는 베를린에서 데뷔 무대를 가짐으로써 전 세계에 큰 충격을 안겨 주었다. 그리고 1917년에는 열여섯 살의 나이로 러시아를 떠나 미국으로 연주 여행을 떠났다. 그는 카네기홀에서 성공적인 공연을 펼쳤다. 그의 공연을 지켜본 유명한 바이올리니

스트 미샤 엘만Mischa Elman이 눈썹을 찡끗하면서 "바이올린계도 치열하군" 하고 중얼거리자 옆에 있던 피아니스트 레오폴드 고도프스키Leopold Godowsky가 "피아노가 아니라서 다행이야" 하고 응수했다는 유명한 일화가 있다. 그러나 이러한 위기의식을 느낀 사람이 엘만만은 아니었다. 현악의 거장이라고 할 수 있는 프리츠 크라이슬러Fritz Kreisler는 독일에서 하이페츠에 관한 소문을 듣고는 장난삼아 동료들에게 바이올린은 부셔버리자고 제안할 정도였다. 이처럼 놀라운 정확성을 자랑하는 하이페츠 연주는 모든 이들에게 충격을 주었다. 그 후 그는 전 세계를 돌며 자신의 위력을 마음껏 발휘했다. 1921년에 오스트레일리아에서 공연한 것을 비롯해 1926년에는 팔레스타인(그는 44년 후에 이스라엘을 방문하여 재공연을 했다), 1934년에는 조국에서 카타르시스를 느끼게 하는 연주를 선보였다.

여느 러시아 망명자들과 마찬가지로, 미국에 끌렸던 하이페츠는 1925년에 미국 시민이 되어 비버리힐즈에 정착했다. 1926년에 프랑스는 그에게 레지옹도뇌르 훈장을 수여했다. 2년 후 그는 무성영화 배우 플로렌스 비더와 결혼하여 두 아이를 두었다. 1939년에 그는 〈그들에게는 음악이 있다They Shall Have Music〉라는 영화에 출연하여 잠시 영화배우로도 활동했다. 제2차 세계대전이 터지자 민방위 부대에서 적기 관측을 할 만큼 대담했던 그는 미국위문협회와 함께 최전방을 방문해서 열화와 같은 갈채를 받았다. 그러나 전쟁이 끝나자 그는 활동을 중단했다. 프랜시스 스필버그와 재혼하고 세 아이의 아버지가 된 그는 바이올린 연주에 관해 자신이 알고 있는 모든 것을 보존하고 전수하려는 노력의 일환으로 사우스캘리포니아 대학교USC에서 후진 양성에 전념했다.

비평가들은 감동적인 연주에 비해 무대 위의 태도가 인상적이지 못하다는 이유로 그를 냉정하다고 평가했다. 그는 무대 위에서 사람들의 시선을 한몸에 받으며 마치 보병처럼 등을 곧추세운 채 팔꿈치를 앞으로 쭉 내밀고 악기를 높이 받쳐 든 '러시안 스타일'을 고수했다. 하이페츠는 어떤 몸짓이나 극적인 황홀감에 의존하여 관객들에게 감정을 전달하는 연주 형태와는 거리가 멀었다. 그가 연주를 통해 전달하고자 했던 것은 음악 표현의 전체적인 스펙트럼이었다. 그는 노래하듯, 가슴을 찌르듯, 속삭이듯, 활개치듯 연주했다. 빠르게 질주하는 듯하다가도 어느새 선회하여 무언가를 외치듯 힘을 느낄 수 있는 그의 연주는 음악 그 하나만으로 관객들에게 감동을 전해 주고자 했다. 그는 한 번 연주를 마치면 몸무게가 줄 정도로 무대 위에서 최선을 다했다. 그는 겉으로 잘 드러내지 않는 성격을 지녔지만 본질적으로 낭만주의자였고, 베토벤 이후로 음악에 대한 변함없는 사랑을 간직해 온 바이올리니스트였다. 아방가르드에는 거의 관심이 없었던 그는 자신과 마찬가지로 보수적 경향을 보이는 현대 작곡가들의 작품만을 연주했다. 때로는 연주회 분위기가 너무 무거워지지 않도록 연주 도중 대중의 인기를 받고 있는 곡들을 나름대로 해석해서 들려주기도 했다. 이런 연주 방법은 지지자들을 실망시킨 반면 그를 비방하는 사람들에게는 환영을 받았다. 한편 양측의 이러한 반응은 모두 하이페츠가 당대 최고의 몸값을 자랑하는 바이올리니스트가 되는 데 일조했다. 그의 이름과 명성이 하도 자자해지자 RCA 빅터는 그가 음반 녹음을 중단한 후에도 계약 관계를 지속하는 명목으로 그에게 6자리 숫자의 연주료를 지불했다.

그는 점점 음악계의 막후 인물로 성장해 갔지만 교육자로서는 상당히 엄격한 훈련사였다. 그는 학생들에게 단순 음계를 끊임없이 연습하라고 주문했고 항상 기본을 강조했다. 그렇게 유명한 음악가인데 왜 전기를 쓰겠다고 나서는 사람이 없냐는 질문에, 그는 "나는 세 살 때 처음 바이올린을 잡았고 일곱 살 때 첫 연주를 했다. 그리고 지금까지 계속 연주를 해왔다. 이게 바로 내 자서전이다"라고 대답했다. 또 항상 서민적으로 살았고, 대중과 언론을 멀리한 채 그들의 아첨에 경계를 늦추지 않았다. 그것은 어쩌면 조지 버나드 쇼의 충고를 받아들인 결과인지도 모른다. 당시 쇼는 그에게 "이 세상에서 아무것도 완벽한 것은 없소. 그렇지 않으면 신들이 질투하여 그것을 파괴해 버렸을 거요. 그러니까 잠자리에 들기 전에 연주를 하면서 한 번 정도 실수하는 습관을 키우도록 해요"라고 조언했다. 음악 활동을 하는 내내 하이페츠는 연주를 들으러 온 2,000명의 청중 가운데 1,999명이 자신이 단 한 번이라도 실수하기를 고대하고 있다고 확신했다.

80세가 되던 생일에 그는 집에서 모습을 감추었는데, 한 끈질긴 기자가 추적하여 겨우 인터뷰를 할 수 있었다. 기자가 20세기 바이올린 연주의 전형이라고 마에스트로를 추켜세우자, 하이페츠는 "나는 할 말이 없소"라고 대답했다. 그는 이미 연주를 통해 모든 것을 말했던 것이다.

한 번은 그가 주최한 파티에 관한 이야기가 사람들의 관심을 끌었다. 4시에 성대한 파티를 열기로 계획했던 그는 정각 4시가 되자 출입문을 열고 초대한 사람들을 자신의 웅장한 집 안으로 안내했다. 그러더니 4시 1분이 되자 갑자기 출입문을 닫아버려 늦게 도착한 사람들은 파티장 안으로 들어갈 수 없었다. 그가 세상과 맺은 약속 시간은 정확히 1987년 12월 10일이었다.

William Randolph Hearst
윌리엄 랜돌프 허스트

1863~1951

윌리엄 랜돌프 허스트는 옐로 저널리즘yellow journalism의 창시자는 아니지만 그것의 가장 강력하고 무자비한 실천자였다. 또한 그는 신문 체인을 설립한 최초의 인물은 아니지만 그 이전에 형성된 어떤 신문 체인보다 더 강력한 체인을 만드는 데 성공했다. 부를 과시하고 향락적이었던 그는 왕실과도 견줄 만큼 화려한 생활을 즐겼으며, 캘리포니아에 대저택을 짓고 유럽의 가장 화려한 예술품들로 내부를 장식했다. 윌리엄 랜돌프 허스트는 친구들뿐만 아니라 반대자들로부터도 미디어계의 큰손이자 상류사회의 거물로서 대접 받았지만, 그 자신은 돈 많고 유명한 사람 이상이 되고자 했다. 그의 최종 목표는 바로 미국 대통령이었다.

금광 광부였다가 현명한 금광 투자로 엄청난 돈을 번 아버지 밑에서 태어난 허스트는 청소년 시절만 해도 제멋대로인 볼품없는 소년이었다. 그는 세인트 폴 고등학교를 졸업하고 하버드에 진학했는데, 대학 3학년 때이던 1885년에 품위 없는 행위로 퇴학을 당했다. 한편 재학 당시 그는 하버드에서 발행되는 「램푼*Lampoon*」에 온 정열을 쏟았는데, 그가 경영을 맡고 나서부터 잡지는 처음으로 흑자로 돌아섰다. 그는 자신의 잘못을 너그럽게 감싸 주는 부모님이 계신 샌프란시스코로 돌아온 뒤 아버지를 졸라 「샌프란시스코이그재미너*San Francisco Examiner*」를 물려받음으로써 자신이 새롭게 관심을 가지기 시작한 저널리즘에 대한 열정을 불태울 수 있었다. 당시 이 신문은 그의 아버지가 캘리포니아에서 정치적 야심을 실현시킬 목적으로 매입한 후 계속 돈을 쏟아 붓고 있던 상태였다. 아버지가 마지못해 동의를 해주자, 허스트는 격론을 불러일으키는 머리기사로 유명하며 폭력과 섹스와 스캔들에 지나치게 민감했던 조셉 퓰리처Joseph Pulitzer의 「뉴욕 월드*New York World*」에서 2년간 수습기자 생활을 자청함으로써 퓰리처의 선정주의적 경영 스타일의 수제자임을 입증했다. 1897년까지 허스트는 「이그재미너」를 서부 연안판 「월드」로 만드는 데 반드시 알아야 할 모든 것을 다 익혔다. 비극적인 기사 내용

에 부패에 대항하는 고결한 개혁 운동적 성격을 가미하고, 기존의 봉급보다 세 배나 더 많은 액수를 제시함으로써 최고의 기자를 고용하며, 발행 부수를 늘리기 위해 신문 값을 인하하는 그의 전략은 효과가 있었다.

「이그재미너」가 성공을 거두고 어머니에게서 수백만 달러의 자금 지원까지 받아 용기를 얻은 허스트는 신문 역사상 또 다른 대성공을 이루어냈다. 그는 「뉴욕 저널*New York Journal*」를 매입했으며 기자들을 빼돌리는 식의 갖은 술책을 통해 자신의 오랜 스승인 퓰리처에게 도전했다. 두 사람은 신문판매소를 차지하기 위해 치열한 전쟁을 벌였다. 상대편의 특집기사를 훔치고, 있지도 않은 이야기를 지어내는 비행도 서슴지 않았다. 허위사실을 유포하는 사악한 수법은 1898년에 허스트가 뻔뻔스럽게도 미국이 쿠바를 두고 스페인과 전쟁을 벌이려 한다고 공표함으로써 절정에 달했다. 메인 호의 폭발을 다룬 이 지극히 선동적인 기사는 스페인 첩보원을 선박을 침몰시킨 범인으로 몰았다. 이로 인해 격렬한 항의 시위가 일어났고, 결국 윌리엄 매킨리William McKinley 대통령은 그 해에 스페인과 한 판 전쟁을 벌여야 할 상황에 몰리게 되었다.

한편 허스트가 영국에 대한 비판을 늘어놓고 노동조합을 지지하는 자세를 보이며 매킨리 대통령을 독점기업의 허수아비라고 몰아세우는 등 거짓된 이상주의를 통해 내세운 모든 기치들은 오직 한 가지 목적을 위한 것이었다. 그는 조국의 최고 관직을 장악하려는 강렬한 욕구를 지니고 있었다. 1901년에 그는 정치적 암살을 부추기는 기사를 실었다. 매킨리 대통령에 대한 직접적인 공격으로 널리 알려진 이 기사가 발표된 지 5개월 후 대통령은 무정부주의자에 손에 암살되었다. 그러나 허스트는 매킨리의 뒤를 잇지 못했으며, 백악관의 주인이 되고자 했던 야망은 결국 실현되지 못했다. 1903년부터 1907년까지 이어진 그의 의회 활동은 전국적인 유명인사가 되기 위한 시발점이었으며, 1905년과 1909년에 있었던 뉴욕 시장 선거 낙마와 1906년에 있었던 뉴욕 주지사 선거 출마 역시 같은 맥락을 지니고 있었다. 그는 또 1904년에 있었던 민주당 대통령 후보 유세에서도 엄청난 인기를 끌었다. 그때가 그의 꿈을 거의 실현할 수 있었던 마지막 기회였다. 그 뒤 그가 꿈을 포기하기까지는 몇 년이라는 세월이 필요했다. 1920년대 말과 1930년대 초 그는 주요 도시들에서 개인적인 선전 도구로 사용할 목적으로 신문사들을 대대적으로 매입했다. 그리하여 1935년까지 28개의 신문사와 13개의 잡지사, 8개의 라디오 방송국, 그리고 2개의 영화사가 그의 영향권 아래 놓이게 되었다. 그 중 두 개의 영화사는 그의 정부情婦를 위한 일종의 대리점 역할을 했다. 애교는 있지만 연기력이 부족했던 그의 정부 매리언 데이비스는 코미디언으로 출발하여 영화배우로 활동했다. 허스트는 1903년에 무용수 출신의 밀리센트 윌슨과 결혼을 한 상태였지만 1917년 음악회에서 처음 데이비스를 본 이후로 그들의 관계는 지속되었다. 아내가 이혼을 거부했기 때문에 허스트가 사랑했던 데이비스는 죽는 날까지 그의 곁에서 그를 지켜보아야만 했다.

그의 결혼 생활은 끝까지 꿋꿋하게 지속되었지만, 그의 언론 제국과 정치 생활은 위태로운 상태에 처해 있었다. 1932년에 그는 프랭클린 루스벨트가 캘리포니아 민주당 대표로 선출되는 씁쓸하면서도 달콤한 박빙의 정치적 승리를 이룩했지만, 이는 결과적으로 허스트 후보에 대한 당의 거부감을 키우는 결과를 낳고 말았다. 실망한 그는 정계를 은퇴한 후 캘리포니아로 돌아와 더 없이 호화로운 산 시메온 허스트 캐슬을 건축하는 일에 매달렸다. 그는 성과 야생 아프리카 파우나 fauna(한 지역 한 시대의 동물상을 말함)*, 그리고 메디치 빌라보다 더 많은 대리석을 동원하여 완벽한 마무리 작업을 마쳤다. 3,000만 달러가 들어간 이 제나두 Xanadu(몽골제국의 쿠빌라이 칸이 별궁을 세운 땅의 이름에서 유래했으며 '무릉도원', '도원경'의 뜻을 지님)*는 오직 할리우드 스타들을 위한 놀이 공간이었다. 친절한 주인 부부 허스트와 매리언은 특별 기차를 이용해 명사 친구들을 사치스러운 주말 파티로 실어 날랐다. 방탕한 생활로 재산을 탕진하는 동안 1937년에 그의 뉴스 왕국마저 위기를 맞았다. 허스트는 굴욕적인 임금 삭감을 실시하지 않을 수 없었고 이 사실은 전국적인 뉴스거리가 되었다. 호전적인 타이쿤tycoon에게 어울리게, 제2차 세계대전이 치열해지는 것만이 그를 위기에서 구출할 수 있는 유일한 해결책이었다. 그리고 마침내 전쟁이 끝났고 그의 뉴스 왕국은 다시 흑자로 돌아설 수 있었다. 그러나 그의 시대는 이미 가고 없었다. 대통령이 되려는 야망은 실현되지 못했으며, 이제 그는 이기주의적 과대망상증 환자로 의심 받는 지경에 이르게 되었다. 이런 이미지는 오손 웰즈가 1941년에 만든 영화 〈시민 케인Citizen Kane〉 탓에 영원히 굳어져 버렸다. 허스트는 쇠락의 말년을 데이비스와 함께 했으며, 1951년에 그녀의 집에서 눈을 감았다. 살아생전 누구보다도 그가 풍족한 월급을 주었던 이들이 그가 죽음을 맞이한 그 순간에 가장 진실한 마음으로 그를 칭송한 것은 어쩌면 당연한 일이다.

367

Ernest Hemingway
어니스트 헤밍웨이

1899~1961

어니스트 헤밍웨이가 산 62년의 생애는 종횡무진의 흥분된 여행 같았다. 『무기여 잘 있거라*A Farewell to Arms*』의 언론 보도 자료에서 그를 "미국 남성의 신적인 존재"라고 설명했듯이, 건장한 체격에 검게 그을린 피부를 한 이 작가는 자신을 왕성한 정력가이자 동물 사냥꾼, 그리고 자기 작품을 완벽하게 다룰 줄 아는 예술가로 인식시키기 위해 끊임없이 노력했다. 현대의 산문 문학에서 가장 영향력이 크고 모범적인 존재였던 헤밍웨이는 모험과 육체적 활동에 몰두하면서 이 두 가지를 추구하는 데 때와 장소를 가리지 않았다.

헤밍웨이는 19세 되던 해에 적십자 소속의 구급차 운전수에 지원하여 제1차 세계대전이 한창이던 이탈리아의 최전방에 배치되었다. 그는 심한 부상을 당했고 무훈 훈장을 두 번이나 받았다. 그 후 종군 기자가 된 그는 스페인 시민전쟁에서 공화제 지지자들과 함께 생활했으며, 곧이어 제2차 세계대전이 터지자 프랑스에서 비정규군 부대를 따라다녔다. 그는 비록 파리에서는 공원의 비둘기를 잡아먹으면서 어렵게 생활하기도 했지만, 우여곡절을 통해 할리우드에 발을 들여놓으며 마를레네 디트리히와 게리 쿠퍼 같은 당대의 스타들과 막역한 친분 관계를 유지할 수 있게 되었다. 플로리다 남단의 키 웨스트에서는 항구에 있는 여러 바들을 드나들었고, 아프리카에서는 버펄로를 좇아 사파리를 누볐다. 외향적인 성격에 사람을 쉽게 사귀고 멋진 여자들을 좋아했던 그에게는 네 명의 아내가 있었다. 세 번의 심각한 자동차 사고와 더불어 전투에서 여러 번 기사회생했던 일, 거의 군법회의에 회부될 뻔했던 일, 그리고 이틀 간격으로 벌어진 두 번의 비행기 추락사고 등 그의 삶은 사건의 연속이었다. 그러한 위험한 일들을 즐기는 그의 성격을 우리는 종종 그의 소설 속에 나오는 인물에게서 발견할 수 있다. 그의 소설에서 심각한 부상을 당하고 활력이 넘치는 남자들은 그 자신과 마찬가지로 반드시 죽어야 하는 운명에 과감하게 맞서는 인물로 그려졌다.

그의 작품에 드러나는 주제들은 금욕주의, 자기 조절, 고통스러운 가운데서 품위를 지키는 것, 그리고 용감한 행동(특히 죽음에 직면한 상황에서 다시 용기를 발휘하는 경우)과 같이 모두 힘이 넘친다. 헤밍웨이에게 죽음—특히 급작스러운 죽음—이란 방심하고 있는 피해자에게 살그머니 다가오는 유령 같은 것이었다. 그에 맞서기 위해 영웅에게는 용기가 필요하며, 헤밍웨이에 작품 속에서 구원을 받지 못하는 영웅이란 없었다.

일리노이 주 오크파크의 부유한 집안에서 태어난 헤밍웨이는 내과 의사였던 아버지 클라렌스를 닮아 특히 사냥과 낚시를 좋아했다. 1928년, 그의 아버지는 건강이 악화되고 재정적으로도 어려움에 처하게 되자 결국 권총으로 자살했는데, 당시 스물아홉 살이던 헤밍웨이에게는 감당하기 힘든 사건이었다. 헤밍웨이는 캔자스시티와 토론토에서 기자로 활동하면서 글을 쓰기 시작하여 나중에 해외 특파원이 되었다. 20대 초반에 파리로 옮겨 간 그는 국외 추방자들의 제왕 같은 존재가 되어 거트루드 스타인, 파블로 피카소, 에즈라 파운드, 그리고 제임스 조이스 같은 이들과 친분을 쌓았다. 가난했을 뿐만 아니라 유명하지도 못했던 그는 프랑스 화가 폴 세잔의 작품 세계에 빠져들었다. 이를 통해 그는 신중한 집필 방법과 문체에 대한 이해를 높일 수 있었다.

꾸미지 않은 멋에 카리스마를 지녔던 헤밍웨이는 방 안에 들어서자마자 좌중을 압도하는 것처럼 보였다. 그의 에너지와 강렬함은 아주 독특한 매력을 뿜어냈다. 그는 1926년에 『태양은 다시 떠오른다*The Sun Also Rises*』라는 작품을 발표함으로써 세계 문학계에 돌풍을 몰고 왔다. 희망과 상실을 주제로 한 감동적인 이 작품은 정열적인 스페인 축제와 잔인한 투우를 배경으로 하고 있다. 투우는 엄숙한 의식과 죽음이라는 요소로 헤밍웨이의 마음을 사로잡았다. 그러나 그것은 헤밍웨이가 비겁자 무리에서 진정한 남자를 선별하는 최후의 의식으로 이해했던 전쟁에 비할 바는 못 되었다. 그 얼마 뒤 그는 두 번에 걸친 세계대전 사이에서 방황하는, 소외당한 '상실의 세대'라고 일컬어지는 시대를 대변하는 목소리가 되었다. 미국인 구급차 운전병과 영국인 간호사 사이의 사랑을 다룬 철저한 연애 소설 『무기여 잘 있거라』(1929)는 그의 명성을 확고하게 해주었다. 비평가들은 간결하고 절제된 그의 문체에 경탄을 금하지 못했다.

약간 삭막한 듯하지만 힘이 있는 헤밍웨이의 글은 따라 하기 쉬워 보였다. 그러나 그 후 수많은 작가들이 확인했듯이 "충실한 한 문장"을 쓰고 그것을 "가장 충실한 문장"으로 만들어 내기란 상상 이상으로 어려운 일이다. 헤밍웨이는 자신의 자서전격인 『이동 축제일*A Moveable Feast*』이라는 작품에서 바로 이 점에 관해 스스로 충고한 바 있다. 작품 시작 부분부터 그는 "실제로 정말 일어난 일을 적기 위해" 최선을 다했는데 "여기서 사실이란 독자로 하여금 어떤 감정을 느끼게 만드는 것을 의미했다"고 썼다. 그의 이러한 노력은 전 세계적으로 늘어가고 있던 독자들에게 호평을 받았지만, 1950년에 그가 최초로 발표한 전후 소설 『강을 건너 숲 속으로*Across the River and Into the Trees*』가 실패하자 비평가들의 맹렬한 비난이 이어졌다. 그러나 헤밍웨이는 그 자신에 어울리게—그전에도 몇 번 난관에 봉착했을 때마다 그는 이런 방법을 택해왔다—당당하게 일어서는 방법을 택했다. 1952년에 그는 『노인과 바다*The Old Man and the Sea*』라는 작품을 발표했는데, 이후의 소설을 통해 그가 전달하고자 하는 메시지는 언뜻 보기엔 그 제목만큼이나 아주 단순해 보였다. 그 해에 그는 노벨 문학상을 수상했다.

파란만장하고 도전이 많았던 인생을 살면서 헤밍웨이의 많은 욕심은 오히려 그가 작가적 명성을 쌓는 데 계속 방해 요인으로 작용했다. 예술과 명성은 그의 인생에서 결코 공존할 수 없는 관계였으며, 종종 그가 귀중한 시간을 낭비했다는 평가는 깊은 후회를 불러일으키는 원인이 되었다. 이미 정평이 나 있는 그의 별난 행동 때문에 그를 비난하는 이들의 목소리가 높아졌다. 비판가들은 그의 별난 행동이 작품에 대해 기본적으로 부주의한 태도를 보여 주는 증거라고 주장했다. 그러나 그가 비록 자신의 행동 방식을 순화시키지는 못했지만 역설적으로 그에게는 글을 쓰는 것이 삶의 전부였다.

시간이 지나면서 사람들에게 '파파'라고 알려졌던 그도 육체적으로 노쇠해졌으며, 그의 오만함 때문에 그의 더 좋은 특성들이 인정을 받지 못하는 일들이 종종 발생했다. 진흙투성이인 참호 안에서 일을 했던 이 남자는—그 후에는 여러 차례 부상으로 인해서 선 채로 글을 써야만 했다—더 글을 쓸 수 없게 되었다. 1961년 7월 2일, 심각한 우울증 때문에 여러 번 발작을 일으킨 헤밍웨이는 아이다호에 있는 집에서 권총으로 자살했다. 아마도 자살을 하기 위한 시간과 주변 상황을 스스로 선택한 것은 그가 보여 준 최후의 용기였을 것이다.

Hugh Hefner
휴 헤프너

1926~

휴 헤프너는 섹스를 침실과 모텔에서 꺼내 지방 신문 판매소의 잡지 판매대 위해 옮겨 놓았다. 시카고에서 억압적인 감리교 신자 부부의 아들로 태어난 헤프너는 수줍음 많고 자아도취가 심한 아이였다. 감정 표현을 최대한 절제하는 집안 분위기 속에서 자란 그는, 어린 시절 성의 혁명을 알리고 선동하는 신흥 변두리 철학에 빠져들었다. 화를 잘 내고 애정 결핍인 아들이 성을 자제하는 자신들의 생활을 본받기를 희망했던 헤프너의 어머니와 회계사였던 아버지는 당연히 성인으로서 얌전한 척하는 행동이 모든 사회악의 원인이 된다고 가르쳤다. 휴가 학교에 다닐 때, 어머니는 생기라고는 전혀 찾아볼 수 없는 아들을 데리고 심리학자와 상담을 하러 갔다가 성적이 좋지 않은 아들이 IQ가 152라는 사실을 알게 되었다. 의사들은 헤프너 부인에게 아들에게 애정 표현을 더 많이 하라고 충고했다. 그러나 그녀가 보인 반응은 아들이 침실 벽에 선정적인 여자 사진을 걸어 놓도록 마지못해 허락한 것이었다.

비록 수줍음을 떨쳐버리기는 했지만, 청년 헤프너는 여자의 어깨에 팔을 두르는 것을 불편하게 생각했다. 1944년부터 2년 동안 따분한 군 생활을 하고, 제대 후 일리노이대학교에서 공부를 하는 내내 그는 한 가지 고정관념에만 매달렸다. 미국에서는 왜 성욕을 엄격히 억제하느냐는 것이었다. 그는 미국인의 성 실태를 다룬 그 유명한 킨제이 보고서를 교재로 읽고 난 뒤 혼란에 빠졌다. 섹스에 대한 적나라한 묘사 때문이 아니라 그 속에 미국인의 위선적인 초상이 숨어 있었기 때문이다. 다른 많은 문제와 마찬가지로 섹스 문제에 대해 미국인들이 보이는 공적인 태도와 사적이 태도는 극명하게 달랐다. 이러한 성과 관련한 위선적 행위를 종식하는 것이 헤프너의 목표가 되었고, 「플레이보이*Playboy*」는 그의 대변인이 되었다.

휴는 1949년에 대학 때 만난 애인 밀리 윌리엄스와 결혼했다. 두 사람은 1959년에 이혼에 합의했고, 그 후 헤프너는 오랫동안 일부일처제와 부부관계에 대해 관

OPEN

심을 보이지 않았다. 그는 여기저기서 카피라이터로 일하면서 불행한 나날을 보냈고 집과 직장에서 점점 더 무력감에 빠져 들었다. 1952년에 그가 광고문을 작성해 주던 잡지 「에스콰이어*Esquire*」는 뉴욕에 주당 80달러짜리 일자리를 그에게 제안했다. 그가 5달러를 더 달라고 했지만 「에스콰이어」는 요구를 거절했고, 헤프너는 그 길로 잡지사를 그만두었다. 새로 발견한 자유의 정신 안에서 그는 바침내 자신의 '사명'에 충실한 생활을 할 수 있게 되었다. 그의 말을 빌자면 그때까지 자신을 구속해 온 "모든 제약을 비웃게 될 잡지를 발간하게 되었다." 그는 전 재산 600달러와 투자자들에게 끌어 모은 돈으로 마침내 꿈을 실현했다. 그가 밤마다 묵상한 끝에 생각해 낸 '플레이보이 철학'을 구현할 수 있는 남성을 위한 잡지를 발행한 것이다.

「플레이보이」는 1953년에 그 유명한 매럴린 먼로의 누드 달력 사진을 잡지에 실음으로써 전성기를 맞이했다. 당시 헤프너는 매럴린 먼로에게 모델료로 200달러를 지불했다. 이 잡지는 교양 있는 사람과 교양 없는 사람의 취향을 교묘하게 섞어 폭발적인 인기를 끌었다. 예를 들어 주요 작가들의 소설과 기사를 실으면서도, 벌거벗은 여자의 모습을 천사처럼 보이도록 이상화한 사진들이 함께 실렸다. 이것은 '옆집에 사는 여자'를 보고 싶어하는 헤프너의 망상이 다분히 포함된 것이었다.

또 이 잡지는 '어떤 강력한 의지는 고상한 사회적 목적과 결부되면 성공한다'는 격언이 옳다는 사실뿐만 아니라, 전후의 문화적 변화 때문에 이런 잡지도 인기를 끌 수 있다는 헤프너의 날카로운 통찰력이 적중했음을 보여 주었다. 평범한 포르노 작가들과는 달리, 올바른 판단력을 강조하는 이 감리교 신자의 아들은 사업 초기에 경제적인 성공을 이루고자 하는 현실적인 야망뿐만 아니라 억압적인 성 문화를 바꾸어 보려는 사제의 열망에 사로잡혀 있었다.

대다수 미국인들이 「플레이보이」가 적절한 시기에 발간되었다는 것에 동의했다. 잡지 발행 부수는 급속도로 늘어났고 「플레이보이」는 700만 명 이상의 독자를 확보하는 전성기를 구가하게 되었다. 헤프너는 펩시 콜라를 홀짝거리는 밤부엉이 같은 경영인이 되었다. 그의 화려한 제국은 이국적인 잡지들, 버니 걸Bunny girl(토끼의 귀와 꼬리를 단 호스티스로 특히 플레이보이 클럽의 버니 걸을 말함)*이 가득 찬 클럽들, 카지노, 레코드 회사, 그리고 텔레비전 프로덕션 회사 등 다양하게 구성되어 있었다. 그는 주문 제작한 검은 색 DC-9을 타고 시카고에 있는 동굴 같은 플레이보이 맨션에서 로스앤젤레스까지 특유의 파자마 차림으로 밤낮 없이 누비고 다녔다. 물론 두 곳을 화려하게 만드는 장식들 중 가장 인상적인 것은 바로 여자들이었다. 멋진 몸매의 젊은 여성들이 커다란 둥근 침대 위에서 빈둥거리던 고독한 철학자를 위해 대기하고 있다가 그가 시키는 것이면 무엇이든 했다.

그러나 성적 위선에 대해 혐오를 가지고 있는 헤프너의 행동은 공정하다고 볼 수 없었다. 남자들에게는 보통 '맨션'을 방문할 때 여자들을 대동하고 올 것을 요구했지만, 그에 반해 여자들은 데이트 상대를 데리고 올 수 없었기 때문이다. 또한 헤프너가 여성을 선택하는 기준에는 그의 철학의 기초라고 할 수 있는 성적 다양성이 전혀 반영되지 않았다. 그에게 선택된 여성은 그의 어머니가 그의 아버지에게 했듯이 그에게 충실해야 했다. 30년 동안 헤프너는 「플레이보이」 철학을 구현했으며, 그 후 1989년에는 그 해의 플레이메이트Playmate였던 킴벌리 콘래드와 결혼하여 두 아들의 아버지가 되었다. 적절한 때를 파악하는 탁월한 감각을 지닌 그가 말년에 두 번째 결혼을 하고 부모 노릇을 하게 된 것은 대중에게 과시하는 삶에서 한 발 물러서는 적절한 계기가 되었다.

1980년대에 들면서 그의 제국이 몰락하기 시작하자, 그는 잡지와 주요 클럽, 그리고 런던 카지노 등 그 많은 외부 재산들을 처분해야 했고, 정부는 「플레이보이」를 사회적 병폐의 일부로 비난하기 시작했다. 이런 불리한 상황에도 불구하고, 그가 20세기 도덕 체계에 미친 혁명적인 영향은 결코 줄어들지 않는다. 거의 30년 동안 「플레이보이」와 헤프너는 미국 역사에 뚜렷한 발자취를 남겼으며, 한 남자의 이상이 수백만 명의 환상을 만족시키는 결과를 낳았다.

Katharine Hepburn
캐서린 헵번

1907~2003

분명 1930년대에는 날카로운 광대뼈와 낭랑한 목소리를 지닌 동부 연안 출신의 순정파 배우가 수도 없이 많았을 것이다. 또 미끈한 다리를 가진 신인 배우들과, 뉴욕 연극계를 배회하면서 할리우드를 강타할 기회를 노리는 의욕 넘치는 기성 배우들도 넘쳐 났을 것이다. 그러나 지금 돌이켜 보면 오직 한 사람만이 그러한 꿈을 이룬 것 같다. 재치 있는 와스프WASP나 고집 센 노처녀 역을 훌륭하게 소화해 낸 캐서린 헵번은 자립 정신과 상식을 구현한 미국 여배우였으며, 60년 넘게 영화사상 가장 기억에 남을 배우 중 한 사람으로 남았다.

캐서린 헵번은 코네티컷 주에서 비뇨기과 의사 아버지와 여성참정권론자이며 잘 교육받은 어머니 밑에서 태어났다. 그녀의 말에 따르면 그녀는 대궐 같은 집에서 자유로운 분위기를 만끽하면서 자랐고, 평범하고 행복한 어린 시절을 보냈다. 그녀는 부인했지만, 그녀의 집안은 캐서린의 할아버지와 두 명의 삼촌이 모두 자살로 생을 마감한 일 때문에 고통을 겪어 왔다. 집안 사람들은 이 사실을 영원히 묻어두고 싶어 했다. 그러나 1921년 그녀의 오빠 톰이 목을 매달아 자살하는 사건만은 도저히 감출 수 없었다. 오빠의 죽음을 최초로 목격한 사람이 바로 그녀였다. 그 후 그녀는 오빠가 태어난 날을 자신의 생일로 삼았고, 아버지의 총애를 받았던 오빠의 역할을 대신했다. 그녀는 스스로 '지미'라고 이름을 붙였고, 열네 살 때까지 매년 여름이 되면 머리를 빡빡 밀고 다녔다.

브린마워대학교에 다니는 동안 고집 센 젊은 여학생이 된 그녀는 아버지의 편견을 거부하고 연기자가 되기로 결심했다. 헵번의 아버지는 여성이 직업을 가질 권리는 지지했는지 모르지만, 연기자는 젊음과 아름다움에 의존한 어리석고 허무한 직업이라고 생각했다. 주근깨투성이에 적갈색 머리를 한 자신의 딸은 확실히 젊고 아름다웠지만 연기자로서 재능이 있는지 확신이 서지 않았다. 날카로운 목소리 때문에 단역에만 만족해야 했던 그녀는 프랜시스 로빈슨-더프Frances Robinson-Duff

에서 발성 교습을 받았다. 그러나 이런 노력에도 불구하고 헵번은 처음으로 중요한 역할을 맡았던 연극 〈큰 연못The Big Pond〉(1928)의 첫 공연이 끝난 다음 바로 해고당했다. 대사를 너무 빨리 하는 바람에 관객이 그녀의 말을 전혀 알아듣지 못했기 때문이다. 바로 그 해, 그녀는 귀족 출신의 러들로 오그던 스미스와 결혼했다. 그녀의 자존심은 스미스와의 열애에만 어울릴 수 있었다. 결혼 생활은 그 후 6년간 지속되었으며, 그동안 헵번은 독단적인 행동으로 인해 〈명절에 나타난 저승사자Death Takes a Holiday〉(1929)와 같은 여러 편의 브로드웨이 연극을 포기해야 했다. 도로시 파커Dorothy Parker가 「레이크*The Lake*」에 발표한 논평은 그녀의 능력에 대한 비평가들의 반응을 가장 잘 보여 준다. 그녀는 "헵번이 표현할 수 있는 감정의 범위는 A에서 B까지다"라고 평했다.

배우로서 서서히 두각을 나타내기 시작한 헵번은 1932년부터 〈전사의 남편The Warrior's Husband〉에서 해고되었다가 다시 배역을 맡는 과정을 두 번이나 거친 끝에 결국 스타의 반열에 올랐다. 할리우드의 러브콜을 받은 그녀는 그때까지 해온 것과는 전혀 다른 분야에서 자신의 재능을 발견했고, 얼마 안 있어 〈나팔꽃Morning Glory〉(1933)으로 아카데미상을 수상했다. 3년 후에는 〈스코틀랜드의 메리Mary of Scotland〉를 통해 존 포드 감독과 손을 잡았다. 당시 헵번은 자신의 에이전트 릴런드 헤이워드Leland Hayward와 사귀던 중이었음에도 불구하고 존 포드 감독과 사랑에 빠졌다. 그러나 감독은 끝내 자신의 아내를 버리지는 못했다.

헵번은 일단 정상의 자리에 오르자 뉴잉글랜드 사람의 강인함으로 그 자리를 고수하고자 안간힘을 다했다. RKO 영화사가 형편없는 영화에 그녀를 계속 출연시키는 바람에 그녀는 박스오피스의 독毒이라는 비난을 받기도 했다. 그러나 1939년에 그녀를 위해 연극 공연용으로 씌어진 작품을 1940년에 영화로 만든 〈필라델피아 스토리〉에 출연함으로써 다시 배우의 명성을 회복할 수 있었다. 그녀는 백만장자 하워드 휴즈Howard Hughes와 염문을 뿌리기도 했다. 휴즈는 연극에 대한 영화 판권을 매입하고 그녀에게 비행기 조종법을 가르쳐 주기도 하면서 적극적으로 구애를 했지만 로맨스는 시작되자마자 끝나버렸다. 그러나 두 사람이 헤어진 것은 운명적인 사랑 스펜서 트레이시Spencer Tracy를 만나기 위한 준비 작업에 불과했다. 두 사람은 1942년 헵번이 〈올해의 여성Woman for the Year〉을 찍기 바로 전에 만났다. 트레이시는 41세였고 헵번은 33세였다. 헵번은 너무도 거리낌 없는 성격이었기 때문에 트레이시는 독립심 강한 이 여배우가 바지를 입고 있는 것을 보고

레즈비언이라고 추측했다. 그런데 헵번에게는 이 퉁명스러운 알코올 중독자가 그녀 스스로 먼저 관심을 가지게 된 유일한 남성이었다. 무뚝뚝하지만 그녀를 생각하는 마음이 극진한 이 남자에 푹 빠져 있던 헵번은 이것이야말로 진정한 사랑임을 깨달았다. 그러나 불행히도 너무도 규율에 충실했던 아일랜드계 가톨릭 신자 트레이시는 유부남이었고 죽을 때까지 이혼을 하지 않았다. 그럼에도 불구하고 고귀한 여성과 세상의 소금과 같은 남성의 결합은 박스오피스의 화세로 손색이 없었으며, 지금까지도 그들은 영화계의 커플을 비교 평가하는 기준으로 남아 있다.

그들은 트레이시가 죽을 때까지 거의 30년 동안 함께 지냈고 1949년에 찍은 〈아담의 갈비뼈Adam's Rib〉을 비롯하여 아홉 편의 영화에 함께 출연했다. 이 외에도 헵번은 1951년에는 험프리 보가트와 〈아프리카의 여왕〉을, 그리고 그 다음 해에는 트레이시와 〈팻과 마이크Pat and Mike〉를 찍었다. 1967년에 그녀는 트레이시와 마지막으로 함께 찍었던 〈초대 받지 않은 손님Guess Who's Coming to Dinner〉으로 두 번째 아카데미상을 받았다. 그 해 트레이시가 세상을 떠났다. 이듬 해 봄 그녀는 〈겨울의 사자들The Lion in Winter〉으로 또 다시 아카데미상을 거머쥐었으며, 1981년에는 심술궂은 헨리 폰다Henry Fonda의 상대역인 사랑스러운 노인으로 열연했던 〈황금 연못On Golden Pond〉으로 또 다시 아카데미상의 주인공이 되었다. 그녀는 그 후에도 몇 작품을 통해 인상적인 역할을 소화해 냈다. 비록 그녀가 관객의 사랑을 받기 위해 한 번도 애쓴 적은 없었지만 미국 영화사상 최고의 여배우로 추앙 받고 있는 것만은 확실하다.

몇몇 작품에서 그녀가 보여 준 연기는 자유사상가로서 그녀의 철학에 위배되는 점이 많았지만, 헵번은 자신의 삶은 영광스러운 해방의 일부분이었다고 자부했다. 그녀는 여전히 과거의 단호했던 모습을 간직하고 있고, 자신의 집에서 혼자 생활을 꾸려나가고 있다. 비록 지금은 세상의 관심에서 벗어나 있지만, 예전 못지않은 인기를 얻고 있다(캐서린 헵번은 2003년 6월 29일 파킨슨병으로 사망했다)*.

Vladimir Horowitz
블라디미르 호로비츠

1904~1989

블라디미르 호로비츠는 20세기의 가장 위대한 음악가이자 대중의 사랑을 한 몸에 받은 거장이었다. 그의 비범한 기교와 작품 자체에 대한 해석력, 그리고 건반을 통해 만들어내는 감성은 청중을 매료시켰다.

마치 무슨 징조처럼 키예프의 뮤직 스트리트에서 태어난 호로비츠는 우크라이나에서 아마추어 음악가인 어머니에게, 그리고 키예프 음악학교에 입학한 후로는 피아노의 명인 펠릭스 블루멘펠트Felix Blumenfeld에게 가르침을 받았다. 이 어린 건반악기 연주자는 원래 작곡가가 되는 것이 소원이어서 밤마다 〈신들의 황혼 Götterdämmerung〉(바그너의 오페라 니벨룽의 반지 4부)* 악보를 베개 밑에 깔고 잠이 들곤 했다. 그러나 1917년 러시아 혁명이 터지면서 부르주아인 그의 가족 재산이 볼셰비키에게 몰수당하자 당시 십대였던 그는 돈을 벌기 위해 무대에 서야 했다. 그리고 얼마 지나지 않아 신동으로 불리게 되었다. 1925년에 그는 독일 유학을 가기 위해 러시아를 떠나도 좋다는 허가를 받았다. 5,000달러 상당의 돈을 신발 밑창에 깐 청년 호로비츠는 소련 국경 수비대원 앞에서 자신이 다시는 고국으로 돌아오지 않을 것임을 숨기려고 애썼다. 훗날 호로비츠는 서류를 검사하던 수비대원이 그에게 "절대 조국을 잊지 말게"라는 의미심장한 말을 남겼다고 회고했다.

그 뒤 2년 동안 호로비츠는 화려한 연주 솜씨로 유럽 도시의 청중을 사로잡았다. 1928년, 그는 카네기홀에서 미국 데뷔 무대를 가졌고 토머스 비첨Sir Thomas Beecham의 지휘로 차이콥스키의 〈피아노 협주곡 제1번〉을 연주했다. 한참 혈기가 넘쳤던 호로비츠는 비첨이 지휘하는 곡이 너무 처진다는 느낌을 받았다. 관객들 역시 활기 넘치는 연주를 좋아한다고 느낀 그는 비첨과 결별을 선언했고 뉴욕 필하모니의 나머지 연주자들도 놀라서 연달아 그의 뒤를 따랐다. 손가락이 무서운 속도로 건반 위를 날아다니는 연주로 유명했던 이 거장은 오케스트라에 악보보다 몇 박자 앞서 연주할 것을 요구했는데, 그가 나중에 시인했듯이 "차이콥스키가 작

곡했던 것보다 더 크게, 더 빨리 그리고 더 많은 음표"를 연주하게 만들었다. 관객들과 비평가들은 그를 천재라며 칭송을 아끼지 않았다. 호로비츠가 선보인 새로운 스타일의 화려한 피아노 연주법은 무엇보다 청취자들을 즐겁게 해주었다.

그러나 호로비츠가 모든 사람의 취향을 만족시킨 것은 아니었다. 어떤 이들은 그가 너무 독선적이며 과장이 심하고, 본래의 작곡을 무시하는 오류를 범하고 있다고 비판했다. 미국의 작곡가이자 비평가 버질 톰슨Virgil Thomson은 호로비츠가 제멋대로 구는 음악가라는 냉정한 평가를 내림으로써 그에게 치명타를 날렸다. 이러한 비판에도 불구하고 호로비츠의 연주 스타일과 곡 해석은 그처럼 연주하고자 노력하는—그러나 그렇게 성공적이지는 못한—세대에게 모델이 되었다. 자신의 빠른 연주법과 소리 크기를 마음대로 조절할 수 있는 정교한 테크닉에 대해 그는 "처음부터 그랬습니다"라고 명쾌하게 대답했다. 그는 테크닉의 거장으로 인정받고 있지만 사실 그 테크닉은 그만의 독특한 표현 양식이었다. 그는 두 팔을 평평하게 편 채 조금 낮은 자세로 연주했다.

한편 그의 개인적인 삶 역시 그의 음악만큼이나 전통적인 것과는 거리가 멀었다. 호로비츠는 1933년에 지휘자 아르투로 토스카니니Arturo Toscanini의 딸 완다와 결혼하여 56년 동안 파란만장한 결혼 생활을 이어가면서 다른 사람들과 어울리며 그녀를 배신하는 것이 일상이 되어 버렸다. 그는 독특한 성벽性癖을 지닌 남자였다. 그는 깔끔한 나비넥타이를 좋아했고, 성인이 된 뒤로는 거의 매일 도버 솔Dover sole(살짝 구운 넙치에 소금과 레몬 즙을 뿌려 먹는 고급 요리)*을 먹었으며, 일요일 오후 4시 공연만을 고집했다. 1928년에 발표된 그의 첫 번째 레코드는 팝 차트에 올랐다. 또한 그는 자신의 음반에 대한 복제를 중단시킬 수 있는 권리를 인정받음으로써 음악 산업의 역사에서 새로운 장을 열었는데, 엄격한 예술가였던 그는 이 거부권을 몇 번 행사했다. 그의 활동 기간 내내 음악을 둘러싼 논쟁이 끊이지 않았고, 그의 때 이른 은퇴 역시 세인의 관심을 끌었다. 이 거장에 대한 전기 작가의 말을 믿느냐 아니면 이 거장의 말을 믿느냐에 따라 달라지겠지만, 그의 은퇴 이유는 심각한 정서 장애가 원인이라는 설과 그저 단순한 게으름이 원인이라는 설로 갈렸다.

후기 낭만주의 음악을 공연하는 것에 상당히 만족했던 그의 장인 토스카니니와 달리 호로비츠는 더 현대적인 음악에 도전했다. 그는 한순간도 리스트나 쇼팽을 멀리한 적이 없었지만 자신의 다양한 레퍼토리 안에 스크리아빈Skryabin과 프로코피에프Prokofiev, 카발레프스키Kabalevskiy 그리고 슈만을 포함시켰다. 이 외에도 〈카르멘〉에서 발췌한 곡을 비롯하여 미국 시민이 된 것에 감사하는 마음으로(그는 1944년에 미국 시민이 되었다) 존 필립 소사John Philip Sousa가 쓴 미국 국가 〈성조기여 영원하라The Stars and Stripes Forever〉를 자신이 직접 편곡하여 연주했다. 그는 연주회장의 객석을 가득 채우는 일에서든(그는 매진이 되지 않으면 연주를 하지 않았다) 1965년에 열린 화려한 컴백 무대에서든 자신이 시도한 모든 일에서 최선을 다해 노력했다. 그는 12년의 휴식기를 가진 후 카네기홀에서 컴백 무대를 열어 열광하는 청중에게 혼신의 연주를 들려주었다(그날 연주회도 물론 일요일 오후 4시였다). 이렇게 지칠 줄 모르는 창의력의 소유자였고 사회적으로는 수줍음 많은 망명자였던 그에겐 이제 더 넘어야 할 산이 없는 것처럼 보였다.

마침내 1986년에 소련의 서기장 미하일 고르바초프가 글라스노스트를 실시하자, 무명의 한 국경 수비대원이 한 마지막 말을 가슴속 깊이 간직하고 있던 82세의 피아니스트에게도 마침내 고국 러시아에 돌아갈 수 있는 길이 열렸다. 음악을 사랑하는 고국에서 호로비츠는 왕족 같은 대접을 받았고, 그의 귀환은 성공적이었다. 모스크바음악원의 그레이트홀에서 열린 감동의 콘서트에 참석한 사람이나 혹은 레닌그라드에서 열린 두 번째 콘서트에 참석하여 눈물로 그의 귀환을 환영한 콘서트 애호가들은 입장권을 구하기 위해 공연장 밖에서 밤을 새워야 했다. 모스크바에서는 티켓을 구하지 못한 학생들이 홀 안으로 들어가려고 서로 밀치는 과정에서 작은 소란이 일기도 했다. 늘 그랬듯 호로비츠의 연주는 관객을 사로잡았다. 한 비평가는 이를 두고 "그것은 일종의 종교적 체험과도 같았다"고 묘사했다.

호로비츠는 모스크바에서 공연한 지 3년 뒤에 세상을 떠났다. 그는 이탈리아에 있는 토스카니니의 영지 안에 묻혔다. 그 한계가 거의 무한함을 그 스스로 입증한 피아노 국가의 한 시민으로서.

Ho Chi Minh
호치민

1890~1969

1919년 수척한 외모의 인도차이나 출신 청년 민족주의자 호치민이 프랑스에게 조국의 정치적 독립을 촉구하기 위해 베르사유 평화 협정 참가자들에게 다가갔을 때, 그 자신은 물론 그가 심사숙고하여 작성한 8개 조항에 관심을 보이는 사람은 아무도 없었다. 그 후 그는 일본의 침략과 프랑스 통치에 항거하는 투쟁으로 반식민주의라는 정당한 주장을 내세우는 세계적 상징으로 변모했다. 그러나 그 과정에서 그는 그가 주장하는 공산주의적 이상과 덥수룩한 염소수염, 그리고 소박한 금욕 생활로 인해 서구 언론에서 조롱감이 된 적이 한두 번이 아니었다. 1960년대 중반에 접어들면서 호는 서서히 자신의 모습을 드러내기 시작했다. 이미 오래 전에 북베트남의 대통령으로 선출되었던 그는 미국의 폭탄 공격으로부터 북베트남의 작은 영토를 보존하기 위해 한창 땅굴을 파고 있었다. 좌파들에게 '호 아저씨'는 고무타이어로 만든 샌들을 신고 다니는 금욕주의적 성자이지만, 한편으로 그는 박해받는 조국의 해방이라는 불변의 목표를 위해 1950년대 후반에 실시되었던 토지 개혁 과정에서 5만여 명에 달하는 무고한 사람을 숙청하는 잔혹함을 보여 주었다. 대부분의 우파 강경론자들에게 모스크바에서 훈련을 받은 이 볼셰비키는—그는 인도차이나 공산당과 프랑스 공산당을 설립하는 데 일조했다—세계 공산화 음모를 실현하기 위한 냉소적이면서 무자비한 대리인으로 인식되었다.

1890년에 프랑스령 인도차이나에서 태어난 호는 본명이 구엔 타트 탄Nguyen That Thanh으로 풍족한 가정환경 속에서 성장했는데, 그의 가족은 당시에 이미 반프랑스 투쟁에 참여하고 있었다. 선조 대대로 내려오던 중국-베트남식 전통 교육을 받았던 그는 한의사이자 순회 학자였던 아버지의 강압에 못 이겨 압제국의 말을 배웠다. 몇 년간 공부에 매진한 그는 1911년에 프랑스 선박의 식당 심부름꾼이 되어 유럽으로 갔고, 1914년에는 런던 칼튼 호텔 주방장 오귀스트 에스코피에 밑에서 견습으로 일했다. 1917년 러시아의 볼셰비키가 '세계를 뒤흔든 열흘'을 시작

하자 호는 공산주의자로서 완벽한 이력을 쌓아가기 시작했다. 1918년경 파리로 거처를 옮긴 그는 유럽 대륙의 정치적 사고와 서구적 가치를 흡수한 좌파 활동의 소용돌이에 휘말리기 시작했다. 또한 그는 프랑스 혁명과 미국 혁명에 감동을 받아 나중에 베트남 헌법을 작성할 때 미국 헌법을 모델로 삼았다.

1923년 교화를 위해 러시아를 방문한 그는 모스크바의 동부 노동자 대학에서 혁명 기술을 수학했다. 그리고 얼마 후 그는 중국과 동남아시아 지역에서 활동하는 게릴라 세력과 공산당 세포들의 조직책으로 22년간 해당 지역을 순회하면서 본토를 교란하고 대규모 동맹 파업을 일으키도록 베트남 망명자들을 훈련시키는 임무를 수행했다. 호는 성공한 사업가에서 삭발한 불교 승려에 이르기까지 수많은 가명으로 위장함으로써 철저히 자기 신분을 속였다. 그는 유령 같은 존재였고 그의 거주지를 아는 사람이 거의 없을 정도였다. 친민족주의 활동을 펼치는 호가 눈엣가시였던 베트남 내 프랑스 정부는 1929년에 피고 결석 상태에서 그에게 사형을 선고했다. 제2차 세계대전이 터지고 동남아시아의 상당 부분이 일본의 지배에 놓이게 되자, 호는 침략자를 몰아내기 위해 일시적으로 장제스가 이끌던 중국 민족주의자들과 손을 잡았다. 그리고 1941년에는 베트남독립연맹을 세우기 위해 남중국의 보 구엔 지압Vo Nguyen Giap과 연합 전선을 구축했다. 이것이 베트민Vietminh으로 알려진 베트남 민족주의자들과 인도차이나 공산당 간에 이루어진 동맹이었다. 이 기간 동안 호는 미국의 지지자가 되어 일본인의 활동을 미국 첩보원에게 보고했다. 한편 전해 내려오는 말에 의하면 열대성 질병에 걸려 목숨이 위험한 상황에 이르게 된 호는 미국 전략정보국의 의사가 처방해 준 설파제 덕분에 가까스로 목숨을 구할 수 있었다고 한다.

1945년 호가 이끄는 베트남 군대는 베트남에서 일본군을 몰아내는 데 성공했다. 그 후 곧바로 미국독립선언문을 본떠 베트남민주공화국의 설립을 천명한 뒤 호는 대통령으로 선출되었다. 그러나 제2차 세계대전에서 일본이 패망한 뒤 동남아 지역에서 철수한 다른 식민세력과 달리 프랑스는 과거의 섭정 정치를 포기하려고 하지 않았다. 8년에 걸친 전쟁 동안 100만 명에 달하는 사상자가 발생할 정도로 처절한 전투가 계속되던 중 드디어 1954년 3월 프랑스 점령지였던 디엔비엔푸가 지압 장군이 이끄는 게릴라 세력에 의해 포위되자 마침내 프랑스는 항복을 선언했다. 5월 7일 디엔비엔푸는 함락되었고 7월 제네바에 모인 협상국 대표들은 북위 17도선을 중심으로 베트남을 남베트남과 북베트남으로 분리하는 데 합의했다. 당시 이 결정은 1956년에 전체 국가를 대표하는 지도자를 선출하기 위한 총선이 실시될 때까지만 효력을 발휘하는 일시적인 조치로 여겨졌다. 북베트남의 대통령이었던 호는 국민의 절대적인 지지를 받고 있었다. 그러나 선거는 미국에게 강력한 지원을 받고 있던 남베트남 대통령에 의해 취소되었다. 당시 미국은 고 딘 디엠 Ngo Dinh Diem이야말로 그 지역에서 공산주의의 확산을 차단할 수 있는 보루라고 생각했다. 1961년까지 북베트남이 지원하는 베트콩이란 이름의 민족해방전선은 남베트남에서 유격전을 펼쳤고, 프랑스의 무력 활동 자금의 대부분을 책임지고 있던 미국은 북베트남을 물리치고 부패하고 불안정한 남베트남의 정권을 유지하기 위해 더욱 많은 돈을 쏟아 부었다. 그것도 모자라 마침내 수십만 명에 달하는 자국 군인을 베트남 전장에 투입했다.

1973년 1월 27일, 마침내 미국이 베트남에서 군대를 철수하는 데 동의하자 호는—그는 실제로 군인들을 이끌고 전투에 참여한 적이 한 번도 없는 연약한 유령 전사였다—초강대국을 전복시켰을 뿐만 아니라 새로운 세대인 미국 반전 운동가들의 이상주의를 자극하는 쾌거를 올렸다. 그러나 위엄 있고 남다른 인내심을 지닌 이 혁명가는 황폐한 조국의 마지막 승리를 목격하는 주인공이 되지 못했다. 그는 1969년에 심장 마비로 사망했다.

Stephen Hawking
스티븐 호킹

1942~

스티븐 호킹은 앨버트 아인슈타인이 시간과 공간에서 일어나는 모든 현상을 설명한 '만물에 대한 이론'으로 제시한 통일장 이론을 구현할 가능성이 가장 큰 인물이라는 평가를 받은 영국의 우주학자다. 그는 신체 장애와 절망감을 딛고 우주의 기원과 종말에 관한 가장 획기적인 이론을 공식화함으로써 20세기 과학사를 다시 썼다. 쇠약한 육체에 빛나는 정신을 지닌 그는 존재 자체가 어떻게 존재하게 되는가 하는 물음을 쫓고 있다. 강철 같은 그의 의지는 그의 천재성과 대등하다.

스티븐 호킹은 영국 옥스퍼드에서 생물학 연구원인 아버지와 정열적인 성격의 어머니 사이에서 네 아이 중 첫째로 태어났다. 이 소년은 어려서부터 호기심이 많고 활달하며 사교적이었지만 세인트 앨빈스 스쿨에 다닐 때 성적이 좋지 못해 1959년에 어렵게 옥스퍼드에 합격했다. 파티를 좋아하고 대학 조정팀의 타수로 활동했던 그는 하루에 한두 시간 정도만 수학과 물리학 공부를 해도 학업 성적을 유지할 수 있을 만큼 머리 회전이 빠른 학생이었다. 어쩌면 그건 그만의 생각이었는지도 모른다. 필기 시험을 치른 결과 1등급과 2등급 사이의 점수를 받은 그는 박사 과정 입학 허가서를 받기 위해 반드시 구술시험을 통과해야만 했다. 그러나 호킹의 시험관은 그가 천재적 지능을 소유하고 있다는 사실을 알아차리고 주저 없이 그를 1등으로 선발했다.

호킹은 1962년에 캠브리지대학교 대학원에 들어갔고, 거기서 이론천문학과 우주학에 대한 흥미를 충족시킬 수 있었다. 그는 "우주의 근원이 무엇인가?"라는 질문에 마침내 답을 제시하는 사람이 되고 싶었다. 그러나 캠브리지에 도착한 지 얼마 안 되어 갑자기 행동 장애 증세가 나타나기 시작했다. 이것이 바로 근위축성측삭경화증의 첫 증세였다. 흔히 '루게릭병'이라고 부르는 이 불치병은 골격근을 쓸 수 없게 만들고 종국에는 호흡 곤란을 일으키는 치명적인 결과를 초래한다. 그는 갑자기 몇 년밖에 살지 못하는 시한부 인생이 되었고 박사 학위를 받기 위해 노력

할 이유가 없다는 절망감으로 방탕한 생활에 빠져들었다. 바로 그때 호킹은 언어학을 공부하는 제인 와일드와 사랑에 빠졌고, 1965에 결혼한 뒤 그는 계속 살아야 할 이유를 찾았다. 병세는 더 악화되지 않았지만 그는 평생 휠체어를 타고 다녀야 하며 혼자서 몸을 가누지 못하는 신세가 되었다.

그러나 그는 아직 생각은 할 수 있었다. 남다른 의지력을 지니고 있던 그는 로저 펜로즈Roser Penrose와 함께 '특이점' 이론을 제안했고 이 이론은 그의 박사 학위 논문 주제가 되었다. 아인슈타인은 등식을 통해 거대한 별이 자체에 지니고 있는 열핵 원료를 모두 소진하고 나면 스스로 붕괴하며 특이점을 생산한다는 가설을 내놓았는데, 여기서 특이점이란 저항할 수 없는 중력장을 갖추고 있는 초밀도 압축점을 말한다. 중력이 너무 강력해서 빛조차 새어나가지 못하게 되면 특이점 주변이 '블랙홀'이 되고, 행성 같은 주변의 모든 물체가 그 안으로 빨려 들어간다. 블랙홀의 존재에 대한 간접적인 증거에도 불구하고 과학자들은 특이점을 어떻게 다루어야 할지 난감해 했다. 왜냐하면 기존의 과학 법칙으로는 이 문제를 설명할 수 없었기 때문이었다. 1965년, 호킹과 펜로즈는 아인슈타인의 상대성 이론이 옳다면 특이점이 반드시 존재해야 한다는 것을 수학적으로 증명했다. 특이점이 존재하지 않는다면 상대성 이론은 잘못된 것이다. 그들은 한 술 더 떠서 특이점은 우주의 기원점이 된다고 주장했다.

특이점에 관한 연구가 진척을 보인데다 캠브리지 학계에서 호킹의 평판이 더해지면서 그는 곤빌 앤 카이우스 칼리지의 특별 연구원으로 선정되었다. 그는 빅뱅의 힘은 수많은 미니 블랙홀을 만들어냈고, 이 블랙홀들이 소립자들이 방출했음을 입증했다. 이 때 그는 일반 상대성 이론 대신 양자 이론을 이용했는데, 상대성 이론은 임의의 아원자 세계를 정확하게 설명할 수 없었기 때문이다. 이러한 주장은 불신의 파장을 불러일으켰지만 나중에 학계의 인정을 받게 되었고, 이러한 소립자 방출 현상은 현재 호킹 복사로 알려져 있다.

종종 화를 잘 내는 이 과학자는 복잡한 문제를 해결할 수 없는 악조건 속에서도 꿋꿋하게 연구 업적을 쌓아 갔다. 계산을 할 수는 없었지만 머릿속에 그림을 그릴 수 있었던 그는 등식을 기하학 문제로 변형시키는 방법을 이용했다. 1978년에 그는 그토록 갈망하던 앨버트아인슈타인상을 수상했으며, 그 다음 해에는 한때 아이작 뉴턴이 재직했던 케임브리지대학교에서 루카스좌 수학교수에 임명되었다.

호킹은 1985년에 폐렴에 따른 기관 절개로 목소리를 완전히 잃어버렸다. 그 대신 그때까지 유일하게 움직일 수 있었던 손가락 하나로 음성 합성 장치를 작동해 대화하기 시작했다. 그는 아내나 조수의 도움 없이는 아무것도 할 수 없었다. 그러나 그 시기에 그는 『시간의 역사: 빅뱅에서 블랙홀까지*A Brief History of Time: From the Big Bang to Black Holes*』를 완성했다. 엄청난 베스트셀러가 된 이 책은 그의 복잡하고 뛰어난 생각들을 이해하기 쉬운 용어로 설명했다.

호킹의 직관과 고집 센 성격이 그의 과학적 접근 방식에 긍정적인 영향을 미친 것에 못지않게 철학자 칼 포퍼Karl Popper의 사상이 그에게 미친 영향 또한 무시할 수 없었다. 포퍼는 관찰과 가설 그리고 실험이라는 전통적인 과학 연구 순서를 완전히 뒤집어 놓았다. 포퍼의 방법, 그리고 호킹이 선택한 방법에 따르면, 과학자는 한 가지 문제에 대한 해결을 제시한 다음 자신의 이론이 잘못되었음을 보여주기 위한 실험을 실시하며, 그 과정에서 더 나은 결과를 발견하게 된다. 호킹이 미니 블랙홀을 발견한 것은 바로 이러한 관습에 얽매이지 않는 사고 덕택이었다. 또한 이를 바탕으로 그는 우주가 수축을 시작하면 팽창할 때 일어났던 과정이 모두 반대로 재현될 것이라는 주장을 피력했는데, 나중에 그는 이 주장을 철회했다. 사무실 벽에 메릴린 먼로의 포스터를 붙여 놓을 정도로 너무도 낭만적이었던 이 사색가는 1990년에 25년간의 결혼 생활에 종지부를 찍고 개인 간호사 일레인 메이슨과 살고 있다.

호킹이 이루어 낸 많은 연구 성과들은 가능한 영역 안에서만 그 효력을 발생한다는 아이러니를 지니고 있다. 지금까지 특이점이나 블랙홀 내파를 목격한 사람은 아무도 없다. 이 노력하는 무신론자가 눈에 보이지 않는 또 다른 것, 즉 신의 정신을 밝혀낼 수 있을 거라는 자신감을 피력했다는 것은 역설 그 자체라고 하지 않을 수 없다.

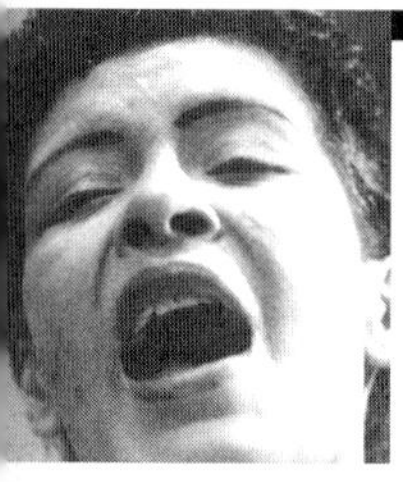

Billie Holiday

빌리 홀리데이

1915~1959

20세기 가장 영향력 있는 이 대중 가수의 목소리는 전통적인 의미에서의 미성美聲이라고 할 수는 없었지만 한 번 들으면 쉽게 잊히지 않는 매력을 지니고 있었다. 때로는 자신감과 가슴을 후벼 파는 호소력을 갖춘 세련됨과 강렬함이, 또 때로는 박자를 무시한 듯 차분하고 편안한 여유과 게으름이 그녀의 목소리에 담겨 있었다. 그녀의 목소리는 가볍고 경쾌하고 서정적이며 정신을 차릴 수 없을 정도로 육감적이었다. 사실 빌리 홀리데이의 노래는 그 자체가 그녀의 삶이었기 때문에 그녀의 내면 깊숙한 곳에 감추어져 있는 갈망과 고통을 노래한다고 할 수 있었다. 홀리데이는 아늑한 분위기의 작은 클럽에서 가장 위력을 발휘하는 가수였다. 그곳에서는 사랑을 원하거나 사랑을 그리워하는 그녀의 노래가 듣는 이에게 생생한 감동으로 다가왔다. 수많은 레코드들 안에 그녀의 재능을 담을 수는 있었지만—〈유브 체인지드You've Changed〉, 〈굿 모닝, 하트에이크Good Morning, Heartache〉, 〈러버 맨Lover Man〉, 그리고 〈갓 블레스 더 차일드God Bless the Child〉는 홀리데이의 불후의 명곡들 가운데 일부에 지나지 않는다—넘치는 감정과 절제된 표현, 그리고 부드러우면서 몽롱한 그녀의 매력을 확인할 수 있는 라이브 공연의 매력을 재현할 수는 없다. 작가인 엘리자베스 하드윅Elizabeth Hardwick의 표현을 빌리면, 그녀는 귀 뒤에 "도발적인 치자꽃"를 꽂았으며, "웃음과 눈부신 치아 그리고 근사한 머리는 마치 에게해에서 쓸려 내려온 듯 고풍스러웠다."

홀리데이가 볼티모어에서 보낸 어린 시절은 우울했다. 그녀의 아버지 클레런스 홀리데이는 플레처 핸더슨Fletcher Henderson의 오케스트라에서 기타리스트로 일했는데, 딸이 태어나자마자 곧 가족을 품을 떠났다. 기초 교육은 물론이고 아버지의 사랑과 지원은 꿈도 꿀 수 없었던 엘레노라 페이건Eleanora Fagan은 가족의 생계에 보탬이 되기 위해 잔돈 몇 푼을 받고 마을 부잣집의 대리석 계단을 닦았다. 당시 그녀의 나이는 여섯 살이었다. 어머니인 새디가 다른 도시에서 일거리를 찾고 있

는 동안 그녀는 이다 아줌마 댁에서 살았는데, 이다의 두 아이와 조부모 그리고 고조모까지 돌보는 등 육체적으로 학대를 받았다. 그리고 열 살 때 성폭행을 당했다. 당시 그녀를 폭행한 자는 5년 형을 언도 받았고 그녀 역시, 판사의 말을 빌리면, 그를 유혹한 죄로 소년원에 보내졌다. 4년 후 그녀는 뉴욕에서 어머니와 새로운 생활을 시작하지만, 곧 매춘 혐의로 교도소에 들어갔다. 자신이 제일 좋아하는 영화배우 빌리 도브Billie Dove의 이름을 따서 '빌리'라고 이름을 바꾼 그녀는 동네 사창가에서 심부름을 하는 대신 포주가 운영하는 빅트롤라Victrola에서 음악을 들을 수 있었다. 베시 스미스Bessie Smith와 루이 암스트롱을 제일 좋아했던 그녀는 그 후 가수로 활동하는 동안 자신은 항상 "베시의 목소리와 루이의 감정"을 자신의 것으로 만들 수 있기를 갈망했다고 털어놓았다.

열다섯 살이 되던 해 빌리는 할렘 웨스트 133번가에 위치한 유명한 재즈 공연장인 포즈 앤드 제리스 로그 캐빈Pod's and Jerry's Log Cabin에서 직업 가수로 노래를 시작했다. 그녀의 목소리는 다듬어지지 않았으며 안정감이 부족했지만 감정을 자극하는 천재적인 능력만은 이미 정평이 나 있었다. 소문에 의하면 그녀가 오디션을 보는 자리에 참석한 사람들이 그녀의 노래를 듣고 모두 눈물을 흘렸다고 한다. 그녀는 그 자리에서 취직했고 첫날 공연에서 팁을 100달러나 받았다. 1933년 11월, 그녀는 유명한 신인 발굴자이자 레코드 프로듀서인 존 해먼드John Hammond의 눈에 띄었다. 그는 홀리데이가 베니 굿맨Benny Goodman 밴드의 반주에 맞춰 첫 번째 녹음을 할 수 있도록 주선해 주었다. 서둘러 발매된 그녀의 첫 번째 앨범은 일류라고는 할 수 없지만 카운트 베이시Count Basie, 듀크 엘링턴, 칙 웨브Chick Webb, 벅 클레이튼Buck Clayton, 그리고 프레디 그린Freddie Green 등과 같은 재즈계의 일류 인사들을 한 자리에 모이게 함으로써 시대를 초월한 홀리데이 음악의 첫 번째 보고寶庫를 완성하게 되었다. 또 해먼드는 1942년까지 홀리데이의 편곡자이자 밴드 리더였던 피아니스트 테디 윌슨Teddy Wilson의 지도 아래 이후의 스튜디오 작업도 책임졌다. 이러한 레코드를 유명하게 만든 기악 연주자 중 한 사람이 바로 색소폰 연주자 레스터 영Lester Young이었다. 이 두 사람이 우연한 자리에서 처음 만나 뜻밖의 좋은 관계로 발전함에 따라 재즈 발전에 지대한 영향을 미쳤다. 프레즈Prez(레스터 영의 별명)*와 레이디 데이Lady Day—원래 영이 빌리의 어머니를 부르던 별칭이었는데, 나중에 빌리가 자신의 애칭으로 사용했다—는 소울 파트너가 되어 새로운 독창적인 음악 세계를 개발해 나갔다.

인종차별에 상처를 받은 홀리데이는 점점 까다로운 사람으로 변하게 되었고—카운트 베이시와 함께 디트로이트에 공연을 갔을 때, 그녀는 '너무 하얗게 보인다'는 이유로 진한 무대 화장을 하도록 강요당한 적도 있었다—몇 년 후에는 문제를 일으킨다거나 예술적 오만이라는 비판을 듣기도 했다. 아마도 1938년에 아티 쇼Artie Shaw와 함께 했던 순회공연이 문제의 발단이 되었던 것 같았다. 백인들이 주류를 이루는 오케스트라와 공연하는 최초의 흑인 가수였던 홀리데이는 순회공연 내내 계속 괴롭힘을 당했다. 남부를 여행할 때에는 음식점에서 음식 시중은 물론이고 화장실에 가는 것까지 거부당했다. 그녀는 참는 데 한계를 느꼈고 결국 쇼와 사이가 틀어졌다. 그녀는 나중에 "그때는 아침, 점심, 저녁 매 식사 때마다 마치 NAACP(전국흑인지위향상협회)* 집회 장소에 와 있는 듯한 기분을 참을 수 없었다"고 고백했다. 남부에서 자행되는 린치를 매력적인 발라드로 만든 '스트레인지 프루트Strange Fruit'는 인종주의에 대항하는 홀리데이 개인의 저항가가 되었다.

첫 번째 남편에 의해 헤로인을 처음 맛보았던 홀리데이는 1940년대 중반에 이르러서는 일주일에 500달러를 마약에 지출하는 중증 헤로인 중독자가 되었다. 그 후 그녀는 자기 파괴와 독설을 서슴지 않는 생활에 빠져 듦으로써 비탄의 세월을 보내게 되었는데, 고통을 잊고자 술에 손을 대 몸을 더욱 망치는 결과를 낳았다. 1947년 마약 소지 혐의로 체포된 그녀는 웨스트버지니아 연방 시설에서 1년간 복역하면서 부엌 청소와 구치소 농장의 돼지에게 먹이를 주는 일을 했다. 그녀는 그 후로도 몇 번 더 체포되었다. 그녀는 경찰이 문 밖에서 경계를 서고 있는 한 병원 병실에서 눈을 감았다. 참관인에 따르면 그녀의 발에 750달러가 붙어 있었다고 하는데, 그것은 당시 그녀가 남긴 전 재산에 대한 평가액이었다.

약물과 알코올이 홀리데이의 목소리를 변하게 만들었지만 완전히 파괴하지는 않았다. 비평가들은 그녀의 말년 작품에 들어 있는 완숙한 목소리와 느린 연주에 대해 상처 받았지만 강인한 예술 정신이라고 평가함으로써 두 명의 빌리, 즉 떨리는 목소리가 돋보이는 늙고, 외롭고 그러면서도 더욱 씩씩해진 홀리데이와, 더욱 섹시한 목소리에 아이러니와 위트로 똘똘 뭉친 젊은 날의 홀리데이의 음악을 즐기고 존경을 표할 수 있는 기회를 제공해 주었다. 두 빌리 모두 독특한 매력과 놀라운 표현력을 지니고 있었고, 두 명 다 비교할 수 없이 멋진 가수였다.

Emperor Hirohito

히로히토 일왕

1901~1989

히로히토 일왕은 일본 제국의 국화菊花(국화는 일본 왕실을 상징함)* 왕조를 잇는 신인神人인 동시에 태양의 여신 아마테라스 오미카미天照大神(일본에서 천황의 가계가 유래했다고 하는 천상의 태양의 여신)*의 영적 후계자이며 신도神道(일본의 민족 신앙)* 종교의 대사제였다. 63년의 재임 기간 동안—현대 군주들 가운데 제임 기간이 가장 길었다—그의 조국은 고립된 섬나라 왕국에서 현대 세계 강국으로 급변했다. 그는 1930년대 아시아에서의 일본 영향력의 확대, 제2차 세계대전의 살육과 패배, 그리고 전후 일본 경제력이 부활 등을 지휘했다. 승리한 연합군에 의해 전범으로 고발을 당했던 그는 일본 점령군 총사령관이자 영리한 미국인이었던 더글러스 맥아더 장군 덕분에 겨우 목숨을 부지할 수 있게 되었다. 역설적이게도, 철저한 군국주의와 인정 많은 입헌 군주제 왕국 모두를 대표하는 상징이었던 천황은, 앞뒤 가리지 않는 일본의 팽창주의에서 그의 역할에 대해 이견을 보이는 역사들에게 여전히 수수께끼 같은 인물로 남아 있다. 그 중에서도 특히 전쟁 시 보인 일본의 잔학 행위에 그가 어느 정도 연루되어 있는가 하는 문제에 대해서는 여러 가지 주장이 대두되고 있다.

1901년에 출생한 히로히토는 국민으로부터 다른 나라의 왕들이 상상하는 것보다 훨씬 높은 추앙을 받았다. 요시히토 왕세자와 사다코 공주—두 사람은 나중에 다이쇼 천황과 테이메이 황비가 되었다—의 장남으로 출생한 히로히토는 1853년에 페리 사령관의 일본 방문으로 시작된 엄청난 문화적 충격을 이겨내고 현대 세계의 축복과 해악을 빠르게 습득한 국가의 상징적인 통치자의 자리에 올랐다. 엄격한 왕실 생활과 황제의 의무 속에서 자라났으며 피어즈 스쿨에서 겨우 5명의 다른 학생들과 함께 교육을 받았던 젊은 히로히토는 1912년에 왕세자로 책봉되었다. 그는 군사 과학보다는 해양 생물학에 더 많은 관심을 보였는데, 비록 무사도 철학 수업을 받기는 했지만 전쟁 제일주의와 왕실의 기원을 말해주는 신화에 대해

군인 출신 개인 교사들과 자주 언쟁을 벌였다. 그러나 황제인 히로히토는 누구도 그의 얼굴을 올려다 볼 수 없으며, 그의 이름을 부를 수도 없고, 또 그보다 더 높은 위치에서 그에게 설교할 수 없다는 사실을 받아들였다.

1921년에 전례를 깨고 일본 왕세자로서는 처음으로 외국 여행에 나섰을 때, 미래의 지도자는 처음으로 개인적인 자유를 맛볼 수 있었다. 런던을 방문했을 때에는 예복을 갖추어 입은 느긋한 조지 5세가 수줍어하는 20세 약관이던 그의 등을 두드려주며 그가 원하는 것은 무엇이든지 준비를 시켜주는 자상함을 보였다. 당시 그는 베이컨과 계란을 원했는데, 이 음식이 아주 마음에 들었던 그는 그 이후로 매일 아침마다 베이컨과 계란을 먹었다. 또 파리를 지나갈 때에는 신분을 숨긴 채 지하철에 올라탔는데, 그때 얻은 지하철 승차권을 평생 기념으로 간직했다.

아버지가 정신 착란을 보이자 히로히토는 도쿄로 돌아와 1921년에 섭정 왕세자가 되었으며, 1926년에는 '평화와 계몽'을 뜻하는 쇼와昭和 시대를 열었다. 그러나 이것은 반어적인 표현이 아닐 수 없었다. 왜냐하면 노일전쟁에서 승리한 후에도 여전히 호시탐탐 기회를 노리고 있던 일본의 군사 엘리트들이 일본 초제국주의를 고상하게 표현한 대동아공영국大東亞共營圈이라는 피비린내 나는 만행을 주도할 준비를 하고 있었기 때문이었다. 군사 문제에는 관여하지 않겠다는 그의 맹세에도 불구하고, 히로히토는 귀족들에게는 도저히 허용할 수 없는 높은 계급까지 빠른 속도로 진급했다. 그러나 그가 받았던 수많은 메달과 훈장에도 불구하고 그는 1931년에 일어난 만주 약탈과 1937년의 난징대학살 동안 그의 이름으로 만행을 자행한 군인들에게 맞설 수는 없었다(일부 사람들은 그가 공식적으로 승인했다고 믿고 있다). 그러나 그는 1936년의 반란을 진압하고 주동자를 처형하여 자신의 힘을 보여주었다. 그러나 1941년에 미국과의 전쟁을 승인해 달라는 요청을 받았을 때, 일왕은 수수께끼 같은 하이쿠俳句(일본 고유의 짧은 시)*를 인용함으로써 사령관들이 스스로 결정을 내리게 했다.

4년에 걸친 대량 학살의 결과 일본은 처참하게 변했다. 고대 국가이자 자부심으로 가득 찬 일본의 눈에 이것은 민주주의를 향한 새로운 출발로 보였으며, 진주만 공격에 대한 처절한 응징으로 이해되었다. 일본에 대한 미국의 핵 공격으로 발생된 엄청난 파괴는 히로히토에게는 충격이었을 것이다. 1945년 일본전쟁위원회가, 죽을 때까지 항전할 것을 고집하는 사무라이들과 패전임을 인정할 것을 외치는 실용주의자들 사이에서 교착 상태에 빠져 있을 때, 히로히토는 일본은 "참을 수 없는 치욕을 참아야" 하며 미국에 항복할 것이라고 선언함으로써 팽팽한 긴장 관계에 종지부를 찍고 난국을 해결할 수 있었다.

전통적인 동작에 진실된 마음을 실어 히로히토는 승전군 대장인 맥아더 앞에서 예의를 갖추었으며 국가의 행위에 대한 개인적인 책임을 인정했다. 비평가들은 그렇게 함으로써 일왕이 기정사실을 다시 확인했으며 전범으로서 자신의 처형을 요구했다고 느꼈다. 그러나 맥아더는 히로히토는 그냥 죽는 것보다 실아서 더 좋은 일을 할 수 있을 것이라고 하면서 그의 요구를 거절했다. 목숨을 부지하게 된 히로히토는 미국의 압력에 무릎을 꿇고 자신의 신성한 지위를 부정했으며, 이국인들에 의해 강요된 새로운 헌법하에서 세습 군주로 통지할 것에 동의했다.

워낙 사교성이 없어서 의견을 묻는 질문에 그저 간결하게 "그래요?" 하는 것으로 대답을 대신했던 그였지만, 전보다 공식 행사에 더 많이 참석했으며 그의 가족에 관한 사진과 기사를 싣는 것을 허락했다. 또 주기적으로 복잡한 공무를 접어두고 해양 생물학에 대한 학술서 편찬에 매달렸다. 히로히토가 죽자, 세계는 과거 그의 험난한 재임 기간에 대해 가졌던 시각과 마찬가지로 경멸과 존경이 어우러진 묘한 반응을 보였다.

Alfred Hitchcock
앨프리드 히치콕

1899~1980

〈오명〉(1946), 〈너무 많이 안 사나이The Man Who Knew Too Much〉(1934), 〈현기증Vertigo〉(1958), 그리고 〈사이코Psycho〉(1960)와 같은 명작을 통해 스릴러 장르를 처음 만들어냈던 앨프리드 히치콕 감독은 높은 곳, 일요일, 어린아이들, 밀폐된 공간, 군중, 법, 그리고 대중의 갈등을 비롯해서 세상의 모든 것을 두려워했다. 런던에서 가금류 상인의 아들로 태어나 예수회 수도사들에게서 신실한 가톨릭 신자로 교육받은 그는 아들의 잘못을 바로잡아 주려는 아버지 덕분에 체벌과 경찰-체벌의 경우는 학교에서 부정행위 때문에, 경찰의 경우는 감옥에 잠시 갇혔던 경험 때문에-에 무감각해졌다. 그는 아마도 이러한 두려움 때문에 무의식 세계의 깊이를 면밀히 검토하는 데 익숙해졌는지 모른다. 그는 자신이 만든 영화 속에서 치밀하게 계산된 서스펜스, 뒤틀린 유머, 그리고 자주 서로 뒤엉키게 만드는 심리학적 동기와 성적 욕망들을 다루었다. 그리하여 그는 관객들에게 최면을 걸어 그들의 정신 체계가 제 기능을 다하지 못하게 만들었다.

이 서스펜스의 거장에게는 조용하고 일상적인 개인 생활은 물론이고 영화에서도 해변에 앉아 햇빛을 즐기는 것과 같은 평온한 때는 존재하지 않았다. 무정부주의가 활개를 치고 악으로 가득 찬 우주에 대한 그의 관점은 '정상적인 생활'이란 완전히 모순된 것이며, 예기치 못했던 극단적인 파멸은 피할 수 없음을 강요했다. 히치콕이 그리는 해변의 모습이란 모래 속에 반짝이는 깨진 유리조각이 묻혀 있는 곳이고, 어떤 사람이 그것을 전혀 눈치 채지 못하고 산책을 해야 한다는 것이다. 그는, 이처럼 가상의 위험이 도사리고 있지 않다면 불완전한 것이라고 생각했다. 그는 사소한 것을 이용해서 관객들이 자리에서 주먹을 불끈 쥔 채 공포에 떨게 만드는 법을 알고 있었다. 그리고 바로 그 안에 히치콕의 천재성이 숨 쉬고 있었다.

히치콕의 고전을 본 사람이라면 누구나 혼을 빼앗는 듯한 강렬한 이미지에 사로잡히게 된다. 〈의혹〉에서 캐리 그랜트가 우유 잔을 들고 불 꺼진 계단을 올라가는

장면이 나오는데, 유리잔이 유난히 밝은 빛을 내면서(은밀한 곳에서 새어 나온 작은 불빛이 만들어 낸 효과였다) 그 안에 의심 많은 아내를 죽이기 위한 독약이 들어있을지 모른다는 의혹을 자아내게 만드는 장면이나, 〈의혹의 그림자Shadow of a Doubt〉(1943)에서 조셉 코튼이 달리는 기차 문 옆에서 조카를 기차 밖으로 밀어내려고 실랑이를 벌이는 장면, 그리고 그랜트가 〈북북서로 방향을 돌려라〉(1959)에서 몸을 숨길 곳이라고는 하나도 없는 드넓은 들판에서 농약살포용 비행기에 쫓기는 장면은 아직도 우리의 뇌리에 선명하게 박혀 있다. 그러나 최고의 명장면은 〈사이코〉에서 재닛 리Janet Leigh가 샤워 도중 칼에 찔린 채 죽어가는 장면이라는 데에 아무도 이의를 제기하지 않을 것이다. 한편 빠른 사건 진행과 천재적인 구성은 히치콕 예술의 특징이었다. 감독은 78개의 독립된 장면을 이어 붙여, 짧지만 결코 잊히지 않는 45초의 필름을 만들었는데, 최종적으로 희생자의 눈을 향해 팬pan(화면에 파노라마 효과를 내기 위해 카메라를 상하좌우로 움직이며 하는 촬영)*을 시도했다. 히치콕은 문제의 작품이 가져다 준 충격 가치와 연출력 면에서 타의 추종을 불허했다.

그는 1919년에 런던의 페이머스 플레이어스-래스키 스튜디오에서 영화 제목 일러스트레이터로 첫발을 내디딘 후, 밑바닥부터 일을 배웠다. 그는 견습생으로 일하는 동안 선천적으로 수줍은 성격을 극복했으며, 직업상의 파트너였던 필름 편집인 앨마 레빌을 만나 결혼했다. 그 전에는 한 번도 영화 연출에 관심을 보인 적이 없었던 히치콕은 결혼 후 곧 뮌헨에서 앵글로-저먼 프로덕션에서 일을 하게 되었다. 그곳에서 그는 독일 감독 F. W. 무르나우F. W. Murnau의 연출력을 배우게 되었다. 무르나우가 1924년에 발표한 〈마지막 웃음Der Letzte Maun〉은 히치콕의 상상력에 엄청난 영향을 주었다. 과장된 카메라 앵글, 음침한 그림자, 그리고 이야기를 전달하는 단순한 이미지들에 대한 의지 등은 그 영화를 '거의 완벽한 영화'로 만들어 주었다. 20세기 독일 표현주의자들이 그랬듯이, 그 후 그는 자신의 개인적인 실체를 만들어 내는 일에 계속 집중했다. 특히 내용보다는 형식과 구성을 더 중요하게 생각했는데, 언젠가 그는 자신은 영화의 내용이 어떤 것인지 전혀 관심이 없다고 털어놓았다. 심지어 극본을 바탕으로 한 실제 촬영분에 대해 금방 흥미를 잃곤 했는데, 왜냐하면 스토리보드storyboard(영화의 주요 장면을 간단히 그린 일련의 그림을 나란히 붙인 화판)*를 통해 미리 자세한 세부 내용들을 억지로 잘라냈기 때문이었다.

한동안 그는 영국에 머물면서 1926년에 무성영화인 〈하숙인The Lodger〉을 발표해 찬사를 받았으며, 〈39계단The Thirty-Nine Steps〉(1935)과 〈숙녀 사라지다The Lady

Vanishes〉(1938)는 공전의 히트를 기록했다. 그가 이루어낸 전 세계적인 성공 덕분에 그는 활동 무대를 할리우드로 옮길 수 있었다. 그는 스릴러 감독으로 명성을 떨쳤는데, 1940년에 발표한 〈레베카Rebecca〉는 오스카 최우수 작품상으로 선정되었다. 한편 이 작품을 만드는 데 함께 참여했던 사람들 중에는 전설적인 인물 데이비드 O. 셀즈닉David Oliver Selznick도 포함되어 있었는데, 통통하고 신사복을 즐겨 입는 감독을 햇살 눈부신 캘리포니아의 고예산 프로덕션으로 끌어 온 장본인이었다. 히치콕은 예의바른 신사였지만, 생활에 도움이 되는 농담과 작고 음란한 비밀을 좋아했다. 그는 점차 작품 속에 에로티시즘을 더 많이 반영했으며, 관능성과 폭력 및 아이러니의 결합을 자주 시도했다. 그는 동성애, 성범죄, 페티시즘fetishism(이성의 몸의 일부, 옷가지 등으로 성적 만족을 얻는 일)*, 그리고 복장 도착transvestism(이성의 옷을 입음으로써 성적 만족을 얻는 일)* 등을 교묘하게 그려나갔는데, 1940년대의 주류 영화 관객들을 흥분시키기에 충분했다.

1950년대에 접어들면서 〈의혹의 전망차Strangers on a Train〉(1951), 〈다이얼 M을 돌려라Dial M for Murder〉(1954), 그리고 〈나는 결백하다To Catch a Thief〉(1955) 등은 프랑스 비평가들의 관심을 끌었다. 비평가들은 「카이에 뒤 시네마*Les cahiers du dinéma*」라는 영향력 있는 영화 잡지를 통해 히치콕을 개성파 영화감독이자 예술가라고 평가하며 극찬을 아끼지 않았다. 영화 제목 위에 이름이 붙는 감독이 된 그가 과연 기독교의 계율을 따를 것인지 아니면 박스 오피스 영수증을 더 중요하게 생각할 것인지 비평가들이 내기를 하는 동안, 전 세계 관객들은 직접 영화관을 찾는 것으로 투표에 참석했다. 1950년대 중반부터 1960년대 중반까지 히치콕은 두 편의 텔레비전 시리즈를 성공적으로 마감함으로써 인기와 함께 출연 횟수도 늘어났다. 현대의 불안전한 평화에 익숙해 있던 히치콕은 계속해서 시대가 원하는 작품을 만들어냈다. 그것은 프랑켄슈타인 남작이 만들어 낸 돌연변이가 모든 사람들이 기대했던 대로 정신 착란을 일으키는 중세식의 공포가 아니었다. 그는 모호함과 확실성이 공존하고, 매력적인 악당이 갑자기 죽음을 맞이할 수 있는 평범한 일상생활에서 공포에 떨면서 눈물을 흘리게 만드는 보통 사람들의 악몽을 만들어냈다.

Adolf Hitler

아돌프 히틀러

1889~1945

21세기에 들어서도 전 세계는 여전히 그들의 공통된 기억으로부터 아돌프 히틀러를 몰아내기 위해 안간힘을 쓰고 있다. 그는 게르만 정신을 유린한 장본인이자 20세기에 일어났던 획기적인 몇몇 사건들의 주동자였다. 그리고 5천만 명이 넘는 희생자들과 거의 멸종 상태에 이른 유럽 유대인들, 그리고 막대한 수의 사람들을 피난민으로 내몰고 도시들을 잿더미로 만든 책임은 바로 제3제국 지도자에게 있다.

오스트리아 하급 세관 공무원이었던 알로이스 쉬클그루버 히틀러와, 강박관념에 사로잡힌 듯한 남편의 엄한 교육에 대한 보상으로 아들의 응석을 받아주었던 양순한 어머니 사이에 태어난 아돌프는 어린 시절 지방 수도원의 성가대로 활동했다. 전기 『아돌프 히틀러Adolf Hitler』를 쓴 역사가 존 톨런드John Willard Toland는 히틀러가 성가대 연습을 하러 가는 길에 수도원의 문장이 조각된 석조 아치 옆을 지나가곤 했다고 증언하고 있다. 그 멋진 조각상이 바로 고대 십자가 모형인 갈고리 십자가swastika(나치당과 제3제국의 공식 표장)*였다.

사춘기 전 아돌프는 군인에 관한 환상과, 그가 숭배했던 바그너의 오페라에 등장하는 게르만 신화에 심취되어 있었다. 1908년에 어머니가 돌아가시자 외톨이가 된 그는 예술가가 되겠다는 막연한 꿈을 안고 방랑의 길로 접어들었다. 히틀러는 자신의 인생을 개척하고자 집이 있는 어퍼 오스트리아를 떠나 비엔나에 정착했다. 그러나 '게르만 민족'의 도시라고 생각했던 그곳에서 유대인들을 발견하고는 충격을 받았다. 미술 아카데미에 들어가려는 노력에도 불구하고 두 번이나 낙방의 고배를 마시게 되자, 몇 푼이라도 벌기 위해 손으로 제작한 우편엽서를 팔 정도로 생활이 어려웠다. 다시 한 번 재기를 위해 뮌헨으로 거처를 옮겨보았지만 그것마저 실패로 돌아갔고, 얼마 안 있어 제1차 세계대전이 발발하자, 히틀러는 바바리아 Bavaria(독일 남부 바이에른 주를 말함)* 보병 연대에 자원을 했다. 그는 철십자 훈장을

받았으며 1918년에는 겨자 가스 공격으로 인해 일시적으로 앞을 못 보기도 했다. 그 당시 그의 치료를 맡았던 한 심리치료사는 그가 히스테리 증세로 고생하는 정신병자라는 진단을 내렸다. 그러나 전쟁 참전은 히틀러는 강인한 사람으로 만들어 주었다. 이 절박한 젊은 남자는—어머니의 죽음 앞에서 그는 울음을 멈출 수가 없었다—전쟁을 통해 결코 돌이킬 수 없는 폭력의 맛을 알게 되었다. 광신적인 민족주의자로 변신한 그는 1919년에 열광적 애국주의자인 독일 노동당에 입당했는데, 독일 노동당은 후에 국가사회주의독일노동자당 혹은 나치당으로 이름을 바꾸었다. 2년 후 자신의 웅변 실력을 발견한 그는 독재적인 의장이 되었다.

제1차 세계대전에서의 패배로 심한 치욕감에 사로잡혀 있는 가운데 전 세계적인 경제공황으로 인해 경제적으로도 황폐해져 있던 위기의 독일은, 국가 구원을 외치는 히틀러의 감상적인 메시지가 위력을 발휘할 수 있는 절호의 기회였다. 그 자신의 편집증과 성스러운 사명 의식에 점점 빠져들어 간 그는 연설을 통해 압박받는 독일 민중들의 마음을 사로잡았다. 그는 큰 손실을 가져다 준 제1차 세계대전 보상비용으로 300억 달러를 지불할 것을 거절했을 뿐만 아니라, 무료 빵 배급을 타려는 행렬과 국력을 소모하는 당파 정치로부터 자유로운, 전혀 새로운 활력을 지닌 독일을 창조하고자 했다. 그리고 유대인들이 문제였다. 볼셰비키의 '위협'뿐만 아니라 '세계 유대인 사회' 개념에서 히틀러는 조국의 혼란을 종식시키는 데 유용한 희생자를 발견했다. 그는 자신의 조직적 대학살을 포장하기 위해 겉만 번지르르한 허례허식을 제공했다. 이러한 구경거리들은 애국심이라는 새로운 목표를 고취시켰다. 그가 『나의 투쟁*Mein Kampf*』—1923년에 그가 주도했던 비어 홀 폭동Beer Hall Putsch('뮌헨 폭동', '히틀러 폭동'이라고도 함. 히틀러가 바이마르 공화국에 대항해 일으키려 했던 반란)*이 실패로 돌아가면서 투옥 생활을 하는 동안 완성했던 책—에서 노골적으로 주장했듯이, 대중의 지지를 받았던 독재정치인은 '아리아인의 순수성'과 독일 국경의 확대를 의미하는 레벤스라움을 중심으로 애국심을 고취시키기 위한 작업이 진행되었다.

법이라는 장식으로 자신을 은폐한 가운데 히틀러는 단시간에 권력의 자리에 올랐다. 바바리아 정부를 전복시키려던 비어 홀 폭동이 실패로 돌아간 지 약 10년 만에 청중에게 최면을 거는 듯한 그의 연설은 독일 민족주의의 목소리가 되었다. 그가 이끄는 당이 선거에서 비약적인 전진을 이룩한 해로부터 3년 후인 1933년 1월 30일, 힌덴부르그 대통령은 히틀러를 연합 정부의 수상으로 임명하는 실수를 범했다. 몇 달 만에 선거-히틀러는 이 선거를 "퇴비 위로 자석을 통과시키는 것"이라고 천박하게 표현했다-는 과거의 일이 되었다. 검은 셔츠를 입은 우익 당원들이 거리를 점령하고 있는 가운데, 완전히 의욕을 상실한 국회는 지도자에게 독재적 권력을 허용했다. 1933년 3월 23일, 이렇게 제3제국은 탄생되었다.

체코슬로바키아의 수데텐란트와 오스트리아 합병—서방 국가들은 불길한 유화 정책을 계속 묵인하고 있었다—을 아무런 저항 없이 차지하게 된 후, 히틀러는 소련과 불가침 협정을 체결한 지 채 한 달이 되지 않은 1939년 9월 1일, 전격적인 폴란드 공격을 감행했다. 이틀 후, 영국과 프랑스가 독일에게 선전포고를 했으며, 공식적으로 제2차 세계대전이 발발했다. 노르웨이, 덴마크, 네덜란드, 벨기에 그리고 마지막으로 1940년 6월 프랑스가 독일군에게 무조건 항복을 선언했다. 그러나 동쪽 이웃 국가를 식민지화하여 그곳의 천연 자원을 개발하려는 야심에서 그 다음해 그가 감행했던 러시아 침공은 엄청난 전략상의 실수였으며, 이것을 계기로 결국 소련군은 연합군과 다시 손을 잡게 되었다. 일본이 진주만을 공격하자 히틀러는 경솔하게 곧바로 미국에 대한 전쟁을 선언했는데, 이것은 그의 제국을 결국 파멸로 이끄는 결정적인 계기가 되었다.

1945년 4월 30일, 소련 정찰병들이 베를린 엄폐물 300야드 앞까지 진격해 오자, 히틀러는 새 신부인 에바 브라운과 동반 자살을 시도함으로써 인생의 막을 내렸다. 자신은 "이 세상에서 가장 강인한 사람"이라고 자처했던 폭군은 마지막 순간 분노를 참지 못하고 적들이 "우리를 도살장으로 끌고 가도록 내버려두지 않겠다"라고 맹세했다. 역사적으로 전례 없는 살육을 자행했던 남자가 그런 단어를 사용한 것은 아이러니가 아닐 수 없었다. 그의 상태를 설명하기 위해 어떤 이론이 제기되든지 그 가운데 몇 가지만 열거하자면, 그는 아동 학대가 탄생시킨 정신병자였으며, 성적 손상의 희생자였거나 혹은 차가운 피를 가진 광신자로서 새로운 종류의 악을 대표하는 냉혈한이었다. 「뉴스위크*Newsweek*」가 그의 종말을 보도했던 50년 전과 마찬가지로 우리는 지금도 절실히 그 이유를 알고 싶다. 당시 「뉴스위크」는 그의 죽음에 대해 "이번 한 번만은 죽음이 인간의 입술에 미소를 가져다 주었으며, 인간의 마음에 만족감을 안겨 주었다"라고 보도했다.

Sir Edmund Hillary & Tenzing Norgay
에드먼드 힐러리 경과 텐징 노르가이

1919~(에드먼드 힐러리 경), 1914~1986(텐징 노르가이)

뉴질랜드 모험가와 셰르파 가이드, 이 두 사람은 세계에서 가장 높고 가장 험준한 산을 함께 올랐다. 그들은 해발 8,844미터인 에베레스트의 가장 험악한 봉우리에 첫 발을 디딘 사람들이었다. 무사히 산을 내려온 에드먼드 힐러리 경과 텐징 노르가이는 사람들의 찬사를 한 몸에 받았다. 그 이전과 이후에도 많은 사람의 목숨을 앗아간 에베레스트를 정복하려던 그들의 도전은 그 어떤 찬사로도 부족하며, 또한 결코 쉬운 일이 아니었다.

에드먼드 힐러리는 1919년에 뉴질랜드에서 양봉업자의 아들로 태어나 오클랜드의 타우카우에서 자랐다. 그는 말이 없고 책을 가까이 하며 쉽게 감동받는 성격이었는데, 다소 엄격한 아버지와 학교 불량배의 놀림감이 되면서 이러한 경향이 더욱 심해졌다. 수줍고 약간 얼빠진 듯 보이는 그가 계속해서 탈출을 꿈꾸었다는 것은 전혀 놀라운 일이 아니었다. 10대 때 그는 뉴질랜드의 화산 가운데 하나인 루아페후로 소풍을 갔다. 생전 처음 산을 구경한 그는 위대한 자연 건축물의 장엄함에 즉시 매료되었고, 그 뒤로는 산을 오르는 일에 푹 빠졌다.

힐러리는 제2차 세계대전 때 치명적인 부상을 입었지만 다시 등산을 시작했다. 1951년에 그는 짐 로즈Jim Rose가 회장을 맡고 있는 뉴질랜드 알파인클럽에 가입하여 유럽의 최고봉을 대상으로 자신의 능력을 검증하고자 했다. 그는 제일 먼저 인도의 가르왈 히말라야에 위치한 무크트 파르밧 정상을 목표로 삼았지만 심한 동상을 입고 처참하게 실패하고 말았다.

원정 실패로 화가 나 있던 힐러리는 그 해 말, 그 유명한 에릭 쉽튼Eric Shipton이 이끄는 영국 정찰팀으로부터 당시 산악인들에게 미지의 땅으로 남아 있던 에베레스트 서쪽 지역 탐사에 함께 참여하자는 권유를 받고 자존심을 회복했다. 첫 번째 등반은 눈사태로 중단되었는데, 대원 전원이 몰살당할 위험을 가까스로 면할 수 있었다. 그보다 낮은 히말라야 봉우리를 대상으로 연습을 계속하던 그는 레이먼드

램버트Raymond Lambert와 그의 셰르파 텐징 노르가이가 이끄는 스위스 에베레스트 원정대의 등반 상황을 초조한 마음으로 지켜보았다. 램버트와 노르가이는 남쪽 봉우리까지만 올라갔고, 힐러리는 한시름 놓을 수 있었다.

노르가이는 소수 민족으로는 처음으로 등산가로 명성을 쌓은 사람이었다. 셰르파들은 예로부터 초모룽마Chomo Lungma('대지의 여신'이라는 뜻)*—그들은 에베레스트를 이렇게 불렀다—를 오르는 것은 그곳에 살고 있는 여신 미요 룽숭가마Miyo Lungsungama에 대한 도전이라고 믿었다. 네팔의 타마이 지역에서 태어난 텐징은 젊은 시절 당시 등반의 중심지였던 다르질링으로 이사했다. 인도 거주자가 된 그는 냉혹하기 그지없는 산에 정통한 강인하고 해박한 전문가로 명성을 쌓았다.

1953년, 노르가이는 힐러리와 함께 대영제국의 알파인클럽과 왕실지리학회 공동의 히말라야 원정 후원회에게서 자금을 지원 받은 영국 원정대의 일부로 초모룽마를 등반할 수 있는 기회를 얻었다. 3월 27일, 원정대는 네팔 쪽을 공략하기 시작했다. 당시로서는 한 번도 시도된 적이 없던 코스였다. 존 헌트 대령이 이끌던 팀은 산소통이라는 혁신적이고도 논란이 많은 기계를 장착하고 있었다.

에베레스트의 상태는 항상 유동적이다. 빙하의 균열이 생겼다가 사라지는가 하면, 눈사태와 발자국을 지워버리는 폭설로 산의 형세가 끊임없이 변화한다. 정상에서 약 300피트 조금 모자라는 지점까지 도착한 제1조는 산소 장비의 고장으로 아쉽게도 발길을 돌려야만 했다. 전진 허가가 떨어진 제2조의 힐러리와 텐징은 여분의 장비를 챙긴 다음 고투 끝에 해발 8,600미터를 나아갔다. 그러나 불안정한 얼음 위에 텐트를 쳐 놓았던 그들은 그곳에서 처절한 밤을 보내야 했다.

다음 날인 5월 29일 아침, 힐러리는 난로 위에 언 발을 녹였다. 보기 드물게 화창한 날씨에 두 사람은 등반을 재개했다. 그리고 다섯 시간 만에 마지막 250미터를 전진하는 데 성공했고, 마침내 아무도 올라본 적이 없는 세계의 정상 위에 우뚝 서게 되었다. 두 사람은 눈 덮인 광활한 대지를 굽어보면서 감격의 포옹을 나눴다.

그들은 하루아침에 유명인사가 되었다. 영국은 뉴질랜드인인 힐러리에게 기사 작위를 수여했다. 그는 사전에 알지 못했던 데다 자신이 바라던 바도 아니었기에 화를 냈다. 축하연이 진행되는 도중 파티장을 빠져 나온 그는 짐 로즈의 딸인 사랑하는 루이스에게 편지를 썼고, 힐러리가 뉴질랜드로 돌아온 후 두 사람은 결혼했다. 5년 후, 두려움을 모르는 이 모험가는 기계를 활용한 남극 육로 횡단에 성공했다.

두 사람의 성공을 재현하는 데에는 3년이 걸렸다. 미국 초모룽마 에베레스트 원정대는 10년이 지난 뒤에야 비로소 에베레스트에 오를 수 있었다. 한편 힐러리의 부인과 막내딸은 1975년에 카트만두 근처에서 비행기 추락 사고로 비극적인 죽음을 맞았다. 그 후 힐러리는 셰르파들의 주거지를 개선하며, 원정 기술을 발전시키고 환경 보호를 위한 기금을 조성하는 일에 헌신했다.

네팔과 인도 두 나라는 노르가이를 서로 자국의 영웅이라고 자처하고 나섰다. 그러나 그는 대부분의 시간을 히말라야 등산학교에서 사람들을 가르치며 보냈다. 이 기간 동안 그는 자기 고향의 결빙 범위를 측정하는 법에 대해 구술로 몇 권의 책을 완성했다. 이 유례 없는 등반가는 7개 언어를 구사했지만 글을 쓸 줄 몰랐다. 한 번은 그가 우여곡절이 많았던 자신의 긴 인생에 대해 산에서 살던 하층민 노동자가 훈장을 받고 세금을 걱정해야 하는 유명인사가 되었다고 잔뜩 비꼬듯이 회상했다. 그는 1986년 알코올 중독으로 사망했다.

힐러리와 텐징은 고풍의 시대를 마감한 위대한 탐험가들이었다. 지구가 마지막 최고의 자존심을 포기하던 시대에 살았던 그들은 인간의 의지와 용기가 빚어낸 놀라운 업적으로 유명해졌다. 시간이 흘러도 그들의 위업은 결코 퇴색되지 않을 것이다. 비록 더욱 정교해진 장비를 갖추고 에베레스트 정복에 나서는 사람들의 수가 계속 늘어나고 있지만 자비를 모르는 오만한 산은 계속 희생양을 요구할 것이다. 자애와 번영의 여신인 미요는 에드먼드 힐러리와 텐징 노르가이를 축복하여 고대의 금기로부터 그들을 구해 주었다.

:: 해설

한 장의 사진에 담긴 세기의 드라마

이미지를 기록하는 것이 사진이라지만, 본질적으로 사진은 쉼 없이 흐르는 시간을 낚아채는 것이며 그렇게 정지된 이미지는 우리를 과거의 어느 한 시절로 연어처럼 거슬러 올라가게 한다.

그런데 과연 그뿐인가. 그러니까 어떤 역사적 인물이나 사건에 관련된 사진이 그저 역사책의 자료 사진으로서 기능할 뿐인가. 사진 속의 다이애나의 엷은 미소는, 오후의 햇살처럼 스쳐지나가는 그 멀미 나는 엷은 미소는, 자신이 왕세자비였다는 정보를 전달하는 데 그치지 않는다. 아, 우리네 인생이 저와 같으니 한순간 명멸할 뿐인 인간의 운명, 그 속절없음, 그 찰나에 대한 연민과 애착, 그리하여 다시 한 번 지금 이 순간에 우리의 심장이 뛰고 피가 흐르고 있다는 사실에 대한 숙연한 신뢰마저 환기시켜 주고 있는 것이다.

이 책은, 〈올드보이〉의 대사를 빌려 말하자면, '20세기를 통째로 복습하는' 효과를 충분히 하고 있다. 경찰의 체포 서류 속에 자신의 지문과 함께 기록되어 있는 요제프 스탈린의 공문서 사진, 마치 그 자신의 정치적 격동을 상징하듯 인천 앞바다를 걷고 있는 더글러스 맥아더의 사진은 개인 초상 사진이란 틀을 벗어나 20세기가 어떤 시대였는지 단번에 보여 준다. 심지어 포스터 속 사진으로 영원히 살아남은 로자 룩셈부르크나 천안문에 내걸린 자신의 거대한 초상화 위에 마련된 연단에 서 있는 마오쩌둥의 사진도 20세기를 한순간에 볼 수 있게 해준다.

내가 이 책에 관한 글을 부탁받고 가장 먼저 한 일은, 이 방대한 내용과 엄청난 두께의 원서를 집에 들고 가서 초등학교 3학년에 갓 올라가는 딸과 함께 뒤적인 것이다. 아이는 화면 가득히 성난 얼굴을 하고 있는 무하마드 알리에 대해, 낡은 수첩 속에 오랫동안 눌려 있은 듯한 안네 프랑크에 대해, 열 손가락으로 얼굴을 가린 듯하면서도 자신을 바라보는 세상의 모든 유약한 남성을 희롱하는 마돈나에 대해, 흡사 자신의 오만한 권력을 상징하듯 거대한 대리석 난간 위에서 열변을 토하는 베니토 무솔리니 등에 대해 물었고 나는 초등학교 3학년에 올라가는 아이가 이해할 수 있는 언어와 딱 그만큼의 길이로 설명했다. 그것은 비록 체계적인 역사 공부는 아니었지만, 21세기를 자신의 시대로 살아갈 이 아이는 틀림없이 자신의 시대가 어릴 적 아빠가 보여 준 20세기의 인물들이 남긴 짙은 그림자에서 그리 멀리 떨어져 있지 않다는 것을 언젠가 알게 될 것이다. 그런 점에서 이 책은 현대사를 '통째로' 복습하는 것이거니와 특히 머릿속 어딘가에 낙인처럼 찍힐 강렬한 사진들은 단순한 학습 보조교재가 아니라 총 200개의 스틸 컷으로 이어 붙인 하나의 다큐멘터리로 각인되어 좀처럼 잊히지 않을 것이다.

이 책에 나온 200명의 인물들은 '20세기의 아이콘'으로 정리된 것이지만 불안한 세기 말을 빠져나온 마르셀 프루스트와 청교도 자본주의의 상징인 존 D. 록펠러를 비롯하여 20세기를 관통하여 21세기 초엽을 인생의 후반전으로 삼고 있는 스티븐 스필버그와 빌 게이츠 등을 앞뒤로, 사실상 19세기에서 21세기까지를 아우르고 있다. 인문학과 역사에 대한 풍부한 지식이 있는 사람이라면 이 한 권으로 19세기의 위태로운 영혼들이 어떻게 20세기의 격동을 거쳐 21세기로 진입했는지 황홀하게 상상할 수 있을 것이다.

물론 이 책에 나온 200명이 20세기를 총괄할 수 있는가 하는 의문이 생긴다. 그러나 이는 그 자체로 흠결이 있는 질문이다. 20세기를 대표하는 인물을 망라하려면 이만한 두께의 책에 그저 사람 이름만 줄줄이 나열해야만 할 것이다. 그러니 취사 선택은 불가피하다.

그럼에도, 온갖 협박과 야유을 극복하고 백인 홈런왕 베이브 루스의 기록을 갱신한 흑인 홈런왕 행크 아론, 환상적 리얼리즘의 거장으로 꼽히는 가브리엘 가르시아 마르케스와 더불어(혹은 그 이상으로) '인류의 도서관장'으로 불리는 라틴 문화의 상징 호르헤 루이스 보르헤스, 후기낭만파의 주정주의적 해석에 반대하며 오직 오선지 속의 기호에 충실했던 아르투로 토스카니니에 대비하여 독일 음악 정신의 뜨거운 영혼으로 불린 빌헬름 푸르트뱅글러 등이 추가되었다면 어땠을까 하는 생각을 해본다.

만약 내가 이 책의 편집자였다면 인간의 육체가 영혼의 자유로운 비상을 실증한다는 것을 보여 준 축구 영웅 디에고 마라도나, 갑작스런 자살로 자신의 모든 저작을 미궁 속으로 몰아넣은 질 들뢰즈, 금메달리스트로 수상대에 올랐지만 고개를 푹 숙이고 아무 말 하지 못한 손기정 등을 반드시 넣었을 것이다. 그러나 이들을 위한 지면이 생략된 대신 축구가 격렬한 몸싸움이 아니라 아름다운 예술이라는 것을 보여준 펠레, 금방이라도 이 세상의 회전축을 교란시킬 듯 불만에 가득 차 있는 장-폴 사르트르, 소아마비 앓은 두 다리로 금메달리스트가 되어 당당하게 서 있는 윌마 루돌프가 있어서 아쉬움이 덜하다. 만약 이 모든 사람을 다시 섞어 놓고 선택하라고 한다면 더 격렬한 혼란으로 빠지고 말 것이다. 이 점에서 이 책의 편집자들이 상당한 기간에 걸쳐 세계 곳곳의 전문가와 단체를 통해 인물을 선정하고 관련 사진을 선택한 것에 대해 신뢰하지 않을 수 없다.

인물 선택과 설명에서 다소 서구적인 시선이 느껴지는 대목도 마찬가지다. 아무래도 바다 건너편에서 작업한 한계 때문일 것이다. 한국의 전문가와 출판인들이 이렇게 방대하면서도 뜻 깊은 작업을 해주기를 기대한다. 파란만장한 삶을 짧은 글로 요약한 데서 오는 아쉬움도 더러 있다. 예컨대 파시즘과 군국주의와 관련 있는 레니 리펜슈탈이나 히로히토 일왕을 '격랑에 휘말린 불우한 개인'으로만 보는 것은 지면 부족만 탓할 일은 아닐 것이다.

이런 점들에도 불구하고 『아이콘』이라는 제목에 걸맞게 이 책이 다양한 분야의 대표적인 인물을 망라했다는 점은 명백하다. 20세기 초에 인간이 사회 구조를 의식적으로 기획하고 선택할 수 있음을 증명한 블라디미르 레닌의 연설 장면이나 그렇게 바뀐 지도를 20세기 말에 다시 흔들어버린 미하일 고르바초프의 사진, 그리고 그 반대 진영에서 제국의 꿈을 다져온 프랭클린 D. 루스벨트와 로널드 레이건 등의 사진은 20세기를 단번에 포착한 이미지로 남는다.

그러나 20세기라고 해서 어디 유별난 시대이던가. 비록 '제국 대 식민(체 게바라)', '자본 대 노동(헨리 포드)', '인종 갈등(맬컴 엑스)' 등이 남긴 상처가 크긴 해도, 20세기 역시 다이애나 왕세자비의 머리칼과 어깨에 잠시 비치던 오후의 햇살처럼 과거로 날아간 화살이 되었다.

지극히 개인적인 관점에서, 이 책에서 가장 아름다운 사람들은 인간이란 무엇이며 어디로 와서 어디로 가는가를 파헤쳤고 동시에 인간이 얼마나 미약하며 또한 위대한가를 입증한 이들이다.

인류가 아직도 그 깊은 속으로 다 들어가 보지 못한 DNA 이중나선 모형 앞에서 웃고 있는 제임스 왓슨과 프랜시스 크릭, 세상 만물을 몇 개의 숫자와 수식으로 압축해버린 엔리코 페르미, 인간 영혼의 시커먼 우물 속을 저 혼자 들여다보고 슬며시 뚜껑을 닫은 뒤 의미심장한 웃음을 띠고 있는 지그문트 프로이트 등은 물론이려니와 잔잔한 호숫가 한 켠에 서서 물끄러미 프레임 바깥을 응시하는 제임스 조이스, 불안하고 모호한 암호문을 남긴 사람답지 않게 단정한 차림으로 포즈를 취한 프란츠 카프카, 일곱 개의 봉인을 뜯어버리고 한가롭게 산책에 나선 잉마르 베리만, 자신의 뇌하수체를 내동댕이친 듯한 격렬한 그림 옆에 서서 무심히 렌즈를 바라보는 잭슨 폴락 등의 사진들은 20세기의 인간들이 얼마나 그 자신의 정체성을 알기 위해 발버둥 쳤는지 생생하게 증명해 준다.

과연 인간이란 무엇인가. 20세기의 격렬한 파고를 생산하고 그 격동에 상처 입고 이윽고 시간의 선물에 따라 간신히 21세기로 이주해 온 인간의 드라마, 그 20세기의 흔적이란 무엇인가. 이 엄청나고 우스꽝스런 질문을 던지면서 나는 스티븐 호킹의 사진을 펴 본다. 그가 남긴 위대한 연구는 오로지 그만이 이해할 수 있는 것이기 때문에 한낱 문필업자로서는 그가 남긴 몇 마디를 기억할 수밖에 없는데, 그는 "우주는 13차원으로 이뤄져 있다"고 했다. 그렇다면 13차원의 우주 속에서 인간이란, 영화 〈맨인블랙〉의 마지막 장면처럼 한낱 공깃돌에 지나지 않는 미약한 존재일 뿐이다.

그러나 그는 지난 2000년에 한국을 방문했을 때 인간에 대한 희망의 메시지를 남기기도 했다. 인간은 미약하면서도 위대한 존재라는 것을 암시한 것이다. 지구를 점령하고 마침내 우주까지 복속시키겠다는 오만을 버린다면 인간도 그럭저럭 이 지구 생태계가 받아줄 만한 존재인 것이다. 스티븐 호킹은 그 역사적인 내한 강연의 첫마디를 다음처럼 시작했던 것이다.

"내가 이제까지 이룩한 최대의 업적은 내가 아직 살아 있다는 것이다."

정윤수 (문화평론가)

::Photograph Credits

Addams, Jane *Archive Photos*

Ali, Muhammad *Paul Slade/Paris Match*

Allen, Woody *Chester Higgins/N.Y Times/Archive Photos*

Arafat, Yasir *Rene Burri/Magnum*

Arendt, Hannah *UPI/Corbis/Bettmann*

Armstrong, Louis *DR*

Armstrong, Neil *Archive Photos*

Astaire, Fred *Archive Photos*

Baker, Joshepine *Roger Viollet*

Ball, Lucille *The McClay Archives*

Bannister, Roger *Archive Photos*

Bardot, Brigitte *Walter Carone*

Barnard, Dr. Christian *Archive Photos*

Beatles, The *Roger Viollet*

Ben-Gurion, David *Horst Tappe/Archive Photos*

Bergman, Ingmar *UPI/Corbis/Bettmann*

Bergman, Ingrid *Archive Photos*

Bogart, Humphrey *Popperfoto/Archive Photos*

Brando, Marlon *Photofest*

Brecht, Bertolt *Agence Bernard*

Brown, Helen Gurley *UPI/Corbis/Bettmann*

Callas, Maria *AGIP*

Capone, Al *Archive Photos*

Carson, Rachel *Erich Hartmann/Magnum*

Cartier-Bresson, Henri *Martin Franck/Magnum*

Castro, Fidel *Francois Pages/Paris Match*

Chanel, Gabrielle "COCO" *Roger Schall*

Chaplin, Charlie *Photofest*

Christie, Agatha *Hubert De Segonzac/Paris Match*

Churchill, Winston *UPI/Corbis/Bettmann*

Colette *Harlingue/Roger Viollet*

Le Corbusier *Robert Doisneau/Rapho*

Cousteau, Jacques *Philippe le Tellier/Paris Match*

Curie, Marie *Keystone*

Dalai Lama *Benjamin Auger/Paris Match*

Dali, Salvador *Photofest*

Davis, Bette *Photofest*

Dean, James *Photofest*

De Beauvoir, Simone *Robert Doisneau/Rapho*

De Gaulle, Charles *DR*

Diana, Princess of Wales *Exprss Newspapers/Archive Photos*

Dietrich, Marlene *Photofest*

Dinesen, Isak *Nordisk Pressefoto/Archive Photos*

Disney, Walt *Archive Photos*

Duncan, Isadora *Imapress*

Dylan, Bob *Photofest*

Earhart, Amelia *UPI/Corbis/Bettmann*

Edison, Thomas *UPI/Corbis/Bettmann*

Einstein, Albert *Photo Researchers*

Eisenhower, Dwight D. *Camera Press*

Eisenstein, Sergei *Photofest*

Eliot, T. S. *UPI/Corbis/Bettmann*

Elizabeth, Queen Mother *Rex Features*

Elizabeth, Queen II *Camera Press*

Ellington, Duke *Frank Driggs Collection/Archive Photos*

Fellini, Federico *Roma Press Photo/Archive Photos*

Fermi, Enrico *Archive Photos*

Ford, Henry *Archive Photos*

Franco, Francisco *Archive Photos*

Frank, Anne *UPI/Corbis/Bettmann*

Franklin, Aretha *Photofest*

Freud, Sigmind *Archive Photos*

Friedan, Betty *Gerald Davis/Archive Photos*

Gagarin, Yuri *Archive Photos*

Gandhi, Indira *UPI/Corbis/Bettmann*

Gandhi, Mohandas *UPI/Corbis/Bettmann*

Garbo, Greta *DR*

Garcia Marquez Gabriel *Helmut Newton/Sygma*

Garland, Judy *Photofest*

Gates, Bill *Reuters/Sue Ogrocki/Archive Photos*

Ginsberg, Allen *Camera Press/Archive Photos*

Goodall, Jane *UPI/Corbis/Bettmann*

Gorbachev, Mikhail *Stone/Gamma*

Graham, Billy *Photofest*

Graham, Martha *Photofest*

Grant, Cary *Photofest*

Griffith, D. W. *Archive Photos*

Guevara, Che *Archive Photos*

Hawking, Stephen *Reuters/Martin Langfield/Archive Photos*

Hearst, William Randolph *Archive Photos*

Hefner, Hugh *Archive Photos*

Heifetz, Jascha *Photofest*

Hemingway, Ernest *Photofest*

Hepburn, Katherine *Archive Photos*

Hillary, Edmund Sir&Tenzing Norgay *UPI/Corbis/Bettmann*

Hirohito, Emperor *Keystone*

Hitchcock, Alfred *Archive Photos*

Hitler, Adolf *DR*

Ho Chi Minh *Roger PIC*

Holiday, Billie *Herman Leonard*

Horowitz, Vladimir *Photofest*

Ibarruri, Dolores *LAPI/Roger Viollet*

Jackson, Michael *Archive Photos*

Jagger, Mick *Photofest*

Jiang Qing(Madame Mao) *Bruno Barbey/Magnum*

John, Elton *Tim Boxer/Archive Photos*

Pope John XX III *Photofest*

Jordan, Michael *UPI/Corbis/Bettmann*

Joyce, James *Faber&Faber/Paris Match*

Jung, Carl *Henri Cartier Bresson/Magnum*

Kafka, Franz *Keystone*

Kahlo, Frida *Archive Photos*

Keller, Helen *UPI/Corbis/Bettmann*

Kelly, Grace *Izis/Paris Match*

Kennedy, John F. *American Stock/Archive Photos*

Kevorkian, Dr. Jack *Reuter/Jeff Kowalsky/Archive Photos*

King, Billie Jean *Archive Photos*

King, Martin Luther, Jr *Archive Photos*

Ann Laders/Abigail Van Buren *Archive Photos/Photofest*

Lenin, Vladimir *Novosti Press Agency*

Lindbergh, Charles *Archive Photos*

Loren, Sophia *UPI/Corbis/Bettmann*

Luxemburg, Rosa *UPI/Corbis/Bettmann*

MacArther, General Douglas *Archive Photos*

Madonna *Photofest*

Malcolm X *Photofest*

Mandela, Nelson *Archive Photos*

Mao Zedong *Archive Photos*

Marx Brothers, The *Archive Photos*

Mata Hari *DR*

Matisse, Henri *Archive Photos*

Mead, Margaret *UPI/Corbis/Bettmann*

Meir, Golda *DR*

Monroe, Marilyn *Michael Ochs*

Montessori, Maria *UPI/Corbis/Bettmann*

Moore, Henry *Sabine Weiss/Rapho*

Murrow, Edward R. *Archive Photos*

Mussolini, Benito *Archive Photos*

Namath, Joe *Archive Photos*

Nassar, Gamal Abdel *Popperfoto/Archive Photos*

Nixon, Richard M. *Archive Photos*

Nureyev, Rudolph *Photofest*

O'keeffe, Georgia *UPI/Corbis/Bettmann*

Oliver, Sir Laurence *American Stock/Archive Photos*

Onassis, Jacqueline Kennedy *Molly Thayer Collection/Magnum*

Oppenheimer, J. Robert *Henri Cartier Bresson/Magnum*

Owens, Jesse *Barnaby's/Archive Photos*

Pankhurst, Emmerline *Iln/Archive Photos*

Parker, Charlie *Freddie Patterson/Archive Photos*

Pasternak, Boris *Cornell Capa/Magnum*

Pavarotti, Luciano *David Lees/Archive Photos*

Pavlova, Anna *Photofest*

Pel? *Archive Photos*

Peron, Eva *DR*

Piaf, Edith *Izis/Paris Match*

Picasso, Pablo *Robert Capa/Magnum*

Pickford, Mary *Photofest*

Pollock, Jackson *Pollock-Krasner/Hans Namuth*

Presley, Elvis *Photofest*

Proust, Marcel *Martinie/Roger Viollet*

Rand, Ayn *UPI/Corbis/Bettmann*

Reagan, Ronald *Photofest*

Riefenstahl, Leni *Express Newspapers/Archive Photos*

Robinson, Jackie *UPI/Corbis/Bettmann*

Rockefeller, John D. *Photofest*

Roosevelt, Eleanor *Philippe Halsman*

Roosevelt, Franklin D. *Roger Viollet*

Rosenberg, Ethel&Julius *Archive Photos*

Rudolph, Wilma *Express Newspapers/Archive Photos*

Russel, Bertrand *Archive Photos*

Ruth, George Herman 'Babe' *American Stock/Archive Photos*

Sanger, Margaret *Hackett/Archive Photos*

Sartre, Jean-Paul *Marc Riboud*

Schweitzer, Albert *Archive Photos*

Shaw, George Bernard *LAPI/Roger Viollet*

Sinatra, Frank *Photofest*

Solzhenitsyn, Aleksandr *UPI/Corbis/Bettmann*

Spielberg, Steven *Photofest*

Spock, Dr. Benjamin *Archive Photos*

Stalin, Joseph *Photofest*

Stein, Gertrude *UPI/Corbis/Bettmann*

Stravinsky, Igor *Photofest*

Streisand, Barbra *Photofest*

Taylor, Elizabeth *Burt Glinn/Magnum*

Temple, Shirley *Stills*

Teresa, Mother *Raghu Rai/Magnum*

Thatcher, Margaret *Photographers Int/Archive Photos*

Thorpe, Jim *Branger/Roger Viollet*

Tokyo Rose *Archive Photos*

Toscanini, Arturo *UPI/Corbis/Bettmann*

Truman, Harry S. *Archive Photos*

Turner, Ted *Reuters/Mark Cardwell/Archive Photos*

Valentino, Rudolph *Photofest*

Von Braun, Wernher *UPI/Corbis/Bettmann*

Vreeland, Diana *Cecil Beaton/Sotheby's*

Walesa, Lech *Imapress/Archive Photos*

Warhol, Andy *Photofest*

Watson&Crick *Archive Photos*

Wayne, John *Photofest*

Welles, Orson *Archive Photos*

West, Mae *Archive Photos*

Williams, Hank *Archive Photos*

Williams, Tennessee *Ara Guler/Magnum*

Windsor, Duke&Duchess of *Photofest*

Winfrey, Oprah *Terry Thompson/SIPA*

Woolf, Virginia *Camera Press/Archive Photos*

Wright, Frank Lloyd *American Stock/Archive Photos*

Wright, Wilbur&Orville *UPI/Corbis/Bettmann*

Zaharias, Babe Didrikson *UPI/Corbis/Bettmann*

Zapata, Emiliano *UPI/Corbis/Bettmann*